삼국지

정사 비교 고증 완역판

삼국지

5

나관중 지음 | 모종강 정리
송도진 옮김

글항아리

차 례

일러두기

1. 역자가 번역의 기본으로 삼은 소설 『삼국지三國志』의 판본은 역사적으로 가장 압도적으로 유행하고 보편적으로 읽히는 세칭 '모종강본毛宗崗本' 120회본이다. 2009년 평황출판사鳳凰出版社에서 간행된 '교리본校理本'『삼국연의』(선보쿤沈伯俊 교리)를 기본으로 삼고, 부가적으로 2013년 런민문학출판사人民文學出版社에서 간행된 『삼국연의』 제3판을 채택했다. 그 외에 모종강毛宗崗의 비평이 실려 있는 평황출판사의 모종강 비평본 『삼국연의』(2010)와 중화서국中華書局의 모륜毛綸, 모종강 점평點評 『삼국연의』(2009) 등 관련 서적들을 추가로 참조했다.

2. 소설 『삼국지』는 매회 두 구절의 제목을 제시하여 전체 줄거리를 예시했는데, 제목이 길고 번잡하여 역자가 간단한 제목을 새로 붙였다.

3. 독자들의 이해를 돕고 소설과 실제 역사와의 차이를 살펴볼 수 있도록 매회 말미에【실제 역사에서는……】을 추가해 역사서에 기록된 내용을 소개했다. 정사正史 자료를 기본으로 삼았으며, 소설과 역사가 상이한 경우에는 그 내용을 소개하여 독자들이 비교할 수 있도록 했으며, 역자의 비평은 최대한 지양했다.

4. 소설 『삼국지』에는 내용상 이치에 맞지 않는 부분 혹은 지명, 관직명, 정확한 연대, 허구 인물, 등장인물의 한자 성명이나 자 혹은 직책, 출신 지역, 연령 등 상당히 많은 부분에 오류가 있다. 오류는 주석을 통해 '오류'라고 명시하고, 교리본을 기초로 정사 자료를 일일이 대조하여 이를 바로잡았다. 또한 이해하기 어려운 개념이나 역사적 사실 등 설명이 필요하다고 판단하는 내용도 함께 소개했다. 일부는【실제 역사에서는……】에서 지적하기도 했다.

5. 오류 가운데 전체에 걸쳐 반복되는 것은 처음 등장할 때 주석을 통해 바로잡고 '이하 동일'이라 표기했다.

6. 주석 혹은【실제 역사에서는……】은 기본적으로 정사인 진수陳壽 『삼국지』와 배송지裴松之 주석, 『후한서』와 이현李賢 주석, 『진서』, 『자치통감』을 기본으로 삼았고, 필요한 경우에는 『사기』와 『한서』, 왕선겸王先謙의 『후한서집해』와 노필盧弼의 『삼국지집해』를 참조했다. 또한 일부 소개 자료는 2007년 상하이런민출판사上海人民出版社에서 간행된 『삼국연의 보증본補證本』을 참고했으며, 역자의 의견이나 비평은 최대한 지양했다.

7. 맞춤법과 외래어 표기는 국립국어원 표준국어대사전 및 외래어표기법을 따랐다. 독자들이 이해하기 어려운 한자어나 고사성어, 고유명사 등은 한자를 병기했으며, 본문에 등장하는 고사성어 및 인용문의 원문, 출처, 상세한 배경 등을 주석을 통해 최대한 자세히 소개하고자 했다.

8. 지명은 『후한서』 「군국지」를 기본으로 하여 주석에 명시했고, 현재와 다른 명칭으로 사용되는 지명은 현재 중국에서 사용하는 정식 지명으로 적었다.

9. 본문에 등장하는 도량형은 후한 시기의 기준으로 표기했으며, 독자들의 이해를 돕기 위해 주석 혹은【실제 역사에서는……】에서 상세히 설명했고, 현재 사용되는 도량형으로 환산하여 제시했다.

10. 날짜와 계절은 모두 음력으로, 시간은 시진時辰으로, 밤은 고대 관습에 따라 오경五更으로 표기했다.

11. 본문에 표기된 서기 연도는 독자의 이해를 돕기 위해 역자가 표기한 것이다.

12. 최대한 원전에 충실하게 번역했으나 매끄러운 번역을 위해 부득이 단어를 보충한 부분이 있음을 미리 밝혀둔다.

13. 후한 13자사부刺史部 명칭 중에 涼州와 揚州는 우리말 발음상의 혼동을 피하고 이를 구별하기 위해 涼州는 '양주涼州'로, 揚州는 '양주'로 표기했다.

14. 독자들에게 생소한 어휘는 쉽게 이해되고 많이 사용되는 단어를 선택했음을 밝혀둔다. 예를 들어 '경사京師', '경京', '도都' 등은 '도성'으로, '채寨'는 '군영'으로 표기했으나【실제 역사에서는……】에서는 원문 그대로 번역했다.

15. 대화체에 자주 등장하는 '모某(아무개)'는 문맥상 변경하기 곤란한 경우를 제외하고는 '저' 혹은 '제가'로 번역했음을 밝혀둔다.

16. 모종강의 정통론과 서술 기법, '재자서才子書'의 목록에서 삼국지를 첫 번째로 해야 한다는 당위성과 우수성을 분석·설명한 「삼국지 읽는 법讀三國志法」을 6권 마지막에 부록으로 실었다.

저승으로 간 장비

장비는 급히 형의 원수를 갚으려다 해를 입고,
선주는 아우의 한을 씻고자 군대를 일으키다

急兄仇張飛遇害,
雪弟恨先主興兵

선주가 군사를 일으켜 동쪽으로 정벌에 나서려고 하자 조운이 간언했다.

"국적은 바로 조조지 손권이 아닙니다. 지금 조비가 한나라를 찬탈하여 귀신과 사람이 모두 분노하고 있습니다. 폐하께서는 속히 관중을 도모하여 군사를 위하渭河[1] 상류에 주둔시키고 흉악한 반란을 일으킨 자를 토벌하셔야 합니다. 그리하면 관동의 의로운 인사들이 반드시 양식을 싸매고 말에 채찍질하며 황제의 군대를 맞이할 것입니다. 만일 위를 버리고 오를 정벌하시다가 병력이 서로 부딪치기라도 한다면 어찌 쉽사리 물러날 수 있겠습니까? 폐하께서는 원컨대 살펴주소서."

선주가 말했다.

"손권이 짐의 아우를 해쳤고 부사인, 미방, 반장, 마충도 모두 이가 갈리는 깊은 원한이 있으니 그 고기를 씹어 먹고 종족을 멸족시켜야 비로소 짐의 한을 씻을 수 있노라! 경은 어찌하여 막는단 말인가?"

조운이 말했다.

"한나라의 역적에게 원수를 갚는 것은 공적인 일이고 형제의 원수를 갚는 것은 사적인 일입니다. 원컨대 천하를 중히 여기소서."

선주가 대답했다.

"짐이 아우의 원수를 갚지 않는다면 비록 만 리의 강산을 소유한들 어찌 귀하다 하겠는가?"

결국 조운의 간언을 듣지 않고 군대를 일으켜 오를 정벌하라 명을 하달했다. 더욱이 오계²로 사자를 보내 번병番兵(이민족 군대) 5만 명을 빌려 서로 협동 작전을 펼치도록 하는 한편 낭중으로 사자를 보내 장비의 관직을 거기장군으로 옮기고 사례교위를 겸하게 했으며, 서향후西鄉侯에 봉하고 낭중목³을 겸하게 했다. 사자는 명을 받들어 조서를 가지고 떠났다.❶

한편 낭중에 있던 장비는 관공이 동오에게 살해당했다는 소식을 듣고는 조석으로 크게 소리 내어 울며 피로 옷자락을 적셨다. 장수들이 술로 달랬으나 술에 취하면 노기가 더욱 심해졌다. 장막 아래위에서 잘못을 저지르는 자가 있으면 즉시 채찍질했고 이 때문에 채찍에 맞아 죽은 자가 많았다. 매일 남쪽⁴을 바라보며 이를 갈고 눈을 부릅뜨며 대성통곡을 그치지 않았다. 그때 별안간 사자가 당도하자 황망히 맞아들이며 조서를 펼쳐 읽었다. 작위를 받은 장비는 북쪽을 향해 무릎을 꿇고 절을 올린 다음 주연을 베풀어 사자를 환대했다. 장비가 말했다.

"우리 형님이 해를 입어 원한이 바다처럼 깊은데 묘당廟堂(조정)의 신하들은 어찌하여 조속히 군대를 일으키라고 아뢰지 않는 것이오?"

사자가 말했다.

"먼저 위를 멸망시킨 다음에 오를 정벌하자고 권하는 자가 많습니다."

장비가 노했다.

"그게 무슨 말이오! 예전에 우리 세 사람이 도원에서 의형제를 맺었을 때 생사를 함께하자고 맹세했소. 지금 불행하게도 둘째 형님이 돌아가셨는데 내 어찌 홀로 부귀를 누릴 수 있겠소! 내 천자를 만나 뵙고 선봉대의 선두를 맡아 상복을 입고 오를 쳐서 역적을 사로잡은 뒤 둘째 형님께 제사 지내어 고하고 이전의 맹세를 실행할 것이오!"

말을 마치더니 즉시 사자와 함께 성도를 향해 갔다.

한편 선주는 매일 직접 교련장에 나와 군마를 조련하며 기한을 정해 군대를 일으켜 친히 정벌에 나서려고 했다. 이에 공경들이 승상부로 가서 공명을 만나 말했다.

"지금 천자께서 대위大位(제위帝位)에 오르셨는데 친히 군대를 통솔하시는 것은 사직을 중히 여기지 않는 것이오. 승상께서는 균형⁵의 직분을 주관하고 계시면서 어찌하여 정의의 도리로 잘못된 점을 고치도록 권하지 않으십니까?"

공명이 말했다.

"여러 차례 간절히 권했으나 듣지 않으시오. 오늘은 공들께서 나를 따라 교련장으로 가서 함께 간언해봅시다."

공명은 바로 백관을 이끌고 가서 선주에게 아뢰었다.

"폐하께서 이제 보위에 오르셨으니 북으로 한나라 역적을 토벌하고 천하에 대의를 펼치고자 하신다면 친히 육사⁶를 통솔하셔도 좋습니다. 그러나 만일 오만 정벌하고자 하신다면 상장 한 사람에게 명하여 군대를 통솔하고 정벌토록 하면 될 텐데 구태여 친히 성가⁷를 수고롭게 하실 필요가 있겠습니까?"

공명의 간절한 충고를 들은 선주는 조금이나마 마음을 돌렸다. 그때 느닷없이 장비가 왔다는 보고가 들어왔고 선조가 급히 불러들였다. 연무청演武廳(연무장의 대청)에 이른 장비는 바닥에 엎드려 절을 올리고는 선주의 발을 붙들고 엉엉 울었다. 선주 또한 소리 내어 울었다. 장비가 말했다.

"폐하께서 이제 군주가 되시더니 벌써 도원의 맹세를 잊으셨군요! 둘째 형님의 원수를 어떻게 갚지 않으십니까?"

선주가 말했다.

"많은 관원이 말리는 바람에 감히 함부로 움직이지 못하고 있네."

"다른 사람들이 어찌 옛날의 맹세를 알겠습니까? 만약 폐하께서 가시지 않는다면 신이 이 몸을 버리는 한이 있더라도 둘째 형님의 원수를 갚겠습니다! 원수를 갚지 못할 때는 차라리 죽을지언정 폐하를 뵙지 않겠습니다!"

"짐이 경과 함께 가겠노라. 경은 본부의 군사를 이끌고 낭주⁸에서 출발하게. 짐은 정예병을 통솔할 테니 강주⁹에서 만나 함께 동오를 정벌하고 이 한을 씻겠노라!"

장비가 떠나려 하는데 선주가 당부했다.

"짐이 평소에 알기로는 경이 술을 마신 다음에 격노하여 군졸들을 채찍질한 후에 다시 좌우에 머물게 한다는데 이는 화를 초래하는 길일세. 이제는 너그럽게 포용하도록 힘쓰되 예전처럼 해서는 아니 되네."

장비가 작별을 고하고 떠났다. ❷

이튿날 선주가 군사를 정돈하고 떠나려 할 때 학사學士¹⁰ 진복秦宓이 아뢰었다.

"폐하께서 만승¹¹의 몸을 버리고 하찮은 의리를 좇으시니 이는 옛사람이 취했던 것이 아닙니다. 원컨대 폐하께서는 다시 한번 생각하소서."

선주가 말했다.

"운장과 짐은 한 몸과 같소. 대의가 아직도 있는데 어찌 잊을 수 있겠소?"

진복이 바닥에 엎드려 일어나지 않았다.

"폐하께서 신의 말씀을 따르지 않으시니 진실로 실수가 있을까 두렵습니다."

선주가 크게 노했다.

"짐이 군대를 일으키려 하는데 너는 어찌하여 이토록 이롭지 못한 말을 하는가!"

무사들에게 진복을 끌어내 목을 치라고 호통을 쳤다. 진복은 낯빛조차 바꾸지 않고 선주를 돌아보며 웃었다.

"신은 죽어도 한이 없으나 새로이 창제한 기업이 장차 전복될 것이 애석할 따름입니다!"

관원 모두가 진복을 위해 죄를 면해달라 간청했다. 선주가 말했다.

"잠시 하옥하거라. 짐이 원수를 갚고 돌아와 처리하겠노라."

그 소식을 들은 공명이 즉시 표문을 올려 진복을 구하려 했다.

"신 량은 삼가 오의 도적들의 간사한 계책에 당하여 형주가 멸망하는 화에 이르렀고, 두우斗牛(북두성과 견우성)에 장성將星(대장을 상징하는 별자리)이 떨어졌으며 초 땅에서 하늘을 지탱하는 기둥이 부러지고 만 것에 대한 이 애통한 심정을 진실로 잊을 수 없습니다. 그러나 생각해보면 한나라의 정권을 찬탈한 죄는 조조에게 있으니, 유씨의 황위를 바꾼 것은 손권의 잘못이 아닙니다. 삼가 이르나니 위의 역적을 제거한다면 오는 저절로 복종할 것입니다. 바라건대 폐하께서는 진복의 금석 같은 말을 받아들이고 사졸의 힘을 양성하면서 별도로 좋은 계책을 도모하신다면 사직을 위해 매우 다행일 것입니다! 천하에 커다란 행운일 것입니다!"

표문을 읽고 난 선주는 땅바닥에 표문을 내던지며 말했다.

"짐의 뜻이 이미 결정되었으니 다시는 간언하지 말거라!"

마침내 승상 제갈량에게 태자를 보호하며 양천을 지키도록 했고, 표기장군 마초와 그의 아우 마대는 진북장군 위연을 도와 한중을 지키면서 위병을 막게 했다. 호위장군 조운은 뒤에서 호응하며 군량과 마초를 감독하게 했고, 황권黃權과 정기程畿는 참모로 삼았으며, 마량과 진진陳震은 문서를 주관하고 처리하게 했다. 황충은 선봉대 선두로 삼았으며, 풍습馮習과 장남張南은 부장으로 삼았고, 부동傅彤[12]과 장익은 중군호위中軍護尉[13]로 삼았으며, 조융趙融과 요순[14]은 합후[15]로 삼았다. 서천의 장수 수백 명, 오계의 번장 등과 군사 75만 명을 이끌고 장무 원년(221) 7월 병인丙寅일에 출병하기로 날을 정했다.❸

한편 낭중으로 돌아온 장비는 군중에 사흘 이내에 흰 갑옷과 흰 깃발을 만들라는 명을 하달하며 삼군이 상복을 입고 오를 정벌할 것이라 했다. 이튿날 부하 장수인 범강范疆[16]과 장달張達이 군막으로 들어와 고했다.

"흰 깃발과 흰 갑옷을 짧은 기간 안에 마련할 수 없으니 기한을 늦춰주셔야 할 것 같습니다."

장비가 버럭 화를 냈다.

"내가 급히 원수를 갚고자 하여 내일이라도 당장 역적의 경계에 당도하고 싶어도 그러지 못하는 것이 한스러운데 네놈들이 어찌 감히 나의 명령을 어긴단 말이냐!"

무사들에게 호통쳐 나무 위에 묶게 하고는 각기 등을 50대씩 채찍질하게 했다. 채찍질이 끝나자 손가락으로 그들을 가리키며 말했다.

"내일까지 모두 완비해야 한다! 만약 기한을 어기면 즉시 네 두 놈을 죽여 군사들에게 보이겠다!"

채찍으로 맞은 두 사람은 입으로 피를 가득 토해냈다. 그들은 군영으로 돌아와 상의했다. 범강이 말했다.

"오늘 형벌을 받았으나 우리 둘이서 어떻게 이를 다 준비할 수 있단 말인가? 그자의 성질이 불같이 포악하니 만일 내일 완비하지 못했다가는 살해될 걸세!"

장달이 말했다.

"그놈이 우리를 죽이기 전에 차라리 우리가 먼저 그놈을 죽여버리세."

범강이 말했다.

"어떻게 가까이 접근한단 말인가?"

장달이 말했다.

"우리 두 사람이 만일 죽지 않을 운명이면 그놈이 취해서 침상에 누워 있을 것이고, 죽을 운명이라면 그놈이 취하지 않았겠지."

두 사람은 상의를 끝냈다.

한편 군막에 있던 장비는 정신이 혼미하고 움직이는 것이 불편하여 부하 장수에게 물었다.

"내 지금 마음이 놀라고 살이 떨려 앉으나 누워 있으나 불안한데 이게 무엇 때문인가?"

부하 장수가 대답했다.

"그것은 군후께서 관공을 그리워하시어 그런 것입니다."

장비는 술을 가져오게 하여 부하 장수와 함께 마시고는 자기도 모르게 크게 취하여 군막 안에 누웠다. 범강과 장달 두 도적은 그 소식을 탐지하고 초경 무렵에 각자 단도를 숨긴 채 몰래 군막 안으로 들어가서는 기밀을 아뢰고자 한다는 핑계를 대고 곧장 침상 앞으로 다가갔다. 원래 장비는 잠을 잘 때 눈을 감지 않았는데 그날 밤에도 수염을 곧추세우고 눈을 부릅뜬 채로 군막 안에서 자고 있었다. 그 모습을 본 두 도적은 감히 손을 쓰지 못하고 있다가 우레같이 코 고는 소리를 듣고서야 비로소 앞으로 가까이 다가가 단도로 장비의 배를 쑤셨다. 장비는 크게 외마디 비명을 지르고는 죽고 말았다. 그의 나이 55세[17]였다. 후세 사람이 탄식한 시가 있다.

안희에서 일찍이 독우 매질했다고 들었는데
황건적을 소탕하여 유씨 한나라 보좌했다네
호뢰관에서는 위엄과 기세 앞장서서 떨쳤고
장판교에서는 고함 소리로 강물 역류시켰다네

의리로 엄안 풀어줘 촉의 경계 편안케 하고
지혜로 장합을 속여 중주[18]를 안정시켰다네
오 쳐서 승리하기도 전에 몸이 먼저 죽으니
가을 풀은 낭중 땅에 수심만 길게 남겼도다
安喜曾聞鞭督郵, 黃巾掃盡佐炎劉
虎牢關上聲先震, 長坂橋邊水逆流
義釋嚴顔安蜀境, 智欺張郃定中州
伐吳未克身先死, 秋草長遺閬地愁 ❹

한편 두 도적은 그날 밤 장비의 수급을 자르고는 즉시 수십 명을 이끌고 밤새 동오로 달아났다. 이튿날 군중에서 소식을 알고 군사를 일으켜 그들을 뒤쫓았으나 따라잡지 못했다. 이때 장비의 부하 장수 중에 오반吳班이란 사람이 있었다. 이전에 선주가 형주로 찾아온 그를 아문장牙門將[19]으로 임용했고 이후 장비를 보좌하여 낭중을 지키게 했다. 오반은 즉시 먼저 표문을 보내 천자께 아뢰었고, 그런 다음에 장비의 장자인 장포張苞에게 관과 곽을 갖추어 장비의 시신을 담아 모시게 했다. 그리고 장포의 아우[20]인 장소張紹에게 낭중을 지키게 한 뒤 장포를 보내 선주께 보고하도록 했다. ❺ 이때 선주는 이미 기일을 골라 출병한 후였다. 대소 관원들이 모두 공명을 따라 10리 밖까지 전송하고는 돌아왔다. 성도로 돌아온 공명은 울적하여 관원들을 돌아보며 말했다.

"법효직(법정의 자)이 살아 있었다면 틀림없이 주상의 동쪽 출병을 제지할 수 있었을 것이오."[21]

한편 선주는 밤이 되자 마음속에 두려움이 일며 살이 떨렸다. 잠자리에 들었으나 불안하기만 했다. 군막을 나가 하늘을 우러러 천문을 살펴보니 서북쪽에서 크기가 말斗만 한 별 하나가 별안간 땅으로 떨어졌다. 크게 의심이 든 선주는 그날 밤 사람을 시켜 공명에게 물어보았다. 공명이 회답으로 아뢰었다.

"상장 한 명을 잃을 것입니다. 사흘 이내에 반드시 놀랄 만한 보고가 있을 것입니다."

이 때문에 선주는 군사 행동을 멈추고 움직이지 않았다. 그때 별안간 근신近臣이 아뢰었다.

"낭중의 장거기張車騎(거기장군 장비)의 부하 장수 오반이 사람을 보내 표문을 올렸습니다."

선주가 발을 동동 구르며 말했다.

"아아! 셋째 아우가 죽었구나!"

표문을 읽어보니 과연 장비의 부고를 알리는 소식이었다. 선주는 대성통곡하다 그만 땅바닥에 혼절하여 쓰러지고 말았다. 이에 관원들이 소생시켰다.

이튿날 한 부대의 군마가 바람을 가르며 질주해오고 있다는 보고가 들리자 선주가 군영을 나가 살펴보았다. 한참이 지나자 흰 전포에 은빛 갑옷을 걸친 한 젊은 장수가 오더니 말안장에서 구르듯이 내려와 땅바닥에 엎드리고는 소리 내어 우는데 바로 장포였다. 장포가 말했다.

"범강과 장달이 신의 아비를 죽이고 수급을 오로 가지고 갔습니다!"

선주는 몹시 애통해하며 음식도 먹지 못했다. 군신들이 간절히 간언했다.

"폐하께서 두 아우의 원수를 갚고자 하면서 어찌하여 먼저 스스로 용체를 심하게 손상시키십니까?"

선주는 그제야 식사를 하고는 장포에게 일렀다.

"경은 오반과 함께 감히 본부 군사들의 선봉이 되어 부친의 원수를 갚지 않겠는가?"

장포가 말했다.

"나라와 아비를 위해서라면 만 번 죽어도 사양하지 않겠습니다!"

선주가 장포를 보내 군대를 일으키려 하는데 또 한 무리의 군사가 빠르게 몰려오고 있다는 보고가 들어왔다. 선주가 근신을 시켜 알아보게 했다. 잠시후 흰 전포에 은빛 갑옷을 걸친 한 젊은 장수를 인도해왔는데 그 장수가 군영으로 들어오더니 땅바닥에 엎드려 소리 내어 울었다. 선주가 보니 바로 관흥이었다. 관흥을 본 선주는 관공이 생각나 또 대성통곡했다. 관원들이 간절히 말리자 선주가 말했다.

"짐이 평민이었을 때 관우, 장비와 의형제를 맺고 생사를 함께하기로 맹세한 것이 생각나는구나. 이제 짐이 천자가 되어 두 아우와 함께 부귀를 누리고자 했는데 불행하게도 모두 비명에 죽고 말았다! 이 두 조카를 보는데 창자가 어찌 끊어지지 않을 수 있겠는가!"

말을 마치더니 다시 소리 내어 울었다. 관원들이 말했다.

"두 젊은 장수는 잠시 물러나시오. 성상聖上께서 용체를 쉬게 해주시오."

근신이 아뢰었다.

"폐하께서는 육순을 넘기셨으니 지나치게 애통해하시면 안 됩니다."

선주가 말했다.

"두 아우가 모두 죽었는데 짐이 어찌 차마 홀로 살 수 있겠는가!"

말을 마치더니 머리를 바닥에 찧으며 통곡했다. 관원들이 상의했다.

"지금 천자께서 이토록 번뇌하시니 장차 무엇으로 위로해드릴 수 있겠소?"

마량이 말했다.

"주상께서 친히 대군을 통솔하여 오를 치려 하는데 하루 종일 통곡만 하고 계시니 군에 이롭지 못하오."

진진이 말했다.

"내 듣자 하니 성도의 청성산²² 서쪽에 성이 이李고 이름이 의意²³인 은자 한 분이 계시다고 하오. 세상 사람들이 말하기로는 이 노인은 300세가 넘었으며 사람의 생사와 길흉을 알 수 있다고 하니 당대의 신선인 듯하오. 마땅히 이 노인을 불러오도록 천자께 아뢰고 그에게 길흉을 묻는 것이 우리가 말씀을 드리는 것보다 나을 듯하오."

즉시 들어가 선주에게 아뢰었다. 선주는 그 말을 따르기로 하고 즉시 진진에게 조서를 받들고 청성산으로 가서 그를 불러오게 했다.

진진은 밤새 달려 청성에 당도하고는 마을 사람에게 길을 안내하도록 했다. 산골짜기 깊은 곳으로 들어가자 멀리 선인의 장원이 보였다. 맑은 구름이 은은하며 상서로운 기운이 감도는데 범상치 않았다. 그때 별안간 한 동자가 나와 맞이하며 말했다.

"오시는 분은 혹시 진효기陳孝起(진진의 자)가 아니십니까?"

진진이 깜짝 놀랐다.

"선동은 내 이름을 어떻게 아는가?"

동자가 말했다.

"어제 제 스승님께서 말씀하시기를 '오늘 반드시 황제의 명령이 이를 것인데 사자는 틀림없이 진효기일 것이다'라고 하셨습니다."

진진이 말했다.

"참으로 신선이로다! 사람들이 지어낸 말이 아니었구나!"

즉시 동자와 함께 선인의 장원으로 들어가 이의를 알현하고 천자의 명령을 알렸다. 그러나 이의는 늙었다는 핑계로 가지 않으려 했다. 진진이 말했다.

"천자께서 급히 선옹仙翁을 한번 만나 뵙고자 하시니 바라건대 사양하지 마시고 길을 나서주십시오."

두 번 세 번 간청하자 이의가 비로소 따라나섰다. 어영²⁴에 이르러 들어가서 선주를 알현했다. 선주가 보니 이의는 흰머리에 불그스름한 혈색이 돌아 건강해 보였다. 푸른 눈과 네모난 눈동자에는 광채가 반짝반짝 빛났고 몸은 마치 오래된 측백나무 같았다. 그 모습이 이인異人임을 알고는 예로써 대접했다. 이의가 말했다.

"이 늙은이는 황량한 산골의 늙은이로 배운 것도 없고 아는 것도 없습니다. 황송하게도 폐하께서 부르셨는데 무슨 하실 말씀이라도 있으신지요?"

선주가 말했다.

"짐이 관우, 장비 두 아우와 함께 생사의 교분을 맺은 지 30여 년이나 되었소. 지금 두 아우가 해를 입었으니 친히 대군을 통솔하여 원수를 갚고자 하는데 길흉이 어떠한지 알지 못하겠소. 선옹께서 현묘한 이치를 꿰뚫고 계신다는 이야기를 오래전부터 들었소. 부디 가르침을 내려주시기 바라오."

이의가 말했다.

"그것은 타고난 운수라 이 늙은이가 알 바 아닙니다."

선주가 거듭 부탁하며 묻자 이의가 종이와 붓을 찾아 병마와 무기를 40여 장이나 그리더니 그 그림을 한 장 한 장 찢어버렸다. 다시 커다란 한 사람이 땅에 반듯이 드러누워 있고 옆에 다른 한 사람이 흙을 파서 그를 묻는 그림을 그렸는데 그림 위에 커다란 '백白' 자를 적고는 바로 무릎을 꿇고 땅에 머리를 조아리더니 가버렸다. 선주는 불쾌해하며 군신들에게 일렀다.

"미친 늙은이로구나! 믿을 가치도 없다."

즉시 그 그림을 불태우게 하고는 이내 군사를 재촉하여 전진했다.❻

장포가 들어와 아뢰었다.

"오반의 군마가 이미 당도했습니다. 소신이 선봉에 서도록 하겠습니다."

선주는 그 뜻을 장하게 여겨 즉시 선봉의 인장印章을 장포에게 하사했다. 장포가 막 하사받은 선봉의 인장을 걸려고 하는데 또 한 젊은 장수가 기세 좋게 나서며 말했다.

"인장을 내게 내놔라!"

보니 관흥이었다. 장포가 말했다.

"내 이미 조서를 받들었다."

관흥이 말했다.

"네게 무슨 능력이 있다고 감히 이 소임을 감당한단 말이냐?"

장포가 말했다.

"나는 어려서부터 무예를 익히고 배운 데다 화살이 빗나가는 법 없이 명중시킨다."

선주가 말했다.

"짐이 조카들의 무예를 보고 우열을 결정하겠노라."

장포가 군사들에게 명하여 100보 밖에 한 폭의 깃발을 세우고 깃발에 붉은 과녁을 그리게 했다. 장포가 활을 집어 살을 얹었더니 연이어 세 대를 쏘았는데 모조리 붉은 과녁에 명중했다. 사람들이 모두 훌륭하다고 칭찬했다. 그러자 관흥이 손으로 활을 당기며 말했다.

"붉은 과녁을 맞히는 것이 어찌 기이하다 할 만하겠느냐?"

말하고 있는 사이에 별안간 머리 위로 기러기떼가 줄지어 지나갔다. 관흥이 그 기러기떼를 가리키며 말했다.

"내가 저 날아가는 기러기떼에서 세 번째 놈을 쏘겠다."

화살 한 대를 쏘자 그 세 번째 기러기가 씨잉 하는 시위 소리와 함께 떨어졌다. 문무관원들이 일제히 소리를 지르며 갈채를 보냈다. 그러자 크게 노한 장포가 몸을 날려 말에 오르더니 손에 부친이 사용하던 장팔점강모丈八點鋼矛를 잡고 크게 소리 질렀다.

"네가 감히 나와 무예를 시험해보겠느냐?"

관흥 또한 말에 올라 대대로 집안에 전해 내려오는 대감도大砍刀(대도, 큰 칼)를 움켜쥐고 말고삐를 놓은 채 달려나오며 말했다.

"너만 모矛를 쏠 줄 아나 본데 내 어찌 칼을 쓸 줄 모르겠느냐!"

두 장수가 막 맞붙어 싸우려고 하자 선주가 고함을 질렀다.

"두 사람은 무례하게 굴지 말거라!"

관흥과 장포 두 사람이 황망히 말에서 내려 각자 병기를 버리고 무릎 꿇고 엎드려 절을 하며 죄를 청했다. 선주가 말했다.

"경들의 아비들과 성은 다르지만 짐이 탁군에서 형제를 맺은 이래로 골육같이 친하게 지냈느니라. 지금 너희 두 사람 또한 형제라 할 수 있으니 마땅히 한마음으로 힘을 합쳐 아비의 원수를 갚아야지, 어찌하여 서로 다투어 대의를 잃는단 말이냐! 아비들을 잃은 지 얼마 되지 않았는데도 이 정도니 하물며 뒷날에는 어떻겠느냐?"

두 사람이 다시 무릎 꿇고 엎드려 절을 올리며 죄를 청했다. 선주가 물었다.

"경들 두 사람 중에 누가 나이가 많으냐?"

장포가 말했다.

"신이 관흥보다 한 살 많습니다."

선주가 즉시 관흥에게 명하여 장포에게 절하고 형으로 삼도록 했다. 두 사람은 바로 군막 앞에서 화살을 꺾어 맹세하고 영원히 서로 구원하기로 했다. 선주는 조서를 내려 오반을 선봉으로 삼고 장포와 관흥은 천자가 탄 수레를 호위하게 했다. 수륙으로 배와 말이 함께 나란히 진격하며 기세 드높게 오나라[25]로 쳐들어갔다.

한편 범강과 장달은 장비의 수급을 가지고 오후에게 바치고는 있었던 일을 자세히 고했다. 두 사람의 말을 듣고 난 손권은 그들을 거두고 백관에게 일렀다.

"지금 유현덕이 황제의 자리에 오르고 정예병 70만여 명을 통솔하여 직접 정벌에 나섰다고 하오. 그 세력이 몹시 대단하니 어찌하면 좋겠소?"

백관은 모두 얼굴이 새파랗게 질려 서로 얼굴만 쳐다볼 뿐 누구도 말을 꺼내지 못했다. 제갈근이 나서며 말했다.

"제가 군후의 녹을 먹은 지 오래되었으나 전력을 다해 은혜를 갚은 적이 없었습니다. 원컨대 남은 목숨 버리는 한이 있더라도 가서 촉주蜀主를 만나 이해득실로 그를 설득하고 양국이 서로 화친하여 함께 조비의 죄를 토벌하도록 하겠습니다."

손권이 크게 기뻐하며 즉시 제갈근을 사자로 삼아 파견하고는 선주가 군사 행동을 멈추도록 설득하게 했다.

두 나라가 서로 다투어도 명령 받든 사자는 통하니
한마디 말로 어려움 해결하겠다는 사자에 의지하네
兩國相爭通使命, 一言解難賴行人

제갈근은 이제 가서 어떻게 할 것인가?❼

제81회 저승으로 간 장비

❶

『삼국지』「촉서·법정전」에 "선주가 관우의 원수를 갚기 위해 동쪽으로 손권을 정벌하려고 했다. 군신이 간언했지만 선주는 하나도 따르지 않았다"고 기록되어 있어 실제로 대부분의 신하가 유비의 동쪽 정벌에 반대했음을 알 수 있다. 『삼국지』「촉서·조운전」 배송지 주 『운별전』에서 조운은 "국적國賊은 조조지 손권이 아닙니다. 먼저 위를 멸망시킨다면 오는 스스로 복종할 것입니다. 위를 내버려두고 오와 먼저 전쟁을 벌여서는 안 됩니다. 한번 교전이 벌어지면 쉽게 끝낼 수 없을 것입니다"라고 말하며 정벌의 부당성을 간언했다가 결국은 참전하지 못하게 된다. 「촉서·진복전」은 진복이 "하늘의 때가 틀림없이 유리하지 않다고 간언했다가 감옥에 유폐되었다. 나중에 선주가 관용을 베풀어 석방되었다"고 기록하고 있다.

❷

『삼국지』「촉서·장비전」은 유비가 장비를 경계한 내용을 다음과 같이 기록하고 있다.

"관우는 사졸들에게는 잘 대해줬지만 사대부들에게는 매우 오만했고, 장비는 군자를 친애하고 공경했지만 병사들을 자상하게 보살피지 않았다. 선주는 항상 이 점을 경계하며 말했다. '경은 형벌로 사람을 죽이는 것이 지나치오. 또 매일 건장한 수행원들을 채찍질하면서 그들을 곁에 두고 있으니 이는 화를 자초하는 길이오.' 그러나 장비는 고치지 않았다."

❸

풍습馮習은 부장副將으로 출전하지 않았다

『삼국지』「오서·육손전」에 "황무 원년(222), 유비는 무협巫峽(즉 지금의 장강 싼샤三峽의 우샤巫峽, 현재 충칭重慶 우산巫山에서 후베이성 바둥巴東 사이의 장강 유역)과 건평建平(군 명칭으로 치소는 무현巫縣, 지금의 충칭重慶 우산巫山 동북쪽)에서부터 이릉夷陵(현 명칭으로 치소는 후베이성 이창宜昌 동남쪽 교외) 경계에 이르기까지 방어를 구축하고 수십 개의 군영을 세웠으며, 황금, 비단, 작위, 상을 주는 등의 방식으로 여러 소수민족을 회유하고 선동했다. 그리고 장군 풍습을 대독大督(임시로 설치한 군대 총지휘관)으로 임명하고 장남張南을 선봉으로 삼았다"고 기록되어 있고, 『삼국지』「촉서·양희전」의 『계한보신찬季漢輔臣贊』에 따르면 "선주가 동오를 정벌하러 갔을 때, 풍습이 영군領軍(관직 명칭으로 한 헌제 건안 연간에 조조가 설치했는데 금위군을 통솔했으며 승상부에 속했다. 촉한에도 설치되었다)으로 임명되어 각 군대를 통솔했다"고 기록하고 있다.

소설에서는 풍습을 일개 부장에 임명한 것으로 표현했지만 역사 속의 풍습은 실질적인 지휘관이었다.

❹

장비의 죽음

『삼국지』「촉서·장비전」에서도 장비의 죽음을 소설과 거의 같은 내용으로 기록하고 있다.

"선주가 손오를 토벌할 때 장비는 병사 1만 명을 거느리고 있었는데 낭중으로부터 나와 강주에서 선주와 만나기로 했다. 그러나 출발하기도 전에 그의 휘하 장수인 장달張達과 범강范彊이 장비를 살해했다. 그리고 그의 수급을 가지고 장강을 따라 내려가 손권에게로 도망쳤다. 장비의 영도독營都督(관직 명칭으로 군영의 사무를 통괄했으며 장군 부재 시 사무를 대행했다)이 표를 올려 이를 선주에게 보고했다. 선주는 장비의 영도독이 표문을 올렸다는 것을 듣고는 말했다.

'아! 장비가 죽었구나.'"

오반吳班은 누구인가?

소설에서는 오반이 장비의 부하 장수이며 표문을 올려 장비의 죽음을 유비에게 알렸다고 소개하고 있는데, 오반이 장비의 부하 장수였다는 역사 기록은 없다. 표문을 올려 장비의 죽음을 알린 것은 『삼국지』「촉서·장비전」에 따르면 장비의 영도독營都督이었다고 기록하고 있으나 당시 영도독이 누구였는지는 알 수가 없다. 또한 『삼국지』「촉서·양희전」의 『계한보신찬』에 따르면 "오반은 자가 원웅元雄이며 대장군 하진의 속관이었던 오광吳匡의 아들이다. 그는 호방하고 정의로웠다고 일컬어진다. 선주 때 영군領軍에 임명되었고 후주 때는 점점 승진하여 표기장군에 이르렀다"고 기록하고 있다.

『삼국지』「촉서·선주전」 배송지 주 갈홍葛洪의 『신선전神仙傳』은 다음과 같이 기록하고 있다.

"선인仙人 이의기李意其는 촉 사람이다. 여러 세대에 걸쳐 전해지며 출현하는데 한 문제 때 사람이라 일컬어졌다. 선주가 오를 정벌하고자 하여 사람을 보내 이의기를 영접했다. 이의기가 도착하자 선주는 예로써 그를 공경하고 길흉에 대해 물었다. 이의기는 대답하지 않고 종이와 붓을 요청하더니 병마와 무기 그림을 수십 장 그릴 뿐이었다. 그러고는 바로 하나하나 손으로 찢었고, 다시 대인大人 한 명을 그리고는 땅을 파서 묻고 바로 떠났다. 선주는 크게 기뻐하지 않았다. 그리고 직접 출병하여 오를 정벌했다가 대패하고 돌아와서는 분노와 치욕으로 병을 얻어 죽었으니 사람들이 이때 비로소 이의기의 뜻을 알아차렸다. 그가 대인을 그리고 땅에 묻은 것은 바로 선주의 죽음을 말한 것이었다."

❼

유비는 왜 오나라 정벌에 나섰을까?

소설에서는 관우의 복수를 위해 손권 정벌에 나선 것으로 이야기를 전개시키지만 반드시 그렇다고만 할 수는 없다.

『삼국지』「촉서·선주전」에 "거기장군 장비가 수하에게 살해되었다. 당초 선주는 손권이 관우를 습격한 일에 분노하여 동쪽 정벌을 준비하고 있었는데, 7월에 마침내 각 로의 군대를 통솔하여 오를 쳤다. 손권이 편지를 보내 화해를 청했지만 선주는 격노하여 대답하지 않았다"고 기록되어 있다. 이외에 여러 기록을 보면 관우의 복수를 위해 유비가 오나라 정벌에 나선 것은 분명한 사실인 듯하나 반드시 그 이유 때문만은 아니었다. 관우는 219년 12월에 사망했고 유비가 손권 정벌에 나선 것은 221년 7월이었다. 관우를 위한 복수였다면 바로 행동했어야 하는데 20개월 정도 준비 기간이 있었다. 이는 감정적인 대응뿐만 아니라 다른 이유도 분명히 있었음을 보여준다.

『삼국지』「위서·유엽전」에 따르면 황초 원년(220)에 조비가 조서를 내려 신하들에게 유비가 관우를 위하여 오나라에 보복할지 말지를 예측해보라고 한 적이 있었는데, 대부분의 신하가 "촉은 작은 나라일 뿐이며 명장은 단지 관우 하나만 있었습니다. 관우가 죽고 군대는 궤멸되었으니 나라 안은 근심과 두려움이 가득한데 다시 출병할 이유는 없을 것입니다"라고 대답했다. 그러나 유엽만이 다음과 같이 말한다.

"촉나라가 비록 땅이 협소하고 세력도 약하지만 유비의 계획은 무력을 사용하여 자신을 강성하게 하고, 반드시 병력을 이용하여 그에게 여력이 있음을 드러내려 하고 있습니다. 게다가 관우와 유비는 명의상 군신 관계지만 은정은 부자 관계와 같습니다. 관우가 죽었는데 그를 위해 군대를 일으켜 복수하지 않는다면 이것은 정분이 부족하다는 것입니다."

여기에서 또 다른 이유를 엿볼 수 있다. 유비는 형세가 불리하다고 해서 가만히 있을 수만은 없었던 것이다. 유엽의 말처럼 무력을 사용하여 자신을 강하게 만들고 여력이 있음을 과시하여 위나라 대다수 신하가 생각한 것처럼 결코 붕괴되지 않았다는 확실한 존재감을 드러내려 한 것도 이유가 아닐까 생각한다.

또한 유비는 처음에는 손권의 화해를 거절했지만 「촉서·선주전」에 따르면 "손권은 선주(유비)가 백제성에 주둔하고 있다는 소식을 듣고 매우 두려워하며 사자를 파견해 화해를 요청했다. 선주는 그것을 허락하고 태중대부太中大夫 종위宗瑋를 보내 명을 받들어 일을 처리하도록 했다"고 기록하고 있다. 만약 관우의 복수만을 위한 것이었다면 손권의 화친을 결코 받아들이지 않았을 것이다.

마지막으로 유비는 방통과 법정이 죽었을 때는 며칠간 눈물을 흘리며 애도했지만 관우가 죽었을 때는 울었다는 기록이 없다. 관우 사후에 시호조차도 내리지 않았으니 반드시 관우의 복수를 위해 정벌에 나선 것은 아니었다.

동오 정벌에 나선 유비

손권은 위에 항복하여 구석을 받고,
선주는 오를 정벌하고 육군에 상을 하사하다

孫權降魏受九錫,
先主征吳賞六軍

장무 원년(221) 8월, 선주는 대군을 일으켜 기관[1]까지 이끈 후 백제성[2]에 머물렀다. 선봉대 군마는 이미 천구[3]를 나간 다음이었다. 근신이 아뢰었다.

　"오의 사신 제갈근이 왔습니다."

　선주가 명을 전하여 들이지 말도록 했다. 황권이 아뢰었다.

　"제갈근의 아우가 촉에서 승상을 하고 있으니 틀림없이 일이 있어서 온 것입니다. 폐하께서는 무슨 까닭으로 거절하십니까? 마땅히 불러들여 그가 하는 말을 들어보셔야 합니다. 들을 만하면 따르시고 그렇지 않으면 저자의 입을 빌려 손권에게 죄를 묻는 데 명분이 있음을 알리셔야 합니다."

　선주가 그 말을 따르기로 하고 제갈근을 성으로 불러들였다. 제갈근이 땅바닥에 무릎을 꿇고 엎드려 절을 올렸다. 선주가 물었다.

　"자유(제갈근의 자)께서 먼 길을 오셨구려. 무슨 일이라도 있소?"

　제갈근이 말했다.

　"신의 아우가 오래도록 폐하를 모셨으므로 신이 부월[4]을 피하지 않고 특별히 형주의 일을 아뢰고자 왔습니다. 지난번에 관공이 형주에 있을 때 오후께서 여러 차례 혼인을 청하셨으나 허락하지 않았습니다. 그 후에 형양을 빼앗자 조조가 수차례 오후께 서신을 보내 형주를 습격하라고 했습니다. 오후께서는 본래 허락하지 않으려 하셨으나 여몽이 관공과 화목하게 지내지 못하는 바람에 독단적으로 군사를 일으켜 큰일을 저지르고 말았습니다. 지금 오후께서는 그 일을 막지 못한 것을 후회하고 계십니다. 이것은 여몽의 죄이지 오후의 잘못이 아닙니다. 지금은 여몽도 죽었으니 원한도 사라졌을뿐더러 손부인께서도 줄곧 돌아가실 생각을 하고 있습니다. 오후께서는 신을 사자로 삼아 손부인을 보내드리고 오에 항복한 폐하의 장수들도 결박시켜 돌려드리며 아울러 형주도 예전대로 반환하고자 하니, 영원히 우호 동맹을 체결하여 함께 조비를 멸망시키고 찬탈 반역의 죄를 바로잡고자 하십니다."

선주가 노하여 말했다.

"너희 동오가 짐의 아우를 해치고서는 오늘 감히 교묘한 말로 설득하러 왔단 말이냐!"

제갈근이 말했다.

"신은 일의 가볍고 무거움과 크고 작음을 폐하께 논하고자 합니다. 폐하께서는 바로 한나라 황실의 황숙으로 지금 한나라 제위를 조비에게 찬탈당했는데도 그를 섬멸할 생각은 하지 않으시고 도리어 성이 다른 형제를 위해 만승의 존귀함을 굽히시니, 이것은 대의를 버리고 작은 의리를 취하시는 것입니다. 중원은 바로 해내의 중심 땅이고 양도[5]는 모두 대한이 창업을 이룬 곳이건만 폐하께서는 그곳을 취하지 않고 형주만을 다투시니, 이는 무거운 것을 버리고 가벼운 것을 취하는 것입니다. 천하가 모두 폐하께서 즉위하여 반드시 한실을 부흥시키고 산하를 회복하실 것이라 알고 있는데, 지금 폐하께서는 위에 죄를 묻지 않고 내버려두신 채 도리어 오를 치려고 하십니다. 이는 삼가 폐하께서 취하실 일이 아니라 여겨집니다."

선주가 크게 노했다.

"내 아우를 죽인 원수와는 한 하늘 아래서 같이 살 수 없다! 짐의 군사를 물리려고 한다면 내 죽은 다음에나 비로소 할 수 있을 것이니라! 승상의 체면을 보지 않았다면 네놈 머리부터 잘랐을 것이다! 지금 너를 돌아가도록 잠시 놓아줄 터이니 손권에게 목을 씻고 늘어뜨려 칼 받을 준비나 하라고 이르거라!"

제갈근은 선주가 자신의 말을 듣지 않는 것을 보고는 하는 수 없이 강남으로 돌아갔다.

한편 장소가 손권을 만나 말했다.

"제갈자유가 촉병의 거대한 형세를 알고는 화친을 청한다는 구실로 오를 배반하고 촉으로 들어가려는 것입니다. 이번에 가면 틀림없이 돌아오지 않을 것입니다."

손권이 말했다.

"나와 자유는 죽으나 사나 변치 않겠다는 맹세를 했기에 내가 자유를 저버리지 않는 이상 자유 또한 나를 버리지 않을 것이오. 옛날에 그가 시상柴桑에 있을 때 공명이 오에 왔었는데 내가 자유에게 공명을 붙들어두라고 했었소. 그랬더니 자유가 '아우는 이미 현덕을 섬기고 있으므로 의리에 두마음이 없을 것입니다. 아우가 머물지 않으려는 것은 마치 제가 가지 않으려는 것과 같습니다'라고 말했소. 그 말은 천지신명도 족히 감동시킬 만하오. 그런데이제 와서 어찌 촉에 항복하려 하겠소? 나와 자유는 마음이 일치하는 사이로 공적인 말로 틈이 벌어질 관계가 아니오."

한창 말하고 있는데 갑자기 제갈근이 돌아왔다는 보고가 들어왔다. 손권이 말했다.

"내 말이 어떠하오?"

장소는 얼굴 가득 부끄러운 빛을 띠고 물러갔다. ❶

제갈근이 손권을 만나 선주가 화해하려 하지 않는다는 뜻을 전했다. 손권은 깜짝 놀랐다.

"그렇다면 강남이 위태롭게 되었구려!"

그때 계단 아래에서 한 사람이 나서며 말했다.

"제게 한 가지 계책이 있는데 이 위기를 해소할 수 있을 것입니다."

그를 보니 바로 중대부[6] 조자趙咨였다. 손권이 말했다.

"덕도德度(조자의 자)에게 무슨 좋은 계책이라도 있소?"

조자가 말했다.

"주공께서 표문을 지어주시면 제가 원컨대 사자가 되어 위 황제 조비에게 가서 이해득실을 설명하여 한중을 기습 공격하게 만들겠습니다. 그리하면 촉병은 저절로 위태로워질 것입니다."

손권이 말했다.

"그 계책이 가장 훌륭한 듯하오. 그러나 이번에 경이 가서 동오의 기개를 잃게 해서는 안 되오."

"만약 조금이라도 착오가 생긴다면 즉시 강에 뛰어들어 죽을지언정 무슨 낯으로 강남의 인물들을 볼 수 있겠습니까!"

손권이 크게 기뻐하며 바로 표문을 짓는데 스스로 신하라 칭하며 쓰고 조자를 사자로 삼았다. 밤새 달려 허도[7]에 당도한 조자는 먼저 태위 가후 등과 대소 관료들을 만났다. 이튿날 아침 조회 때 가후가 반열에서 나와 아뢰었다.

"동오에서 중대부 조자를 파견하여 표문을 올렸습니다."

조비가 웃으며 말했다.

"이는 촉군을 물리치고자 온 것일게요."

즉시 불러들이게 했다. 조자가 붉은 계단 아래에 무릎 꿇고 엎드려 절을 올렸다. 표문을 읽고 난 조비가 바로 조자에게 물었다.

"오후는 어떠한 주인인가?"

조자가 대답했다.

"총명하고 영민하며 인자하고 지혜로우신 데다 비범한 지략을 갖춘 주인 이십니다."

조비가 웃으면서 말했다.

"경의 칭찬이 혹여 너무 심하지 않은가?"

조자가 말했다.

"신이 과찬한 것이 아닙니다. 오후께서는 노숙을 세간의 일반 사람들 속에서 발탁하셨으니 이는 총명함이고, 여몽을 군대에서 선발하셨으니 이는 영민함이며, 우금을 잡았어도 해치지 않으셨으니 이는 인자함이고, 형주를 취하는 데 병사들이 칼날에 피 한 방울 묻히지 않게 하셨으니 이는 지혜로움이며, 삼강三江[8]에 웅거하고 천하를 호랑이처럼 바라보시니 이는 비범한 기상이고, 폐하께 몸을 굽히고 있으니 이는 지략이 뛰어난 것입니다. 이것으로 논한다면 어찌 총명하고 영민하며 인자하고 지혜로우며 비범한 지략의 주인이라 하지 않겠습니까?"

조비가 또 물었다.

"오주는 자못 학문을 아는가?"

"오주께서는 장강에 1만 척의 배를 띄우고 있고 갑옷 입은 군사 백만 명을 거느리며 덕행과 재능이 뛰어난 인재를 등용해 세상을 통치하고 경영할 뜻을 가지고 계십니다. 조금이라도 쉴 겨를이 있으면 전적을 폭넓게 읽어보며 사적을 두루 살펴보고 그 요지를 취하시니 서생들같이 멋진 구절만 찾아 적고 깊이 연구하지 않는 것을 본받지는 않습니다."

"짐이 오를 정벌하고자 하는데 할 수 있겠는가?"

"대국에는 정벌할 군사가 있고 소국에는 방어할 책략이 있습니다."

"오는 위를 두려워하는가?"

"갑옷 입은 군사 백만에 장강과 한수를 해자로 삼는데 무엇을 두려워하겠습니까?"

"동오에는 대부와 같은 사람이 몇 명이나 있는가?"

"총명하고 특출한 자가 80~90명이고 신과 같은 무리는 수레에 싣고 말[斗]로 세어도 헤아릴 수 없을 정도로 많습니다."

조비가 탄식했다.

"'사자로 사방의 다른 나라를 가더라도 자기 군왕의 명을 욕되게 하지 않는다'[9]고 하더니 경이야말로 이 말에 부합한다고 하겠소."

이에 즉시 조서를 내려 태상경[10] 형정邢貞에게 명하여 손권을 오왕吳王으로 책봉하고 구석九錫을 더해주도록 했다. 조자는 은혜에 감사하고 성을 나갔다.

대부[11] 유엽劉曄이 간언했다.

"지금 손권이 촉군의 형세를 두려워하여 항복을 청하러 온 것입니다. 신의 어리석은 견해로는 촉과 오의 전쟁은 바로 하늘이 그들을 망하게 하려는 것입니다. 지금 상장에게 수만 명의 군사를 거느리고 장강을 건너 오를 기습하게 하십시오. 촉은 그 바깥을 공격하고 위는 그 안을 치게 됨으로써 오국은 열흘을 넘기지 못하고 망할 것입니다. 오가 망하면 촉은 홀로 외로워질 것인데 폐하께서는 어찌하여 조속히 그들을 도모하지 않으십니까?"

조비가 말했다.

"손권이 이미 예로써 짐에게 복종했는데 짐이 만약 그를 공격한다면 이것은 천하에 항복하려는 자들의 마음을 꺾는 일이니 차라리 그를 받아들이는 것이 옳을 것이오."

유엽이 또 말했다.

"손권이 비록 출중한 재능을 가지고 있다 할지라도 한나라의 표기장군 남창후南昌侯의 직분에 불과합니다. 관직이 낮으니 위세도 약하여 여전히 중원을 두려워하는 마음이 있을 텐데, 만일 왕의 지위로 올려주면 폐하보다 한 등급만 낮아질 뿐입니다. 지금 폐하께서 그의 거짓 항복을 믿고 그 위호位號를 높여 세력을 키우도록 하시는 것은 호랑이에게 날개를 달아주는 격입니다."

조비가 말했다.

"그렇지 않소. 짐은 오도 돕지 않고 촉 또한 돕지 않을 것이오. 오와 촉이 전쟁하는 것을 구경하고 있다가 그중 한 나라가 멸망하고 한 나라만 남게 되면 그때 남은 하나를 제거할 것이니 무슨 어려움이 있겠소? 짐의 뜻이 이미 결정되었으니 경은 다시 말을 꺼내지 마시오."

마침내 태상경 형정에게 명하여 조자와 함께 왕으로 봉한다는 책문과 구석을 하사하는 물품을 받들고 동오로 가게 했다.

한편 손권은 백관을 모아놓고 촉군을 방어할 대책을 상의했다. 그때 별안간 보고가 들어왔다.

"위의 황제가 주공을 왕으로 봉했으니 마땅히 멀리 나가 영접하는 것이 예입니다."

고옹이 간언했다.

"주공께서는 스스로 상장군, 구주백의 지위[12]를 칭하고 계십니다. 위의 황제가 봉한 작위를 받으셔서는 안 됩니다."

손권이 말했다.

"옛날 패공沛公이 항우가 내린 작위를 받은 것은 그때의 형편에 따른 것이었소.[13] 무슨 까닭으로 물리친단 말이오?"

마침내 백관을 인솔하여 성을 나가 영접했다. 형정은 상국의 천사天使(천자의 사자)임을 믿고 성문을 들어가면서도 수레에서 내리지 않았다. 장소가 크게 노하여 엄하게 소리쳤다.

"예는 공경하지 않으면 안 되고 법은 엄숙하지 않으면 안 되거늘, 그대가 감히 지나치게 잘난 체하는데 강남에 한 치의 칼날도 없다고 여기는가?"

형정이 황망히 수레에서 내려 손권을 알현하고 수레를 나란히 하여 성으로 들어왔다. 그때 느닷없이 수레 뒤에서 한 사람이 대성통곡했다.

"우리가 있는 힘을 다해 헌신하며 목숨을 돌보지 않고 주공을 위해 위와 촉을 병탄할 수 없어 주공께서 다른 사람이 봉하는 작위를 받게 되셨으니 이 또한 욕되지 않단 말인가!"

사람들이 보니 바로 서성이었다. 그 말을 들은 형정이 탄식했다.

"강남의 문무 대신들이 이와 같으니 끝내는 다른 사람 밑에 오래 있지 않겠구나!"

한편 손권이 작위를 받고 문무관원들이 경하를 마치자 손권은 아름다운 옥과 빛이 고운 구슬 등의 물건들을 준비하라 명하고는 사람을 위로 파견해 바치고 은혜에 감사하도록 했다. 어느 결에 정탐꾼이 보고했다.

"촉주가 본국의 대군과 만왕蠻王 사마가沙摩柯의 번병 수만 명을 이끌고 있으며, 또한 동계洞溪의 한나라 장수 두로杜路와 유령劉寧의 두 갈래 군사들이 더해져 수륙으로 진격해오고 있는데 그 형세가 하늘을 진동시키고 있습니다. 수로로 오는 군대는 이미 무구[14]를 나왔고 육로의 군사들도 이미 자귀秭歸에 당도했습니다."

이때 손권은 비록 왕위에 올랐으나 위주魏主 조비가 호응하려 하지 않자 문무관원들에게 물었다.

"촉군의 세력이 대단하니 어찌해야 좋겠소?"

모두 묵묵히 말이 없었다. 손권이 탄식했다.

"주랑 이후에 노숙이 있었고 노숙 다음에는 여몽이 있었는데, 이제 여몽이 죽고 나니 나와 근심을 나눌 사람이 없구려!"

말을 미처 마치기도 전에 별안간 반열 속에서 한 소년 장수가 기세 좋게 나와 땅에 엎드려 아뢰었다.

"신이 비록 나이는 어리나 자못 병서를 익혔습니다. 원컨대 수만의 병사를 빌려주신다면 촉군을 깨뜨리겠습니다."

손권이 보니 바로 손환孫桓이었다. 손환은 자가 숙무叔武이고 그의 부친은 이름이 하河로 본래는 성이 유兪씨였는데 손책이 그를 아껴 손씨 성을 하사해 오왕의 종친이 되었다. 손하는 아들을 넷 두었는데 손환은 장자[15]로 활쏘기와 말타기에 능하여 항상 오왕을 따라 정벌에 나섰고 탁월한 공적을 여러 번 세워 무위도위武衛都尉[16]라는 관직을 받았는데 이때 그의 나이 25세였다. 손권이 말했다.

"이길 수 있는 계책이라도 있느냐?"

손환이 말했다.

"신에게 두 명의 대장이 있는데, 한 사람은 이이李異고 다른 사람은 사정謝

旌으로 두 사람 모두 만 명을 대적할 수 있는 용기가 있습니다. 수만의 군사를 빌려주신다면 가서 유비를 사로잡겠습니다."

손권이 말했다.

"조카가 비록 용맹이 출중하다고는 하나 유감스럽게도 나이가 어리니 반드시 도와줄 수 있는 사람 한 명이 있어야 비로소 가능할 것이오."

호위장군虎威將軍[17] 주연朱然이 나서며 말했다.

"신이 원컨대 젊은 장군과 함께 유비를 사로잡겠습니다."

손권이 허락했다. 마침내 수륙군 5만 명을 점검하여 손환을 좌도독으로 삼고 주연을 우도독으로 삼아 그날로 군대를 일으켰다.❷ 정찰 기병이 촉병이 이미 의도宜都에 이르러 군영을 세운 것을 탐지하자 손환은 2만5000명의 군마를 이끌고 의도 경계 입구에 주둔하고는 앞뒤로 세 개의 군영을 나누어 설치하고 촉병을 막기로 했다.

한편 촉의 장수 오반은 선봉의 인장을 수령하고 서천을 나온 이래로 당도하는 곳마다 모두 스스로 소문만 듣고도 투항하는 바람에 칼날에 피 한 방울 묻히지 않고 곧장 의도에 이를 수 있었다. 손환이 그곳에 군영을 세우고 있다는 것을 탐지한 오반은 곧바로 선주에게 아뢰었다. 이때 선주는 이미 자귀에 당도해 있었는데 오반의 보고를 듣고는 성을 냈다.

"그런 어린놈이 어찌 감히 짐에게 대항한단 말인가!"

관흥이 아뢰었다.

"손권이 그런 어린놈을 장수로 삼았으니 폐하께서는 번거롭게 대장을 보내지 마십시오. 신이 가서 그놈을 사로잡겠습니다."

선주가 말했다.

"짐은 너의 용맹스러운 기개를 보고 싶구나."

바로 관흥에게 앞으로 나아가라 명했다. 관흥이 작별을 고하고 떠나려 하는데 장포가 나서며 말했다.

"관흥이 적을 토벌하러 나가니 신도 함께 가기를 원합니다."

선주가 말했다.

"두 조카가 함께 간다고 하니 심히 아름다우나 모름지기 신중해야 한다. 경솔하게 덤벙대서는 아니 된다."

두 사람이 선주에게 작별을 고하고 선봉과 합세하여 함께 군사를 진격시키며 진을 벌였다. 대규모의 촉병이 이르렀다는 소식을 들은 손환도 군영을 합쳐 군사를 일으켰다. 양쪽 진이 원형으로 펼쳐지자 손환이 이이와 사정을 거느리고 문기 아래에 말을 세웠다. 촉의 진영에서 두 대장이 한꺼번에 나오는 게 보였는데 모두 은빛 투구에 은빛 갑옷을 걸치고 흰말에 흰 깃발을 꽂고 있었다. 왼쪽에는 장포가 장팔점강모를 잡고 있었고 오른쪽에는 관흥이 대감도를 비껴들고 있었다. 장포가 욕설을 퍼부었다.

"손환, 이 새파란 놈아! 죽음이 닥쳤는데도 아직도 감히 천병天兵(천자의 군대)에 대항한단 말이냐!"

손환 또한 욕을 했다.

"네 아비는 이미 머리 없는 귀신이 되었는데, 이제 너도 죽음을 자초하러 왔으니 정말 어리석구나!"

크게 노한 장포가 창을 잡고 곧장 손환에게 달려들었다. 그러자 손환의 등 뒤에서 사정이 말을 타고 질주하며 달려나와 맞섰다. 두 장수가 30여 합을 싸웠을 때 사정이 패하여 달아났고 장포는 기세를 몰아 뒤를 쫓았다. 사정이 패한 것을 본 이이가 황급히 말고삐를 놓고 달려나가며 잠금부蘸金斧(도금한 큰 도끼)를 돌리면서 장포와 접전을 벌였다. 장포가 20여 합을 싸웠으나 승부를 가리지 못했다. 오군 가운데 비장裨將(부장副將) 담웅譚雄이 장포의 출중한 용맹을 보고는 이이가 이길 수 없을 것이라 여기고 몰래 숨어서 화살 한 대를 쏘았는데 장포가 타고 있는 말에 정통으로 꽂히고 말았다. 상처를 입은 말이 고통스러워하며 본진으로 돌아오다가 문기에 미처 당도하지 못하고 땅바닥에 부딪치며 쓰러졌다. 그 바람에 장포는 땅 위로 솟구치고 말았다. 이이가 급히 큰 도끼를 돌리며 앞으로 달려가 장포의 머리를 향해 내리찍으려 할 때 별안간 한줄기 붉은빛이 번뜩이더니 어느 결에 이이의 머리가 땅바닥에 떨어지고 말았다. 알고 보니 관흥이 장포의 말이 돌아오는 것을 보고는 호응하려고 기다리고 있다가 별안간 장포의 말이 엎어지고 이이가 쫓아오는 것을 보고는 크게 호통을 치며 이이를 쪼개 말 아래로 떨어뜨렸다. 그러고는 장포를 구한 다음 기세를 몰아 들이쳤다. 손환은 대패했고 양군은 각기 징을 울려 군사를 거두었다.

이튿날 손환이 다시 군사를 이끌고 오자 장포와 관흥도 일제히 맞서러 나갔다. 관흥이 진 앞에 말을 세우고는 손환에게 단독으로 맞붙자며 싸움을 걸었다. 크게 노한 손환이 말고삐를 놓은 채 칼을 돌리며 달려들었으나 관흥과 30여 합을 싸우고는 기력이 다하여 대패하고 본진으로 돌아갔다. 두 젊은 장수가 뒤쫓아 군영 안으로 쳐들어가자 오반이 장남과 풍습을 이끌고 군사를 휘몰아 들이쳤다. 장포가 용기를 내어 앞장서서 오군 속으로 쳐들어가다 마침 사정과 맞닥뜨렸고 사정은 장포가 찌른 창에 찔려 죽고 말았다. 오군은 사방으로 흩어져 달아났다. 승리를 거둔 촉의 장수들이 군사를 거두었는데 관흥이 보이지 않았다. 장포가 깜짝 놀랐다.

"안국安國(관흥의 자)이 잘못되기라도 한다면 나 홀로 살지는 않겠다!"

말을 마치고는 창을 움켜쥐고 말에 올랐다. 몇 리를 찾아다녔을 때 왼손에 칼을 잡고 오른손에 한 장수를 산 채로 겨드랑이에 끼고 있는 관흥이 보였다. 장포가 물었다.

"그자는 누구냐?"

관흥이 웃으며 대답했다.

"내가 어지러운 군중 속에서 마침 원수와 마주쳤기에 사로잡아 오는 길이오."

장포가 보니 바로 전날 몰래 자신에게 화살을 쏘았던 담웅이었다. 장포는 크게 기뻐하며 함께 본영으로 돌아왔고 담웅의 머리를 베어 핏방울을 떨어뜨리며 죽은 말의 제사를 지냈다. 그러고는 바로 표문을 적어 선주가 있는 곳으로 사람을 보내 승전보를 알렸다.

손환은 이이, 사정, 담웅 등을 비롯하여 장수들과 사졸들이 꺾이자 힘이 다하고 형세가 고립되어 더 이상 대적할 수 없었다. 이에 즉시 오로 사람을 보내 구원을 요청했다. 촉의 장수 장남과 풍습이 오반에게 일렀다.

"지금 오군의 형세가 기울어졌으니 틈을 노려 기습하는 것이 좋겠습니다."

오반이 말했다.

"손환이 비록 허다한 장수와 사졸을 잃었다고는 하나 주연의 수군이 현재 강가에 군영을 꾸리고 있으며 아직 어떤 손실도 보지 않았소. 오늘 만일 습격하러 갔다가 수군이 상륙하여 우리의 돌아갈 길을 끊기라도 한다면 어떻게 하겠소?"

장남이 말했다.

"그 일은 지극히 쉽습니다. 관흥과 장포 두 장수에게 각기 5000명의 군사를 이끌고 산골짜기에 매복하게 하십시오. 주연이 손환을 구원하러 오거든 좌우 양군이 일제히 뛰쳐나와 협공하면 틀림없이 승리할 수 있을 것입니다."

오반이 말했다.

"차라리 먼저 졸개를 시켜 거짓으로 항복하게 하고 우리가 손환의 군영을 급습할 것이라는 정보를 주연에게 먼저 알리는 것이 나을 듯하오. 불길이 일어나는 것이 보이면 반드시 구원하러 올 것이니 그때 매복병으로 공격한다면 큰일을 이룰 수 있을 것이오."

풍습 등이 크게 기뻐하며 계책에 따라 실행했다.

한편 주연은 손환이 군사들을 잃고 장수마저 꺾였다는 소식을 듣고는 막 구원하러 가려고 했는데 별안간 길에 매복해 있던 군사가 투항하러 왔다는 몇 명의 병졸을 데리고 배 위로 올라왔다. 주연이 묻자 병졸이 말했다.

"저희는 풍습의 부하 사졸인데 상벌이 분명하지 않아 특별히 투항하러 왔습니다. 기밀도 알려드리려 합니다."

주연이 말했다.

"무슨 일을 알려준다는 것이냐?"

병졸이 말했다.

"오늘 밤 풍습이 틈을 노려 손장군의 군영을 급습할 것입니다. 불을 신호로 삼기로 약속했습니다."

그 말을 들은 주연이 즉시 사람을 시켜 손환에게 알렸다. 그런데 알리러 가던 사람이 도중에 관흥에게 살해되고 말았다. 이 사실을 모르는 주연은 대책을 상의하는 한편 군사를 이끌고 손환을 구하러 가려 했다. 그러자 부하 장수 최우崔禹가 말했다.

"병졸의 말을 깊이 믿어서는 안 됩니다. 만일 소홀함이 있기라도 한다면 수륙 양군이 모조리 끝장날 것입니다. 장군께서는 수채[18]를 단단히 지키고 계십시오. 제가 장군을 대신해 한번 가보겠습니다."

주연은 그 말을 따르기로 하고 즉시 최우에게 1만 명의 군사를 이끌고 앞으로 가게 했다. 그날 밤 풍습, 장남, 오반은 군사를 세 갈래로 나누어 곧장 손환의 군영으로 쳐들어갔다. 사방에서 불길이 일어나자 오병은 크게 어지러워지면서 길을 찾아 달아났다.

한편 한창 가고 있었던 최우는 별안간 불길이 일어나는 것이 보이자 급히 군사들을 재촉해 전진했다. 막 산을 돌아가려는데 느닷없이 산골짜기 안에서 북소리가 크게 진동하더니 왼쪽에서 관흥, 오른쪽에서 장포가 두 갈래 길로 협공해왔다. 깜짝 놀란 최우가 막 달아나려 할 때 마침 장포와 맞닥뜨렸다. 두 말이 엎치락뒤치락하자마자 단 1합 만에 장포가 최우를 생포한 채 군영으로 돌아갔다. 상황이 위급하다는 소식을 들은 주연은 배들을 하류로 50~60리나 몰아 물러났다. 패잔병을 이끌고 달아나던 손환이 부하 장수에게 물었다.

"앞쪽에는 어느 성이 견고하고 양식이 많은가?"

부하 장수가 말했다.

"북쪽으로 가면 바로 이릉성彝陵城이 나오는데 군사를 주둔시킬 만합니다."

손환은 패잔병을 이끌고 급히 이릉을 향해 달아났다. 이제 막 성으로 들어가려는데 오반 등이 뒤쫓아와 성을 사면으로 에워쌌다. 관흥, 장포 등은 최우를 압송해 자귀로 갔다. 선주는 크게 기뻐하며 최우를 참수하라는 명을 전달하고 삼군에 큰 상을 내렸다. 이때부터 위세를 크게 떨쳤으니 강남의 장수들 가운데 간담이 서늘하지 않은 자가 없었다.❸

한편 손환이 사람을 시켜 오왕에게 구원을 요청하자 오왕은 깜짝 놀라 즉시 문무관원들을 불러놓고 대책을 상의했다.

"지금 손환은 이릉에서 곤란한 지경에 빠졌고 주연은 강에서 대패했소.

촉군의 세력이 대단하니 어찌하면 좋겠소?"

장소가 아뢰었다.

"지금 비록 장수가 많이 죽었다고는 하나 여전히 10여 명이 살아 있는데 유비를 무엇 하러 걱정하십니까? 한당을 정장[19]으로 삼고 주태를 부장副將, 반장을 선봉, 능통을 후군으로 삼으시고 감녕을 지원군으로 삼아 10만 명의 군사를 일으켜 촉병을 막도록 하십시오."

손권은 장소의 말에 따라 즉시 장수들에게 명하여 속히 떠나게 했다. 이때 감녕은 이질을 앓고 있었으나 병을 무릅쓰고 출정했다. ❹

한편 선주는 무협, 건평[20]에서 시작해 곧장 이릉 경계까지 700여 리에 걸쳐 40여 개의 군영을 연결시켰다. 관흥과 장포가 여러 차례 큰 공을 세우자 감탄했다.

"예전에 짐을 따르던 장수들은 모두 노쇠하여 쓸모가 없어졌는데, 이제 다시 이토록 영웅 같은 두 조카가 있으니 짐이 어찌 손권을 근심하겠는가!"

한창 말하는 사이에 별안간 한당과 주태가 군사를 이끌고 이르렀다는 보고가 들어왔다. 선주가 막 장수를 보내 적과 맞서려는데 근신이 아뢰었다.

"노장 황충이 5~6명을 데리고 동오로 가버렸습니다."

선주가 웃으면서 말했다.

"황한승(황충의 자)은 배반할 사람이 아니니라. 짐이 실수로 늙은이들은 쓸모가 없다고 잘못 말했기에 그는 틀림없이 늙었다는 것을 인정하지 않고 있는 힘을 다해 대적하러 가는 것일세."

즉시 관흥과 장포를 불러 말했다.

"황한승이 이번에 갔으나 틀림없이 실수가 있을 것이니라. 조카들은 고생스럽다는 생각 말고 가서 돕도록 해라. 조금이라도 작은 공이 있으면 즉시 돌아오게 하여 실수가 없도록 해라."

두 젊은 장수는 선주에게 하직을 고한 후 본부 군사들을 이끌고 황충을
도우러 갔다.

늙은 신하 본래 군주에 충성하는 뜻 맹세하니
젊은 장수 나라에 보답하는 공적 이룰 수 있네
老臣素矢忠君志, 年少能成報國功

황충은 이번에 가서 어떻게 될 것인가?

제82회 동오 정벌에 나선 유비

❶

손권이 사자를 파견해 유비에게 화친을 청한 것은 사실이지만 그 사신이 누구였는지는 기록되지 않았다. 『자치통감』 권69 「위기魏紀 1」은 다음과 같이 기록하고 있다.

"남군태수 제갈근이 한주漢主(유비)에게 서신을 보내 말했다.

'폐하께서는 관우와 선제先帝(한 헌제)와의 관계에서 어느 쪽이 더 친하십니까? 형주와 천하를 비교해 어느 것이 크고 작습니까? 원수를 갚는 데 어느 쪽이 먼저입니까? 만일 이 몇 가지를 살펴보신다면 모든 것이 손바닥 뒤집듯이 쉬울 것입니다.'

그러나 한주는 듣지 않았다. 그때 누군가 제갈근이 따로 측근을 한주에게 보내 서로 연락한다는 헛소문을 퍼뜨렸다. 그러자 손권이 말했다.

'자유子瑜(제갈근의 자)와 나는 생사불변의 맹세가 있기에 나를 저버릴 수 없으니 나 또한 그를 저버릴 수 없소.'

그러나 헛소문이 여전히 밖에서 돌자 육손이 표문을 올려 제갈근에게 절대로 그런 일이 없다는 것을 증명하여 그가 속으로 불쾌해하는 것을 일소해야 한다고 했다."

❷

『삼국지』 「오서·육손전」은 다음과 같이 기록하고 있다.

"황무黃武 원년(222), 유비가 대군을 이끌고 서쪽 변경으로 향해 오자 손권은 육손을 대도독으로 임명하고 가절을 주어 주연, 반장, 송겸, 한당, 서성, 선우단, 손환 등 5만 명을 지휘하여 유비의 대군을 막도록 했다." 총지휘자는 손환이 아닌 육손이었으며 손환과 주연은 육손의 지휘를 받았다. 따라서 손환과 주연을 좌우도독으로 임명하여 촉에 저항하게 한 것은 아니었다.

❸

손환은 누구인가?

『삼국지』「오서·손환전」은 손환에 대해 다음과 같이 기록하고 있다.

"손환은 25세 때 안동중랑장安東中郞將에 임명되어 육손과 함께 유비를 막았다. 유비의 군대는 매우 많아 온 산과 산골짜기에 가득 차 있었는데 손환이 칼을 휘두르며 죽을힘을 다해 싸우고 육손과 마음을 합쳐 협력하자 유비는 마침내 패해 달아났다. 손환은 기문夔門으로 통하는 도로를 끊고 유비가 후퇴하는 주요 길목을 차단했다. 유비는 산을 넘고 험준한 곳을 지나서야 가까스로 벗어날 수 있었다. 유비는 분노하며 탄식했다.

'내가 예전에 경성京城(경구京口, 장쑤성 전장鎭江)에 도착했을 때 손환은 아직 어린 아이였는데 지금 나를 핍박하여 이 지경에 이르도록 했구나!'"

❹

능통은 유비와의 전쟁에 참가하지 않았다

『삼국지』「오서·능통전」에는 전쟁 참여에 관한 기록은 없고 "질병으로 세상을 떠났는데 이때 49세였다"고만 기록하고 있다. 그리고 「오서·낙통전駱統傳」은 "능통이 죽자 낙통이 다시 그의 병사들을 통솔했다"고 하면서 그 이후에 "낙통은 육손을 수행하여 의도宜都에서 촉군을 대파했고 편장군으로 승진했다"고 기록하고 있다. 결국 능통은 유비와의 전쟁 이전에 사망했다고 판단할 수 있다. 다른 곳에서도 능통이 참가했다는 기록은 없으며, 주태 또한 이 전쟁에 참가했다는 기록이 없다.

제 83 회

육손과의 대결

효정에서 싸운 선주는 원수들을 잡고,
강구를 지키던 서생은 대장에 임명되다

戰猇亭先主得仇人,
守江口書生拜大將

장무 2년(222) 봄 정월, 무위후장군武威後將軍[1] 황충은 선주를 수행하여 오를 정벌했는데, 별안간 선주가 노장은 쓸모가 없다고 하는 말을 듣고는 즉시 칼을 잡고 말에 올라 따르는 심복 5~6명을 데리고 이릉의 군영으로 갔다. 오반이 장남, 풍습과 함께 맞아들이고는 물었다.

"노장군께서 이곳에 무슨 일로 오셨습니까?"

황충이 말했다.

"내가 장사에서 천자를 따른 이래로 지금까지 고생을 마다하지 않고 많은 노력을 했소. 지금 비록 칠순을 넘겼으나 아직도 고기 10근은 거뜬히 먹을 수 있고 이 팔은 2석의 활을 당길 수 있는 힘이 있으며 말을 타고 천리를 달릴 수 있으니 아직 늙었다고 할 수 없소. 그런데 어제 주상께서 말씀하시다 늙은이는 쓸모가 없다고 하시니 이렇게 동오와 맞붙어 싸우고자 왔소. 내 적장을 베어낼 테니 늙었는지 늙지 않았는지 보시오!"

한창 말하고 있는데 별안간 오병 선봉대가 이미 당도했고 정찰 기병이 군영 앞까지 왔다는 보고가 들어왔다. 황충이 힘차게 일어나 군막을 나가더니 말에 올랐다. 풍습 등이 만류했다.

"노장군께서는 가볍게 나가지 마십시오."

황충은 그 말을 듣지 않고 말고삐를 늦추며 달려나갔다. 오반이 풍습에게 군사를 이끌고 싸움을 돕게 했다. 오군 진영 앞에서 고삐를 당겨 말을 세운 황충은 칼을 비껴들고 선봉 반장에게 단독으로 맞붙자며 싸움을 걸었다. 반장이 부하 장수 사적史迹을 데리고 말을 몰며 나왔다. 사적은 황충이 늙은 것을 얕잡아 보고는 창을 잡고 출전했으나 3합도 싸우지 못하고 황충의 한칼에 베어져 말 아래로 떨어졌다. 크게 노한 반장이 관공이 사용하던 청룡도를 휘두르며 황충과 싸우러 달려나왔다. 두 말이 서로 뒤섞여 몇 합을 싸웠으나 승부를 가리지 못했다. 황충이 필사적으로 치열하게 싸우자 반장은 대적할 수 없다고 판단해 말을 돌리고는 이내 달아났다. 황충이 기세를 몰아 적을 들이쳐서 완승을 거두고 돌아왔다. 돌아오는 길에 관흥과 장포를 만났다. 관흥이 말했다.

"저희가 폐하의 명령을 받들어 노장군을 도와드리러 왔습니다. 이미 공을 세우셨으니 속히 군영으로 돌아가시지요."

그러나 황충은 듣지 않았다.

이튿날 반장이 또 와서 싸움을 걸었다. 황충이 기세 좋게 말에 올랐다. 관흥과 장포 두 사람이 싸움을 도우려 하자 황충은 듣지 않았고, 오반이 싸움을 도우려 했으나 이 또한 듣지 않고는 직접 군사 5000명만을 이끌고 맞서러 나갔다. 싸운 지 몇 합이 되지 않아 반장이 칼을 끌며 이내 달아났다. 황충은 말고삐를 놓고 그의 뒤를 추격하며 엄하게 고함을 질렀다.

"적장은 달아나지 마라! 내 이제 관공의 원수를 갚겠노라!"

30여 리를 뒤쫓았을 때 사방에서 함성이 크게 진동하더니 복병들이 일제히 뛰어나왔다. 오른쪽은 주태, 왼쪽은 한당, 앞에는 달아나던 반장이 되돌아왔고, 뒤에서는 능통이 달려들어 황충을 한가운데로 몰아 에워싸면서 곤란한 지경에 빠뜨렸다. 그때 별안간 광풍이 크게 일어났다. 황충이 급히 물러나려 할 때 산비탈에서 마충이 한 부대를 이끌고 나타나더니 화살 한 대를 날렸다. 화살은 황충의 어깻죽지에 그대로 꽂혔고 그 바람에 황충은 말에서 떨어질 뻔했다. 황충이 화살에 맞은 것을 본 오병들이 일제히 공격해왔다. 그때 뒤쪽에서 느닷없이 함성이 크게 일더니 두 갈래 길로 군사들이 몰려왔다. 오병들이 뿔뿔이 흩어질 때 황충을 구출했는데 다름 아닌 관흥과 장포였다. 두 젊은 장수가 황충을 보호하며 곧장 황제가 계신 군영으로 갔다. 황충은 연로한 데다 혈기마저 쇠약해져 화살 맞은 상처가 통증이 심해지면서 터져버렸고 이 때문에 병세가 위중했다. 선주가 친히 와서 살펴보고 그의 등을 어루만지며 말했다.

"노장군을 상처 입게 한 것은 짐의 잘못이오!"

황충이 말했다.

"신은 한 무사일 뿐인데 다행히도 폐하를 만나 뵙게 되었습니다. 신 올해 75세이니 충분히 오래 살았습니다. 바라건대 폐하께서는 용체를 잘 보전하시고 중원을 도모하소서!"

말을 마치더니 정신을 잃고 말았다. 그날 밤 어영²에서 운명했다. 후세 사람이 찬탄한 시가 있다.

노장이라고 한다면 황충을 말하는 것이니
서천을 거두는 데 커다란 공적을 세웠다네
금 철사로 꿰어 만든 갑옷³을 겹쳐 입고

양손으로 쇠로 만든 철태궁[4]을 당겼도다

그의 담력과 기개는 하북[5]을 놀라게 했고

그의 위엄 있는 명성은 촉중을 떨쳤다네

죽음 맞이할 즈음 눈같이 백발이었지만

여전히 스스로 영웅다운 모습 드러냈다네

老將說黃忠, 收川立大功

重披金鎖甲, 雙挽鐵胎弓

膽氣驚河北, 威名鎭蜀中

臨亡頭似雪, 猶自顯英雄 ❶

황충의 숨이 끊어진 것을 본 선주는 슬퍼해 마지않으며 관곽을 갖추어 성도로 운구한 후 장사 지내도록 칙령을 내렸다. 선주가 탄식했다.

"오호대장 중에 이미 세 사람이 죽었구나. 짐은 여전히 원수를 갚지 못하고 있으니 심히 애석하도다!"

이에 어림군을 이끌고 곧장 효정[6]에 이르러 장수들을 모조리 모아놓고 군사들을 여덟 길로 나누어 수륙으로 함께 전진하기로 했다. 수로에서는 황권이 군사를 이끌었고 선주는 직접 대군을 인솔하여 육로로 진군했다. 이때가 장무 2년(222) 2월 중순이었다.

한당과 주태는 선주가 친히 정벌하러 왔다는 소식을 듣고는 군사를 이끌고 나가 맞섰다. 양쪽의 진이 원형으로 펼쳐지자 한당과 주태가 말을 몰고 나갔다. 촉 군영 문기가 열리는 곳에 선주가 직접 나오는 것이 보였는데 황색 명주에 금색 실을 박아넣은 산개[7]에 좌우에는 백모[8]와 황월[9]이 따르고 금

빛과 은빛 정절[10]이 앞뒤를 둘러쌌다. 한당이 크게 소리 질렀다.

"폐하께서는 이제 촉주가 되셨거늘 어찌하여 가볍게 나오셨소? 만일 일이 잘못되기라도 한다면 후회해도 소용없을 것이오!"

선주가 멀리 가리키며 욕설을 퍼부었다.

"너희 오의 개들이 짐의 형제를 해쳤으니 맹세코 천지간에 네놈들과 같이 서지는 않으리라!"

한당이 장수들을 돌아보며 말했다.

"누가 감히 촉병과 부딪쳐 싸우겠는가?"

부하 장수 하순夏恂이 창을 잡고 말을 몰며 나갔다. 그러자 선주 등 뒤에서 장포가 장팔모를 잡고 말고삐를 놓은 채로 달려나가며 크게 호통을 치더니 곧장 하순에게 달려들었다. 장포의 호통 소리가 마치 커다란 우렛소리처럼 들린 하순은 내심 놀라고 두려운 나머지 달아나려 했다. 그러자 주태의 아우 주평周平이 하순이 대적하지 못하는 것을 보고는 칼을 휘두르며 말고삐를 놓고 달려왔다. 그것을 보고 있던 관흥도 말에 박차를 가하며 칼을 잡고 달려나갔다. 장포가 큰 소리로 호통을 치더니 한 창에 하순을 찔러 말 아래로 쓰러뜨렸다. 그 광경을 본 주평이 깜짝 놀랐으나 그가 손쓸 겨를도 없이 관흥의 칼에 목이 떨어지고 말았다. 두 젊은 장수는 즉시 한당, 주태를 취하고자 달려들었다. 한당과 주태 두 사람은 황급히 물러나 진으로 들어갔다. 그 광경을 본 선주가 감탄했다.

"호랑이 아비에게 개 같은 자식은 없는 법이로구나!"

선주가 채찍을 들어 가리키자 촉군이 일제히 들이쳤고 오군은 대패했다. 여덟 갈래 길의 군사들이 샘물이 솟아오르는 듯한 기세로 들이치자 죽어 자빠진 오군의 시체가 온 들판에 널리고 흐른 피가 강을 이룰 정도였다.

한편 배 안에서 요양하고 있던 감녕은 촉군이 대규모로 몰려온다는 소식을 듣고는 화급히 말에 올랐다. 마침 몰려오던 한 떼의 만병蠻兵과 맞닥뜨렸는데 모두 머리를 풀어헤치고 맨발에 활과 쇠뇌, 긴 창 그리고 방패와 칼, 도끼를 사용했다. 앞장선 우두머리는 번왕 사마가로 생김새는 피를 뿜어내는 듯한 붉은 얼굴에 푸른 눈은 튀어나와 있었다. 한 자루의 철질려골타[11]를 사용하며 허리에 두 벌의 긴 활을 차고 있었는데 위풍이 꽤 넘쳐났다. 그의 대단한 기세를 본 감녕은 감히 맞붙어보지도 못하고 말을 돌려 달아났으나, 사마가가 쏜 화살을 머리에 정통으로 맞고 말았다. 감녕은 화살이 꽂힌 채 달아나다 부지구[12]에 이르러 커다란 나무 아래에 앉아 있다가 죽고 말았다. 나무 위에 수백 마리의 까마귀가 감녕의 시신을 둘러쌌다. 그 소식을 들은 오왕은 애통해 마지않았으며 예를 갖추어 후하게 장사 지내고 사당을 지어 제사를 지내줬다. 후세 사람이 탄식한 시가 있다.

파군 임강현 땅에서 태어난 사람 감흥패[13]는
장강에서 비단으로 배 돛을 만든 도적이었네
자신을 알아보고 중용해준 군주에 보답하고
친구의 은혜도 갚고 원수도 감화시켰다네

가볍게 무장한 기병 이끌고 군영을 기습하고
큰 사발로 가득 술 마시고 군사들 휘몰았네
신아[14]들도 죽은 혼령을 알아볼 수 있으니
사당의 향과 등촉 천추에 영원히 이어지리라
巴郡甘興霸, 長江錦幔舟

酬君重知己, 報友化仇讐

劫寨將輕騎, 驅兵飲巨甌

神鴉能顯聖, 香火永千秋 ❷

한편 선주는 기세를 몰아 적을 추격하며 들이치더니 마침내 효정을 손에 넣었다. 오군은 사방으로 뿔뿔이 흩어져 달아났다. 선주가 군사를 거두었는데 관흥만이 보이지 않자 황급히 장포 등에게 명하여 사방으로 그의 행방을 찾게 했다. 알고 보니 관흥은 오의 진영으로 쳐들어가다가 마침 원수인 반장과 맞닥뜨렸고 말을 타고 질주해 그를 추격했다. 깜짝 놀란 반장은 산골짜기 속으로 달아났으나 어디로 갔는지 알 수가 없었다. 여러모로 생각한 관흥은 그가 산속 어딘가에 있을 것이라 짐작하고 여기저기 왔다 갔다 하면서 찾아다녔지만 보이지 않았다. 그사이 날이 저물어 길을 잃어버리고 말았다. 다행히 별빛과 달빛에 의지해 산 후미진 곳에 이르니 때는 이미 이경이 되었다. 어느 한 장원에 도착하여 말에서 내려 문을 두드렸다. 한 노인이 나오면서 누구냐고 묻자 관흥이 말했다.

"나는 전쟁에 나온 장수인데 길을 잃어 이곳까지 이르렀소. 요기할 밥 한 그릇 주셨으면 합니다."

노인이 안으로 안내했는데 대청 안에는 명촉明燭(옛날 제사 때 사용하는 촉)이 밝혀져 있고 한가운데는 관공의 신상神像이 그려진 그림이 모셔져 있었다. 관흥이 통곡을 하며 절을 올렸다. 그러자 노인이 물었다.

"장군은 무슨 까닭으로 곡을 하며 절을 올리시오?"

관흥이 말했다.

"이분이 제 부친이십니다."

그 말을 들은 노인이 바로 무릎을 꿇고 절을 했다. 관흥이 말했다.

"무슨 연유로 제 아버님께 공양을 하십니까?"

노인이 대답했다.

"이곳에서는 모두가 관공을 신으로 숭상하고 있습니다. 관공께서 살아 계셨을 때도 집집마다 모셨는데 하물며 지금은 신이 되셨는데 어찌 모시지 않겠습니까? 이 늙은이는 단지 촉군이 속히 관공의 원수를 갚기를 바라고 있습니다. 지금 장군께서 이곳에 오셨으니 백성에게 복이 있다 하겠습니다."

그러고는 즉시 술과 밥을 차려 대접했고 안장을 내려 말에게도 먹이를 주었다.

삼경이 지났을 때 별안간 문 밖에서 또 한 사람이 문을 두드렸다. 노인이 나가서 묻자 바로 반장이었다. 초당으로 들어오다 때마침 관흥이 그를 발견했다. 관흥이 검을 어루만지며 크게 소리 질렀다.

"이 역적 놈아, 달아나지 마라!"

반장이 몸을 돌려 이내 달아났다. 그때 별안간 문 밖에서 한 사람이 나타났는데, 짙은 자색의 대추 같은 낯빛에 눈구석이 치켜 올라간 붉은 봉황의 눈과 잠자는 누에처럼 길고 굽은 눈썹에 세 가닥의 아름다운 수염을 흩날리며 녹색 전포에 황금 갑옷을 걸치고 검을 어루만지며 들어왔다. 신령이 되어 나타난 관공을 본 반장은 외마디 소리와 함께 영혼이 놀라 흩어졌다. 몸을 돌려 달아나려 했으나 어느 결에 관흥이 손에 들고 있던 검으로 내리치자 반장의 목이 땅바닥에 떨어졌다. 관흥은 핏방울이 뚝뚝 떨어지는 심장을 꺼내 관공의 신상 앞에서 제사를 지냈다. 부친의 청룡언월도를 되찾은 관흥은 반장의 수급을 말 목 아래에 묶고 노인과 작별한 다음 반장의 말을 타고 본영으로 향해 갔다. 노인은 직접 반장의 시신을 끌어내 불태워버렸다. ❸

한편 관흥이 몇 리도 채 못 갔을 때 별안간 사람들이 떠들고 말이 울부짖는 소리가 들리더니 한 떼의 군사들이 몰려왔는데 앞장선 장수는 바로 반장의 부하 장수 마충이었다. 관흥이 주장 반장을 죽인 데다 그의 수급이 말목 아래에 묶여 있고 청룡도도 관흥 손에 있는 것을 본 마충은 벌컥 성을 내더니 말고삐를 놓고 관흥에게 달려들었다. 부친을 해친 원수를 본 관흥도 노기충천하여 청룡도를 번쩍 들어올리며 마충을 향해 바로 내리찍었다. 그러자 마충의 부하 군사 300명이 달려오면서 함성을 지르며 관흥을 한가운데로 몰아 에워쌌다. 관흥이 혼자 맞붙으니 형세 또한 위태로워졌다. 그때 별안간 서북쪽에서 한 떼의 군마가 들이쳤는데 바로 장포였다. 구원병이 당도한 것을 본 마충은 황급히 군사를 이끌고 스스로 물러났다. 관흥과 장포는 함께 그 뒤를 추격했다. 몇 리를 못 갔을 때 앞쪽에서 미방과 부사인이 군사를 이끌고 마충을 찾으러 오고 있었다. 양군은 한곳에 뒤엉켜 일대 혼전을 벌였다. 군사가 적은 장포와 관흥 두 사람은 황망히 퇴각하여 효정으로 돌아왔다. 선주를 알현하여 반장의 수급을 바치고 있었던 일들을 자세히 말하자 선주는 놀라워하며 삼군에 술과 음식을 내리고 위로했다.

한편 마충은 돌아가 한당과 주태를 만나고 패잔병을 수습하여 각기 군사를 나누어 지켰다. 다친 군사가 헤아릴 수 없을 정도로 많았다. 마충은 부사인과 미방을 데리고 강 모래섬에 주둔했다. 그날 밤 삼경에 군사들이 모두 소리 내어 울고 있었는데 울음소리가 그치지 않았다. 미방이 몰래 울음소리를 듣고 있었는데 한 군사가 말했다.

"우리는 모두 형주의 군사들인데 여몽의 간계로 주공께서 목숨을 잃으셨네. 지금 유황숙께서 친히 군대를 인솔하여 정벌에 나섰으니 동오는 조만간 끝장날 걸세. 원수는 미방과 부사인일세. 우리가 마땅히 두 역적 놈을 죽이고 촉 진영으로 가서 투항해야 하지 않겠는가? 공로가 적지 않을 걸세.”

또 다른 군사가 말했다.

“성급하게 움직여서는 안 될 걸세. 틈이 생기길 기다렸다가 바로 손을 써야 할 것이네.”

그 말을 들은 미방은 깜짝 놀라 즉시 부사인과 상의했다.

“군심이 변해서 우리 두 사람의 목숨은 보전하기 어려울 것 같소. 지금 촉주가 원수로 여기는 자는 마충뿐이니, 그자를 죽여서 그 수급을 촉주에게 바치고 ‘우리는 부득이하게 오에 항복했던 것인데 이제 황제께서 친히 오신 것을 알고는 특별히 군영으로 죄를 청하러 찾아왔다’고 고해야겠소.”

부사인이 말했다.

“안 되오. 갔다가는 틀림없이 화를 당할 것이오.”

미방이 말했다.

“촉주는 관대하고 후덕한 데다 지금 아두 태자는 나의 생질이니 외척의 정을 생각하여 틀림없이 해를 입히려 하지는 않을 것이오.”

계책을 결정한 두 사람은 먼저 말부터 준비했다. 삼경 쯤에 군막으로 들어가 마충을 찔러 죽이고 수급을 자른 두 사람은 수십 명의 기병을 데리고 곧장 효정으로 갔다. 길에 매복해 있던 군사들이 먼저 그들을 장남과 풍습에게 인도했고 두 사람은 오게 된 사연을 구체적으로 이야기했다.❹

이튿날 어영에 이르러 선주를 알현하고 마충의 수급을 바치고는 앞에서 울면서 고했다.

“신 등은 진실로 배반할 마음이 없었는데 여몽이 간사한 계책으로 관공이 이미 죽었다고 말했고 속임수로 성문을 열게 했기에 어쩔 수 없이 항복한 것입니다. 지금 폐하께서 친히 오셨다는 소식을 듣고는 특별히 이 도적놈을 죽이고 폐하의 한을 씻어드리고자 왔습니다. 엎드려 바라건대 폐하께서는 신 등의 죄를 용서해주십시오."

선주가 크게 노했다.

"짐이 성도를 떠난 지 많은 시간이 지났거늘 너희 두 놈은 어째서 그때 죄를 청하지 않았느냐? 지금 형세가 위태로워지니 교묘한 말로 목숨을 보전하려는 것이로다! 짐이 네놈들을 용서한다면 구천에 가서 무슨 면목으로 관공을 본단 말이냐!"

말을 마치더니 관흥에게 어영에 관공의 신위를 세우라고 명했다. 선주는 친히 마충의 수급을 두 손으로 받쳐 들고는 신위 앞으로 가서 제사를 지냈다. 또 관흥에게 명하여 미방과 부사인의 의복을 벗기고 영전 앞에 무릎을 꿇리게 한 다음 친히 칼로 그들을 토막 내어 제사를 지내게 했다. 그때 별안간 장포가 군막에 올라 선주 앞에서 절을 올리며 소리 내어 울었다.

"둘째 큰아버님의 원수들은 모두 살육되었는데, 신 아비의 원한은 어느 날에야 갚을 수 있겠습니까?"

선주가 말했다.

"조카는 걱정하지 말거라. 짐이 강남을 평정하여 오의 개들을 모조리 죽이고 두 역적놈을 사로잡아 직접 잘게 썰어 젓갈로 담아[15] 네 부친에게 제사를 지낼 수 있게 하겠노라."

장포는 눈물을 흘리며 감사하고 물러났다. ❺

이때 선주의 명성을 크게 떨치니 강남 사람들 모두 혼비백산하여 밤낮으로 울부짖었다. 한당과 주태는 크게 놀라 급히 오왕에게 아뢰어 미방과 부사인이 마충을 죽이고 촉 황제에게 돌아갔으나 그들 또한 촉 황제에게 죽임을 당했다고 구체적으로 보고했다. 덜컥 겁이 난 손권은 즉시 문무관원들을 모아놓고 대책을 상의했다. 보즐이 아뢰었다.

"촉주가 원수로 여기는 자는 바로 여몽, 반장, 마충, 미방, 부사인입니다. 지금 이들은 모두 죽었으나 범강과 장달 두 사람만이 동오에 살아 있습니다. 마땅히 이 두 사람을 사로잡아 장비의 수급과 함께 사자를 파견해 돌려보내고 형주를 넘겨주며 부인을 돌아가도록 해야 합니다. 표문을 올려 화친을 구하고 다시 이전의 상황으로 돌려놓아 함께 위를 멸망시키자고 한다면 촉군은 저절로 물러갈 것입니다."

손권은 그 말을 따르기로 하고 즉시 침향나무 목갑에 장비의 수급을 담고는 범강과 장달을 포박하여 함거에 가두고 정병程秉을 사자로 삼아 국서를 가지고 효정으로 향해 가도록 했다.❻

한편 선주는 출병하여 앞으로 나아가려 했다. 그때 별안간 근신이 아뢰었다.

"동오에서 사자를 파견해 장거기張車騎(거기장군 장비)의 수급을 보내왔고 아울러 범강과 장달 두 역적도 함께 구금하여 끌고 왔습니다."

선주가 양손을 이마에 갖다 대며[16] 말했다.

"이것은 하늘이 내려주신 것이로다. 셋째 아우 또한 영험하구나!"

즉시 장포에게 명하여 장비의 신위를 설치하도록 했다. 선주는 목갑 안에 있는 장비의 수급이 생전의 얼굴 모습에서 전혀 변하지 않은 것을 보고는 대성통곡했다. 장포는 예리한 칼을 들어 범강과 장달을 갈기갈기 찢어 능지처참하고[17] 부친의 영전에 제사 지냈다.❼

제사를 마쳤으나 선주의 노기는 식지 않았고 오를 멸망시키려고만 했다. 마량이 아뢰었다.

"원수들이 모조리 죽었으니 원한도 씻었다고 할 수 있습니다. 오의 대부

정병이 이곳에 와서 형주를 반환하고 손부인을 돌려보낼 테니 영원히 우호 관계를 맺어 함께 위를 멸하자면서 엎드려 성지聖旨(황제의 명령)를 기다리고 있습니다."

선주가 노했다.

"짐이 이를 가는 원수는 바로 손권이다. 지금 그자와 화친을 맺고 연합한다면 지난날 두 아우와의 맹세를 저버리는 것이다. 이제 먼저 오를 멸한 다음에 위를 멸망시킬 것이니라."

그러고는 즉시 사자를 참수하고 오와의 친분을 끊으려 했다. 많은 관원이 간절히 만류하여 사자는 간신히 죽음에서 면할 수 있었다. 머리를 감싸고 쥐새끼처럼 달아난 정병은 돌아가 오주에게 아뢰었다.

"촉은 강화를 따르지 않고 맹세코 먼저 동오를 멸망시킨 다음에 위를 정벌하겠다고 합니다. 신하들이 간절히 간언했으나 듣지 않으니 어찌하면 좋겠습니까?"

깜짝 놀란 손권은 어찌할 바를 몰라 갈팡질팡했다. 감택闞澤이 반열에서 나와 아뢰었다.

"지금 하늘을 떠받칠 기둥이 있는데 어찌하여 등용하지 않습니까?"

손권이 서둘러 누구냐고 묻자 감택이 말했다.

"지난날 동오의 큰일은 모두 주랑이 도맡았고 그 후에는 노자경이 대신했으며, 자경이 죽은 후에는 여자명呂子明(여몽의 자)이 결정했습니다. 지금 자명이 비록 죽었다고는 하나 육백언陸伯言(육손의 자)이 형주에 있습니다. 이 사람은 비록 유생이지만 실제로는 뛰어난 재능과 원대한 계략이 있습니다. 신이 그를 평가한다면 결코 주랑보다 아래에 있지 않습니다. 이전에 관공을 깨뜨린 계책도 모두 백언에게서 나온 것입니다. 주상께서 만약 그를 쓰신다면 틀림없이 촉을 격파할 수 있을 것입니다. 혹여 그가 실수라도 한다면 신 원컨대 그와 죄를 함께하겠습니다."

손권이 말했다.

"덕윤德潤(감택의 자)의 말씀이 아니었더라면 내 하마터면 큰일을 그르칠 뻔했소."

장소가 말했다.

"육손은 일개 서생에 불과할 따름입니다. 유비의 적수가 아니니 등용해서는 안 됩니다."

고옹 또한 말했다.

"육손은 나이가 어리고[18] 명망이 부족하여 여러 인사가 따르지 않을까 걱정됩니다. 만일 사람들이 복종하지 않는다면 재난과 변란이 발생할 것이니 반드시 큰일을 그르치고 말 것입니다."

보즐 또한 말했다.

"육손의 재주는 군을 다스리는 정도에 그칠 뿐, 그에게 큰일을 맡기시는 것은 마땅치 않습니다."

감택이 크게 소리쳤다.

"만일 육손을 쓰지 않는다면 동오는 끝장날 것입니다! 신이 원컨대 온 집안을 걸고 그를 보증하겠습니다!"

손권이 말했다.

"나 또한 평소에 육백언에게 뛰어난 재주가 있음을 알고 있소! 내 뜻이 이미 결정되었으니 더 이상 다른 말은 하지 마시오."

이에 육손을 불러들이라고 명했다.

육손은 본명이 육의陸議였는데 나중에 이름을 손遜으로 바꾸었다. 그는 자가 백언伯言으로 바로 오군吳郡 오현吳縣 사람이었다. 한나라 성문교위였던 육우陸紆의 손자이자 구강도위九江都尉 육준陸駿의 아들로, 신장은 8척이고 얼굴은 아름다운 옥 같았으며, 관직은 진서장군[19]이었다. 즉시 부름을 받들어 이르렀고 배알을 마치자 손권이 말했다.

"지금 촉군이 경계까지 들이닥쳤다. 내가 특별히 경에게 명하노니 군마를 총감독하여 유비를 격파하도록 하라."

육손이 말했다.

"강동의 문무관원들은 모두 대왕의 오래된 신하입니다. 신은 나이도 어리고 재주도 없는데 어찌 그들을 통제할 수 있겠습니까?"

손권이 말했다.

"감덕윤이 온 집안을 걸고 경을 보증했고 나 또한 평소에 경의 재주를 알고 있소. 지금 경을 대도독으로 임명하니 경은 거절하지 마시오."

육손이 말했다.

"만일 문무관원들이 복종하지 않는다면 어찌합니까?"

손권은 차고 있던 검을 육손에게 건네며 말했다.

"만약 호령을 듣지 않는 자가 있다면 먼저 참수하고 나중에 아뢰도록 하시오."

육손이 말했다.

"중대한 위탁을 받들었는데 감히 명령을 삼가 받들지 않겠습니까만 바라건대 대왕께서 내일 관원들을 모아놓은 자리에서 신에게 하사해주소서."

감택이 말했다.

"옛날에 장수를 임명할 때는 반드시 단을 쌓고 관원들을 모아놓은 자리에서 백모白旄와 황월黃鉞 그리고 인수印綬와 병부兵符를 하사했습니다. 그런 다음에야 위세를 부리고 명이 엄숙해지는 법입니다. 지금 대왕께서 이런 예에 따라 날을 잡고 단을 쌓은 뒤 백언을 대도독으로 임명하고 가절월[20]을 내리신다면 사람들 가운데 복종하지 않는 자가 없을 것입니다."

손권은 그 말을 따르기로 하고 사람들에게 명하여 밤새 단을 쌓게 했으며 백관이 모두 모이도록 했다. 육손을 단에 오르도록 청한 다음 대도독, 우호군, 진서장군[21]으로 임명하고 누후婁候로 봉했다. 또한 보검과 인수를 하사하고 6군 81주[22]와 형초荊楚의 여러 군마를 통솔하게 했다. 오왕이 그에게 당부했다.

"도성 안은 내가 주관할 테니 도성 이외의 모든 강토는 장군이 통제하시오."

명을 받든 육손은 단을 내려가 서성과 정봉을 호위로 삼고 그날로 출병하는 한편, 여러 갈래의 군마를 이동시켜 수륙으로 함께 진격했다. 문서가 효정에 당도하자 한당과 주태가 깜짝 놀랐다.

"주상께서 어찌하여 일개 서생에게 군사의 총지휘를 맡기셨단 말인가?" 육손이 당도했으나 사람들이 모두 따르지 않았다. 육손이 공무를 논의하고자 군막으로 장수들을 소집했지만 사람들은 마지못해 배알하고 축하할 뿐이었다. 육손이 말했다.

"주상께서 나를 대장으로 임명하고 군사를 총감독하여 촉을 격파하라 명하셨소. 군에는 일정한 법도가 있으니 공들은 각자 준수해야 할 것이오. 왕법에는 사사로운 인정이 없으니 어기고 후회하는 일이 없도록 하시오."

모두 묵묵히 있을 뿐 말이 없었다. 주태가 말했다.

"지금 안동장군[23] 손환은 주상의 조카로 현재 이릉성 안에 갇혀 곤경에 빠져 있는데 성안에는 양식과 마초도 없고 밖에도 구원병이 없는 상황입니다. 도독께서는 어서 좋은 계책을 마련해 손환을 구출하고 주상의 마음을 편안하게 해주십시오."

육손이 말했다.

"내 평소에 손안동(안동장군 손환)이 군심을 깊이 얻은 것으로 알고 있는데 틀림없이 성을 견고히 지킬 것이니 구원할 필요가 없소. 내가 촉을 격파한 뒤에는 저절로 나오게 될 것이오."

모두 몰래 비웃으며 물러갔다. 한당이 주태에게 일렀다.

"이제 이런 어린아이를 대장으로 삼았으니 동오는 끝장날 것이오! 공은 저자가 하는 짓을 보셨소?"

주태가 말했다.

"내가 잠시 말로 그를 시험해봤는데 벌써부터 한 가지 계책도 없으니 어찌 촉을 깨뜨릴 수 있겠소!"

이튿날 육손은 장수들에게 각자 주둔해 있는 요새에서 협곡의 입구를 단단히 지키되 함부로 적과 대적하지 말라는 명을 전달했다. 모두 그가 겁이 많다고 비웃으면서 견고하게 지키려 하지 않았다. 이튿날 육손은 군사 상황을 듣고 논의하고자 장수들을 군막으로 불러놓고 말했다.

"나는 왕명을 받들어 모든 군을 총지휘하고 있소. 어제 이미 그대들에게 삼령오신[24]으로 각자의 요새지를 견고히 지키라고 재삼 명을 내리고 타일렀거늘 모두 내 명을 따르지 않고 있으니 어찌된 일이오?"

한당이 말했다.

"나는 손장군이 강남을 평정한 이래로 수백 번의 전투를 거쳤고 나머지 장수도 토역장군討逆將軍(손책)이나 지금의 대왕을 따라 모두 갑옷을 입고 무기를 들어 생사를 넘나들었던 인사들이오. 지금 주상께서 공을 대도독으로 삼아 촉병을 물리치라고 명하셨으니 마땅히 조속히 계책을 결정하고 군마를 파견하며 각기 군사를 분담하고 진격시켜 큰일을 도모해야 하거늘, 단지 굳게 지키기만 하고 싸우지 말라고 명하니 어찌 하늘이 적을 죽일 때까지 기다린단 말이오? 우리는 목숨을 아끼고 죽음을 두려워하는 사람들이 아니오. 우리의 예리한 기세를 떨어뜨릴 생각이오?"

이에 군막 안의 장수들이 모두 그 말과 동시에 외쳤다.

"한장군의 말씀이 옳소. 우리는 간절히 생사를 걸고 싸우기를 원하오!"

그 말을 들은 육손이 검을 뽑아 들고 엄하게 소리쳤다.

"내 비록 일개 서생이나 지금 주상께서 막중한 소임을 부탁하신 것은 내게 조금이라도 칭찬할 만한 장점이 있고 능히 치욕을 참아내며 중임을 맡을 수 있다고 여기셨기 때문이오. 그대들은 단지 각자 협곡의 입구를 방비하고 요충지를 단단히 지키기만 하시오. 함부로 행동하는 것을 허락하지 않으니 명을 어기는 자가 있다면 모두 참수하겠소!"

모두 분개하며 물러갔다. ❽

한편 선주는 효정에서부터 곧장 천구까지 700리에 걸쳐 군마를 이어지게 배치했다. 앞뒤로 40개의 군영을 세우니 낮에는 깃발들이 해를 가리고 밤에는 불빛이 하늘을 환하게 비추었다. 그때 별안간 정탐꾼이 보고했다.

"동오가 육손을 대도독으로 삼아 군마를 총지휘하게 했습니다. 육손이 장수들에게 각자 요충지를 지키기만 하고 나가 싸우지 못하게 명했다고 합니다."

선주가 물었다.

"육손은 어떤 사람인가?"

마량이 아뢰었다.

"육손은 비록 동오의 일개 서생에 불과하고 나이도 어리지만 재주가 많으며 지략이 뛰어납니다. 이전에 형주를 급습한 것도 모두 이자의 간사한 계책이었다고 합니다."

선주는 크게 노했다.

"이런 새파란 놈이 간사한 계책을 써서 짐의 두 아우를 해쳤으니 이제 그놈을 사로잡고 말리라!"

그러고는 즉시 군사를 진격시키라 명을 전달했다. 마량이 간언했다.

"육손의 재주는 주랑에 뒤떨어지지 않으니 함부로 대적해서는 안 됩니다."

선주가 말했다.

"짐이 용병으로 늙었거늘 어찌 풋내기 어린아이만 못하단 말인가!"

마침내 친히 선봉대를 이끌고 주요 관문과 협곡의 입구를 공격했다.

선주의 군대가 오는 것을 본 한당은 사람을 보내 육손에게 보고했다. 육손은 한당이 함부로 움직일까 걱정되어 급히 직접 말을 몰고 왔다. 육손이 살펴보니 마침 한당이 산 위에 말을 세우고 있었다. 멀리서 촉병이 온 산과 벌판을 가득 채우고 몰려오고 있었는데 군중에 누런 명주로 짠 산개가 어렴풋이 보였다. 한당은 육손을 맞이하며 말 머리를 나란히 하고 살펴봤다. 한당이 손가락으로 가리키며 말했다.

"군중에 틀림없이 유비가 있을 것이니 내 그를 치고자 하오."

육손이 말했다.

"유비가 군사를 일으켜 동쪽으로 내려오면서 10여 차례 연이어 승리를 거두었으니 예기가 한창이오. 지금은 단지 높은 곳에 올라 지세가 험준한 곳을 지켜야지 경솔하게 나가지 말아야 하오. 나간다면 불리해질 것이니 장수와 사졸들을 표창하고 그들을 넓게 포진하여 방어하면서 그 변화를 살펴야할 것이오. 지금 저들은 넓은 평원 사이를 질주하고 있어 스스로 뜻을 얻었다고 여길 것이나, 우리가 단단히 지키면서 나가지 않으면 저들은 싸우려 해도 싸울 수가 없어 반드시 산림으로 이동해 주둔할 것이오. 내 그때 기묘한 계책을 써서 승리할 것이오."

한당은 입으로는 비록 응낙했으나 속으로는 따르지 않았다.

선주는 선봉대를 내보내 싸움을 걸게 하면서 온갖 욕설을 퍼붓게 했다. 육손은 귀를 틀어막고 듣지 말라 명하고는 나가 맞서는 것을 허락하지 않았다. 그러면서 친히 여러 요충지의 입구를 두루 누비며 장수와 사졸들을 위로하고 모두 견고히 지키게만 했다. 오군이 싸우러 나오지 않는 것을 본 선주는 내심 초조해했다. 마량이 말했다.

"육손은 지략에 뛰어난 자입니다. 지금 폐하께서는 먼 길을 떠나 봄부터 여름이 지나도록 공격하고 계십니다. 저들이 나오지 않는 것은 저희 군에 변화가 생기기만을 기다리는 것입니다. 폐하께서는 살펴주십시오."

선주가 말했다.

"저놈에게 무슨 계책이 있겠는가? 단지 겁내는 것뿐이니라. 종전에 여러 번 패했으니 지금 어찌 감히 다시 나오겠는가!"

선봉 풍습이 아뢰었다.

"지금 날씨가 무더워 군사들이 뜨거운 열기 속에 주둔하고 있는데 물을 길어오기가 매우 불편합니다."

선주는 즉시 명하여 각 군영을 모두 산림이 무성한 곳으로 이동시키고 시내와 계곡에 인접한 곳에서 머물면서 여름이 지나고 가을이 오기를 기다렸다가 힘을 합쳐 군사를 진격시키기로 했다. 풍습은 명을 받들어 군영을 모두 나무가 빽빽하고 그늘진 곳으로 옮겼다. 마량이 아뢰었다.

"우리 군이 이동했다가 만일 오병이 갑자기 몰려오기라도 한다면 어떻게 하시겠습니까?"

선주가 말했다.

"짐이 오반에게 1만여 명의 허약한 군사들을 이끌고 오의 군영과 가까운 평지에 주둔하라고 했네. 그리고 친히 8000명의 정예병을 선발하여 산골짜기 안에 매복하라 명했네. 만약 육손이 군영을 옮긴 것을 안다면 반드시 기세를 몰아 공격해올 것인데 그때 오반에게 거짓으로 패한 척하도록 했네. 육손이 추격해오면 짐이 군사를 이끌고 돌격하여 돌아가는 길을 끊어버릴 것이니 그럼 그 녀석을 사로잡을 수 있을 것일세."

문무관원들이 모두 축하했다.

"폐하의 뛰어난 생각과 기묘한 대책은 저희가 미치지 못하는 바입니다!"

마량이 말했다.

"근래에 듣자 하니 제갈승상께 위군이 침입해올까 걱정되어 동천에서 각처의 협곡 입구를 둘러보고 있다고 합니다. 폐하께서는 어찌하여 각 군영을 옮기려는 곳의 지형을 그림으로 그려 승상에게 묻지 않으십니까?"

선주가 말했다.

"짐 또한 자못 병법을 알고 있는데 구태여 다시 승상에게 물을 필요가 있는가?"

마량이 말했다.

"옛말에 이르기를 '여러 방면의 의견을 들으면 정확하게 사물을 인식할 수 있고, 한쪽 말만 믿으면 한쪽으로 치우쳐 사리에 어둡게 된다'[25]고 했습니다. 폐하께서는 살펴주십시오."

선주가 말했다.

"경이 직접 각 군영으로 가서 사면팔방의 도로와 각 지점의 거리를 그린 다음 동천으로 가서 승상에게 물어보게. 만약 적당하지 않은 것이 있으면 급히 와서 보고하게."

마량은 명을 받들고 떠났다. 이에 선주는 나무가 빽빽하고 그늘진 곳으로 군사를 이동시켜 더위를 피했다. 어느 결에 정탐꾼이 한당과 주태에게 이 사실을 보고했다. 그 소식을 들은 두 사람은 크게 기뻐하며 육손을 찾아가 말했다.

"지금 촉병이 40여 개의 군영을 모두 산림이 울창한 그늘진 곳으로 옮기고 시내와 계곡에 인접한 곳에서 머물면서 물을 긷고 쉬면서 더위를 식히고 있다고 하오. 도독께서는 이 틈을 노려 공격하셔야 할 것 같소."

촉주에게 꾀가 있어 복병을 심어놓았으니
오병은 싸움 좋아하다 사로잡히게 되리라
蜀主有謀能設伏, 吳兵好勇定遭擒

육손은 그 말을 들을 것인가?

제83회 육손과의 대결

❶

황충은 동오 정벌에 참여하지 않았다

『삼국지』「촉서·황충전」에 따르면 황충은 건안 25년(220)에 병사한다. 동오 정벌은 221년 7월이므로 이미 죽은 사람이 참가했다는 것은 불가능하다. 소설에서는 그가 일흔이 넘었다고 말하지만 정확하게 몇 살에 죽었는지는 기록되어 있지 않다. 그리고 아들 황서黃敍가 일찍 죽어 후사가 없다고 역사는 기록하고 있다.

❷

감녕은 이 전투에 참가하지 않았다

『삼국지』「오서·감녕전」에 따르면 감녕이 죽자 손권이 몹시 애통해했고, 아들 감괴甘瑰는 죄를 지어 회계로 옮겨 갔다가 오래지 않아 죽었다고 기록하고 있다. 『삼국지』「오서·반장전」에 따르면 "감녕이 죽은 뒤에 또 감녕의 군대를 주어 합병하게 했다. 유비가 이릉으로 출병했을 때……"라고 기록하고 있는데, 유비가 동오 정벌에 나서기 전에 감녕은 이미 병사한 것으로 보인다.

「오서·감녕전」에 따르면 "감녕은 비록 거칠고 용맹하며 사람 죽이기를 좋아했지만 쾌활하고 도량이 넓었으며 지략이 넘쳐났다. 그는 재물을 가벼이 여기고 사졸들을 존중했으며 특별히 용사들을 양성할 수 있어 용사들도 그를 위해 목숨을 바치기 원했다"고 기록하고 있다.

❸
반장은 관흥에게 죽지 않았다

『삼국지』「오서·반장전」에 따르면 반장은 "가화嘉禾 3년(234)에 죽었다"고 기록하고 있다. 유비가 동오 정벌에 나선 것은 221년 7월이므로 이때보다 무려 13년이 지난 뒤에 반장이 죽은 것이다.

또한 역사는 이때 "반장의 부하가 유비의 호군護軍 풍습 등의 목을 베었고 매우 많은 사병을 살상하여 평북장군平北將軍, 양양태수로 임명되었다"고 기록하고 있는데, 이처럼 반장은 관흥에게 죽기는커녕 오히려 큰 공을 세우게 된다.

❹

마충이 미방과 부사인(역사 기록에는 사인士仁으로 기록되어 있음)에게 죽임을 당해 유비에게 보내졌다는 역사 기록은 존재하지 않는다. 마충의 생몰 연대는 알려지지 않으며 이때 두 사람에게 죽임을 당했다면 역사에 기록되어 있겠으나 그렇지 않으므로 소설의 내용이 허구임이 분명하다.

❺
미방은 유비에게 죽지 않았다

유비는 장무章武 3년(223) 여름 4월에 사망한다. 그런데 『삼국지』「오서·오주전」에 "그해 6월(황무黃武 2년, 223)에 손권은 장군 하제賀齊에게 명하여 미방과 유소劉邵 등을 지휘하여 기춘蕲春을 습격하게 했다"고 기록되어 있다. 결국 미방은 유비가 죽은 지 두 달 후에도 살아서 활동했다. 미방이 죽은 시기에 대한 정확한 기록은 없지만 유비에게 죽지 않은 것만은 분명하다. 부사인의 생몰 연대 또한 알려지지 않았지만 유비에게 죽임을 당하지는 않았다.

❻

『삼국지』「오서·보즐전」은 다음과 같이 기록하고 있다.

"연강延康 원년(220), 보즐에게 교주交州의 의로운 병사 1만 명을 인솔하여 장사군
長沙郡을 경유하도록 했다. 마침 유비가 동쪽으로 내려왔고 무릉의 이민족이 꿈틀꿈
틀 움직이려 하자 손권은 보즐에게 익양益陽(현 명칭으로 치소는 지금의 후난성 이양益
陽)으로 가서 그들을 어루만지게 했다. 유비의 군대가 패한 뒤에도 영릉과 계양 등의
군이 여전히 동요하고 있었다. 군사를 보유한 지역 곳곳에서 저항하자 보즐이 왕래
하며 모두 평정시켰다."

이 기록에 따르면 보즐은 당시 중앙 정부에 있지 않았고 제2선에서 전투를 벌이고
있었다. 또한 정병이 당시 유비에게 사신으로 파견되었다는 기록은 없다.

❼

범강과 장달이 장비를 죽인 것은 사실이지만 언제 죽었는지에 대한 역사 기록은
존재하지 않는다. 결국 관우와 장비의 죽음에 직접적으로 관련된 여몽, 반장, 마충,
미방, 부사인, 범강, 장달 등 어느 누구도 관우, 장비의 자제 혹은 유비에게 죽임을 당
하지 않았다.

❽

『삼국지』「오서·육손전」은 다음과 같이 기록하고 있다.

"육손이 유비에게 대항할 때 장군들 가운데 어떤 이는 손책 때의 노장이고 어떤
이는 왕실의 친척이므로 각자 의지하는 게 있어 오만해지며 지휘를 따르려고 하지
않았다. 그러자 육손이 검을 잡고 말했다.

'유비는 천하에 이름을 떨치고 있으니 조조도 두려워하고 있다. 지금 우리 경내에
있는데 이는 강대한 적수다. 여러분은 모두 나라의 은혜를 입었으니 마땅히 서로 화
목해야 하며, 함께 이 적을 소멸시켜 위로는 주상의 은혜에 보답해야 하거늘 지금 여
러분은 나의 지휘를 따르지 않고 있으니 실로 이와 같아서는 안 된다. 내 비록 일개

서생일 뿐이지만 주상의 명령을 받았다. 나라에서 여러분을 굽혀 내 지휘를 받도록 한 까닭은 내게 조금이라도 칭찬할 만한 장점이 있고 치욕을 참아내며 중임을 감당할 수 있기 때문일 것이다. 각자 맡은 자신의 직분을 다해야지, 어찌 다시 거절할 수 있는가! 군령은 통상적인 규정이 있는 것이니 위반할 수 없도다.'"

소설에서 육손을 일관되게 '서생'으로 표현하고 있는데, 아마도 위의 기록에서 육손이 자신을 '일개 서생에 불과하다'고 표현한 대목 때문인 듯하다. 그러나 육손은 여러 차례 군사를 지휘하며 큰 전공을 세웠던 인물로 결코 일개 서생에 불과하지 않았다. 또한 육손은 이때 39세였기 때문에 나이가 어리다는 표현도 적당하지 않다.

육손을 저지한 팔진도

육손은 700리의 군영을 불태우고,
공명은 교묘하게 팔진도를 펼치다

陸遜營燒七百里,
孔明巧布八陣圖

한당과 주태는 선주가 군영을 시원한 곳으로 옮긴 것을 알고는 급히 육손에게 와서 보고했다. 육손은 크게 기뻐하며 즉시 군사를 이끌고 직접 동정을 살펴보았다. 평지 한곳에 주둔해 있는데 1만여 명이 넘지 않았고 태반이 모두 늙고 허약한 무리였으며 깃발에는 큼지막하게 '선봉 오반'이라 적혀 있었다. 주태가 말했다.

　"내가 보기에는 이런 군사들쯤이야 어린애 장난일 뿐이오. 원컨대 한장군과 함께 군사를 두 길로 나누어 공격하겠소. 만일 승리하지 못한다면 군령을 달게 받겠소."

　육손이 한참 동안 살펴보더니 채찍으로 가리키며 말했다.

　"앞쪽 산골짜기 안에서 은은하게 살기가 일어나고 있소. 그 아래에 틀림없이 복병이 있을 것이니 평지에 배치한 이 허약한 병사들은 우리를 유인하는 것일 뿐이오. 공들은 절대로 나가서는 안 되오."

　장수들은 육손의 말을 듣고서 모두 겁이 많다고 여겼다.

　이튿날 오반이 군사를 이끌고 관 앞으로 와서 싸움을 걸었는데 무용을 뽐내고 위엄을 과시하며 끊임없이 욕설을 퍼부었다. 군사 대부분이 옷을 벗고 갑옷을 떼어내 알몸을 드러낸 채 누워서 잠을 자기도 하고 앉아 있기도 했다. 서성과 정봉이 군막으로 들어가 육손에게 아뢰었다.

"촉병이 우리를 깔보는 것이 너무 심하오! 원컨대 나가서 공격하겠소!"

육손이 웃으면서 말했다.

"공들은 혈기왕성한 용맹만 믿을 뿐 손오孫吳(손자孫子와 오기吳起)의 묘한 병법은 알지 못하고 있소. 이것은 적을 유인하는 계책이니 사흘 뒤에는 반드시 그 속임수가 드러날 것이오."

서성이 말했다.

"사흘 뒤에는 저들이 이미 군영을 옮긴 다음일 텐데 어찌 그들을 공격할 수 있겠소?"

육손이 말했다.

"내가 원하는 것이 바로 저들이 군영을 옮기는 것이오."

장수들이 비웃으며 물러갔다. 사흘이 지나 장수들이 관 위에 모여서 살펴보았는데 과연 오반의 군사는 이미 물러간 뒤였다. 육손이 가리키며 말했다.

"살기가 일어나고 있소. 유비가 틀림없이 산골짜기 안에서 나올 것이오."

말을 마치기도 전에 촉병이 전부 완전 무장을 하고선 선주를 에워싸고 지나갔다. 그 광경을 본 오병들은 모두 놀라 넋이 나갈 지경이었다. 육손이 말했다.

"내가 공들에게 오반을 공격하는 것을 허락하지 않았던 이유가 바로 이 때문이었소. 복병들이 이미 나왔으니 열흘 안에 반드시 촉을 깨뜨릴 것이오."

장수들이 모두 말했다.

"초기에 마땅히 촉을 깨뜨렸어야 했소. 지금 군영이 500~600리에 걸쳐 연결되어 있는 데다 서로 마주하여 지킨 지가 7~8개월이나 지났소. 모든 요충지를 이미 굳게 지키고 있는데 어찌 깨뜨릴 수 있단 말이오?"

육손이 말했다.

"공들은 병법을 모르는 것 같소. 유비는 바로 당대의 효웅으로 지모가 많으며 그 군사들이 처음에 모였을 때는 법도가 한결같이 정통했었소. 그러나 지금은 군영을 지킨 지 오래된 데다 우리를 바로 취하지 못하여 군사들은 피로하고 장수들은 기분이 가라앉아 낙심하고 있으니[1] 지금이야말로 바로 우리가 그들을 취할 때요."

장수들이 그제야 비로소 탄복했다. 후세 사람이 찬탄한 시가 있다.

군막에서 『육도』[2]에 따라 군사를 의논하니
미끼를 던져놓고 고래와 큰 자라 낚으려 하네
천하가 삼분된 이래로 출중한 영웅 많았지만
또다시 강남에서 육손의 명성 높이 드날리네
虎帳談兵按六韜, 安排香餌釣鯨鰲
三分自是多英俊, 又顯江南陸遜高 ❶

한편 육손은 이미 촉을 깨뜨릴 계책을 결정하고는 즉시 서신을 써서 손권에게 머지않은 날에 촉을 깨뜨릴 수 있을 것이라는 말을 사자를 통해 아뢰었다. 편지를 읽고 난 손권은 크게 기뻐했다.

"강동에 다시 이런 뛰어난 재주를 가진 이가 나왔으니 내 무엇을 근심하리오! 장수들이 모두 글을 올려 그를 겁쟁이라고 말했지만 나 홀로 믿지 않았도다. 지금 그가 하는 말을 보니 과연 겁쟁이가 아니로다!"

이에 오군을 크게 일으켜 호응하러 가기로 했다.

한편 선주는 효정에서 수군을 모조리 몰아 물결 따라 내려가면서 강가에 수채를 세우고는 오의 경계 깊숙이 들어갔다. 그러자 황권이 간언했다.

"수군이 강을 따라 내려가는 것은 전진하기 쉽지만 물러나기 어려운 법입니다. 신이 원컨대 선봉이 되겠습니다. 폐하께서는 뒤쪽 진영에 계셔야 만에 하나의 실수도 없을 것입니다."

선주가 말했다.

"오의 도적들의 간담이 서늘해졌을 텐데 짐이 신속하게 진격한들 무슨 방해가 있겠는가?"

관원들이 간절히 타일렀으나 선주는 따르지 않았다. 마침내 군사를 두 갈래로 나누어 황권에게 북쪽의 군사들을 지휘하여 위의 침략을 방비하도록 했고, 선주 자신은 남쪽의 각 군사를 지휘하여 강을 따라 군영을 나누어 세우고는 진공을 계획했다.

이 사실을 탐지한 정탐꾼이 밤새 달려가 위주 조비에게 보고했다.

"촉군이 오를 정벌하는 데 가설한 목책과 군영이 700여 리에 이어져 있으며 40여 군데에 나누어 군사를 주둔시켰는데 모두 산림 옆에 군영을 세웠습니다. 지금 황권이 북쪽 연안에서 군사를 지휘하면서 매일 군사를 100여 리나 내보내 순찰을 돌게 하는데 무슨 의도인지 모르겠습니다."

이 소식을 들은 위주는 고개를 뒤로 젖히고는 껄껄 웃었다.

"유비가 장차 패하겠구나!"

군신들이 그 까닭을 묻자 위주가 말했다.

"유현덕이 병법을 모르는 것 같소. 어찌 군영을 700리나 이어놓고 적을 막을 수 있단 말이오? 초목이 무성한 곳, 높고 평평한 곳, 저습한 곳, 험준한 곳에 군사를 주둔시키는 것은 병법에서 크게 꺼리는 것이오. 현덕은 틀림없이 동오 육손의 손에 패할 것이오. 열흘 이내에 소식이 반드시 이를 것이오."

군신들은 믿지 못하며 모두 군대를 파견하여 대비하도록 청했다. 위주가 말했다.

"육손이 만약 승리한다면 틀림없이 오군을 모조리 일으켜 서천을 취하러 갈 것이오. 오군이 멀리 정벌을 떠난다면 나라 안은 텅 비게 될 것이니, 짐이 싸움을 도와준다는 핑계로 세 갈래 길로 일제히 군사를 진격시킨다면 동오 는 손바닥에 침을 뱉기만 해도 취할 수 있을 것이오."

모두 무릎을 꿇고 엎드려 절을 올렸다. 위주는 명을 하달하여 조인에게 일군을 지휘하여 유수濡須로 나아가게 하고 조휴에게는 동구³로 나아가도록 했으며 조진曹眞에게도 일군을 지휘하여 남군으로 나아가게 했다.

"세 갈래의 군마는 기일에 모여 은밀하게 동오를 기습하라. 짐이 뒤따라 직접 가서 호응하겠노라."

군사 파견이 결정됐다. ❷

한편 동천에 당도한 마량은 공명을 만나 군영 배치를 그린 그림을 올리며 말했다.

"지금 군영을 옮겨 강을 따라 동서로 700리에 걸쳐 40여 군데에 군사를 주둔시키고 있는데 모두 시내에 의지하고 계곡에 인접해 있으며 숲이 무성한 곳입니다. 황상께서 제게 그림을 가지고 승상께 보여드리라고 명하셨습니다."

그림을 보고 난 공명이 긴 탁자를 치며 말했다.

"누가 주상께 이렇게 군영을 세우라고 했소? 그자를 참수해야 하오!"

마량이 말했다.

"모두 주상께서 스스로 하신 일일 뿐 다른 사람의 꾀가 아닙니다."

공명이 탄식했다.

"한나라 왕조의 명운도 끝장났구나!"

마량이 까닭을 묻자 공명이 말했다.

"초목이 무성한 곳, 높고 평평한 곳, 저습한 곳, 험준한 곳에 군영을 꾸리는 것은 병가에서 크게 꺼리는 바요. 만일 저들이 화공이라도 쓴다면 어떻게 구해낼 수 있겠소? 게다가 군영을 700리나 연결시켜놓았으니 어찌 적을 막아낼 수 있겠소? 재앙이 멀지 않았소! 육손이 지키기만 하고 싸우러 나오지 않은 것은 바로 이렇게 하기를 기다렸기 때문이오. 그대는 속히 천자를 만나 뵙고 각 군영을 다시 다른 곳으로 주둔시키게 하시오. 이렇게 해서는 안 되오."

마량이 말했다.

"만일 지금 동오가 이미 승리했다면 어떻게 해야 합니까?"

"육손이 감히 추격하지 못할 것이니 성도는 보전할 수 있소. 걱정하지 않아도 될 것이오."

"육손이 무슨 까닭으로 추격하지 않습니까?"

"위군이 그 배후를 기습할까 두려워서일 것이오. 주상께서 만약 싸움에 패하시면 백제성으로 피해야 하오. 내가 서천으로 들어올 때 이미 10만 명의 군사를 어복포魚腹浦[4]에 매복해두었소."

마량이 깜짝 놀랐다.

"제가 어복포를 여러 차례 왕래했었지만 단 한 명의 군졸도 본 적이 없는데 승상께서는 어찌하여 그런 거짓말을 하십니까?"

"나중에 틀림없이 보게 될 터이니 많은 것을 묻지 마시오."

마량은 공명에게 표문을 써주기를 요청한 후 화급히 유비가 있는 어영을 향해 떠났다. 공명도 성도로 돌아가 군마를 파견하여 구원하기로 했다. ❸

한편 촉병이 나태해져 다시 방비하지 않는 것을 본 육손은 군막에 대소 장수들을 모아 군사 상황을 듣고는 명을 내렸다.

"내가 명을 받든 이래로 아직 나가 싸우지 않았소. 지금 촉군을 살펴보니 그들의 동정을 충분히 파악할 수 있었소. 먼저 남쪽의 군영 한 곳을 취하고자 하는데 누가 감히 가서 빼앗겠소?"

말이 미처 끝나기도 전에 한당, 주태, 능통 등이 일제히 대답하며 나섰다.

"저희가 가고자 하오."

그러나 육손은 그들을 모두 물러나게 하고는 쓰지 않았다. 홀로 계단 아래에 있는 말장⁵ 순우단淳于丹을 불러 말했다.

"내 너에게 군사 5000명을 줄 터이니 남쪽의 네 번째 군영을 공격하거라. 촉장 부동傅彤이 지키고 있는데 오늘 밤에 성공해야 한다. 내 직접 군사를 일으켜 호응하겠다."

순우단이 군사를 이끌고 떠나자 또 서성과 정봉을 불렀다.

"그대들은 각자 군사 3000명을 이끌고 군영에서 5리 떨어진 곳에 주둔하시오. 순우단이 패해서 돌아오면 추격병이 있을 테니 나가서 순우단을 구원하되 적들을 추격해서는 안 되오."

두 장수가 군사를 이끌고 떠났다.

한편 순우단은 황혼 무렵에 군사를 이끌고 전진하여 이미 삼경이 지난 후에야 촉 군영에 이르렀다. 순우단은 군사들에게 북을 치고 함성을 지르게 하여 기세를 올린 다음 쳐들어갔다. 촉 군영 안에 있던 부동이 군사를 이끌고 돌격하더니 창을 잡고 곧장 순우단에게 달려들었다. 순우단은 대적하지 못하고 말을 돌려 이내 달아났다. 그때 별안간 함성이 크게 진동하더니 한 떼의 군사가 가는 길을 막아섰다. 앞장선 대장은 바로 조융趙融이었다. 순우단은 길을 찾아 달아났으나 이미 군사 태반이 꺾인 상태였다. 한창 달아나고 있는데 산 뒤쪽에서 한 무리의 만병蠻兵이 길을 차단했다. 우두머리는 사마가였다. 순우단은 죽기로 싸워 겨우 벗어났지만 등 뒤에서는 세 갈래 길로 군사들이 추격해왔다. 군영에서 5리쯤 떨어진 곳에 당도했을 때 오군의 서성과 정봉 두 사람이 양쪽에서 몰려나와 촉병을 물리치고 순우단을 구출해 군영으로 돌아왔다. 순우단이 화살을 맞은 채 들어오더니 육손을 만나 죄를 청했다. 육손이 말했다.

"네 잘못이 아니다. 내 적들의 허실을 알아본 것뿐이다. 촉을 깨뜨릴 계책을 내 이미 결정했다."

서성과 정봉이 말했다.

"촉군의 세력이 거대하여 그들을 깨뜨리기가 어렵소. 공연히 병사와 장수할 것 없이 죽거나 다치게 할 뿐이오."

육손이 웃으면서 말했다.

"내 이번 계책으로 제갈량을 속일 수는 없을 것이오. 천만다행으로 제갈량이 여기에 없으니 내 큰 공을 이룰 수 있을 것이오."

즉시 대소 장수들을 모아놓고 명을 전했다. 주연은 수로로 군사들을 진격시키되 이튿날 오후에 동남풍이 크게 일어나면 배를 이용하여 여러해살이풀을 싣고 계책에 따라 움직이고, 한당은 일군을 이끌고 북쪽 연안을, 주태는 일군을 이끌고 남쪽 연안을 공격하게 했다. 군사들은 저마다 여러해살이풀을 한 더미씩 들고 그 속에 유황과 염초를 감추고는 각자 불씨를 소지하다가 창과 칼을 들고 일제히 연안에 올라 촉의 군영에 당도하면 바람의 방향에 따라 불을 붙이게 했다. 촉병의 40군데 주둔지를 한 곳씩 건너뛰어 20군데에만 불을 지르게 했다. 각 군에게 미리 마른 식량을 준비하게 하는 한편, 밤낮으로 추격하며 들이쳐 유비를 사로잡을 때까지 추격을 멈추지 않도록 했다. 잠시 물러나는 것도 허락하지 않았다. 군령을 받든 장수들은 각자 계책을 수령하고 떠났다.

한편 선주는 어영에서 오를 깨뜨릴 계책을 곰곰이 궁리하고 있었는데 별안간 군막 앞에 있던 중군 깃발이 바람도 불지 않는데 저절로 쓰러졌다. 이에 정기程畿에게 물었다.

"이것은 무슨 징조인가?"

정기가 말했다.

"오늘 밤 혹시 오군이 군영을 기습하러 오는 것은 아니겠지요?"

선주가 말했다.

"지난밤에 모조리 죽였는데 어찌 감히 다시 오겠느냐?"

정기가 말했다.

"만일 육손이 우리를 시험해본 것이었다면 어찌하시겠습니까?"

한창 말하고 있는데 산 위에서 멀리 살펴보니 오군이 모조리 산을 따라 동쪽으로 가고 있다는 보고가 들려왔다. 선주가 말했다.

"그것은 의병疑兵(허장성세로 적을 미혹시키는 군대)이다."

군사들에게 함부로 움직이지 말라 명하고는 관흥과 장포에게 각자 500명의 기병을 이끌고 나가 순찰하게 했다. 황혼 무렵에 관흥이 돌아와 아뢰었다.

"북쪽 군영에서 불길이 일어나고 있습니다."

선주가 급히 관흥에게는 북쪽으로, 장포에게는 남쪽으로 가서 허실을 알아보라 명했다.

"만일 오군이 쳐들어오면 급히 돌아와 보고하라."

두 장수는 명을 받고 떠났다.

초경 무렵에 갑자기 동남풍이 일자 어영 왼쪽 주둔지에 불길이 일어나는 것이 보였다. 막 불을 끄려고 하는데 어영 오른쪽 주둔지에서 또 불길이 일어났다. 바람이 거세게 불면서 불길이 수림까지 모두 옮겨붙었고 함성이 크게 진동했다. 양쪽 주둔지의 군마들이 일제히 뛰쳐나와 어영에서 멀리 달아나니 어영을 지키던 군사들은 자기편끼리 서로 짓밟아 죽는 자가 헤아릴 수 없이 많았다. 또한 뒤에서는 오병들이 돌격해오고 있었는데 군마가 얼마나 많은지 알 수 없었다. 선주가 급히 말에 올라 풍습의 군영을 향해 달아나려 할 때 마침 풍습의 군영 안에서도 불빛이 하늘에 맞닿을 듯 치솟았다. 남쪽과 북쪽을 환하게 비추는 것이 마치 대낮같이 밝았다. 풍습이 황급히 말에 올라 수십 명의 기병만을 이끌고 달아나다가 마침 오의 장수 서성군과 맞닥뜨렸고 양군은 서로 맞붙어 교전을 벌였다. 그 광경을 본 선주는 말을 돌려 서쪽을 향해 달아났다. 서성은 풍습을 버려두고 군사를 이끌며 선주를 추격했다. 선주가 허둥대고 있는데 앞쪽에서 또 한 부대가 길을 가로막았다. 바로 오의 장수 정봉이었다. 그가 서성과 함께 양쪽에서 협공을 가했다. 선주는 크게 당황했으나 사방을 둘러봐도 빠져나갈 길이 없었다. 이때 별안간 함성이 크게 진동하더니 한 무리의 군사가 포위망을 뚫고 들어왔는데 바로 장포였다. 장포는 선주를 구한 다음에 어림군을 이끌고 달아났다. 한창 달아나고 있을 때 앞쪽에서 또 한 부대가 당도했다. 다름 아닌 촉장 부동이었는데 그도 장포와 군사를 합쳐 함께 달아났다. 등 뒤에서는 오군이 추격해왔다. 선주는 앞으로 달아나다 마안산[6]이라 불리는 산에 당도했다. 장포와 부동이 선주를 청해 산을 오르는데 산 아래서 또 함성이 일어나더니 육손의 대부대

인마가 마안산을 에워싸고 말았다. 장포와 부동은 죽기로 산 어귀를 점거하고 막았다. 선주가 멀리 바라보니 온 들판에 불빛이 끊이지 않았고 죽은 시체가 겹겹이 쌓여 강을 막다시피 하며 떠내려가고 있었다. 이튿날 오군이 또 사방에 불을 놓아 산을 불태우니 군사들이 동요하며 마구 뛰어다녔고 선주도 놀라 허둥댔다. 그때 별안간 불빛 속에서 한 장수가 몇 명의 기병만을 이끌고 산 위로 치고 올라왔다. 다름 아닌 관흥이었다. 관흥이 땅바닥에 엎드려 청했다.

"사방으로 불이 일어나고 있으니 오래 머무르시면 안 됩니다. 폐하께서는 속히 백제성으로 향하여 다시 군마를 거두셔야 합니다."

선주가 말했다.

"그럼 누가 감히 뒤를 끊겠느냐?"

부동이 아뢰었다.

"신이 원컨대 죽기로 뒤를 차단하겠습니다!"

그날 해질 무렵에 관흥은 앞에, 장포는 가운데에 서고 부동은 남아서 뒤를 끊기로 하고는 선주를 보호하며 산 아래로 짓쳐 내려갔다. 선주가 달아나는 것을 본 오군은 모두 공을 다투려고 각기 대군을 이끌며 뒤쫓았는데 하늘을 가리고 땅을 덮을 정도로 맹렬하게 서쪽을 향해 추격했다. 선주는 군사들에게 전포와 갑옷을 모조리 벗어 쌓게 하여 길을 막고는 불을 질러 추격해오는 군사들을 끊게 했다.❹

한창 달아나고 있는데 함성이 크게 진동하더니 오의 장수 주연이 일군을 이끌고 강기슭으로부터 몰려와 가는 길을 차단했다. 선주가 소리 질렀다.

"짐이 여기서 죽게 되는구나!"

관흥과 장포가 말고삐를 놓고 부딪쳤으나 어지러이 날아오는 화살에 맞아 각기 중상을 입는 바람에 뚫고 나갈 수가 없었다. 그때 등 뒤에서 함성이 크게 일더니 육손이 대군을 이끌고 산골짜기 안에서 쏟아져 나왔다. 선주가 급히 허둥대는 사이에 날이 희미하게 밝아왔다. 앞쪽에서 함성이 하늘을 진동하더니 주연의 군사들이 어지럽게 흩어지면서 골짜기로 떨어지고 벼랑으로 데굴데굴 굴러가는 것이 보였다. 한 떼의 군사가 적을 뚫고 들어오면서 선주를 구출하러 앞으로 달려왔다. 선주가 크게 기뻐하며 보니, 상산 조자룡이었다. 이때 조운은 서천 강주江州에 있었는데 오와 촉이 교전을 벌인다는 소식을 듣고는 즉시 군사들을 이끌고 나왔다. 별안간 동남쪽 일대에 불빛이 하늘로 치솟는 것을 보고는 조운이 내심 놀라 멀리 살펴보니 생각지도 못하게 선주가 곤란에 빠져 있었고 이에 용맹을 떨치며 뚫고 들어온 것이었다. 조운이 왔다는 소식을 들은 육손은 급히 군사를 물렸다. 한창 싸우고 있던 조운은 돌연 주연과 맞닥뜨렸고 이내 맞붙어 단 1합 만에 창으로 주연을 찔러 말 아래로 떨어뜨렸다. 그는 오의 병사들을 죽이고 흩뜨리며 선주를 구출해서 백제성을 향해 달아났다.❺

선주가 말했다.

"짐은 비록 벗어날 수 있게 되었으나 장수들과 사졸들은 어찌한단 말인가?"

조운이 말했다.

"적군이 뒤에 있어 오래 지체해서는 안 됩니다. 폐하께서는 잠시 백제성으로 들어가서 쉬고 계십시오. 신이 다시 군사를 이끌고 가서 장수들을 구원하겠습니다."

이때 선주는 단지 100여 명만 이끌고 백제성으로 들어갔다. 후세 사람이 육손을 칭찬한 시가 있다.

창 잡고 불 지르며 이어진 군영 깨뜨리니

궁지에 몰린 현덕은 백제성으로 달아났네

하루아침 그의 명성 촉과 위 놀라게 하니

오왕이 어떻게 서생을 공경하지 않으리오

持矛擧火破連營, 玄德窮奔白帝城

一旦威名驚蜀魏, 吳王寧不敬書生

한편 뒤를 끊던 부동은 오군에게 사면팔방으로 포위당하고 말았다. 정봉이 크게 소리 질렀다.

"서천의 병사들 가운데 죽은 자가 무수히 많고 항복한 자들도 지극히 많으며 네 주인인 유비도 이미 사로잡혔다. 이제 너의 힘은 다하고 형세도 고립되었거늘 어찌하여 일찌감치 항복하지 않느냐?"

부동이 큰 소리로 꾸짖었다.

"나는 한나라의 장수이거늘 어찌 오의 개에게 항복하려 든단 말이냐!"

창을 잡고 말고삐를 놓은 채 촉군을 인솔했다. 있는 힘을 다해 목숨 걸고 100여 합을 넘게 싸우며 이리저리 부딪쳤으나 벗어날 수 없었다. 그러자 부동이 길게 탄식했다.

"내 이제 끝장이로구나!"

말을 마치더니 입으로 피를 토하며 오군 속에서 죽고 말았다. 후세 사람이 부동을 찬탄한 시가 있다.

이릉에서 오와 촉이 대규모 싸움을 벌였는데

육손이 꾀를 써서 촉군을 화공으로 불태웠네

죽음에 이르러서도 여전히 오를 개라 욕하니
부동은 진정 한나라 장수로 부끄럽지 않았네
彝陵吳蜀大交兵, 陸遜施謀用火焚
至死猶然罵吳狗, 傅彤不愧漢將軍 ❻

촉의 좨주[7] 정기는 필마단기로 강변으로 달려와 수군을 불러 모아서 적과 싸우려 했으나 오군이 뒤를 추격해오자 수군이 사방으로 흩어져 달아나고 말았다. 정기의 부하 장수가 소리 질렀다.

"오군이 이르렀습니다! 정좨주께서는 속히 달아나십시오!"

정기가 노하며 말했다.

"나는 주상을 따라 출정한 이래로 적과 싸우면서 달아난 적이 없었노라!"

말을 마치기도 전에 오군이 들이닥쳤고 사방으로 나갈 길이 없자 정기는 검을 뽑아 들고 스스로 목을 베어 자결했다. 후세 사람이 찬탄한 시가 있다.

원통하고 슬프구나, 촉나라의 정좨주여
몸에 지녔던 검으로 군왕에게 보답했네
위기에 처해도 평생의 뜻 바꾸지 않으니
그가 얻은 명성 만고에 향기를 전하리라
慷慨蜀中程祭酒, 身留一劍答君王
臨危不改平生志, 博得聲名萬古香 ❼

이때 오반과 장남은 오래도록 이릉성을 포위하고 있었는데 별안간 풍습이 달려와 촉병이 패했다고 하자 즉시 군사를 이끌고 선주를 구하러 갔다.

이 때문에 손환은 비로소 포위에서 벗어날 수 있었다. 장남과 풍습 두 장수가 한창 가고 있는데 앞에서 오병이 몰려들었고 뒤에서는 손환이 이릉성에서 쫓아와 그들을 협공했다. 장남과 풍습은 죽을힘을 다해 부딪쳤으나 벗어날 수 없었고 결국 어지러운 군중 속에서 전사하고 말았다. 후세 사람이 찬탄한 시가 있다.

풍습의 충성심은 세상에 둘도 없으며
장남의 의리는 짝을 이룰 자 없구나
전쟁터에서 기꺼이 싸우다 전사하니
역사에 나란히 훌륭한 명성 남기도다
馮習忠無二, 張南義少雙
沙場甘戰死, 史冊共流芳 **8**

오반은 겹겹의 포위망을 뚫고 나와 또 오군의 추격을 당했지만 다행히 조운이 맞이하여 그를 구하고 백제성으로 돌아갔다. 이때 만왕 사마가는 필마단기로 달아나다 마침 주태와 마주쳤고 20여 합을 싸웠으나 결국 주태에게 살해되고 말았다. 촉장 두로杜路와 유령劉寧은 모두 오에 항복했다. 촉 군영 안에 있던 일체의 군량과 마초, 무기는 조금도 남아 있지 않았고 항복한 촉의 장수들과 천병**8**들은 헤아릴 수 없을 정도로 많았다.

이때 오에 있던 손부인은 효정에서 촉병이 패했으며 선주가 군중에서 죽었다는 잘못 전해진 소문을 듣고는 결국 수레를 몰아 강변에 이르더니 멀리 서쪽을 바라보며 소리 내어 울다가 강물에 뛰어들어 죽고 말았다. 후세 사람이 강가에 사당을 지어 효희사梟姬祠라 불렀다. 논평하기 좋아하는 자가 시를 지어 그녀를 탄식했다.

선주와 군사들은 백제성으로 돌아갔는데
부인은 재난 소식 듣고 홀로 목숨 버렸네
지금도 강변에는 사당의 비석 남아 있어
여전히 천추의 열녀 명성 전해지고 있네
先主兵歸白帝城, 夫人聞難獨捐生
至今江畔遺碑在, 猶著千秋烈女名 ❾

한편 대규모의 완전한 공을 세운 육손은 승리를 쟁취한 군사들을 이끌고
서쪽으로 추격하며 들이쳤다. 기관夔關에서 멀리 떨어지지 않은 곳에 이르러
육손이 말 위에서 살펴보니 앞쪽 산과 옆 강에 인접한 곳에서 살기가 하늘
로 치솟듯 일어나고 있었다. 즉시 말고삐를 당겨 말을 세우고는 장수들을 돌
아보며 말했다.

"앞쪽에 틀림없이 매복이 있을 것이니 삼군은 가볍게 진격해서는 안
되오."

즉시 10여 리를 물러나 광활한 곳에 진을 펼치고 적군을 방어하기로 했
다. 바로 정찰 기병을 앞으로 보내 살펴보게 했다. 정찰 기병이 돌아와서 그
곳에 주둔해 있는 군사들은 없다고 보고했다. 육손은 그 말을 믿지 않고 말
에서 내려 높은 곳으로 올라가 그곳을 바라봤는데 살기가 다시 일어났다.
육손이 다시 사람을 시켜 그곳을 자세히 살펴보도록 했으나 정찰 기병이 돌
아와 앞쪽에 사람뿐만 아니라 단 한 마리의 말도 없다고 보고했다. 육손이
보니 해가 서쪽으로 기울어지려 하는데 살기가 더욱 커졌다. 그는 속으로 망

설이다가 심복을 시켜 다시 가서 살펴보게 했다. 심복이 돌아와서는 강변에 80~90개의 돌 더미만 어지럽게 쌓여 있을 뿐 인마는 전혀 없다고 보고했다. 크게 의심이 든 육손은 토착민을 찾아 묻기로 했다. 잠시 후 몇 명의 토착민이 오자 육손이 물었다.

"누가 어지럽게 돌을 쌓아놓았느냐? 어찌하여 어지럽게 쌓여 있는 돌 더미 속에서 살기가 솟아나는 것이냐?"

토착민들이 말했다.

"이곳은 어복포라는 곳입니다. 제갈량이 서천으로 들어갈 때 군사들을 몰며 이곳에 왔었는데 돌을 가져다 모래사장에 진을 벌여놓았습니다. 그 이후로 항상 구름 같은 기운이 안에서 솟아나고 있습니다."

그 말을 듣고 난 육손은 말에 올라 수십 명의 기병을 이끌고 석진石陳을 보러 갔다. 산비탈 위에 말을 세우고 바라보니 사면팔방에 모두 출입문이 있었다. 육손이 웃으면서 말했다.

"저것은 바로 사람을 현혹시키는 술수일 뿐이니 무슨 이득이 있겠는가!"

그러고는 바로 몇 명의 기병을 이끌고 산비탈을 내려가 곧장 석진으로 들어가서 살펴보았다. 부하 장수가 말했다.

"날이 저물었으니 도독께서는 어서 돌아가시지요."

육손이 막 진을 나가려고 하는데 별안간 광풍이 크게 일더니 삽시간에 모래가 날리고 돌이 구르며 하늘을 가리고 땅을 덮었다. 괴상한 돌들이 우뚝우뚝 솟아 있었는데 들쭉날쭉한 형태가 검과 같았으며, 제멋대로 날린 모래가 바로 흙이 되더니 겹겹으로 쌓여 산과 같았고, 물결이 용솟음치는 강물 소리가 마치 북을 두드리고 검이 부딪치는 소리와 같았다. 육손은 깜짝 놀랐다.

"내가 제갈량의 계책에 빠졌구나!"

급히 돌아가려 했을 때는 길이 없어 나갈 수가 없었다. 한창 놀라며 의아해하고 있는데 별안간 한 노인이 나타나더니 말 앞에 서서 웃으면서 말했다.

"장군께서는 이 진에서 나가고 싶으시오?"

육손이 말했다.

"원컨대 어르신께서 나갈 수 있도록 이끌어주시오."

그 노인이 지팡이를 짚고 천천히 가는데 아무런 장애도 받지 않고 곧장 석진 밖으로 나갔고 산비탈 위까지 전송해줬다. 육손이 물었다.

"어르신은 누구신지요?"

노인이 대답했다.

"이 늙은이는 바로 제갈공명의 장인 황승언이오. 지난날 사위가 서천으로 들어갈 때 이곳에 석진을 펼쳤는데 이를 '팔진도八陣圖'[9]라 하오. 여덟 개의 문이 둔갑遁甲의 휴休, 생生, 상傷, 두杜, 경景, 사死, 경驚, 개開에 따라 반복되오. 매일 매시간 끊임없이 변화하는데 10만 명의 정예병에 비견할 만하오. 사위가 떠날 때 이 늙은이에게 '후에 동오의 대장이 진중에서 길을 잃고 갈피를 잡지 못하면 그가 나오도록 인도해서는 안 된다'고 당부했소. 이 늙은이가 마침 바위 산봉우리에서 장군이 '사문死門'으로 들어가는 것을 보고는 이 진법을 알지 못하므로 틀림없이 길을 잃을 것이라고 짐작했소. 이 늙은이는 평생 선한 일을 하기 좋아하여 장군이 이곳에 빠지는 것을 차마 볼 수 없었기에 특별히 '생문生門'으로 나오도록 이끈 것이오."

육손이 말했다.

"공께서는 이 진법을 익히셨습니까?"

황승언이 말했다.

"변화가 무궁무진하여 배울 수 없었소."

육손이 황망히 말에서 내려 절을 올리고 감사하며 돌아갔다. 후에 두공
부杜工部(두보)가 지은 시가 있다.

그 공적은 셋으로 나뉜 천하를 뒤덮었고
드높은 그 명성은 팔진도를 이루었다네
강은 흘러도 돌 더미는 제자리에 있으니
동오 삼키지 못한 천추의 한만 남겼구나
功蓋三分國, 名成八陣圖
江流石不轉, 遺恨失吞吳 ❿

군영으로 돌아온 육손은 탄식했다

"공명은 진정 '와룡'이로구나. 내가 미칠 수 없도다!"

이에 철군 명령을 하달했다. 좌우에서 말했다.

"유비의 군사들은 패하고 세력은 곤궁해져 한 성만 사수하고 있으니 바로
기세를 몰아 그를 공격하기 좋은 상황입니다. 하나 지금 석진을 보고서 물러
나는 것은 어째서입니까?"

육손이 말했다.

"내가 석진을 두려워하여 물러나는 것이 아니오. 내가 짐작하건대 위주
조비의 간사한 속임수는 그 아비와 다를 바 없으니 지금 내가 촉군을 추격
하는 것을 알면 틀림없이 빈틈을 타고 기습해올 것이오. 내가 만약 서천으
로 깊이 들어간다면 급히 물러나기가 어려울 것이오."

육손은 즉시 한 장수에게 명하여 뒤를 끊게 하고 대군을 인솔하여 돌아
갔다. 군사를 물린 지 이틀이 못 되어 세 곳으로부터 사람이 와서 급보를 알

렸다.

"위군 조인이 유수로 나오고 조휴는 동구로 나왔으며 조진은 남군으로 나왔습니다. 세 갈래 길의 병마는 수십만 명에 달하고 그들이 밤새 달려 경계까지 이르렀는데 무슨 의도인지 모르겠습니다."

육손이 웃으면서 말했다.

"나의 헤아림에서 벗어나지 못하는구나. 내 이미 군사들에게 명하여 그들을 막게 했노라." **⓫**

웅대한 뜻 바야흐로 서촉을 삼키고자 했는데
승리의 계책은 역시 북쪽 왕조를 막아야 하네
雄心方欲吞西蜀, 勝算還須御北朝

어떻게 위군을 물리칠 것인가?

제84회 육손을 저지한 팔진도

❶

『삼국지』「오서·육손전」은 이때 상황을 다음과 같이 기록하고 있다.

"유비는 먼저 오반을 보내 수천 명을 인솔하여 평지에 군영을 세우고 맞붙게 했다. 오나라 장수들이 모두 오반을 공격하려 하자 육손이 말했다.

'이렇게 하는 데는 반드시 간계가 있는 것이오. 잠시 살펴보도록 합시다.'

유비는 계책이 성공할 수 없음을 알고는 곧바로 복병 8000명을 데리고 산골짜기에서 물러났다. 육손이 말했다.

'오반을 공격하지 못하게 한 까닭은 촉군에 반드시 속임수가 있을 것이라고 짐작했기 때문이오.'

육손은 상서를 올려 말했다.

'유비가 전후로 군사를 부렸던 것을 회고해보면 실패가 많고 성공은 적었으므로 이로부터 판단하건대 걱정할 가치도 없습니다. 신은 처음에 그가 강과 육지로 함께 진격할까봐 걱정했는데 현재 그는 도리어 배를 버리고 보병을 이용하여 곳곳에 진영을 만들었습니다. 그가 배치한 것을 살펴보니 반드시 어떠한 변화도 있을 수 없습니다. 엎드려 바라건대 베개를 높이 베십시오. 마음에 두실 필요가 없습니다.'"

❷

조비의 예상

소설에서 유비가 패할 것이라는 것을 예상한 조비의 견해가 『삼국지』 「위서·문제기」에 다음과 같이 기록되어 있다.

"손권이 이릉에서 유비를 대파했다. 당초에 문제는 유비의 군대가 동쪽으로 전진하여 손권과 교전하면서 700여 리에 이르는 목책을 세워 군영을 이었다는 말을 듣고는 신하들에게 말했다.

'유비는 군사軍事를 이해하지 못하오. 어찌 700여 리에 이르는 군영을 연결하여 적에 저항하며 반격할 수 있겠소! 저습한 평지 혹은 험준한 산언덕으로 둘러싸인 곳에 군사를 주둔시키고 진영을 구축하는 자는 적에게 사로잡힐 것이라 했는데, 이것은 병가에서 크게 꺼리는 것이오. 전쟁에 대한 손권의 상주문이 이제 당도할 것이오.'

7일 뒤에 유비를 대파했다는 문서가 도착했다."

❸

마량이 군영 배치도를 제갈량에게 보여주고 자문을 구했다는 내용은 허구다. 『삼국지』 「촉서·마량전」에 따르면 "선주는 동쪽으로 오나라를 정벌할 때 마량을 파견해 무릉군으로 진입해서 오계五溪의 소수 민족을 불러들이도록 했다. 소수 민족의 수령은 전부 선주가 하사한 관인과 봉호를 받았는데 마량이 진행했던 일체가 모두 선주의 바람에 부합했다. 마침 이릉에서 선주가 대패하니 마량도 그곳에서 해를 입었다"고 한다. 마량이 유비를 따라 동오 정벌에 참여한 것은 사실이나 이릉에서 패했을 때 전사하는 것으로 기록되어 있다. 이릉 전투에 참여한 마량이 동천으로 가서 제갈량을 만나 군영 배치도를 보여줬다는 것은 허구이며 또한 유비의 군영 배치에 대해 제갈량이 어떤 자문을 해주거나 조치를 취했다는 기록도 없다.

❹

육손과 유비의 전투 상황

『삼국지』「오서·육손전」은 유비의 패배 상황을 다음과 같이 기록하고 있다.

"육손이 먼저 유비의 진영을 공격했으나 성공하지 못했다. 상황이 불리해지자 장수들이 말했다.

'헛되이 병사들의 목숨만 잃게 할 뿐입니다.'

육손이 말했다.

'나는 이미 적을 격파할 방법을 깨달았소.'

그러고는 병사들에게 각기 풀을 한 다발씩 갖고서 화공으로 유비의 군영을 공격해 무너뜨리도록 명령했다. 순식간에 진공할 수 있는 형세가 이루어지자 육손은 각 군대를 인솔하여 동시에 진격했고 장남, 풍습 및 호왕胡王 사마가 등의 머리를 베었으며 유비의 군영 40여 곳을 공격해 무너뜨렸다. 유비의 장수 두로杜路와 유령劉寧 등은 달아날 길이 없게 되자 투항을 요청했다. 유비는 마안산馬鞍山에 올라 주위에 군대를 배치하고 방어했다. 육손이 군대를 독촉하며 사면으로 다가오자 유비의 군대는 흙이 무너지듯 와해되었으며 죽은 자가 수만 명에 이르렀다. 유비는 밤을 틈타 달아났는데, 역참의 인원들이 요鐃(악기 명칭, 방울 형태로 군악에 사용)와 갑옷을 메고 한곳에 모아 불을 질러 도로를 끊은 다음에야 간신히 백제성으로 들어갈 수 있었다. 그의 선박, 병기, 수군, 보병, 군용 물자는 손실되어 거의 남지 않았고 병사들의 시체가 떠내려가 강을 막았다. 유비는 극도로 부끄럽고 분개하여 말했다.

'내가 결국 육손에게 좌절과 모욕을 당했으니 이 어찌 하늘의 뜻이 아니겠는가!'"

❺

주연이 조운에게 죽임을 당했을까?

『삼국지』「오서·주연전」에 "황무 원년(222), 유비가 군사를 일으켜 의도로 쳐들어왔다. 주연은 군사 5000명을 감독하며 육손과 힘을 모아 유비를 막아냈다. 주연이 별도로 한 부대를 인솔하여 유비의 선봉대를 격파하고 그들의 퇴로를 끊었으므로 유비는 패해 달아났다"고 기록되어 있고, "주연은 향년 68세로 적오赤烏 12년(249)에 세상을 떠났다"고 했다. 유비와 전투를 벌였을 때는 222년이고 주연은 249년에 죽었다. 결국 주연은 이때가 아니라 27년 뒤에 병사한 것으로 역사는 기록하고 있다. 그리고 조운은 이 전쟁에 참여하지도 않았기 때문에 그에게 죽었을 리가 없다.

주연은 손권이 아끼던 맹장이었다. 「오서 · 주연전」에 나온 주연에 대한 기록 몇 가지를 기술하면 다음과 같다.

"주연은 키가 7척도 되지 않았다. 그는 온종일 조심하고 신중했으며 항상 전쟁터에 있었는데, 긴급한 상황에 맞닥뜨렸을 때의 대담하고 침착한 점은 다른 사람을 뛰어넘었다. 주연은 2년 동안 병상에 누워 있었는데 나중에 병세가 점점 위중해지자 손권이 낮에는 먹는 것을 줄였고 밤에는 잠을 이루지 못했다. 오나라의 창업 공신 중 병에 걸렸을 때 손권이 가장 마음을 기울인 사람은 여몽과 능통이었고 그다음이 주연이었다."

❻

부동傳彤의 죽음

역사 기록에는 '부동'이 아닌 '부융傳彤'으로 기록되어 있다. 『삼국지』 「촉서 · 양희전」에 첨부된 『계한보신찬』에 따르면 "의양義陽(군 명칭, 치소는 지금의 후베이성 짜오양棗陽 동남쪽) 사람 부융이 있었는데 선주의 대군이 패퇴하자 부융이 뒤를 끊고 적군과 교전을 벌였고 병사가 모두 죽었다. 오의 장수가 부융에게 투항을 권하자 부융이 욕설을 뱉으며 말했다.

'오의 개들아! 오에 투항하는 한나라 장군이 어디에 있겠느냐!'

그러고는 마침내 전사했다"고 기록하고 있다.

❼

정기程畿는 자살하지 않았다

역사는 정기가 자살하지 않고 전사했다고 기록하고 있다. 『삼국지』 「촉서 · 양희전」에 첨부된『계한보신찬』은 그 상황을 다음과 같이 기록하고 있다.

"선주를 수행하여 오 정벌에 나갔으나 대군이 패하여 장강을 거슬러 돌아가고 있었다. 어떤 사람이 정기에게 말했다.

'뒤쪽에 추격병이 이미 이르렀습니다. 배를 버리고 간편한 복장으로 기슭으로 올라야 화를 면할 수 있습니다.'

정기가 말했다.

'나는 군중에 있으면서 일찍이 적이 두려워 달아난 적이 없거늘 더군다나 지금 천자를 수행하며 위험을 만났는데 말할 필요가 없도다!'

추격해오던 적이 정기의 배에 오르자 정기는 직접 극戟을 잡고 싸웠는데 적군의 배가 뒤집어지는 일도 있었다. 적군이 한꺼번에 몰려들어 정기를 공격했으므로 전사하고 말았다."

❽

『삼국지』「촉서·양희전」에 첨부된『계한보신찬』은 장남과 풍습의 전사에 대해 다음과 같이 기록하고 있다.

"풍휴원馮休元은 이름이 습習이고 남군 사람으로 선주를 수행하여 촉으로 들어갔다. 선주가 동쪽으로 오를 정벌하러 갔을 때, 풍습은 영군領軍에 임명되어 각 군을 통솔했는데 효정에서 대패했다.

장문진張文進은 이름이 남南이다. 그도 형주에서부터 선주를 수행하여 촉으로 들어갔으며 병사들을 이끌고 선주를 따라 오를 정벌하러 갔다가 풍습과 함께 전사했다."

또한 「오서·반장전」에 따르면 "유비가 이릉으로 출병했을 때 반장과 육손이 힘을 합쳐 대항했으며, 반장의 부하가 유비의 호군護軍 풍습 등을 참살했고 매우 많은 사병을 살상했다"고 기록하고 있다.

❾

손부인이 오로 돌아간 이후의 행적에 관한 상세한 역사 기록은 없다. 유비가 패해 군중에서 죽었다는 소문을 듣고 강물에 몸을 던져 자살했다는 소설의 내용은 믿기 어렵다.

❿

제갈량의 팔진도八陣圖

팔진도에 관한 상세한 역사 기록은 없다. 다만 『삼국지』 「촉서·제갈량전」에 "병법을 추론하여 팔진도를 만들었는데 가장 핵심 요소를 깊게 터득했다"고만 기록되어 있다.

⓫

『삼국지』 「오서·육손전」에 따르면, "유비가 백제성에 주둔한 후 서성, 반장, 송겸 등은 각자 다투어 표를 올려서 유비를 반드시 사로잡을 수 있다고 말하며 다시 유비를 공격하기를 요청했다. 손권이 이를 육손에게 묻자 육손은 주연과 낙통과 함께 조비가 대군을 집결하여 표면적으로는 오나라를 도와 유비를 토벌한다고 하지만 실제로는 간악한 마음이 있으므로 신중하게 결정하여 즉시 군대를 돌릴 것이라고 여겼다. 오래지 않아 위나라 군대는 과연 출격했고 오나라는 삼면(조휴 등은 동구洞口, 조인 등은 유수, 조진 등은 남군을 공격했다)으로 적의 공격을 받게 되었다"고 기록하고 있다. 배송지 주 『오록吳錄』은 다음과 같이 기록하고 있다.

"유비는 위나라 군대가 대규모로 출격한다는 소식을 듣고 육손에게 편지를 보내 말했다. '적군이 이미 강릉江陵(『자치통감』에서는 강한江漢, 즉 장강과 한수 일대라 했다)에 있어 내 장차 다시 동쪽으로 가려 하는데 장군은 어떻게 생각하시오?' 그러자 육손은 '단지 걱정되는 것은 당신 군대가 이제 막 격파되어 아직 상처가 회복되지 않았고, 서로 사신을 파견해 친선관계를 구하기 시작했소. 지금은 마땅히 스스로 보충해야 하지 무력을 남용할 여유가 없을 따름이오. 만일 헤아리지 않고 다시 전멸에서 생존한 패잔병을 멀리 보내고자 한다면 그들은 죽음에서 벗어나지 못할 것이오'라고 답했다."

황제에 오른 유선

유선주는 유언 남겨 어린 자식을 부탁하고,
제갈량은 편히 앉아서 다섯 갈래 길 군사를 평정하다

劉先主遺詔托孤兒,
諸葛亮安居平五路

장무 2년(222) 여름 6월, 동오의 육손은 효정과 이릉 땅에서 촉병을 대파했다. 선주는 백제성으로 달아났으며 조운은 군사를 이끌고 성을 점거하며 지켰다. 그때 돌연 당도한 마량은 대군이 이미 패한 것을 보고는 후회막급이었다. 그가 공명의 말을 선주에게 아뢰었다. 선주는 탄식했다.

　"짐이 일찌감치 승상의 말을 들었다면 오늘 같은 패배에는 이르지 않았을 텐데! 이제 무슨 면목으로 다시 성도로 돌아가 군신들을 본단 말인가!"❶

　마침내 명령을 전달하여 백제성에 주둔하기로 하고 역관을 고쳐 영안궁¹이라 했다. 풍습, 장남, 부동, 정기, 사마가 등이 모두 이번 왕사²에 죽었다고 누군가 보고하자 선주는 비탄해 마지않았다. 또 근신이 아뢰었다.

　"황권이 북쪽의 군사들을 이끌고 위로 항복하러 갔습니다. 폐하께서는 그의 가솔들을 유사³에게 보내 죄를 물으소서."

　선주가 말했다.

　"황권은 북쪽 기슭에서 오군에게 가로막힌 것으로 돌아오고자 해도 길이 없었으니 어쩔 수 없이 위에 항복한 것이다. 이는 짐이 황권을 저버린 것이지 황권이 짐을 버린 것은 아니니라. 그 가솔에게 죄를 물을 필요가 있겠는가?"

여전히 녹미[4]를 지급하여 먹고살게 해주었다.

한편 황권이 위에 항복하자 장수들이 그를 인도하여 조비를 만나게 했다. 조비가 말했다.

"경이 지금 짐에게 항복한 것은 진평과 한신[5]을 회상하여 경모하고자 함인가?"

황권이 눈물을 흘리며 아뢰었다.

"신은 촉 황제의 은혜를 입었습니다. 황제께서 신을 남다르게 대우하여 신에게 강북의 여러 군을 지휘하게 하셨으나 육손에게 길을 차단당하고 말았습니다. 촉으로 돌아가고자 했으나 길이 없고, 오에 항복할 수는 없어 이렇게 폐하께 의탁하러 온 것입니다. 패군한 장수가 죽음을 면한 것만도 다행으로 여기거늘 어찌 감히 옛사람을 회고하여 경모하겠습니까!"

조비가 크게 기뻐하며 즉시 황권을 진남장군鎭南將軍으로 임명했다. 그러나 황권은 굳이 사양하며 받지 않았다. 그때 느닷없이 근신이 아뢰었다.

"촉으로부터 정탐꾼이 왔는데 촉주가 황권의 가솔을 모조리 주살했다고 합니다."

황권이 말했다.

"신과 촉주는 서로 진심으로 대하고 믿는 사이라 신의 본심을 알고 계시니 틀림없이 신의 처자식을 죽이려 들지 않으실 것입니다."

조비는 그 말을 옳다 여겼다. 후세 사람이 황권을 꾸짖은 시가 있다.

오에 항복할 수가 없어서 조비에게 투항하나니
충의의 신하가 어찌 두 왕조 섬길 수 있겠는가

황권이 한 번 죽는 것 아끼는 것을 한탄하노니

자양[6]의 서법[7]이 그를 가볍게 용서치 않으리라

降吳不可却降曹, 忠義安能事兩朝

堪嘆黃權惜一死, 紫陽書法不輕饒 ❷

조비가 가후에게 물었다.

"짐이 천하를 통일하고자 하는데 먼저 촉을 취해야 하오? 아니면 오를 먼저 취해야 하오?"

가후가 말했다.

"유비는 뛰어난 재능이 있는 데다 제갈량은 나라를 잘 다스리는 능력이 있습니다. 또한 동오의 손권은 허실을 인지할 수 있으며 육손은 험준한 곳에 군사를 주둔시키고 강과 넓은 호수를 사이에 두고 있으니[8] 모두 갑자기 도모하기는 어렵습니다. 신이 살펴보건대 여러 장수 중에 손권과 유비를 대적할 만한 인물도 없습니다. 비록 폐하께서 하늘 같은 위엄으로 임하신다 하더라도 완전한 승리를 거둘 수 있는 형세가 보이지 않습니다. 단지 지키기만 하면서 두 나라에 변화가 생기기만을 기다리시는 것이 좋을 듯합니다."

조비가 말했다.

"짐이 이미 오를 정벌하기 위해 세 갈래 길로 대군을 파견했는데 어찌 승리하지 못할 이유가 있겠소?"

상서[9] 유엽이 말했다.

"근래에 동오의 육손이 새로이 촉병 70만 명을 깨뜨려 위아래가 한마음 한뜻으로 노력하고 있는 데다 강과 호수가 가로막고 있어 갑자기 제어할 수 없으며, 또한 육손은 꾀가 많아 틀림없이 대비하고 있을 것입니다."

조비가 말했다.

"경은 이전에는 짐에게 오를 정벌하라고 권하더니 지금은 또 간언하며 저지하니 어째서 그렇소?"

유엽이 말했다.

"시기가 같지 않기 때문입니다. 지난날 동오는 촉에게 여러 번 패하여 그 형세가 꺾였기에 공격할 만했었습니다. 그러나 지금은 완승을 거둔 데다 그 예기가 백배 날카로워졌으니 공격해서는 안 됩니다."

조비가 말했다.

"짐의 뜻이 이미 결정되었으니 경은 다시 말하지 말거라."

마침내 어림군을 이끌고 친히 세 갈래 길의 병마를 호응하러 갔다. 그때 정찰 기병이 동오가 이미 준비를 하고 있다고 보고했다. 여범에게는 군사를 이끌고 조휴를 막게 했고, 제갈근에게는 군사를 이끌고 남군에서 조진을 막게 했으며, 주환朱桓에게는 군사를 이끌고 유수를 지키면서 조인을 저지하게 했다는 것이었다. 유엽이 말했다.

"이미 대비하고 있다고 하니 가시더라도 아마 아무런 이득이 없을 것입니다."

조비는 그 말을 따르지 않고 군사를 이끌고 떠났다.

한편 오의 장수 주환은 이때 겨우 27세[10]였으나 용기와 지모가 지극하여 손권이 그를 무척 아꼈다. 이때 유수에서 군대를 지휘하고 있었는데 조인이 대군을 이끌고 선계[11]를 취하러 간다는 소식을 듣고는 즉시 군사들을 모조리 이동시켜 선계를 지키러 보냈다. 5000명의 기병만 남겨 성을 지키고 있었는데 그때 별안간 조인의 대장 상조常雕가 제갈건諸葛虔, 왕쌍王雙과 함께 5만 명의 정예병을 이끌고 유수성으로 나는 듯이 달려오고 있다는 보고가 들어왔다. 군사들이 두려운 기색을 비추자 주환이 검을 어루만지며 말했다.

"승부는 장수에게 있지 군사의 많고 적음에 있는 것이 아니다. 병법에 이르기를 '외지에서 쳐들어오는 군대의 수가 배가 되더라도 현지에서 지키는 병력이 반만 되면 승리할 수 있다'[12]고 했다. 지금 조인은 먼 길을 고생스럽게 왔기에 사람과 말이 모두 피곤할 것이다. 내 너희와 함께 높은 성을 의지하고 남쪽으로는 큰 강을 내려다보며 북쪽으로는 험준한 산을 등지고 있다. 쉬면서 힘을 비축했다가 피로한 적과 맞서 싸우고 성을 지키는 군대로 쳐들어오는 적을 제지할 것이니, 이것이 바로 백전백승의 형세다. 비록 조비가 직접 온다 하더라도 걱정할 필요가 없거늘 하물며 조인 따위야 어떠하겠느냐!"

이에 명을 전달하여 군기를 내리고 북소리를 멈추게 하여 지키는 사람이 아무도 없는 것과 같은 형세를 꾸미도록 했다.

한편 위의 선봉 상조는 정예병을 이끌고 유수성을 취하고자 왔으나 멀리서 바라보아도 성 위에 군마가 전혀 보이지 않았다. 상조는 군사들을 재촉하여 급히 전진했는데 성에서 멀리 떨어지지 않은 곳에 이르렀을 때 '꽝!' 하는 포성이 들리더니 깃발이 일제히 올라갔다. 주환이 칼을 비껴들고 재빨리 말을 몰아 나와서는 곧장 상조에게 달려들었다. 3합도 싸우지 않아서 주환이 한칼에 상조를 베어 말 아래로 떨어뜨렸다. 오군이 기세를 몰아 한바탕 들이치자 위군이 대패했고 죽은 자가 셀 수 없이 많았다. 주환은 대승을 거두며 무수히 많은 깃발과 무기, 전마를 획득했다. 조인이 군사를 이끌고 뒤이어 당도했으나 도리어 오군이 선계로부터 몰려나왔다. 조인은 대패하여 물러났고 돌아가서 위주를 만나 대패한 사실을 상세히 아뢰었다. 조비는 깜짝 놀랐다. 한창 의논하고 있는데 별안간 정찰 기병이 보고했다.

"조진, 하후상이 남군을 포위했으나 안에 있던 육손의 복병과 밖에 있던 제갈근의 복병이 안팎으로 협공하는 바람에 대패하고 말았습니다."

말을 마치기도 전에 느닷없이 정찰 기병이 또 보고했다.

"조휴 또한 여범에게 패하고 말았습니다."

세 갈래 길의 군사가 패했다는 소식을 들은 조비는 탄식하며 말했다.

"짐이 가후와 유엽의 말을 듣지 않았다가 과연 이렇게 패하고 말았구나!"

때는 마침 여름이라 역병이 대규모로 유행했다. 마보군 10명 중 6~7명이 죽어나가자 결국 군사를 이끌고 낙양으로 돌아갔다. 오와 위는 이때부터 화목하게 지내지 못했다.

한편 영안궁에 있던 선주는 병에 걸려 일어나지 못하고 있었는데 병세가 점점 위중해졌다. 장무 3년(223) 4월, 선주는 병이 사지 곳곳에 깊이 파고든 것을 스스로 알게 되었다. 또 관우와 장비 두 아우를 그리워하며 울음을 그치지 않으니 병이 더욱 깊어졌다. 두 눈도 침침해지자 시종들마저 보기 싫어져 이에 큰 소리로 꾸짖어 좌우를 물리고는 홀로 용상에 누웠다. 그때 별안간 음산한 바람이 갑자기 일어나더니 바람에 등불이 흔들려 꺼졌다가 다시 밝아졌다. 등불 그림자 아래서 두 사람이 시립해 있는 것이 눈에 들어왔다. 선주가 노해서 말했다.

"짐이 마음이 편치 못해 너희에게 잠시 물러나라고 했거늘 무슨 까닭으로 다시 왔느냐!"

그들을 꾸짖었으나 물러나지 않았다. 선주가 일어나 살펴보니 왼쪽에는 운장이, 오른쪽에는 바로 익덕이 시립하고 있었다. 선주는 깜짝 놀랐다.

"두 아우가 아직 살아 있었구나!"

운장이 말했다.

"신들은 사람이 아니라 귀신입니다. 상제上帝께서 신 두 사람에게 평생 신의를 잃지 않았다 하여 칙명을 내려 신령으로 삼으셨습니다. 형님께서 아우들과 함께 모일 날이 멀지 않았습니다."

선주가 두 사람을 끌어당기며 통곡했다. 그때 문득 놀라 깨어나니 두 아우가 보이지 않았다. 즉시 시종을 불러 물으니 시각이 삼경이었다. 선주는 탄식했다.

"짐이 인간 세상에 있을 날도 멀지 않았구나!"

마침내 사자를 성도로 보내 승상 제갈량과 상서령 이엄 등에게 밤새 영안궁으로 달려와 유언을 듣도록 했다. 공명 등과 선주의 둘째 아들 노왕魯王 유영劉永, 셋째 아들 양왕梁王 유리劉理가 황제를 알현하러 영안궁으로 왔고 태자 유선은 성도에 남아 그곳을 지켰다.

한편 영안궁에 당도한 공명은 선주의 병세가 위중한 것을 보고는 황망히 용상 아래에 엎드려 절을 올렸다. 선주는 명령을 전달하고자 공명을 용상 곁에 앉으라고 청하고는 등을 어루만지며 말했다.

"짐이 승상을 얻은 이래로 다행히 제업帝業을 이루었소. 지혜와 식견이 좁고 얕아 승상의 말을 받아들이지 않았으니 패배를 자초할 줄 생각이나 했겠소. 뼈저리게 뉘우치다 결국 병에 걸려 죽음이 조석에 닥치게 되었구려. 적자嫡子가 나약하여 대사를 승상에게 부탁하지 않을 수 없게 되었소."

말을 마치고는 얼굴 가득 눈물을 흘렸다. 공명 또한 흐느끼며 말했다.

"원컨대 폐하께서는 용체를 잘 보전하여 천하의 기대에 부응하소서!"

선주는 두루 살펴보더니 마량의 아우 마속馬謖이 곁에 있는 것을 보고는 잠시 물러나 있으라고 명했다. 마속이 물러나자 선주가 공명에게 일렀다.

"승상은 마속의 재주가 어떻다고 보시오?"

공명이 말했다.

"이 사람 또한 당대의 걸출한 재능을 가진 사람입니다."

선주가 말했다.

"그렇지 않소. 짐이 이 사람을 보건대 말이 과장되어 실제 사실과 부합하지 않으니 크게 써서는 아니 될 것이오. 승상은 깊이 살펴주시오."❸

분부를 마치고는 모든 신하를 어전으로 들라 했다. 종이와 붓을 가져오도록 하여 유조[13]를 적고는 공명에게 건네며 탄식했다.

"짐이 독서를 많이 하지는 않았지만 큰 책략을 대강은 알고 있소. 성인이 말씀하시기를 '새가 장차 죽을 때는 울음소리가 슬퍼지고, 사람이 장차 죽을 때는 말이 진실해진다'[14]고 했소. 짐이 본래는 경과 함께 역적 조씨를 멸망시키고 함께 한실을 지탱하려 했으나 불행하게도 중도에 작별하게 되었구려. 번거롭더라도 승상은 이 조서를 태자 선禪에게 넘겨주고 평범한 언사로 여기지 않게 해주시오. 무슨 일이든지 승상이 가르쳐주기를 바라오!"

공명이 바닥에 엎드려 울면서 절을 올렸다.

"바라건대 폐하께서는 용체를 보양하소서! 신이 개와 말의 수고로움도 마다하지 않고 폐하께서 귀히 여겨주고 중용해주신 은혜에 보답하겠습니다."

선주는 내시에게 명하여 공명을 부축해 일으키도록 하고는 한 손으로 눈물을 훔치며 다른 손으로는 공명의 손을 잡고 말했다.

"짐은 곧 죽을 것이나 마음속에 담은 말이 있소."

공명이 말했다.

"무슨 성유[15]가 있으십니까?"

선주가 울면서 말했다.

"그대의 재주는 조비보다 열 배는 뛰어나니 틀림없이 나라를 안정시키고 굳건히 할 수 있으며 끝내는 대사를 이룰 수 있을 것이오. 만일 후계자인 태자가 보좌할 만하면 도와주되 재주가 없으면 그대가 스스로 성도의 주인이 되어주시오."

이 말을 듣고 난 공명은 땀이 온몸을 적시고 손발을 어찌해야 할지 몰라 하다가 울면서 바닥에 엎드려 절을 올리며 말했다.

"신이 어찌 감히 팔다리의 모든 힘을 다 기울이고 충정의 절개를 다하여 죽기로 계승하지 않겠습니까!"

말을 마치고는 머리를 바닥에 찧어 피를 흘렸다. 선주가 다시 공명을 침상에 앉도록 청하더니 노왕 유영과 양왕 유리를 가까이 불러놓고 분부했다.

"너희는 짐의 말을 기억하도록 해라. 너희 형제 세 사람은 짐이 죽은 다음에 모두 승상을 아비처럼 섬기되 태만해서는 아니 된다."

말을 마치더니 즉시 두 왕에게 함께 절을 올리도록 명했다. 두 왕이 절을 마치자 공명이 말했다.

"신이 비록 간장과 뇌수가 땅에 널리는 한이 있더라도 어찌 귀히 여겨주고 중용해주신 은혜에 보답할 수 있겠습니까!"

선주가 관원들에게 일렀다.

"짐이 이미 어린 자식들을 승상에게 부탁했고[16] 후계자인 태자에게도 승상을 아비와 같이 섬기라고 했소. 경들도 모두 태만하여 짐의 기대를 저버려서는 안 되오."

또 조운에게 당부했다.

"짐은 경과 함께 우환과 재난 속에서 만나 서로 지금까지 따랐는데 생각지도 못하게 여기에서 이별하게 되었구려. 경은 짐이 오랜 친구라는 것을 생각하여 아침저녁으로 내 아들을 보살펴주고 짐의 말을 저버리지 말아주오."

조운이 울면서 절을 올렸다.

"신이 어찌 개와 말의 하찮은 힘이라도 다하지 않겠습니까!"

선주는 또 관원들에게 일렀다.

"경들에게 짐이 일일이 당부할 수 없으니 원컨대 모두 자애하시오."

말을 마치고 붕어하니 그의 나이 63세였다. 때는 장무 3년(223) 4월 24일 이었다. 훗날 두공부(두보)가 찬탄한 시가 있다.

촉주 동오를 정벌하고자 삼협으로 향하더니
붕어하던 그해에도 영안궁에 있었다네[17]
텅 빈 산 밖에서 천자의 깃발[18] 상상해보니
영안궁 사라지고 들판에는 사당만 들어섰네

옛 사당의 전나무에는 학이 둥지를 지었고
세시 때마다 복랍[19]에는 촌로들이 달려오네
무후사당[20]도 오래도록 가까이 이웃하고 있으니
군신이 한 몸이 되어 제사도 함께 받는구나

蜀主窺吳向三峽, 崩年亦在永安宮

翠華想象空山外, 玉殿虛無野寺中

古廟杉松巢水鶴, 歲時伏臘走村翁

武侯祠屋長鄰近, 一體君臣祭祀同 ❹

선주가 붕어하자 문무관원 중에 애통해하지 않는 자가 없었다. 공명은 관료들을 거느리고 황제의 관을 모시며 성도로 돌아갔다. 태자 유선이 성을 나와 영구를 영접하고 정전 안에 모셨다. 곡을 하고 상례를 마친 다음 유조를 펼쳐 낭독했다.

"짐이 처음 병에 걸렸을 때는 단지 하리下痢(설사와 이질)로만 여겼는데, 나중에는 각종 질병으로 전이되더니 위태로워져 치료할 수 없게 되었다. 짐이 듣건대 '사람 나이 오십이면 단명이라 하지 않는다'고 했으니 지금 짐의 나이 육십하고도 조금 넘었는지라 죽는다 한들 무슨 여한이 있겠는가? 다만 경의 형제가 걱정될 뿐이니 힘쓰고 노력하도록 하거라! 악한 일은 아무리 작더라도 해서는 아니 되고, 착한 일은 아무리 작더라도 하지 않아서는 아니 되느니라. 오직 어질고 덕이 있어야만 사람을 복종시킬 수 있으니, 경의 아비는 덕이 많이 부족하여 본받을 가치가 없느니라. 경은 승상과 더불어 일을 처리하되 그를 아비처럼 섬겨야 하며 게을리하지 말거라! 잊지 말거라! 경의 형제들은 더욱 명망을 얻도록 추구해야 하느니라! 당부하노라! 간곡히 당부하노라!"

군신들도 모두 조서를 읽었다. 공명이 말했다.
"나라에는 하루도 군주가 없어서는 아니 되니 사군嗣君(왕위를 계승할 임금, 황태자를 가리킴)을 세워 한나라 대통을 잇도록 청하는 바요."
이에 태자 유선을 세워 황제 자리에 오르게 하고 연호를 건흥[21]으로 고쳤다. 제갈량을 무향후武鄕侯로 높여 봉하고 익주목을 겸하게 했다. 선주를 혜릉[22]에 장사 지내고 시호를 소열황제昭烈皇帝라 했다. 황후 오씨를 높여 황태후로 모시고 감부인의 시호를 소열황후라 했으며 미부인 또한 황후 시호를 추가했다. 군신들에게도 관직을 높이고 상을 내렸으며 천하에 대사면을 단행했다.

위군이 일찌감치 이러한 사실을 탐지하여 중원에 보고했다. 근신들이 위주에게 아뢰자 조비가 크게 기뻐하며 말했다.

"유비가 죽었으니 짐의 근심거리가 없어졌구려. 어찌 그 나라에 주인이 없는 틈을 이용하여 군대를 일으켜 정벌하지 않겠는가?"

가후가 간언했다.

"유비가 비록 죽었다고는 하나 틀림없이 제갈량에게 어린 자식을 부탁했을 것입니다. 제갈량은 유비가 귀히 여겨주고 중용해준 은혜에 감복하여 반드시 온 힘을 다해 후계자를 도울 것이니 폐하께서는 급작스럽게 쳐서는 안 됩니다."

한창 말하고 있는데 별안간 한 사람이 반열에서 기세 좋게 나오며 말했다.

"이때를 이용해 군대를 진격시키지 않는다면 다시 어느 때를 기다린단 말씀입니까?"

사람들이 보니 바로 사마의였다. 조비가 크게 기뻐하며 즉시 사마의에게 계책을 물었다. 그가 말했다.

"만약 중원의 군사만 일으킨다면 급히 승리를 쟁취하기는 어렵습니다. 모름지기 다섯 갈래 길의 대군으로 사면에서 협공하고 제갈량의 머리와 꼬리가 서로 구원할 수 없게 만든다면 도모할 수 있을 것입니다."

조비가 다섯 갈래 길이 무엇이냐고 묻자 사마의가 말했다.

"한 통의 서신을 써서 사자를 요동遼東의 선비국²³으로 파견하십시오. 국왕인 가비능²⁴을 만나 황금과 비단으로 매수하고 요서의 강병羌兵 10만 명을 일으키게²⁵ 하여 먼저 육로로 서평관西平關²⁶을 취하는 것이 첫 번째 길입니다. 또 서신을 써서 사자에게 관고²⁷와 하사품을 가지고 곧장 남만南蠻으로 들어가게 하십시오. 만왕蠻王 맹획孟獲을 만나 군사 10만 명을 일으키게 하여 익주, 영창, 장가, 월수[28] 네 곳을 공격하고 서천의 남쪽을 치는 것이 두 번째 길입니다. 다시 사자를 동오로 파견하여 우호 관계를 맺고 영토를 할양해주기로 하십시오. 손권에게 군사 10만 명을 일으키게 하여 양천의 협구[29]를 공격하고 부성涪城을 취하는 것이 세 번째 길입니다. 또 항복한 장수 맹달孟達에게 사자를 보내 상용上庸의 군사 10만 명을 일으키게 하십시오. 서쪽으로 한중을 공격하게 하는 것이 네 번째 길입니다. 그런 다음에 대장군 조진曹眞을 대도독으로 삼아 군사 10만 명을 이끌고 경조京兆에서 양평관으로 나가 서천을 취하는 것이 다섯 번째 길입니다. 도합 50만 명의 대군이 다섯 갈래 길로 한꺼번에 진격한다면 제갈량에게 여망呂望(강태공)의 재주가 있다 하더라도 어찌 이를 감당할 수 있겠습니까?"

조비는 크게 기뻐하며 즉시 비밀리에 언변이 좋은 관원 네 명을 사자로 삼아 떠나게 했고, 또 조진을 대도독으로 임명하여 군사 10만 명을 이끌고 곧장 양평관을 취하게 했다. 이때 장료 등의 옛 장수들은 모두 열후로 봉해져 기주, 서주, 청주와 합비 등지에서 중요 길목과 나루터, 협곡의 입구를 지키고 있었으므로 다시 동원되지는 않았다.

한편 촉한에서는 후주 유선이 즉위한 이래로 옛 신하들 가운데 병이 들어 죽은 자가 많았다. 무릇 일체 조정의 선법選法(관리를 선발하는 법규), 돈과 양식, 송사 등의 일은 모두 제갈승상의 판결을 듣고 처리되었다. 이때 후주는 아직 황후를 세우지 않고 있었는데 공명이 군신들과 함께 말씀을 올렸다.

"고故 거기장군 장비의 여식이 아주 어질다고 합니다. 나이도 17세이니 황후로 맞아들이소서."

후주는 즉시 그녀를 황후로 맞아들였다.❺

건흥 원년(223) 8월, 별안간 변경에서 급보가 들어왔다.

"위가 다섯 갈래 길로 대군을 이동시켜 서천을 치러 오고 있는데, 제1로는 조진이 대도독이 되어 군사 10만 명을 일으켜 양평관을 취하러 오고 있고, 제2로는 배반한 장수 맹달이 상용의 군사 10만 명을 거느리고 한중을 침범하고 있으며, 제3로는 동오의 손권이 정예병 10만 명을 일으켜 협구를 취하고 서천으로 들어오고 있고, 제4로는 만왕 맹획이 만병 10만 명을 일으켜 익주의 네 개 군을 침범하고 있으며, 제5로는 바로 번왕番王 가비능이 강병[30] 10만 명을 일으켜 서평관을 침범하고 있다고 합니다. 이 다섯 갈래 군마는 대단히 사나워 상대하기 어렵습니다. 이미 승상께 보고를 드렸는데 승상께서는 무엇 때문인지 모르겠으나 며칠째 나와서 정사를 돌보지 않고 있다고 합니다."

보고를 들은 후주는 크게 놀라 측근 시종에게 성지를 건네고 공명에게 조정에 들어오라는 분부를 전했다. 명을 받든 시종이 반나절이 지나서야 돌아와 보고했다.

"승상부의 하인이 말하기를 승상께서 병을 앓고 있어 나오실 수 없다고 합니다."

후주는 당황하며 허둥댔다. 이튿날 또 황문시랑黃門侍郎 동윤董允과 간의대부諫議大夫 두경杜瓊에게 명하여 승상의 침상 앞으로 가서 이번 일을 알리게 했다. 동윤과 두경이 승상부 앞에 이르렀으나 들어갈 수가 없었다. 두경이 말했다.

"선제께서는 승상께 어린 태자를 부탁하셨습니다. 주상께서 이제 보위에 오르셨는데 조비의 군사들이 다섯 갈래 길로 경계를 침범하고 있어 군사 상황이 다급해졌습니다. 승상께서는 무슨 까닭으로 병을 핑계로 나오시지 않습니까?"

한참이 지나서야 문을 지키는 관리가 승상의 명을 전달했다.

"병든 몸이 조금 좋아지셔서 내일 아침 도당[31]에 나가 정사를 의논하겠다고 하십니다."

동윤과 두경은 탄식하며 돌아갔다. 이튿날 관원들이 또 승상부 앞에 와서 기다렸다. 아침부터 저녁까지 기다렸으나 또 모습을 드러내지 않았다. 관원들은 놀라고 두려워하며 불안해했으나 흩어질 수밖에 없었다. 두경이 입궐하여 후주에게 아뢰었다.

"청컨대 폐하께서 친히 승상부로 가셔서 계책을 물어보소서."

후주는 즉시 관원들을 거느리고 태후궁으로 들어가 황태후에게 사실을 아뢰었다. 태후가 깜짝 놀랐다.

"승상이 무슨 연유로 그런단 말인가? 선제께서 부탁하신 뜻을 저버린 것이로다! 내 마땅히 가봐야겠소."

동윤이 아뢰었다.

"마마께서는 가볍게 가지 마소서. 신이 헤아리건대 승상께 필시 고명한 견해가 있을 것입니다. 일단 주상께서 먼저 가소서. 만약 소홀함이 있다면 청컨대 마마께서 태묘로 승상을 불러 물어보셔도 늦지 않을 것입니다."

태후는 그 말을 따르기로 했다.

이튿날 후주의 어가가 친히 승상부에 이르렀다. 어가가 당도한 것을 본 문을 지키던 관리가 황망히 땅바닥에 엎드려 절을 올리고 영접했다. 후주가 물었다.

"승상께서는 어디에 계시느냐?"

문을 지키는 관리가 말했다.

"어디에 계신지 모릅니다. 단지 승상께서 명하기를 백관을 막고 들여보내 지 말라 하셨습니다."

후주가 이에 어가에서 내려 걸어서 홀로 세 번째 문으로 들어가니 공명이 혼자 대나무 지팡이를 짚고 작은 연못에서 물고기를 보고 있었다. 후주가 뒤에서 한참 동안 서 있다가 이내 천천히 말을 걸었다.

"승상께서는 편안하고 즐거우시오?"

공명이 뒤돌아보다 후주가 보이자 황망히 지팡이를 던져버리고 땅바닥에 엎드려 절을 올렸다.

"신 만 번 죽어도 마땅합니다!"

후주가 부축해 일으키고는 물었다.

"지금 조비가 군사를 다섯 갈래 길로 나누어 경계를 침범하고 있어 형세 가 몹시 급해졌는데 상보³²께서는 무슨 연유로 승상부를 나와 정사를 돌보 려 하지 않는 것이오?"

공명이 껄껄 웃으며 후주를 부축해 내실로 모시고 자리에 앉은 다음 아뢰 었다.

"다섯 갈래 길로 군사들이 몰려오는 것을 신이 어찌 모르겠습니까? 신은 물고기를 구경하고 있던 것이 아니라 생각을 하고 있었습니다."

후주가 말했다.

"어떻게 해야 하오?"

공명이 말했다.

"강왕羌王³³ 가비능과 만왕 맹획 그리고 배반한 장수 맹달과 위의 장수 조 진이 맡은 네 갈래 길의 군사는 신이 이미 모두 물리쳤습니다. 손권, 한 갈래 군사만 남았는데 신에게 이미 물리칠 계책이 있으나 언변이 좋은 사람을 사자로 삼아야 합니다. 아직 그 사람을 얻지 못했으므로 곰곰이 생각하고 있었습니다. 폐하께서는 무엇을 근심하십니까?"

공명의 말을 들은 후주는 놀라고 기뻐하며 말했다.

"상보께서는 과연 귀신도 헤아리지 못하는 능력이 있으시오! 원컨대 적을 물리칠 계책을 들려주시오."

공명이 말했다.

"선제께서 폐하를 신에게 부탁하셨는데 신이 어찌 감히 잠시라도 태만하겠습니까. 성도의 관원들은 모두 병법의 오묘함을 이해하지 못하고 있습니다. 병법이란 남이 예측하지 못하는 것을 귀하게 여기거늘 어찌 다른 사람에게 누설할 수 있겠습니까? 이 늙은 신하는 서번西番의 국왕[34] 가비능이 군사를 이끌고 서평관을 침범한다는 것을 미리 알고 있었습니다. 신이 헤아리건대 마초는 대대로 서천[35]에서 살아온 사람으로 평소에 강인들의 마음을 얻고 있는 데다 강인들이 마초를 신위천장군神威天將軍으로 여기고 있습니다. 신이 이미 한 사람을 파견하여 밤새 달려 신속히 마초에게 격문을 전달했습니다. 그에게 서평관을 단단히 지키면서 네 갈래 길에 기병奇兵(적의 예측을 벗어나 갑자기 기습 공격하는 군대)을 매복시키고 매일 병사들을 바꿔가면서 막게 했으니, 이쪽 길은 걱정하실 필요가 없습니다. 또 남만의 맹획이 네 개 군을 침범하고 있으니, 역시 급히 위연에게 격문을 보내 일군을 거느리고 왼쪽으로 나갔다가 오른쪽으로 들어가고 오른쪽에서 나왔다가 왼쪽으로 들어가는 의병疑兵(허장성세로 적을 현혹시키는 군대)의 계책을 쓰게 했습니다. 만병은 오직 용기와 힘에만 의지할 뿐 그 마음에는 의심이 많아 의병을 보게 되면 틀림없이 감히 전진하지 못할 것이니, 이 길 또한 근심할 필요가 없습니다. 또 맹달이 군사를 이끌고 한중으로 나올 텐데, 맹달은 이엄과 일찍이 생사를 같이하는 친분이 깊은 벗의 관계로 신이 성도로 돌아올 때 이엄을 남겨두어 영안궁을 지키도록 했습니다. 신이 이미 이엄의 친필을 본 떠 쓴 편지 한 통을 사람을 시켜 맹달에게 전했습니다. 맹달이 그 편지를 읽으면 틀림없이 병을 핑계로 나오지 않을 것이고 군심도 태만해질 것이니, 이 길 또한 근심할 필요가 없습니다. 또 조진이 군사를 이끌고 양평관을 침범한다는 것도 알고 있었는데, 그곳은 지세가 험준하여 지킬 수 있습니다. 신이 이미 조운을 파견하여 일군을 이끌고 요충지를 지키되 절대 나가 싸우지 못하게 했습니다. 만약 우리 군사가 싸우러 나오지 않는 것을 보면 조진은 오래지 않아 스스로 물러갈 것입니다. 그러니 이 네 갈래 길의 군사는 모두 걱정할 필요가 없습니다. 그러나 신은 여전히 완전하게 보전하지 못할까 염려하여 다시 비밀리에 관흥과 장포 두 장수를 파견하여 각자 3만 명의 군사들을 이끌고 요긴한 곳에 주둔하면서 각각의 길을 지원하게 했습니다. 성도를 경유하지 않고 군사를 파견했기에 그 사실을 알아챈 사람은 아무도 없습니다. 단지 동오의 한 갈래 길 군사만이 반드시 움직인다고 할 수 없는데, 네 갈래 길의 군사들이 승리하여 서천의 중심 지역이 위급해지면 틀림없이 공격해오겠지만 만일 네 갈래 길의 상황이 좋지 않게 되면 어찌 움직이려 하겠습니까? 신이 헤아리건대 손권은 조비가 세 갈래 길로 오를 침략했던 원한을 생각하여 틀림없이 그의 말을 따르려 하지 않을 것입니다. 비록 그렇다고는 하나 모름지기 언변이 능숙한 인사를 동오로 보내 이해득실로 손권을 설득한다면 먼저 동오를 물리치게 되는 것이니, 그 나머지 네 갈래 길의 군사들이야 근심할 필요가 있겠습니까? 그러나 아직 오를 설득할 사람을 구하지 못하여 신이 이렇게 망설이고 있었습니다. 폐하께서는 무엇 하러 수고롭게 친히 어가를 움직이셨습니까?"

후주가 말했다.

"태후께서도 상보를 만나러 오시려고 했소. 지금 짐이 상보의 말씀을 듣고 나니 마치 꿈에서 막 깨어난 듯하오. 다시 무엇을 근심하리오!"

공명은 후주와 함께 술 몇 잔을 마신 다음 그를 전송하러 승상부를 나왔다. 문밖에 둘러서 있던 관원들은 후주의 얼굴에 띤 기쁜 기색을 보았다. 후주는 공명과 작별하고 어가에 올라 조정으로 돌아갔다. 관원들은 모두 의혹을 떨치지 못했다. 관원 중 한 사람이 하늘을 우러러보며 웃는데 얼굴에 역시 기쁜 기색을 띠고 있는 것이 공명의 눈에 들어왔다. 공명이 살펴보니 바로 의양 신야[36] 사람으로 성이 등鄧이고 이름이 지芝이며 자가 백묘伯苗로 이때 호부상서[37]를 맡고 있었는데, 한나라에서 사마司馬[38]를 지낸 등우鄧禹의 후손이었다. 공명이 남몰래 사람을 시켜 등지를 남게 했다. 관원들이 모두 흩어지자 공명이 등지를 서원으로 청해 그에게 물었다.

"지금 촉, 위, 오가 솥 밑에 달린 세 개의 발처럼 삼국으로 분립되었는데 두 나라를 토벌하여 통일하고 한나라의 중흥을 이루고자 한다면 먼저 어느 나라를 정벌해야 하겠소?"

등지가 말했다.

"제 어리석은 생각으로 헤아린다면 위가 비록 한나라의 역적이라고는 하지만 그 세력이 심히 거대하여 급히 동요시키기가 어려우니 마땅히 서서히 도모해야 할 것입니다. 지금 주상께서는 막 보위에 오르셨기에 민심이 아직 안정되지 않았습니다. 그러니 마땅히 동오와 연합하여 이와 입술 같은 관계가 되어 선제의 오랜 원한을 씻어내는 것이 바로 장구한 계책일 것입니다. 승상의 의견은 어떠하신지 모르겠습니다."

공명이 껄껄 웃으며 말했다.

"내가 오랫동안 그것을 생각했었는데 아직까지 적임자를 얻지 못했소. 오늘에서야 비로소 얻었구려!"

등지가 말했다.

"승상께서는 저를 무엇에 쓰시려 하십니까?"

"내가 사람을 동오로 보내 연합을 맺으려 하오. 공은 그 뜻을 밝힐 수 있으니 틀림없이 군왕의 명을 욕되게 하지 않을 것이오. 오로 갈 사자의 소임을 수행할 수 있는 사람은 공이 아니면 안 될 것 같소."

"저는 재능이 모자라고 지혜가 짧고 얕아 그 소임을 감당하지 못할까 염려됩니다."

"내가 내일 천자께 아뢰어 백묘(등지의 자)를 동오로 보내도록 청할 것이니 절대로 사양하지 마시오."

등지가 승낙하고 물러갔다. 이튿날 공명은 후주에게 아뢰어 윤허를 받고 등지를 동오로 파견하여 설득하도록 했다. 등지는 절을 올리고 하직한 다음 동오로 떠났다.

동오 사람들 바야흐로 전쟁이 멈춘 것을 보았으니
촉의 사신 옥기와 비단[39] 들고 우호 관계 맺으러 가네
吳人方見干戈息, 蜀使還將玉帛通

등지가 가면 어떻게 될 것인가?❻

제85회 황제에 오른 유선

❶

『삼국지』「촉서·법정전」은 다음과 같이 기록하고 있다.

"장무 2년(222), 유비의 대군이 패하여 백제성으로 돌아와 주둔했다. 제갈량이 탄식하며 말했다.

'만일 법효직(법정의 자)이 살아 있었다면 주상께서 동쪽으로 가는 것을 제지했을 것이고, 설사 동쪽으로 갔다 하더라도 틀림없이 이런 참패는 당하지 않았을 것이다.'"

❷

유비는 연좌제를 사용하지 않았다

『삼국지』「촉서·미축전」에 "미방은 남군태수로 임명되어 관우와 함께 일했는데 사사로운 불화로 그를 배신하고 손권을 맞아들였으므로 관우는 이 때문에 패했다. 미축은 스스로 결박하고 죄를 청했다. 선주는 그를 위로하고는 아우에게 죄가 있다 하여 형이 그 죄에 연루되지는 않는다고 말하며 처음처럼 정중하게 대우했다. 미축은 부끄러워하고 분해하다가 병이 되어 1년 뒤에 죽었다"고 기록되어 있다.

「촉서·황권전」은 다음과 같이 기록하고 있다.

"선주는 군대를 이끌고 물러났다. 이때 길이 끊겼으므로 황권은 돌아올 수 없었고 부대를 인솔하여 위에 투항했다. 법을 집행하는 관원이 선주에게 황권의 처자식을 구금해야 한다고 보고하자 선주가 말했다.

'내가 황권을 저버린 것이지 그가 나를 저버린 것은 아니다.'

유비는 황권의 식구들을 전과 똑같이 대우했다."

유비가 언제나 그런 것은 아니었지만 이 두 사람에게는 연좌제를 사용하지 않은 것으로 기록되어 있다.

❸

유비가 마속을 평가한 대목은 사실이다. 『삼국지』 「촉서·마량전」은 다음과 같이 기록하고 있다.

"유비는 임종할 무렵 제갈량에게 말했다.

'마속은 말을 과장하여 그의 실제 능력과 부합하지 않으니 중용해서는 안 되오. 그대는 잘 살펴야 할 것이오!'

그러나 제갈량은 그렇지 않다고 여겨 마속을 참군參軍(승상부 군사 참모)으로 삼았고 항상 그를 불러 군사 관련 담론을 했는데 대낮부터 늦은 밤까지 이어지곤 했다."

❹

『삼국지』 「촉서·선주전」에는 "선주는 병이 위중해지자 승상 제갈량에게 아들을 부탁하고 상서령 이엄에게 제갈량을 보좌하도록 했다"고 기록되어 있다. 「촉서·제갈량전」은 다음과 같이 기록하고 있다.

"장무 3년(223) 봄, 선주는 영안永安에서 병세가 위중하여 제갈량을 성도에서 불러와 뒷일을 부탁하며 말했다.

'그대의 재능은 조비보다 열 배는 나으니 틀림없이 나라를 안정시키고 끝내는 대업을 완성할 것이오. 만일 짐을 계승하는 후계자가 보좌할 만하면 그를 보좌하고 재능이 없다면 그대가 스스로 취하시오.'

제갈량이 눈물을 흘리며 말했다.

'신이 어떻게 감히 보좌하는 대신의 역량을 다하여 충정의 절개로 목숨을 바치지 않겠습니까!'

선주는 또 후주 유선에게 조서를 내려 말했다.

'너는 승상과 함께 일하고 그를 부친과 같이 섬겨야 한다.'"

『삼국지』「촉서·선주전」 배송지 주에 따르면 다음과 같다.

"『제갈량집諸葛亮集』에 선주가 후주에게 남긴 조칙詔勅(황제의 명령)이 기재되어 있다. '짐이 처음에는 병이 하리下痢(이질)뿐이었는데, 이후 잡다하게 다른 병으로 전이되어 거의 스스로는 구제할 수 없는 상황이 되었다. 사람 나이가 오십이면 요절이라 하지 않는데 내 나이 이미 육십이 넘었으니 무엇이 다시 한스러울 것인가. 내 스스로 상심하지 않는다만 경(후주 유선)의 형제가 걱정이 된다. 사군射君(촉의 중신인 사원射援을 가리킴)이 당도해서는 승상이 경의 지혜와 기개가 심히 크다고 칭찬하며 크게 수양해 바라는 바를 뛰어넘었다고 말하니 참으로 이와 같다면 내 다시 무엇을 근심하겠는가! 힘쓰고 또 힘쓰도록 하라! 악한 것이 작다고 해서 행하지 말고, 선한 것이 작다고 해서 하지 않는 일 없도록 하라. 오직 어질고 덕이 있어야 다른 사람을 믿고 따르게 할 수 있다. 네 아비는 덕이 부족하니 본받지 말도록 하라. 『한서』와 『예기』를 읽고 한가하면 『제자諸子』와 『육도六韜』『상군서商君書』를 두루 살펴보면서 다른 사람의 지혜를 얻도록 하라. 듣자 하니 승상이 『신자申子』『한비자』『관자』『육도』를 하나로 모아서 필사를 마쳤다가 보내지도 못하고 도중에 잃어버렸다고 하니 직접 구해서 통달하도록 하라.'

임종할 때 노왕魯王을 불러 말했다.

'내가 죽은 후 너희 형제는 승상을 아비처럼 섬기고, 경은 승상과 함께 일을 처리하도록 하라.'"

『자치통감』 권69 「위기 1」의 기록에 따르면 장무 원년(221) 4월 유비는 황제에 오르고, 5월에 장비의 딸을 황태자비로 삼았다고 기록하고 있다. 유비 사후가 아닌 유비와 장비가 모두 살아 있을 때 사돈을 맺었으며 장비는 한 달 뒤인 6월에 살해된다.

❻

제갈량이 5로 대군을 막았을까?

역사 기록 어느 곳에도 제갈량이 조비의 5로 대군을 막았다는 기록은 없다. 이 일은 발생조차 하지 않았던 허구의 이야기다.

마초에게 서평관을 지키게 하면 된다고 했으나 마초는 장무 2년(222)에 사망하여 유비보다 먼저 죽은 사람이다. 또한 소설은 이때를 건흥 원년(223) 8월로 설정하고 있는데, 같은 해 봄에 조비가 오나라 정벌에 나서면서 손권과 적대 관계가 된다. 이런 상황에서 손권이 위를 위해 촉 정벌에 나선다는 것 자체가 말이 되지 않는다. 또한 남만의 맹획은 위연을 보내 막게 한다고 했는데 남만이 남방에서 반란을 일으킨 것은 사실이지만 위와는 상관없으며 수장은 맹획이 아니라 옹개雍闓였다. 더욱이 옹개는 위가 아닌 오에 붙은 사람이었다. 관흥과 장포를 보내 요충지에 주둔시킨다고 했는데 두 사람은 전쟁에 나간 적도 없고 더욱이 장포는 이미 그전에 사망한 상태였다. 그중에 등지를 오에 보내 화친을 청한 것은 사실이지만 손권의 군대를 막기 위해 보낸 것은 아니었다.

『삼국지』「촉서·등지전」은 등지 파견에 대해 다음과 같이 기록하고 있다.

"선주가 영안에서 세상을 떠났다. 이보다 앞서 오나라 왕 손권이 사람을 파견하여 우호 관계를 요청했으므로 선주는 여러 차례 송위宋瑋, 비의費禕 등을 파견하여 답례했다. 승상 제갈량은 손권이 선주의 사망을 듣게 된 이후에 아마도 생각을 바꿔 다른 계획을 가질 것이라고 매우 걱정하면서 어떻게 처리해야 할지를 몰랐다. 등지가 제갈량을 만나 말했다.

'지금 주상은 어리고 연약한 데다 막 즉위했으니 마땅히 대사를 파견해 오나라와 지난날의 우호 관계를 재천명해야 합니다.'

제갈량이 대답했다.

'이 문제를 내가 오랫동안 생각했으나 적합한 인물을 찾지 못했었는데 오늘에야 비로소 적임자를 얻었소.'

등지가 그 사람이 누구냐고 묻자 제갈량이 말했다.

'바로 당신이오.'

제갈량은 곧바로 등지를 보내 손권과 우호 관계를 맺도록 했다."

다시 연합한 촉과 오

진복은 언변을 뽐내어 장온을 힐난하고,
서성은 화공을 써서 조비를 격파하다

難張溫秦宓逞天辯,
破曹丕徐盛用火攻

동오의 육손이 위의 군사를 물리친 뒤에 오왕은 육손을 보국장군, 강릉후[1]에 봉하고 형주목을 겸하게 했다. 이때부터 군권은 모두 육손에게 돌아갔다. 장소와 고옹은 오왕에게 상주하여 연호 변경을 청했다. 손권은 그 말에 따라 마침내 황무黃武(222~229) 원년으로 연호를 바꾸었다. 그때 별안간 위주가 파견한 사자가 당도하자 손권이 불러들였다. 사자가 위주로부터 받은 명을 설명했다.

"촉이 지난날 사람을 보내 위에 구원을 요청했을 때 위가 잠시 이치를 잘 알지 못하여 군대를 파견하고 응했었는데, 지금 그 일을 크게 후회하고 있습니다. 네 갈래 길로 군대를 일으켜 서천을 취하고자 하니 동오가 호응해줬으면 좋겠습니다. 만일 촉의 영토를 얻게 되면 각기 절반씩 나누고자 합니다."

그 말을 들은 손권은 결정을 내리지 못하고 이에 장소와 고옹 등에게 물었다. 장소가 말했다.

"육백언陸伯言(육손의 자)에게 고견이 있을 것이니 그에게 물어보시는 것이 좋겠습니다."

손권이 즉시 육손을 불러들였다. 육손이 아뢰었다.

"조비가 중원을 차지하고 지키고 있어 급히 도모할 수 없는데, 지금 만일 그를 따르지 않는다면 원수지간이 될 것입니다. 신이 헤아리건대 위와 오에는 제갈량을 대적할 만한 사람이 없습니다. 지금은 잠시 마지못해 승낙했다가 군대를 정돈하고 준비를 갖추면서 네 갈래 길의 상황이 어떻게 돌아가는지 살펴보셔야 합니다. 만약 네 갈래 길의 군사들이 승리를 거두고 서천이 위급해져 제갈량이 머리와 꼬리를 구원할 수 없게 되면 주상께서는 즉시 출병시켜 그들에게 호응하십시오. 그들보다 먼저 성도를 취하는 것이 상책일 것입니다. 만약 네 갈래 길의 군사들이 패한다면 그때는 달리 대책을 상의하십시오."❶

손권은 그 말을 따르기로 하고 이에 위나라 사자에게 일렀다.

"군수 물자가 아직 준비되지 않았으니 날을 잡아 즉시 출발하겠소."

사자가 절을 올려 하직하고 떠났다. 손권은 사람을 시켜 알아보게 했는데 서번西番의 군사들은 서평관으로 나갔으나 마초를 보고는 싸우지도 않고 스스로 물러났다고 하고, 남만의 맹획은 군사를 일으켜 네 개의 군을 공격했으나 위연이 의병 계책을 써서 격퇴시키자 모두 자신들의 동²으로 물러갔다고 하며, 상용의 맹달은 도중에 별안간 병에 걸려 더 이상 전진할 수 없었다 하고, 조진의 군대는 양평관으로 나갔으나 조자룡이 각지의 험로를 막고 저지하니 과연 '한 장수가 관을 지키면 만 명도 열 수 없다'는 말과 같이 되었다고 했다. 조진은 야곡³으로 가는 길에 군대를 주둔시켰으나 승리할 수 없어 결국 되돌아갔다고 했다. 이 소식을 들은 손권은 이에 문무관원들에게 일렀다.

"육백언의 말은 참으로 신묘한 계책이구려. 내 만일 경솔하게 움직였다면 또 서촉과 원한을 맺을 뻔했소."

그때 느닷없이 서촉에서 파견한 사자 등지가 당도했다는 보고가 들어왔다. 장소가 말했다.

"이것 또한 제갈량이 군사들을 물리치려는 계책으로 등지를 세객으로 파견한 것입니다."

손권이 말했다.

"어떻게 대답하면 좋겠소?"

장소가 말했다.

"먼저 궁전 앞에다 커다란 솥을 세워놓고 기름 수백 근을 채워넣은 다음 숯불로 끓이십시오. 기름이 펄펄 끓기를 기다렸다가 키가 크고 얼굴이 넓적한 무사 1000명을 선발해 각자 손에 칼을 잡게 하고 궁문 앞에서부터 곧장 어전까지 도열시킨 다음에 등지를 불러들이십시오. 이 사람이 입을 열어 말할 틈을 주지 마시고 역이기가 제나라를 설득했던 고사[4]로 꾸짖으며 그 예를 본보기 삼아 삶아 죽이겠다고 한 다음에 그 사람이 어떻게 대답하는지 보십시오."

손권은 그 말에 따라 즉시 기름 솥을 설치하고 무사들에게 명하여 각자 무기를 들고 좌우에 늘어세우고는 등지를 불러들였다. 등지는 의관을 정제하고 들어왔다. 궁문 앞에 이르자 양쪽으로 무사들이 늘어서 있는데 위풍당당하고 저마다 강철 칼, 큰 도끼, 긴 창, 단검을 들고는 어전 위까지 도열해 있었다. 그 뜻을 알아챈 등지는 전혀 두려워하는 기색 없이 당당하게 걸어갔다. 어전 앞에 이르니 또 큰 가마솥 안에 뜨거운 기름이 끓고 있는 것이 보였다. 좌우에 늘어선 무사들이 노려보았으나 등지는 살짝 미소만 지었다. 근신들이 주렴 앞까지 인도하자 그는 장읍[5]만 하고 절은 올리지 않았다. 손권이 주렴을 걷어 올리게 하더니 크게 호통을 쳤다.

"어찌하여 절을 하지 않는가!"

등지가 당당하게 대답했다.

"상국의 천자가 보낸 사신은 작은 나라의 군주에게 절을 올리지 않소."

손권이 버럭 성을 냈다.

"네놈은 스스로 헤아리지 못하고 세 치의 혀를 놀려 역생酈生(역이기)이 제나라를 설득했던 일을 본받으려 하는 것이로다! 속히 기름 솥으로 들어가렷다!"

등지가 껄껄 웃었다.

"사람들이 모두 동오에는 현명한 인재들이 많다고 하더니만 일개 유생을 두려워할 줄이야 누가 알았으랴!"

손권이 더욱 화를 냈다.

"내 어찌 너 따위 필부 놈을 두려워하겠느냐?"

등지가 말했다.

"이 등백묘鄧伯苗(등지의 자)를 두려워하지 않는다면서 어찌하여 설득하러 온 것을 근심하시오?"

손권이 말했다.

"너는 제갈량의 세객으로 와서 나를 설득하여 위와의 관계를 끊고 촉과 연합하게 만들려고 온 것이 아니더냐?"

등지가 말했다.

"나는 촉중의 일개 유생으로 특별히 오나라를 위해 이해관계를 설명하러 왔소. 그런데 군사들을 늘어세우고 가마솥을 준비해놓고는 일개 사신을 막으려고 하니 그런 기백과 도량으로 어찌 남을 포용할 수 있겠소!"

그 말을 들은 손권은 황송하고 부끄러워하며 즉시 큰 소리로 무사들을 물렸다. 그는 등지를 어전에 오르도록 명하고 자리를 마련해주며 물었다.

"오와 위의 이익과 손해는 어떠하오? 원컨대 선생께서 나를 가르쳐주시오."

등지가 말했다.

"대왕께서는 촉과 화친하고자 하십니까, 아니면 위와 화친하려 하십니까?"

손권이 말했다.

"나는 촉주와 화해하려 했으나 그가 나이가 어리고 소견이 좁아 시종일관 하지 않을까 염려할 따름이오."

등지가 말했다.

"대왕께서는 바로 당대의 저명한 영웅호걸이시고 제갈량 또한 한 시기의 준걸입니다. 또한 촉에는 험준한 산천이 있고 오에는 삼강의 견고함이 있습니다. 만약 두 나라가 연합하여 함께 입술과 이 같은 관계가 된다면 나아가서는 천하를 함께 삼킬 수 있고 물러나서는 솥발처럼 세 세력이 서로 대치하는 형세를 이룰 수 있을 것입니다. 지금 대왕께서 만약 위에 예물을 바치고 신하라 칭하신다면 위는 틀림없이 대왕께 신하로 알현하기를 바랄 것이고 태자를 요구하며 내시로 삼으려 할 것입니다. 따르지 않는다면 군대를 일으켜 공격해올 것이며 촉 또한 물길 따라 오를 취하고자 진격할 것입니다. 이와 같이 된다면 강남 땅은 다시 대왕께서 소유하지 못할 것입니다. 만약 대왕께서 제가 드리는 말씀을 옳게 여기지 않으신다면 저는 바로 대왕의 앞에서 죽음으로써 세객이라 불리는 것을 끊어버리겠습니다."

말을 마치더니 옷을 걷어 올리고는 어전을 내려가 기름 솥을 향해 뛰어들려 했다. 손권이 급히 명하여 그를 제지시키고 뒤쪽 전당으로 청해 들이고는 상빈의 예로써 대접했다. 손권이 말했다.

"선생의 말씀이 바로 내 뜻과 부합하오. 내 지금 촉주와 연합하려고 하니 선생께서 내 뜻을 촉주에게 설명해주시겠소?"

등지가 말했다.

"방금 소신을 삶아 죽이려 한 분이 바로 대왕이셨고, 지금 소신을 부리려는 분 또한 대왕이십니다. 대왕께서 여전히 의심하고 결정을 못하시면서 어찌 남에게 믿음을 얻으려 하십니까?"

손권이 말했다.

"내 뜻이 이미 결정되었으니 선생께서는 의심하지 마시오."

이에 오왕은 등지를 머물게 했다. 그러고는 관원들을 모아놓고 물었다.

"내가 강남 81주를 관장하는 데다 형초의 땅까지 소유했으나[6] 도리어 구석진 곳에 있는 서촉만 못하오. 촉에는 등지가 있어 그 주인을 욕보이지 않는데, 오에는 촉으로 들어가 내 뜻을 전달할 사람이 한 명도 없구려."

그때 별안간 한 사람이 반열에서 나오며 아뢰었다.

"신이 원컨대 사자가 되겠습니다."

모두 보니 바로 오군 오현 사람으로 성이 장張이고 이름이 온溫이며 자가 혜서惠恕인 중랑장中郎將[7]이었다. 손권이 말했다.

"경이 촉에 가서 제갈량을 만나 내 사정을 잘 전달할 수 있을지 염려되오."

장온이 말했다.

"공명 또한 사람일 뿐인데 신이 어찌 그를 두려워하겠습니까!"

손권은 크게 기뻐하며 장온에게 후한 상을 내리고 등지와 함께 서천으로 들어가 우호 관계를 맺게 했다.❷

한편 공명은 등지가 떠난 뒤에 후주에게 아뢰었다.

"등지가 이번에 가서 틀림없이 일을 성공시킬 것입니다. 오에는 현명한 인재가 많으니 누군가 답례를 하러 올 텐데 폐하께서는 예의 바르게 그를 대하시고 그가 오로 돌아가 동맹을 맺도록 하십시오. 오가 만약 우리와 우호관계를 맺으면 위는 절대로 촉과 전쟁을 일으켜 무력으로 진공하지 못할 것입니다. 오와 위가 안정되면 신은 남쪽을 정벌하여 남방을 평정한 후에 위를 도모할 것입니다. 위가 제거되면 동오 또한 오래가지 못할 것이니 통일의 기업을 회복할 수 있을 것입니다."

후주는 그에 따르기로 했다.

그때 별안간 동오에서 장온을 파견하여 등지와 함께 답례를 하러 서천으로 오고 있다는 보고가 들어왔다. 후주는 궁전의 붉은 계단에 문무관원들을 모아놓고 등지와 장온을 들어오게 했다. 장온은 스스로 뜻을 이루었다고 여기고는 당당하게 어전에 올라 후주에게 예를 행했다. 후주는 금돈[8]을 하사하여 어전 왼쪽에 앉히고 연회를 베풀어 대접했는데 이는 존경의 예를 표하는 것이었다. 연회가 끝나자 백관이 장온을 관사까지 전송해주었다. 이튿날 공명이 연회를 열어 대접하며 장온에게 일렀다.

"선제께서 살아 계실 때는 오와 화목하게 지내지 못했는데 지금은 이미 붕어하셨소. 지금 주상께서는 오왕을 대단히 경모하여 지난날의 분노를 버리고 좋은 동맹 관계를 맺어 힘을 합쳐서 위를 깨뜨리고자 하시오. 바라건대 대부께서는 돌아가셔서 좋은 말로 아뢰어주시오."

장온은 승낙했다. 술이 거나하게 취하자 장온이 거리낌 없이 유쾌하게 웃었는데 자못 오만한 기색이 있었다.❸

이튿날 후주는 황금과 비단을 장온에게 하사하고 성 남쪽 우정[9]에서 연회를 열어 백관에게 장온을 전송하게 했다. 공명은 성심성의껏 술을 권했다. 한창 마시고 있는데 별안간 한 사람이 술에 취해 들어와서는 당당하게 장읍

하고는 자리에 들어가 앉았다. 장온은 이를 괴이하게 여겨 이내 공명에게 물었다.

"저 사람은 누구요?"

공명이 대답했다.

"성이 진秦이고 이름이 복宓이며 자가 자칙子敕이라 하는데 지금은 익주 학사[10]로 있소."

장온이 웃으면서 말했다.

"명칭은 학사라지만 흉중에 무엇을 배우고 섬기는지 모르겠소?"

진복이 정색하며 말했다.

"촉중에서는 삼척동자도 모두 배우고 있거늘 하물며 나는 어떻겠소?"

장온이 말했다.

"그렇다면 공이 배운 것은 무엇이오?"

진복이 대답했다.

"위로는 천문에 이르고 아래로는 지리에 이르기까지 삼교구류[11]와 제자백가를 통하지 않는 것이 없고, 고금의 흥망과 성현의 경전도 읽지 않은 것이 없소."

장온이 웃으면서 말했다.

"공이 이미 큰소리를 쳤으니 청컨대 하늘에 대해 묻겠소. 하늘에도 머리가 있소?"

진복이 말했다.

"머리가 있지요."

장온이 말했다.

"머리가 어느 방향에 있소?"

진복이 말했다.

"서쪽에 있소. 『시경』에 이르기를 '내권서고乃眷西顧라 이에 서쪽 땅을 두루 돌아본다'[12]고 했소. 이것으로 미루어보건대 하늘의 머리는 서쪽에 있소."

장온이 또 물었다.

"하늘에는 귀가 있소?"

진복이 대답했다.

"하늘은 높은 곳에 있으면서 낮은 소리를 듣소. 『시경』에 이르기를 '학이 높은 언덕에서 우니 소리가 온 하늘에 울려 퍼지네鶴鳴九皐, 聲聞于天'[13]라고 했소. 귀가 없는데 어찌 들을 수 있겠소?"

장온이 다시 물었다.

"하늘에 발이 있소?"

진복이 말했다.

"발이 있소. 『시경』에 이르기를 '천보간난天步艱難이라, 하늘의 걸음은 몹시 험난하다'[14]고 했소. 발이 없으면 어찌 걸을 수 있겠소?"

장온이 또 물었다.

"하늘에는 성姓이 있소?"

진복이 말했다.

"어찌 성이 없겠소!"

장온이 말했다.

"무슨 성이오?"

진복이 대답했다.

"유씨요."

장온이 말했다.

"그것을 어떻게 아시오?"

진복이 말했다.

"천자의 성이 유씨이므로 그것을 알지요."

장온이 또 물었다.

"해는 동쪽에서 뜨지요?"

진복이 대답했다.

"비록 동쪽에서 떠오르나 서쪽으로 기울지요."

진복의 말이 또랑또랑하고 질문에 답하는 것이 물 흐르듯 하자 자리를 가득 메운 사람들이 모두 놀랐다. 장온은 할 말을 잃었다. 진복이 이에 물었다.

"선생께서는 동오의 명사로 하늘에 대해 물으셨으니 틀림없이 하늘의 이치를 환히 꿰뚫고 계실 것이오. 옛날에 혼돈이 나뉘면서 음양으로 갈라지니, 가볍고 맑은 것은 위로 떠서 하늘이 되었고 무겁고 탁한 것은 아래로 가라앉아 땅이 되었소. 공공씨共工氏가 싸움에 지면서 머리를 불주산不周山에 부딪치는 바람에 하늘의 기둥이 부러지고 땅을 묶은 밧줄이 끊어져 하늘은 서북쪽으로 기울고 땅은 동남쪽이 꺼졌다고 하오. 가볍고 맑은 것이 하늘 위로 떠오른 것이라면 어찌하여 서북쪽으로 기운단 말이오? 가볍고 맑은 것 이외에 또 무슨 물건이 있는 것이오? 원컨대 선생께서 가르쳐주시오."

장온은 대답할 말이 없어 이에 피석[15]하며 사과했다.

"촉중에 이렇게 준걸이 많을 줄은 꿈에도 몰랐소! 방금 강론을 들으니 가로막혔던 것이 열리듯 문득 깨우치게 되었소."

공명은 장온이 부끄러워할까 염려되어 좋은 말로 풀어줬다.

"술자리에서 따져 묻는 것은 모두 농담일 뿐입니다. 족하께서는 나라를 안정되게 할 수 있는 도리를 깊이 알고 계신데 어찌하여 말재주로 놀린단 말이오!"

장온은 절하며 감사했다. 공명은 또 등지에게 장온과 함께 오로 들어가 답례하게 했다. 두 사람은 공명에게 작별을 고하고 동오를 향해 떠났다.

한편 오왕은 촉으로 들어간 장온이 돌아오지 않자 문무관원들을 모아놓고 대책을 상의했다. 이때 별안간 근신이 아뢰었다.

"촉에서 파견한 등지가 장온과 함께 답례하러 입국했다고 합니다."

손권이 불러들였다. 장온은 어전 앞에서 절을 올리고는 후주와 공명의 덕을 칭송하고 촉이 영원한 동맹을 맺고자 하며 특별히 다시 등상서鄧尙書를 파견해 답례하러 왔다고 했다. 손권은 크게 기뻐하며 연회를 열어 대접했다. 손권이 등지에게 물었다.

"만약 오와 촉 두 나라가 마음을 합쳐 위를 멸망시키고 천하가 태평해져 두 군주가 천하를 나누어 다스린다면 어찌 즐겁지 않겠소?"

등지가 대답했다.

"하늘에는 두 해가 없고 백성에게는 두 왕이 없다'고 했습니다. 위를 멸망시킨 다음에 천명이 누구에게 돌아갈지는 모릅니다. 그러나 군주된 자가 각자 덕을 닦고, 신하된 자들이 각기 충성을 다한다면 전쟁은 멈추게 될 것입니다."

손권이 껄껄 웃으면서 말했다.

"그대의 충성과 진실함이 이와 같구려!"

즉시 등지에게 선물을 주고 촉으로 돌아가게 했다. 이로부터 오와 촉은 우호 관계를 맺었다.

한편 위나라 정탐꾼이 이 사실을 탐지하고 화급히 중원에 보고했다. 소식을 들은 위주 조비는 크게 화를 냈다.

"오와 촉이 연합했다면 틀림없이 중원을 도모할 뜻이 있는 것이다. 차라리 짐이 먼저 그들을 정벌하는 것이 낫겠노라."

그러고는 문무관원을 모두 모아놓고 군대를 일으켜 오를 정벌할 일을 상의했다. 당시 대사마 조인과 태위 가후는 이미 죽은 뒤였다.❹ 시중 신비가 반열에서 나와 아뢰었다.

"중원의 땅은 넓고 백성은 적어 군사를 부리려 해도 이로울 것이 없습니다. 지금은 10년 동안 둔전을 해서 군대를 양성하는 것이 낫습니다. 먹을 양식과 군비가 충분해진 후에 이를 사용한다면 오와 촉을 격파할 수 있을 것입니다."

조비가 노했다.

"그것은 고루한 선비의 논리다! 지금 오와 촉이 연합했으니 조만간 틀림없이 경계를 침범하러 올 텐데 어찌 한가롭게 10년을 기다린단 말인가!"

즉시 명을 전달하여 군대를 일으키고 오를 정벌하려 했다. 사마의가 아뢰었다.

"오에는 험준한 장강이 있어 배가 아니고서는 건널 수가 없습니다. 폐하께서 기필코 친히 정벌에 나서고자 하신다면 크고 작은 전선들을 골라 채하와 영수[16]에서부터 회수淮水로 들어가 수춘을 취하십시오. 광릉에 이른 다음 강구江口를 건너 곧장 남서南徐를 취하는 것이 상책입니다."

조비는 그 말을 따르기로 했다. 이에 밤낮으로 2000여 명을 수용할 수 있는 20여 장 길이의 용주龍舟(황제가 승선하는 배) 10척을 건조했으며 또 전선 3000여 척을 준비했다. 위나라 황초 5년(224) 8월, 대소 장수와 사졸들을 집합시킨 다음 조진을 선봉대로 삼고, 장료, 장합, 문빙, 서황 등을 대장으로 삼아 먼저 출발하게 했다. 허저와 여건을 중군호위[17]로 삼았고, 조휴를 합후[18]로 삼았으며 유엽과 장제를 참모관參謀官으로 임명했다. 수륙 군마 30여 만 명이 전후로 기한을 정하고 출병했다. 사마의를 상서복야[19]로 봉하여 허창에 머물면서 모든 국정 대사를 판단하고 결정을 내리게 했다.

한편 동오의 정탐꾼이 이 사실을 탐지하여 오나라에 보고했다. 근신이 황망히 오왕에게 아뢰었다.

"지금 위주 조비가 친히 용주를 타고 수륙 대군 30여 만 명을 이끌며 채하와 영수에서부터 회수로 나온다고 하니 틀림없이 광릉을 취하고 강을 건너 강남으로 내려올 것입니다. 이는 심히 상대하기 어려울 것입니다."

깜짝 놀란 손권이 즉시 문무관원들을 모아놓고 대책을 상의했다. 고옹이 말했다.

"지금 주상께서는 이미 서촉과 연합하셨으니 편지를 써서 제갈공명에게 군대를 일으켜 한중으로 나가 그 세력을 분산시키라고 전하십시오. 다른 한편으로는 대장 한 사람을 파견하여 군대를 남서에 주둔시키고 그들을 막도록 하십시오."

손권이 말했다.

"육손이 아니고서는 이런 대임을 감당할 수 없을 것이오."

고옹이 말했다.

"육손은 형주를 지키고 있어 함부로 움직여서는 안 됩니다."

손권이 말했다.

"내가 모르는 것은 아니나 당장 눈앞에 그를 대신할 사람이 없는 것을 어찌하겠소."

말을 마치기도 전에 한 사람이 반열 속에서 응답하며 나섰다.

"신이 비록 재주는 없으나 원컨대 일군을 통솔하여 위군을 감당하겠습니다. 만약 조비가 직접 대강大江을 건너온다면 신이 반드시 사로잡아 전하께 바치겠으나, 만약 강을 건너지 않는다면 위군의 태반을 죽여서 감히 다시는 동오를 똑바로 쳐다보지 못하게 하겠습니다."

손권이 보니 다름 아닌 서성이었다. 손권이 크게 기뻐하며 말했다.

"경이 강남 일대를 지켜낼 수 있다면 내 무엇을 근심하리오!"

즉시 서성을 안동장군[20]으로 봉하고 건업과 남서[21]의 군마를 도독으로 삼아 군사를 통솔하게 했다.

서성은 은혜에 감사하며 명을 받들고 물러나서는 즉시 관군들에게 명을 전달하여 많은 무기와 깃발을 준비하게 했다. 강가를 수호할 계책을 생각하고 있을 때 별안간 한 사람이 앞장서며 말했다.

"오늘 대왕께서 장군께 중임을 맡기신 것은 위병을 깨뜨리고 조비를 사로잡고자 함인데 어찌 서둘러 군마를 내어 강을 건너게 한 후 회남 땅에서 적과 맞서지 않으십니까? 조비의 군사가 오기를 기다렸다가는 손쓸 수 없게 될까 걱정됩니다."

서성이 보니 바로 오왕의 조카 손소孫韶였다. 손소는 자가 공례公禮로 양위장군[22]의 관직을 수여받아 일찍이 광릉에서 방어를 맡고 있었고, 나이는 어리지만[23] 기개가 넘치고 담력과 용기가 충만했다. 서성이 말했다.

"조비의 세력이 거대한 데다 명장을 선봉으로 삼았으니 강을 건너 적과 대적해서는 안 되오. 저들의 배가 북쪽 기슭에 모이기를 기다려야 하오. 내게 깨뜨릴 계책이 있소."

손소가 말했다.

"내 수하에 3000명의 군마가 있고 더욱이 광릉의 지세를 잘 알고 있으니

북쪽으로 가서 조비와 죽기로 싸우겠소. 승리를 거두지 못한다면 군령을 달게 받겠소.'

그러나 서성은 따르지 않았다. 손소가 고집을 부리며 가고자 했으나 서성은 허락하지 않았다. 손소가 거듭 가겠다고 하자 서성이 화를 냈다.

"그대가 이토록 명령을 듣지 않으니 내 어찌 장수들을 제어할 수 있겠소?"

무사들에게 손소를 끌어내 목을 치라고 호통을 쳤다. 도부수들이 손소를 에워싸고 원문 밖으로 나가 검은 깃발을 세웠다. 손소의 부하 장수가 급히 손권에게 보고했다. 그 소식을 들은 손권은 즉시 말에 올라 그를 구하러 달려왔다. 무사들이 막 형을 집행하려는 순간 손권이 달려왔고 소리 질러 도부수들을 흩어버리고는 손소를 구했다. 손소가 울면서 아뢰었다.

"신 왕년에 광릉에 있었기에 지리를 잘 알고 있습니다. 그곳에서 조비와 싸우지 않고 그가 곧장 장강으로 내려오기를 기다렸다가는 동오는 머지않아 끝장날 것입니다!"

손권이 바로 군영으로 들어왔다. 서성이 영접하여 군막으로 모시고는 아뢰었다.

"대왕께서는 신에게 도독이 되어 군대를 거느리고 위나라를 막으라고 명하셨습니다. 지금 양위장군 손소는 군법을 준수하지 않고 명을 어겼으니 참수해야 마땅하거늘 대왕께서는 무슨 까닭으로 그를 용서하셨습니까?"

손권이 말했다.

"손소가 혈기 왕성함만 믿고 실수로 군법을 어긴 것이니 너그러이 용서해 주시오."

서성이 말했다.

"법은 신이 세운 것도 아니고 또한 대왕께서 세우신 것도 아닙니다. 바로 국가의 전형典刑(변치 않는 형법)입니다. 친하다고 하여 용서해준다면 어떻게 사람들에게 명령할 수 있겠습니까?"

손권이 말했다.

"손소가 법을 어겼으니 본래는 장군의 처분에 맡겨야 마땅하오. 그러나 이 녀석이 본래는 성이 유씨였으나 내 형님이 몹시 사랑하여 손씨 성을 하사했고 나한테도 자못 세운 공로가 있소. 지금 이 녀석을 죽인다면 형님의 의리를 저버리게 되는 것이오."

서성이 말했다.

"대왕의 체면을 보아 잠시 죽을죄를 덮어두겠습니다."

손권은 손소에게 절을 올려 사죄하라고 명했다. 그러나 손소는 절을 하려 들지 않고 도리어 사나운 목소리로 말했다.

"내 생각으로는 군사를 이끌고 가서 조비를 깨뜨리는 것 외에는 방법이 없소! 바로 죽는다 해도 그대의 견해에는 복종하지 않겠소!"

서성이 안색을 바꾸었다. 손권이 큰 소리로 꾸짖어 손소를 물리치고는 서성에게 일렀다.

"이놈이 없다고 군대에 무슨 손실이 있겠소? 이후로 다시는 저놈을 쓰지 마시오."

말을 마치고는 돌아갔다. 그날 밤 한 사람이 서성에게 보고했다.

"손소가 자신의 본부 정예병 3000명을 이끌고 몰래 강을 건너갔습니다."

서성은 일이 잘못되어 오왕을 뵙기 어려울까 염려되었다. 이에 정봉을 불러 비책을 주고 3000명을 이끌고 강을 건너가 호응하게 했다.❺

한편 위주는 용주를 몰아 광릉에 이르렀고 선봉대 조진은 이미 군사를 이끌고 대강大江 기슭에 도열해 있었다. 조비가 물었다.

"강기슭에 적군이 어느 정도 있소?"

조진이 말했다.

"맞은편 기슭을 멀리 살펴보았으나 적군은 한 명도 보이지 않고 깃발이나 군영조차도 보이지 않습니다."

조비가 말했다.

"이것은 틀림없이 간사한 계책이오. 짐이 직접 가서 허실을 살펴보겠소."

이에 물길을 크게 열어 용주를 몰고 곧장 대강에 이른 다음 강기슭에 정박했다. 배 위에 용, 봉황, 해, 달의 오색 깃발들을 세우고 의장물로 어가를 빽빽이 둘러싸니 찬란한 빛이 흘러나왔다. 조비가 배 한가운데에 단정히 앉아 멀리 강남을 바라보았는데 한 사람도 보이지 않았다. 이에 유엽과 장제를 돌아보며 말했다.

"강을 건너도 되겠소?"

유엽이 말했다.

"병법에 '실실허허'[24]라 했습니다. 저들이 대군이 온 것을 보고도 어떻게 정비하지 않겠습니까? 폐하께서는 경솔하게 행동해서는 안 됩니다. 3~5일 기다리면서 동정을 살펴본 후에 선봉대를 보내 강을 건너 탐지하도록 하십시오."

조비가 말했다.

"경의 말이 짐의 뜻에 부합하오."

곧 날이 저물어 강기슭에서 숙박했는데, 그날 밤은 달빛이 없어 어두웠으나 군사들이 등불을 들어 하늘과 땅을 밝게 비추니 마치 대낮 같았다. 그러나 멀리 강남을 바라보아도 불빛이라고는 조금도 보이지 않았다. 조비가 좌우에 물었다.

"이는 무슨 까닭인가?"

근신이 아뢰었다.

"폐하의 천병天兵이 왔다는 소식을 듣고 도망쳐 숨은 것이라 생각됩니다."

조비는 은근히 기뻐했다. 날이 밝아오자 짙은 안개가 꽉 들어차 마주 보고도 서로 알아볼 수 없을 정도였다. 잠시 뒤에 바람이 일자 안개가 흩어지고 구름이 걷혔다. 강남 일대를 바라보니 모두 성으로 이어졌는데 성루에는 창칼이 햇빛에 번쩍이고 성 전체에 깃발과 신호 띠들이 두루 꽂혀 있었다. 잠깐 사이에 사람이 수차례 달려와 보고했다.

"남서 땅 강기슭 일대에서 곧장 석두성²⁵에 이르기까지 연이어 수백 리에 걸쳐 성곽과 배와 수레들이 끝없이 이어져 있습니다. 이 모든 게 하루아침에 이루어진 것입니다."

조비가 깜짝 놀랐다. 사실은 서성이 갈대를 묶어 만든 사람 모양에 푸른 옷을 입히고 깃발을 잡게 하여 가짜 성과 누각 위에 세운 것이었다. 성 위에 무수히 많은 인마를 본 위병들이 어떻게 간담이 서늘하지 않겠는가? 조비가 탄식했다.

"위나라에 비록 수많은 무사가 있다고는 하지만 전혀 쓸모없도다. 강남의 인물이 이와 같다면 도모할 수 없겠구나!"

한창 놀라워하고 있는데 별안간 광풍이 크게 일더니 흰 파도가 하늘을 덮을 듯 치솟았다. 그러더니 강물이 튀어 용포를 적셨고 큰 배가 뒤집어지려 했다. 조진이 황급히 문빙에게 작은 배를 저어 급히 황제를 구하게 했다. 용주에 타고 있던 사람들은 제대로 서 있을 수가 없었다. 문빙이 용주에 뛰어올라 조비를 업고 작은 배로 옮겨 타고는 급히 포구로 들어갔다. 그때 별안간 유성마流星馬(통신병)가 보고했다.

"조운이 군사를 이끌고 양평관을 나가 곧장 장안을 취하러 가고 있다고 합니다."

그 소리를 들은 조비는 대경실색하여 즉시 회군을 명했다. 군사들은 각기 황급히 달아났다. 뒤에서는 오병이 추격해왔고 조비는 명을 전달하여 황제가 사용하는 물건을 모조리 버리고 달아나게 했다. 용주가 회하淮河로 들어가려 하는데 별안간 고각[26]이 일제히 울리고 함성이 크게 진동하더니 측면에서 군사들이 쳐들어왔다. 앞장선 대장은 바로 손소였다. 위병은 당해낼 수 없었고 군사 태반이 꺾여 물에 빠져 죽은 자가 수도 없이 많았다. 장수들은 있는 힘을 다해 위주를 구출했다. 위주가 회하를 건너고자 정신없이 배를 몰고 가는데 채 30리를 못 가서 회하 한가운데에 물고기 기름을 미리 부어놓은 갈대에 모조리 불이 붙었고, 순풍을 따라 불이 번져 내려갔다. 바람의 기세가 더욱 거세지더니 화염이 하늘 가득 퍼져 용주로 가는 길을 막았다. 깜짝 놀란 조비가 급히 작은 배로 옮겨 타고 강기슭으로 다가갔을 때 용주는 이미 불에 타고 있었다. 조비는 황망히 말에 올랐다. 그때 언덕 위에서 한 무리의 군사가 몰려왔는데 앞장선 대장은 바로 정봉이었다. 장료가 급히 말에 박차를 가하며 나가 맞섰으나 정봉이 쏜 화살에 허리를 맞아 도리어 서황에게 구출되어 함께 위주를 보호하며 달아났다. 그 바람에 죽은 군사가 셀 수 없이 많았다. 손소와 정봉이 빼앗은 말, 수레와 병기, 선박, 군용 기구도 헤아릴 수 없을 정도였다. 위군은 대패하여 돌아갔다. 오의 장수 서성은 완벽한 큰 공을 거두었고 오왕은 그에게 후한 상을 하사했다. 허창으로 돌아온 장료는 화살에 맞은 상처가 파열되어 죽게 되었으니 조비가 후하게 장사 지내준 것은 더 말할 필요가 없다.❻

한편 조운은 군사를 이끌고 양평관을 뚫고 쳐들어가는데 별안간 승상의 문서가 당도했다는 보고를 받았다. 횡포한 늙은 익주 장수 옹개雍闓가 만왕 맹획과 연합하여 만병蠻兵 10만 명을 일으키고 네 개 군을 침략했으니, 조운은 회군하고 마초에게는 양평관을 굳게 지키도록 명하며 승상이 직접 남쪽 정벌에 나서려고 한다는 것이었다. 조운이 이에 급히 군사를 거두고 돌아갔다. 이때 공명은 성도에서 군마를 정돈하며 친히 남쪽 정벌에 나서려 하고 있었다.

막 동오가 북쪽 위에 대적하는 것을 보았는데
또 서촉이 남만과 싸우는 것을 보게 되는구나
方見東吳敵北魏, 又看西蜀戰南蠻

과연 승부는 어떻게 될 것인가?❼

제86회 다시 연합한 촉과 오

①

육손에 대한 손권의 신임

소설에서 손권이 육손을 불러 의견을 묻는 대목이 나오는데, 당시 육손에 대한 손권의 신임을 알 수 있는 기록이 『삼국지』 「오서·육손전」에 나온다.

"오래지 않아 유비가 병으로 죽자 아들 유선이 지위를 계승했다. 제갈량이 집정하면서 손권과 강화하고 동맹을 체결했다. 그 당시 응당 처리해야 할 정무는 언제나 손권이 육손에게 명하여 제갈량에게 알리게 했고, 아울러 자신의 인새를 새겨 육손의 처소에 두도록 했다. 손권은 매번 유선과 제갈량에게 서신을 보낼 때 모두 육손이 보게 하여 어기의 경중이나 시비에 타당하지 못한 것이 있으면 그로 하여금 수정하게 한 다음 봉인하여 발송했다."

②

『삼국지』 「촉서·등지전」의 기록을 보면 등지가 오와의 화친을 위해 손권을 만나 대화했던 내용은 소설과 대체로 유사하다. 다만 등지를 위협하기 위해 끓는 가마솥을 준비했다는 내용은 보이지 않는다. 「오서·오주전」 배송지 주 『오력吳曆』에 "촉에서 말 200필과 비단 1000필 및 특산물을 보냈다. 이때부터 사신이 오가는 것이 일상적인 일이 되었다. 오나라 또한 특산물을 보내 그 후의에 답례했다"고 기록되어 있다.

「촉서·등지전」에 "손권이 여러 차례 등지에게 소식을 전했고 후한 예물을 보냈다"고 기록되어 있어 손권이 등지를 상당히 마음에 들어했음을 알 수 있다. 또한 등지에 대해 "끝까지 개인 재산을 운영하지 않아 처자식은 굶주림과 추위를 면하지 못했으며 죽을 때에도 집안에 남은 재산이 없었다. 그는 성격이 강직하고 솔직하며 자신의 의향을 감추지 않았기 때문에 선비들의 호응을 얻지 못했다. 등지는 당시 사람들로부터 존경받지 못했고 오직 강유만이 중시했다"고 기록되어 있다.

❸

『삼국지』「오서·장온전」은 다음과 같이 기록하고 있다.

"장온은 32세 때 보의중랑장輔義中郞將의 신분으로 촉한에 가는 사신이 되었다. 손권은 장온에게 말했다.

'경이 멀리 나가는 것은 마땅치 않지만, 우리가 조씨와 왕래하는 진정한 뜻을 제갈공명이 알지 못하는 것이 걱정되기 때문에 몸을 굽혀 그대가 가는 것이오. 만일 산월山越이 모두 제거된다면 조비와 대규모의 교전을 준비해야 할 것이오. 외교 사신의 원칙은 명령을 접수하되 구체적인 응대의 말을 접수해서는 안 되는 것이오.'

촉에서는 그의 재능을 매우 귀중하게 여겼다."

또한 "손권은 장온이 촉을 칭송한 것에 대해 속으로 원한을 품었다"고 기록되어 있다.

등지가 동오에 사신으로 온 일은 황무 2년(223) 11월의 일이고 장온이 촉한에 사자로 파견된 것은 손권 황무 3년(224) 여름의 일이다.

❹

『삼국지』「위서·가후전」에 따르면 가후는 77세에 사망했다. 배송지는 "순유와 가후는 계획하는 데 거의 실수가 없었으며 당면한 정세에 통달했고 적당한 때에 임기응변할 수 있었으니 대체적으로 장량張良과 진평陳平에 버금간다"고 평가했다.

또한 같은 해(223) 조인은 56세의 나이로 사망했다고 기록하고 있다.

❺

『삼국지』「오서·손소전」에 따르면 "손소는 수십 년 동안 변방 장수로 임명되었는데 사졸들을 잘 양성해 장사들이 모두 목숨을 내걸고 충성을 다하기를 원했다. 그는 항상 변방의 경계에 주의했고 정찰병을 먼 곳까지 파견하여 적의 상황을 정찰하는 것을 중요한 임무로 삼았다. 미리 적의 동정을 알고 앞서 준비했기 때문에 패하는 경우가 매우 적었다"고 기록하고 있다.

소설에서는 손소를 나이 어린 장수로 표현하고 있지만 손소는 188년생으로 224년에는 37세였다. 결코 어리고 버릇없는 장수가 아니었으며, 손권은 이때 43세(182년생)였다. 또한 소설처럼 서성이 손소를 참수하려 했다는 내용도 역사 기록에 보이지 않는다.

❻

장료는 화살에 맞아 죽지 않았다

『삼국지』「위서·장료전」에 따르면 장료는 황초黃初 2년(221)에 병사한 것으로 기록되어 있다.

『자치통감』 권70 「위기 2」의 기록에 따르면 조비가 남쪽 정벌에 나선 것은 황초 5년(224)의 일로 장료는 이미 3년 전에 죽은 상태였다.

장료가 병들었을 때 "문제는 시중 유엽을 파견해 태의太醫를 데리고 가서 그의 병을 살피게 했는데 병세를 알아보는 호분랑虎賁郎이 도로에서 앞뒤로 끊이지 않았다. 장료의 병이 치유되지 않자 문제는 순시 때 거주하는 행궁까지 가서 장료를 영접했고 친히 살피며 그의 손을 잡고 그에게 어의御衣를 하사했으며 태관太官(소부少府에 속했으며 천자의 의식衣食을 관장함)은 매일 그에게 황제가 먹는 음식을 보냈다"고 기록하고 있다. 또한 "손권은 장료를 몹시 두려워하여 장수들에게 칙령을 내리기를 '장료가 비록 병들었다고는 하지만 여전히 용맹을 감당할 수 없으니 조심해야 한다!'라고

했다"는 기록도 있다.

『삼국지』「오서·서성전」에 "위나라 문제가 대규모로 출병하여 장강을 건너 남하하려는 의도를 품었다. 서성은 건업建業을 따라 강기슭에 울타리를 이용하여 성을 길게 쌓고 성 위에 가짜 누각을 건조한 후 장강에 전함을 띄우자는 계책을 건의했다. 장수들은 그렇게 하는 것이 아무런 이익이 없다고 여겼으나 서성은 듣지 않고 자기 뜻을 견지하여 긴 성을 구축했다. 광릉에 당도한 문제는 멀리 그 성을 보고는 경악했고 수백 리에 걸쳐 가득한 데다 강물마저 불어 이에 군대를 이끌고 물러갔다"고 기록되어 있다. 배송지 주『위씨춘추』에 "문제가 '위나라에는 비록 무장한 1000개의 부대가 있지만 쓸모가 없구나'라며 탄식했다"고 기록되어 있다.

남만 정벌

승상은 남쪽 도적을 정벌하고자 크게 군대를 일으키고,
만왕은 천자의 군사에 대항하다 처음으로 붙잡히다

征南寇丞相大興師,
抗天兵蠻王初受執

성도에 있는 제갈승상은 일이 크든 작든 모두 친히 판단하고 결정하여 공무를 처리했다. 양천兩川(동천과 서천)의 백성은 즐겁고 태평했으며 밤에도 대문을 닫지 않았고 길에 물건이 떨어져 있어도 줍지 않았다. 또한 해마다 대풍년이 들어 노인과 어린아이들이 배를 두드리며 노래를 불렀고 무릇 노역이라도 생기면 앞다투어 일찌감치 처리했다. 이 때문에 군대에서 필요한 기구와 물품들이 완비되지 않은 것이 없었고 양식은 창고를 가득 채웠으며 재물은 부고[1]에 넘쳤다.

건흥 3년(225), 익주에 급보가 들어왔다.

"만왕 맹획이 만병 10만 명을 크게 일으켜 경계를 침범하며 약탈하고 있습니다. 건녕[2]태수 옹개는 바로 한나라 왕조의 십방후什方侯 옹치雍齒의 후손으로 맹획과 연합하여 반란을 일으켰습니다. 장가군牂牁郡 태수 주포朱褒와 월수군越嶲郡 태수 고정高定 두 사람은 성을 헌납했습니다. 영창군永昌郡 태수 왕항王伉만이 배반하지 않았는데 현재 옹개, 주포, 고정 세 사람의 부하 인마가 모조리 맹획의 길잡이가 되어 영창군을 공격하고 있습니다. 지금 왕항이 공조功曹인 여개呂凱와 함께 백성을 모아 성³을 죽기로 지키고 있는데 그 형세가 심히 위급합니다."

공명은 이에 입궐하여 후주에게 아뢰었다.

"신이 살펴보건대 남만이 복종하지 않고 있어 실로 국가의 커다란 우환거리입니다. 신이 직접 대군을 이끌고 정벌하러 가겠습니다."

후주가 말했다.

"동쪽에는 손권이 있고 북쪽에는 조비가 있는데 만일 지금 상보께서 짐을 버리고 정벌하러 갔다가 오와 위가 공격해온다면 어찌해야 하오?"

공명이 말했다.

"동오는 막 우리와 강화를 맺었기에 다른 마음이 없을 것이라 헤아려지며, 만일 다른 마음을 먹었다 해도 이엄이 백제성에 있으니 육손을 감당할 수 있을 것입니다. 조비는 방금 패하여 이미 예기를 상실했기에 멀리 도모하지는 못할 것이며, 게다가 마초가 한중의 여러 중요한 길목을 지키고 있어 근심하실 필요가 없습니다. 신이 또 관흥과 장포 등을 남겨두었으니 양군으로 나누어 구원하게 한다면 만에 하나의 실수도 없이 폐하를 보호해드릴 것입니다. 이제 신 먼저 남쪽을 소탕한 다음에 북으로 정벌에 나서 중원을 도모하고 선제께서 세 번 찾아주신 은혜에 보답하여 폐하를 맡기신 막중한 임무를 완수하겠습니다."

후주가 말했다.

"짐은 나이가 어리고 무지하니 오직 상보께서 심사숙고하십시오."

말을 마치기도 전에 반열 안에서 한 사람이 나오며 말했다.

"안 되오! 안 됩니다!"

사람들이 보니 바로 남양 사람으로 성이 왕王이고 이름이 련連이며 자가 문의文儀인 간의대부諫議大夫[4]였다. 왕련이 간언했다.

"남방은 불모지로 장역[5]이 창궐하는 고장입니다. 승상께서 국가 정무의 막중한 임무를 맡고 계시는데 직접 멀리 정벌에 나서는 것은 옳지 않습니다. 게다가 옹개 등은 옴 같은 질병에 불과하니 단지 대장 하나를 파견해 토벌하게 해도 틀림없이 공을 이룰 것입니다."

공명이 말했다.

"남만南蠻(남방 민족과 그들이 거주하는 지방) 지역은 나라에서 대단히 멀리 떨어져 있는 데다 대부분이 왕화王化(천자의 교화)에 익숙하지 않고 복종시키기도 몹시 어렵소. 그렇기에 내 마땅히 직접 정벌하여 강하게 대하기도 하고 부드럽게 대하기도 하면서 별도로 심사숙고해야 할 일이니 다른 사람에게 함부로 맡겨서는 아니 되오."

왕련이 재삼 간곡하게 권고했으나 공명은 따르지 않았다. ❶

이날 공명은 후주에게 작별을 고하고 장완蔣琬에게 명하여 참군[6]으로 삼고 비의費禕를 장사로 삼았으며 동궐董厥과 번건樊建 두 사람을 연사[7]로 삼았다. 조운과 위연을 대장으로 삼아 군마를 총감독하게 했고, 왕평과 장익을 부장으로 삼았으며, 아울러 양천의 장수 수십 명과 함께 천병[8] 군사 50만 명을 일으켜 익주[9]를 향해 전군했다. 이때 별안간 관공의 셋째 아들 관색關索[10]이 군중으로 들어와 공명을 찾아뵙고 말했다.

"형주가 함락된 이래로 피란하여 포가장鮑家莊에서 요양하고 있었습니다. 매번 서천으로 가서 선제를 뵙고 원수를 갚고자 했는데 상처가 낫지 않아 길을 나설 수가 없었습니다. 근래에 병이 나아 탐문해보니 동오의 원수들이 이미 모조리 죽임을 당했다고 하여 곧장 서천으로 황제를 찾아뵈러 가는 길이었는데 마침 도중에 우연히 남쪽으로 정벌을 떠나는 군사들을 마주쳐 특별히 만나 뵈러 왔습니다."

그 말을 들은 공명은 탄식을 그치지 않았고, 사람을 보내 조정에 서면으로 보고하는 한편 관색을 선봉대 선두로 삼아 함께 남쪽 정벌에 나섰다. 대부대의 인마가 각기 대오에 따라 행군하는데, 배가 고프면 밥을 먹고 목이 마르면 물을 마셨으며 밤에는 잠을 자고 낮에는 길을 재촉하면서도 백성에게 피해를 주지 않았다.❷

한편 공명이 직접 대군을 통솔하여 온다는 소식을 들은 옹개는 즉시 고정, 주포와 함께 상의하여 군대를 세 갈래 길로 나누었다. 고정이 가운데 길을 맡고 옹개는 왼쪽, 주포는 오른쪽 길을 맡아 각자 5~6만 명의 군사를 이끌고 적과 맞서기로 했다. 이에 고정은 악환鄂煥을 선봉대 선두로 삼았다. 악환은 신장이 9척으로 생김새가 추악했으며 한 자루의 방천극을 사용했는데 만 명을 대적할 용맹이 있었다. 그는 본부의 군사들을 이끌고 군영을 떠나 촉병과 맞서러 나갔다.

한편 공명은 대군을 통솔하여 벌써 익주 경계까지 당도했다. 선봉대의 선두인 위연과 부장인 장익, 왕평이 막 경계 입구로 들어가다가 마침 악환의 군대와 맞닥뜨렸다. 양쪽 진이 원형으로 펼쳐지자 위연이 말을 몰고 나가 욕설을 퍼부었다.

"역적 놈은 일찌감치 항복하거라!"

악환이 말에 박차를 가하며 위연과 맞붙었는데 몇 합을 싸우지도 않고 위연이 거짓으로 패한 척하며 달아났다. 악환이 뒤를 추격해왔으나 달린 지 몇 리도 채 되지 않았을 때 함성이 크게 진동하더니 장익과 왕평 두 갈래 길의 군사들이 몰려나와 악환의 퇴로를 끊어버렸다. 위연도 되돌아오면서 세 명의 장수가 힘을 합쳐 적을 반격해 악환을 사로잡았다. 본부 군영으로 압송해 공명에게 보였다. 공명은 포박을 풀어주고 술과 음식으로 그를 대접하고는 물었다.

"너는 누구의 부하 장수냐?"

악환이 말했다.

"저는 고정의 부하 장수입니다."

공명이 말했다.

"내가 알기로는 고정은 충성스럽고 의로운 인사인데 지금 옹개에게 속아 이 지경에 이른 것이다. 내 지금 너를 풀어주어 돌아가게 해줄 터이니 고태수에게 일찌감치 투항하여 큰 재앙에서 벗어나도록 하라고 전하거라."

악환은 절을 올려 감사함을 표하고 떠났다. 그는 돌아가 고정에게 공명의 덕을 이야기했다. 고정 또한 감격해 마지않았다.

이튿날 옹개가 군영으로 왔다. 예를 마치자 옹개가 말했다.

"어떻게 악환이 돌아올 수 있었소?"

고정이 말했다.

"제갈량이 의리로 그를 풀어주었소."

옹개가 말했다.

"이것은 바로 제갈량의 반간계[11]로 우리 두 사람이 화목하게 지내지 못하게 하고자 이 계책을 쓴 것이오."

고정이 반신반의하며 속으로 망설였다. 그때 별안간 촉의 장수가 싸움을 걸고 있다는 보고가 들어오자 옹개는 직접 3만 명의 군사를 이끌고 나가 맞섰다. 몇 합을 싸우지도 않았는데 옹개가 말을 돌리더니 이내 달아났다. 위연은 군사를 대대적으로 진격시켜 20여 리를 추격하며 들이쳤다. 이튿날 옹개는 또 군사를 이끌고 나와 맞섰다. 그러나 공명은 연이어 사흘이 지나도록 나오지 않았다. 나흘째 되는 날, 옹개와 고정이 군사를 두 갈래로 나누어 촉의 군영을 빼앗고자 쳐들어왔다.

한편 공명은 위연 등에게 두 갈래 길로 나누어 그들을 기다리게 했다. 과연 옹개와 고정이 두 갈래 길로 군사를 이끌고 몰려왔다. 그러나 복병들에게 적군 태반이 살상되었고 무수히 많은 군사가 생포되어 모두 본부 군영으로 압송되었다. 옹개의 군사들을 한편에 가두고 고정의 군사들을 또 다른 한편에 가두었다. 그러고는 군사들에게 소문을 퍼뜨리게 했다.

"고정의 군사들만 죽음에서 면해주고 옹개의 군사들은 모조리 죽인다더라."

갇혀 있던 군사 모두가 이 말을 들었다. 잠시 뒤에 공명은 옹개의 군사들을 군막 앞으로 끌어오게 하고는 물었다.

"너희는 누구의 부하들이냐?"

모두 거짓말을 했다.

"고정의 부하들입니다."

공명은 모두 살려두고는 술과 음식을 내주어 위로하며 상을 주었다. 또한 사람을 시켜 경계 인접 지역까지 전송하고 군영으로 돌아가도록 놓아주게 했다. 공명은 또 고정의 부하들을 불러놓고 물었다. 모두가 고했다.

"저희가 정말 고정의 부하 군사들입니다."

공명은 모두 살려주고 술과 음식을 하사하고는 떠벌렸다.

"옹개가 오늘 사람을 시켜 투항하면서 너희 주인과 주포의 수급을 바쳐 공로로 삼겠다고 했는데 내 차마 그러지 못하겠다. 너희는 고정의 부하 군사들이라고 하여 내 너희를 돌아가도록 놓아줄 테니 다시는 배반해서는 아니 된다. 만약 다시 잡혀온다면 그때는 결코 가볍게 용서하지 않겠노라."

모두 절하며 감사하고 떠났다.

본영으로 돌아온 그들은 고정을 만나 있었던 일을 이야기했다. 고정은 이에 몰래 옹개의 군영으로 사람을 보내 상황을 알아보게 했다. 공명에게 잡혔다 풀려나 돌아온 사람들이 도리어 공명의 덕을 이야기하고 있었다. 이 때문에 옹개의 부하 군사들 중에는 고정에게 귀순할 마음을 가진 자가 많았다. 비록 상황이 그렇다 하더라도 고정은 내심 불안하여 다시 공명의 군영으로 사람을 보내 허실을 탐지하게 했는데 길에 매복해 있던 군사들에게 사로잡혀 공명에게 끌려갔다. 공명은 일부러 옹개의 사람으로 여기는 척하고는 군막 안으로 불러들여 물었다.

"너의 원수元帥(주장, 전군을 통솔하는 수령)가 이미 고정과 주포 두 놈의 수급을 바치기로 약속했거늘 어찌하여 날짜를 어긴단 말이냐? 네 이놈, 그렇게 주도면밀하지 못해서야 어떻게 정탐질을 한단 말이냐!"

그 군사가 대충대충 대답했다. 공명은 술과 음식을 내리고 밀서 한 통을 써서 군사에게 건네며 말했다.

"너는 이 편지를 옹개에게 주고 서둘러 손을 써서 일을 그르치지 말라고 전하거라."

정탐꾼은 절하고 감사하며 떠났고 본영으로 돌아와 고정에게 공명의 편지를 올리고는 옹개가 이러이러했다고 말했다. 편지를 읽고 난 조정은 크게 노했다.

"내가 진심으로 그놈을 대해줬는데 도리어 나를 해치려고 하다니 인정과 도리로 보아도 절대 용납할 수 없다!"

그러고는 즉시 악환을 불러 상의했다. 악환이 말했다.

"공명은 어진 사람이니 그를 배신하는 것은 좋지 못합니다. 저희가 모반하고 나쁜 짓을 한 것은 전부 옹개 때문이니, 차라리 옹개를 죽여서 공명에게 투항하는 것이 좋을 듯합니다."

고정이 말했다.

"어떻게 손을 써야 하느냐?"

악환이 말했다.

"술자리를 마련하고 사람을 보내 옹개를 청하시지요. 그가 만약 다른 마음이 없다면 반드시 편안하게 올 것이고, 만약 오지 않는다면 틀림없이 다른 마음을 품은 것입니다. 주공께서 앞을 치십시오. 제가 군영 뒤 오솔길에 매복해서 그를 기다린다면 옹개를 사로잡을 수 있을 것입니다."

고정은 그 말을 따르기로 하고 술자리를 마련하여 옹개를 청했다. 옹개는 과연 전날 공명에게서 풀려난 군사들이 하는 말을 의심하고 두려워하며 오지 않았다.

이날 밤 고정은 군사를 이끌고 옹개 군영을 들이쳤다. 공명이 죽음을 면해 주고 풀어준 병사들은 모두 고정의 덕을 생각하며 기세를 몰아 싸움을 도왔다. 이 때문에 옹개군은 싸워보지도 못하고 저절로 혼란에 빠져들었다. 옹개는 말에 올라 산길을 향해 달아났다. 그러나 2리도 채 못 가 둥둥둥 북소리가 울리는 곳에서 군사들이 쏟아져 나왔으니 바로 악환이었다. 악환은 방천극을 잡고는 앞장서서 말을 타고 쏜살같이 달려왔다. 옹개는 손쓸 겨를도 없이 악환의 창에 찔려 말 아래로 떨어졌고 악환은 그 수급을 매달았다. 옹개의 부하 군사는 모조리 고정에게 항복했다. 고정은 두 부대의 군마를 이끌고 와서 공명에게 항복하고 옹개의 수급을 군영에 바쳤다. 그러나 공명은 군막에 높이 앉아 좌우에 호령하더니 고정을 끌어내 참수하라 명했다. 고정이 말했다.

"저는 승상의 크신 은혜에 감격하여 지금 옹개의 수급을 가지고 투항하러 왔는데 무슨 까닭으로 참수하라 하십니까?"

공명이 껄껄 웃었다.

"네가 거짓으로 항복하러 왔으면서 감히 나를 속이려 든단 말이냐!"

고정이 말했다.

"승상께서는 어찌하여 제가 거짓으로 항복한다고 하십니까?"

공명은 함 속에서 편지 한 통을 꺼내더니 고정에게 건네며 말했다.

"주포가 이미 사람을 시켜 비밀리에 항복 문서를 바치면서 너는 옹개와 생사를 같이하는 친구 관계를 맺었다고 하던데, 어찌 하루아침에 이놈을 죽일 수 있단 말이냐? 그래서 네놈이 거짓이라는 것을 알았느니라."

고정이 하소연했다.

"주포가 바로 반간계를 쓴 것이니 승상께서는 절대로 믿어서는 안 됩니다!"

공명이 말했다.

"나 또한 한쪽 말만 믿기는 어렵다. 네가 만약 주포를 사로잡는다면 비로소 진심을 보일 수 있을 것이다."

고정이 말했다.

"승상께서는 의심하지 마십시오. 제가 주포를 사로잡아 승상을 찾아뵙는다면 어떻겠습니까?"

공명이 말했다.

"만일 그렇게 한다면 내 의심이 비로소 풀릴 것이니라."

고정은 즉시 부하 장수 악환과 본부 군사들을 거느리고 주포 군영으로 쳐들어갔다. 군영에서 대략 10리쯤 떨어진 곳에 당도했을 때 산 뒤쪽에서 군사들이 몰려나왔는데 다름 아닌 주포였다. 고정의 군대가 오는 것을 본 주포는 황망히 고정과 이야기를 나누려 했으나 고정이 대뜸 욕설을 퍼부었다.

"네놈은 어찌하여 제갈승상에게 편지를 보내고 반간계를 써서 나를 해치려 했느냐?"

주포는 어안이 벙벙하여 대답할 수가 없었다. 그때 별안간 악환이 고정의 말 뒤에서 돌아 나오더니 한 창에 주포를 찔러 말 아래로 떨어뜨렸다. 고정이 엄한 목소리로 말했다.

"순순히 따르지 않는 자는 모조리 죽여버리겠노라!"

이에 군사들이 일제히 절을 올리며 항복했다. 고정은 양 부대의 군사들을 이끌고 공명을 찾아뵙고는 주포의 수급을 군영에 바쳤다. 공명이 껄껄 웃었다.

"내가 일부러 자네에게 이 두 도적을 죽이게 하여 충심을 보이도록 한 것이네."

즉시 고정을 익주태수로 삼아 군郡 세 개를 관리하도록 명했고 악환牙將을 아장으로 삼았다. 이리하여 세 갈래 군마가 모두 평정되었다.❸

그리하여 영창태수 왕항이 성을 나가 공명을 영접했다. 공명은 성으로 들어간 다음 예를 마치고 물었다.

"누구와 함께 이 성을 지켰기에 우환 없이 보전했소?"

왕항이 말했다.

"제가 오늘 이 군을 위태로움 없이 지킬 수 있었던 것은 모두 성이 여呂이고 이름이 개凱이며 자가 계평季平이라 하는 영창 불위[12] 사람의 힘 덕분입니다."

공명은 즉시 여개를 청했다. 여개가 들어와 예를 마치자 공명이 말했다.

"공이 영창 지방의 고결한 선비라는 말을 들은 지 오래되었는데 공 덕택에 이 성을 지킬 수 있었소. 지금 남방을 평정하고자 하는데 공에게 무슨 고견이라도 있으시오?"

여개가 바로 지도 한 장을 꺼내 공명에게 올리며 말했다.

"제가 벼슬을 지낸 이래로 남쪽 사람들이 반란을 꾀하려 한 지가 오래되었다는 것을 알고는 비밀리에 그들 경계로 사람을 들여보냈습니다. 군사를 주둔시키고 교전할 만한 곳을 살펴보게 한 다음 지도 한 장을 그렸는데 '평만지장도平蠻指掌圖(남만 평정 이해도)'라 합니다. 이제 감히 명공께 바치고자 하니 남만을 정벌하는 데 도움이 될 것입니다."

공명은 크게 기뻐하며 여개를 행군교수[13]로 삼고 길잡이를 겸하게 했다. 이에 공명은 군대를 통솔하고 대대적으로 진격하여 남만의 경계로 깊숙이 들어갔다.❹

한창 행군하고 있는데 별안간 천자가 보낸 사자가 왔다는 보고가 들어왔다. 공명이 중군으로 청해 들이니 흰 도포에 흰옷을 입은 사람이 들어오는데 다름 아닌 마속이었다. 그의 형인 마량이 방금 죽었기에 상복을 입은 것이었다. 마속이 말했다.

"주상의 칙명을 받들어 왔는데 주상께서 군사들에게 술과 비단을 하사하셨습니다."

공명은 조서를 받든 다음 예를 마치고 명에 따라 일일이 술과 비단을 나누어주고는 마속을 군막에 머물게 하여 이야기를 나누었다. 공명이 물었다.

"내가 천자의 조서를 받들어 남방을 평정하고자 하네. 오래전부터 유상幼常(마속의 자)의 견해가 출중하다고 들었는데 바라건대 가르쳐주게."

마속이 말했다.

"어리석은 제가 몇 마디 간단하게 말씀드리고자 하니 바라건대 승상께서 살펴주십시오. 남만은 먼 지역인 데다 산의 험준함에 의지하여 복종하지 않은 지 오래되었습니다. 비록 오늘 그들을 깨뜨린다 하더라도 내일이면 다시 배반할 것입니다. 승상의 대군이 그곳에 당도하면 분명히 평정하여 귀순시키 겠지만, 회군하는 날에는 반드시 북으로 조비를 정벌하는 데 그들을 이용해야 합니다. 그렇게 하지 않으면 만병은 나라 안이 비어 있는 것을 알고서 틀림없이 순식간에 배반할 것입니다. 무릇 군사를 부리는 도리는 '마음을 공격하는 것이 상책이고 성을 공격하는 것은 하책이며, 마음으로 싸우는 것이 상책이며 군사로 싸우는 것은 하책'이라고 했습니다. 원컨대 승상께서 그들의 마음만 복종시킨다면 충분할 것입니다."

공명은 감탄했다.

"유상은 나의 진심을 훤히 알고 있구려!"

이에 공명은 즉시 마속을 참군으로 삼고 대군을 통솔하여 전진했다.❺

한편 만왕 맹획은 공명이 지혜로 옹개 등을 격파했다는 소식을 듣고는 즉시 세 개 동洞의 원수들을 모아놓고 상의했다. 첫째 동은 금환삼결金環三結 원수이고, 둘째 동은 동도나董荼那 원수였으며, 셋째 동은 아회남阿會喃 원수였다. 세 동의 원수들이 들어와 맹획을 만났다. 맹획이 말했다.

"지금 제갈승상이 대군을 이끌고 우리 경계를 침범해오고 있으니 부득이 우리가 힘을 합쳐 그와 대적해야겠네. 그대 세 사람은 군사를 세 갈래 길로 나누어 진격하라. 승리를 거둔 자는 동주洞主가 될 것이다."

이에 금환삼결이 가운데 길을 맡고 동도나는 왼쪽 길, 아회남은 오른쪽 길을 맡았는데 각자 5만 명의 만병을 이끌고 명에 따라 떠났다.

한편 공명이 군영 안에서 공무를 의논하고 있는데 별안간 정찰 기병이 나는 듯이 달려와 세 동의 원수들이 군사를 세 갈래 길로 나누어 오고 있다고 보고했다. 보고를 들은 공명은 즉시 조운과 위연을 불렀으나 그들에게는 어떤 분부도 하지 않고 도리어 왕평과 마충을 불러 분부했다.

"지금 만병이 세 갈래 길로 오고 있는데 자룡과 문장文長(위연의 자)을 보내고자 하나, 이 두 사람은 지리를 몰라 감히 쓰지 못하겠다. 왕평은 왼쪽 길로 가서 적과 맞서고 마충은 오른쪽 길로 가서 적과 맞서도록 하라. 내 자룡과 문장을 보내 뒤따라 호응하게 하겠다. 오늘은 군마를 정돈하고 내일 새벽에 출발하도록 하라."

두 사람은 명을 듣고 나갔다. 또 장억張嶷과 장익張翼을 불러 분부했다.

"너희 두 사람은 함께 한 부대를 거느리고 가운데 길로 가서 적과 맞서거라. 오늘 군마를 정리하고 내일 왕평, 마충과 함께 만날 약속을 정한 후 진격하도록 하라. 내 자룡과 문장을 보내고 싶으나 두 사람이 지리를 알지 못하므로 감히 쓰지를 못하겠다."

장억과 장익이 명을 듣고 나갔다.

공명이 자신을 쓰지 않는 것을 본 조운과 위연은 각자 성난 표정을 지었다. 공명이 말했다.

"내 두 사람을 쓰지 않는 것이 아니오. 다만 중년의 나이에 위험을 무릅썼다가 만인들의 계책에 걸려 날카로운 기세를 잃지나 않을까 염려해서 그렇게 한 것뿐이오."

조운이 말했다.

"만일 우리가 지리를 안다면 어떻게 하시겠소?"

공명이 말했다.

"그대 두 사람은 그저 조심하며 경솔하게 행동하지 마시오."

두 사람은 씩씩거리면서 물러갔다. 조운은 위연을 자신의 군영 안으로 청해 상의했다.

"우리 두 사람이 선봉이 되었는데 지리를 모른다고 쓰지 않으려 하오. 지금 후배들만 쓰고 있으니 우리가 어찌 창피하지 않겠소?"

위연이 말했다.

"우리 두 사람이 지금 당장 말에 올라 직접 가서 알아봅시다. 토착민을 잡아 길을 인도하게 하면서 만병을 대적한다면 큰일을 이룰 수 있을 것이오."

조운은 그 말을 따르기로 하고 즉시 말에 올라 곧장 가운데 길로 달려갔다. 몇 리를 가지 못했을 때 멀리서 먼지가 자욱하게 일어나는 것이 보였다. 두 사람이 산비탈에 올라가 보니 과연 수십 기의 만병이 말고삐를 놓고 달려오고 있었다. 둘은 두 길로 나누어 부딪쳤고 그들을 본 만병은 깜짝 놀라 달아났다. 조운과 위연은 각자 몇 사람을 생포하여 본영으로 돌아와 술과 음식을 대접하고 상황을 상세하게 물었다. 만병이 고했다.

"앞쪽에는 금환삼결 원수의 본영이 있는데 바로 산 입구에 있습니다. 군영옆에 동서로 두 길이 있는데 오계동五溪洞으로 통하기도 하며 동도나와 아회남 군영의 뒤쪽으로 갈 수 있습니다."

그 말을 들은 조운과 위연은 즉시 정예병 5000명을 점검하고 사로잡은만병에게 길을 인도하게 했다.

군사를 일으킬 무렵에는 이미 이경이 지난 후였다. 달은 밝고 별빛은 훤히빛나고 있어 달빛에 의지해 행군했다. 막 금환삼결의 본영에 당도했을 때는대략 사경쯤 되었는데 만병들이 그제야 일어나 아침밥을 지어 먹고 날이 밝는 대로 싸울 준비를 하고 있었다. 그때 별안간 조운과 위연이 두 갈래 길로쳐들어오자 만병들은 크게 어지러워졌다. 조운이 곧장 중군으로 쳐들어가다가 마침 금환삼결 원수와 마주쳤다. 두 말이 엎치락뒤치락했으나 단 1합 만에 금환삼결이 조운의 한 창에 찔려 말 아래로 떨어졌다. 조운은 바로 그 수급을 매달았다. 나머지 군사는 패전하여 뿔뿔이 흩어졌다. 위연은 바로 군사를 절반으로 나누어 동쪽 길로 동도나 군영으로 질러갔고, 조운은 나머지 절반의 군사를 이끌고 서쪽 길[14]로 아회남의 군영으로 질러갔다. 그들이 만병의 본영을 들이칠 때는 날이 이미 밝아오고 있었다.

위연이 동도나의 군영으로 들이치자 동도나는 군영 뒤쪽으로 군사들이 쳐들어온다는 소리를 듣고는 즉시 군사를 이끌고 군영을 나가 적을 막았다. 그때 별안간 군영 전문에서 함성이 일어나더니 만병이 크게 혼란에 빠졌다. 알고 보니 왕평의 군마가 어느새 당도한 것이었다.[15] 양쪽에서 협공을 가하자 만병은 대패하고 말았다. 동도나가 길을 찾아 도망쳐 위연이 뒤를 쫓았으나 따라잡지 못했다.

한편 조운이 군사를 이끌고 아회남 군영 뒤쪽을 들이쳤을 때는 마충[16]이 이미 군영 앞까지 쳐들어온 후였다. 양쪽에서 협공하자 만병은 대패했고 아회남은 어지러운 틈을 타 달아나고 말았다. 각자 군사를 거두고 돌아가 공명을 뵈었다. 공명이 물었다.

"세 동의 만병 가운데 두 동의 주인이 달아났다면 금환삼결 원수의 수급은 어디에 있는가?"

조운이 수급을 가져와 공적을 보고했다. 모두 말했다.

"동도나와 아회남은 모두 말을 버리고 고개를 넘어 달아났기 때문에 따라잡지 못했습니다."

공명이 껄껄 웃으며 말했다.

"두 사람은 내 이미 사로잡았소."

조운과 위연 두 사람과 아울러 장수들도 믿지 않았다. 그런데 잠시 뒤 장억이 동도나를 끌고 왔고 장익이 아회남을 압송해 왔다. 모두 놀라며 의아해 했다. 공명이 말했다.

"내가 여개의 도본을 살펴보고 이미 그들 각자가 꾸려놓은 군영을 알고 있었기에 자룡과 문장의 날카로운 기세를 말로 자극시켜 적진 속으로 깊이 들어가게 했소. 먼저 금환삼결을 깨뜨리고 나면 이어서 군사를 나누어 좌우 군영의 뒤쪽 지름길로 갈 것이므로 왕평과 마충으로 하여금 호응하게 한 것이오. 자룡과 위연이 아니었더라면 이 임무를 감당할 수 없었을 것이오. 그리고 동도나와 아회남이 틀림없이 곧장 산길로 달아날 것이라고 헤아려 장억과 장익을 보내 군사를 매복시켜 기다리게 했고 관색에게 지원하도록 하여 이 두 사람을 사로잡았소."

장수들이 무릎을 꿇고 엎드려 절을 올리며 말했다.

"승상의 기지가 넘치는 계책은 신령과 귀신도 예측하지 못할 것입니다!"

공명은 동도나와 아회남을 끌고 오라 명했다. 그들이 군막에 이르자 결박을 풀어주고 술과 음식, 의복을 하사하며 각자 자신의 동으로 돌아가 다시는 악한 자를 돕지 말라 명했다. 두 사람은 울면서 절을 올리고 각자 오솔길로 돌아갔다. 공명이 장수들에게 일렀다.

"내일 맹획이 분명히 직접 군사를 이끌고 싸울 테니 이때 그를 사로잡을 것이오."

이에 조운과 위연을 불러 계책을 건네줬고 두 사람은 각자 5000명의 군사를 이끌며 떠났다. 또 왕평과 관색을 불러 함께 일군을 이끌고 계책을 받아 떠나게 했다. 파견을 마친 공명은 군막에 앉아 기다렸다.

한편 만왕 맹획이 군막 안에서 단정히 앉아 있는데 별안간 정찰 기병이 와서 세 동의 원수가 모두 공명에게 사로잡혔고 부하 군사들도 각자 패하여 뿔뿔이 흩어졌다고 보고했다. 크게 노한 맹획은 즉시 만병을 일으켜 구불구불 이어서 진격시켰는데 마침 왕평의 군마와 맞닥뜨렸다. 양쪽 진이 원형을 이루자 왕평이 말을 몰고 나와 칼을 비껴들고 바라보았다. 문기가 열리자 수백 명의 남만의 기병 장수가 양쪽으로 벌여 섰다. 맹획이 그 가운데로 말을 몰고 나왔다. 정수리에는 진귀한 보배를 박아넣은 자금관[17]을 썼고 몸에는 술이 달린 붉은 비단 전포를 걸쳤는데 허리에는 옥을 갈아 만든 사자 형태의 요대를 묶었고 발에는 매 부리를 빙 두른 녹색 신을 신었다. 곱슬곱슬한 털이 달린 적토마를 타고 소나무 무늬를 상감한 두 자루의 보검을 걸고는 당당하게 바라보더니 좌우의 남만 장수들을 돌아보며 말했다.

"사람들이 매번 제갈량이 용병술이 뛰어나다고 말하던데, 지금 저들의 진세를 보니 깃발은 뒤죽박죽이고 대오는 뒤얽혀 있으며 칼과 창, 기구들이 우리보다 나은 것이 하나도 없으니 전에 들었던 말들이 전부 잘못되었구나. 이 모양인 줄 진작 알았다면 내 오래전에 반란을 일으켰을 것이다. 누가 감히 가서 촉의 장수를 사로잡아 군의 위엄을 떨치겠는가?"

말을 마치기도 전에 한 장수가 응답하며 나갔다. 바로 망아장忙牙長이라 불리는 장수로, 절두대도[18]를 들고 황표마[19]를 타고는 왕평에게 달려들었다. 두 장수가 맞붙었으나 몇 합을 싸우지도 못하고 왕평이 달아났다. 맹획이 군사를 몰아 대대적으로 진격시키며 이리저리 뒤를 쫓았다. 관색도 대충 싸우다 역시 달아나 대략 20여 리를 물러났다. 맹획이 한창 추격하고 있는데 느닷없이 함성이 크게 일더니 왼쪽에서 장억, 오른쪽에서 장익이 두 길로 군사들을 이끌고 쏟아져 나오면서 돌아갈 길을 끊어버렸다. 왕평과 관색도 다시 군사를 되돌려 들이쳤다. 앞뒤로 협공하자 만병은 대패하고 말았다. 맹획은 부하 장수들을 이끌고 죽기로 싸워서 금대산錦帶山[20]을 향해 달아났다. 뒤로는 세 갈래로 군사들이 추격해왔다. 맹획이 한창 달아나고 있는데 앞쪽에서 함성이 크게 일더니 한 떼의 군마가 가는 길을 차단했다. 앞장선 대장은 다름 아닌 상산 조자룡이었다. 깜짝 놀란 맹획이 황급히 금대산 오솔길로 달아났다. 자룡이 한바탕 돌격하자 만병은 대패했고 사로잡힌 자가 헤아릴 수 없을 정도로 많았다. 맹획이 남은 수십 명의 기병과 함께 산골짜기 속으로 달아나는데 뒤에서 추격병이 바짝 따라붙었다. 앞쪽은 길이 좁아 말이 달릴 수가 없었고 이에 말을 버리고 산을 기어올라가 고개를 넘어 달아났다. 그때 별안간 산골짜기 속에서 둥둥둥 북소리가 울리더니 공명의 계책을 받은 위연이 매복해 있던 500명의 보병을 이끌고 나타났다. 맹획은 대적해내지 못하고 결국 위연에게 사로잡히고 말았다. 따르던 기병도 모두 항복했다.

위연은 맹획을 본영으로 끌고 와서 공명을 뵈었다. 공명은 어느 결에 소와 양을 잡아 군영에서 잔치를 벌이고 있었다. 군막 안에 일곱 겹으로 위자수[21]를 벌여놓았는데 칼과 창, 검과 극이 서리와 눈처럼 눈부시게 빛났다. 또 황제가 하사한 황금 월부鉞斧와 자루가 구부러진 산개를 잡고 있었고 앞뒤로는 우보[22]와 악대, 좌우로는 어림군을 늘어세웠는데 그 배치가 매우 엄정했다. 공명은 군막 위에 단정히 앉아 무수히 많은 만병이 잇달아 우르르 끌려오는 것을 보고 있었다. 공명은 그들을 군막 한가운데로 부르고는 묶었던 결박을 모조리 풀어주고 위로하며 일깨웠다.

"너희는 착한 백성인데 불행하게도 맹획에게 구속되어 이번에 놀라게 되었구나. 내 생각건대 너희 부모 형제와 처자식은 틀림없이 문에 기대어 너희가 돌아오기만을 기다릴 것이다. 만약 싸움에서 패했다는 소식을 들으면 반드시 배를 갈라 창자를 끌어내듯이 고통스러워하며 피눈물을 흘릴 것이다.

내 지금 너희 모두를 풀어주고 돌아가도록 해서 각자의 부모 형제와 처자식의 마음을 안심시켜주겠노라."

말을 마치더니 저마다 술과 음식, 양식을 내리고 보내줬다. 만병들은 그 은혜에 깊이 감격하여 울면서 절하고 떠났다. 공명은 무사들을 불러 맹획을 끌어오게 했다. 이윽고 무사들이 맹획을 앞으로 밀고 뒤에서 에워싸며 결박한 채 장막 앞에 이르렀다. 맹획이 군막 안에서 무릎을 꿇었다. 공명이 말했다.

"선제께서 너를 박하게 대접하지 않으셨거늘 너는 어찌하여 감히 배반했단 말이냐?"

맹획이 말했다.

"양천의 땅은 모두 다른 사람이 차지했던 땅이거늘 네 주인이 힘으로 빼앗고는 스스로 황제라 칭했다. 나는 대대로 이곳에서 살아왔는데 너희가 무례하게 내 땅에 침입해놓고 어찌하여 배반했다고 하느냐?"

"내 지금 너를 사로잡았는데도 진심으로 복종하지 않겠다는 것이냐?"

"산 후미진 길이 좁아서 실수로 네 손아귀에 들어간 것인데 어떻게 복종하려 하겠느냐!"

"네가 이미 복종하지 않겠다고 하니 내 너를 풀어주면 어떻겠느냐?"

"네가 나를 돌아가게 해준다면 다시 군마를 정돈하여 자웅을 겨뤄보겠다. 만약 다시 나를 사로잡는다면 그때는 내가 복종하마."

공명은 즉시 결박을 풀어주고는 의복을 입게 하고 술과 음식을 내렸으며 안장과 말까지 내줬다. 그러고는 사람을 시켜 바깥으로 통하는 길까지 전송하자 맹획은 곧장 자신의 본영을 향해 떠났다.

손바닥 안에 들어온 도적 도리어 풀어줘 가게 하니

은택 미치지 못한 곳에 사는 자라 항복할 줄 모르네

寇入掌中還放去, 人居化外未能降

다시 와서 맞붙어 싸운다면 어떻게 될 것인가?

제87회 남만 정벌

❶

옹개의 반란

『삼국지』「촉서·여개전呂凱傳」은 옹개의 반란을 다음과 같이 기록하고 있다.

"당시 옹개 등은 선주가 영안에서 세상을 떠났다는 소식을 듣고 더욱 거만하고 난폭해졌으며 교활해졌다. 도호都護 이엄이 여섯 통의 편지를 옹개에게 보내 이해관계를 설명했으나 옹개는 단지 한 장의 편지로 회답했다.

'내가 듣건대 하늘에는 두 개의 태양이 없고 땅에는 두 명의 군왕이 없다고 했소. 지금 천하는 세 개의 솥발처럼 정립하면서 세 집안이 황제라 칭하고 있소. 이 때문에 먼 곳에 있는 사람은 두렵고 당혹해하며 누구에게 귀순해야 할지 모르고 있소.'

그의 흉악함과 오만함이 이와 같았다. 옹개는 또 오나라에 투항했는데 오나라는 먼 곳에서 옹개를 영창永昌태수로 임명했다. 영창군은 익주군 서쪽에 있으며 길이 막혀 촉과는 단절되었고 게다가 군 태수 또한 바뀌었다. 여개는 부승府丞(관직 명칭으로 군수를 보좌하거나 군수의 사무를 대행했다)인 촉군 사람 왕황王伉과 함께 관리와 백성을 통솔하여 격려하고 국경을 폐쇄시켜 옹개의 침입을 막았다."

❷

바로 남쪽 정벌에 나서지는 않았다

『삼국지』「촉서·후주전」에 "건흥 원년(223) 여름, 장가牂牁(군 명칭, 치소는 고차란故且蘭으로 지금의 구이저우성 황핑黃平 서남쪽)태수 주포朱襃가 군郡을 점거하고 반란을 일으켰다. 이보다 앞서 익주군의 명문대가인 옹개가 반란을 일으켜 익주군태수 장예張裔를 오나라로 쫓아내고 군을 점거하고는 조정에 복종하지 않았다. 월수越嶲(군 명칭, 치소는 공도邛都로 지금의 쓰촨성 시창西昌) 이왕夷王인 고정高定도 배반했다"고 기록되어 있다.「촉서·이회전」에는 "선주가 세상을 떠나자 고정은 월수에서 방자하게 행동했고 옹개는 건녕에서 전횡을 일삼고 제멋대로 날뛰었으며 주포는 장가군에서 모반했다"고 기록하고 있다.

또한 「촉서·왕련전王連傳」에 "제갈량은 장수들의 재능이 자신에게 미치지 못한다고 여겼기에 반드시 가야 한다고 생각했다. 그러나 왕련의 간언이 매우 간절했으므로 오랫동안 머물면서 실행하지 못했다"고 기록되어 있다.

이때가 건흥 원년(223)이었는데 『자치통감』 권70「위기 2」의 기록에 따르면 제갈량은 막 국상(유비 사망)을 치렀기 때문에 반란의 무리를 위로만 하고 군사를 파견하여 정벌에 나서지는 않았다. 백성의 생활이 안정되고 양식이 풍족해진 이후에 토벌에 나서기로 결정하고는 2년 후인 225년에 마침내 정벌에 나선다.

❸

제갈량이 정말 반간계로 평정했을까?

『삼국지』「촉서·여개전」에 따르면 "승상 제갈량이 옹개를 토벌하려고 남쪽 정벌에 나서 대군을 출발시켰을 때 옹개는 이미 고정의 부하에게 살해되었다"라고 기록하고 있다. 제갈량이 반간계를 써서 이들을 평정했다는 기록은 없으며 옹개도 제갈량의 손에 의해 죽은 것이 아니었다.

그러나 『자치통감』 권70「위기 2」에는 "제갈량이 월수로 진입하여 옹개와 고정을 참수했다"고 하여 『삼국지』와 다르게 기록하고 있다.

❹

여개가 남만의 지도를 제갈량에게 바쳤다는 기록은 없다. 그리고 『삼국지』 「촉서·여개전」에 따르면 "여개를 운남雲南(군 명칭, 치소는 지금의 윈난성 야오안姚安 서북쪽)태수로 임명하고 양천정후陽遷亭候로 봉했다. 때마침 여개는 반란한 이민족에게 살해되었으므로, 아들 여상呂祥이 작위를 승계했다"고 기록하고 있다. 여개는 세 군을 평정한 다음 살해되었기 때문에 맹획 토벌의 길잡이는 아니었다.

❺

마량의 죽음과 마속의 참전

『삼국지』 「촉서·마량전」에 따르면 "마침 이릉에서 선주가 대패했는데 마량도 그곳에서 해를 입었다"고 하여 마량은 유비를 따라 동오 정벌에 참여했다가 전사한 것으로 기록되어 있다. 마속 또한 제갈량의 남쪽 정벌에 참여하지 않은 것으로 기록되어 있는데, 배송지 주 『양양기』에 따르면 다음과 같다.

"건흥 3년(225), 제갈량이 남중南中(지구 명칭으로 지금의 쓰촨성 남부와 위난성, 구이저우성 지구에 해당된다) 정벌에 나설 때 마속은 몇십 리까지 그를 전송했다. 제갈량이 말했다.

'비록 몇 년에 걸쳐 함께 계획을 세웠지만 오늘 다시 유익한 충고를 해줄 수 있겠소?'

마속이 대답했다.

'남중은 도로가 험준하고 먼 거리에 의지하여 오랫동안 복종하지 않았습니다. 비록 오늘 그들을 격파한다 하더라도 내일이면 다시 배반할 것입니다. 지금 공께서는 온 나라의 힘을 기울여 북벌을 진행하고 강대한 적을 상대하려 하십니다. 만일 저들이 나라의 안이 비어 있는 것을 안다면 그 반역 또한 신속하게 진행될 것입니다. 남아 있는 무리를 모조리 없애 후환을 제거하는 것은 어진 이의 정이 아니며 게다가 급히 할 수도 없는 일입니다. 무릇 군사를 부리는 도는 적들의 투지를 와해시키는 것이 상책이고 성을 공격하는 것이 하책이며 심리전이 상책이고 군사로 싸우는 것이 하책이니 원컨대 공께서는 그들의 마음을 굴복시키십시오.'

제갈량은 그의 계책을 받아들여 맹획을 용서하여 남방을 굴복시켰다. 이 때문에 제갈량이 세상을 떠날 때까지 남방은 감히 다시 반란을 일으키지 않았다."

노수 전투와
세 번 잡힌 맹획

노수를 건너 다시 번왕을 결박하고,
거짓 항복을 알아채고 세 번째로 맹획을 사로잡다

渡瀘水再縛番王,
識詐降三擒孟獲

공명이 맹획을 풀어주자 장수들이 군막에 올라 물었다.

"맹획은 남만의 수령으로 이번에 다행히 사로잡아 남방을 바로 안정시킬 수 있었는데, 승상께서는 무슨 까닭으로 그를 풀어주셨습니까?"

공명이 웃으면서 말했다.

"내가 이 사람을 사로잡는 것은 주머니 속에서 물건을 꺼내는 것처럼 쉬운 일이오. 그의 마음을 항복시켜야만 자연히 평정될 것이오."

그 말을 들은 장수들은 모두 믿으려 하지 않았다.

그날 맹획은 가다가 노수[1]에 이르렀는데 마침 그를 찾으러 오던 패전한 만병들과 마주쳤다. 맹획을 본 군사들은 기뻐하면서 절하며 물었다.

"대왕께서는 어떻게 돌아오실 수 있었습니까?"

맹획이 말했다.

"촉 사람들이 나를 군막 안에 감금했는데 내가 10여 명을 죽이고 날이 어두워진 틈을 타 달아났네. 한참 가다가 한 정찰 기병을 만나 또 그놈을 죽이고 말을 빼앗아 이렇게 벗어날 수 있었네."

모두 크게 기뻐하며 맹획을 둘러싸고 노수를 건너 목책을 세웠다. 각 동의 추장을 소집하고 잇따라 풀려나 돌아온 만병들을 불러 모으니 대략 10만여 기가 되었다. 이때 동도나와 아회남은 이미 동으로 돌아와 있었다. 맹획이 사람을 보내 오라고 청했다. 두 사람은 두려웠지만 하는 수 없이 동의 군사들을 이끌고 왔다. 맹획이 명령했다.

"내 이미 제갈량의 계책을 파악했다. 그와 싸워서는 안 되고 싸우면 그의 간사한 계책에 걸려들 것이다. 서천의 병사들은 먼 길을 왔기에 고생스러운 데다 하물며 날씨마저 무더우니 어찌 오래 머물 수 있겠느냐? 우리에겐 험준한 노수가 있으니 배와 뗏목을 모조리 남쪽 기슭에 묶어두고 주변 일대에 토성을 쌓은 다음 깊게 도랑을 파고 보루를 높여라. 제갈량이 어떻게 꾀를 부리는지 구경이나 해보자!"

추장들은 그 계책을 따르기로 하고 배와 뗏목을 남쪽 기슭 일대에 모조리 묶어두고 토성을 쌓았으며, 강을 끼고 벼랑에 인접한 지역에는 적루를 높이 세웠다. 누각 위에는 활과 쇠뇌, 석포를 다수 설치하여 오랫동안 머물러 지킬 수 있게 준비했다. 양식과 마초는 모두 각 동에서 운반해 왔다. 맹획은 조금도 빈틈이 없는 계책이라 여기고는 걱정하지 않고 편안히 있었다.

한편 공명은 군대를 거느리고 대대적으로 진격하여 선봉대가 벌써 노수에 이르렀다. 정찰 기병이 급히 달려와 보고했다.

"노수에는 배와 뗏목이 전혀 없는 데다 물살 또한 몹시 거셉니다. 맞은편 기슭 일대에는 토성을 쌓았는데 모두 만병이 지키고 있습니다."

때는 마침 5월이라 날씨는 찌는 듯했으며 남방의 땅은 유난히 화염처럼 뜨거워 군마들이 갑옷을 입고 있기 힘들 지경이었다. 공명은 직접 노수 주변으로 가서 살펴본 다음 본영으로 돌아와 군막에 장수들을 모아놓고 명을 전달했다.

"지금 맹획은 군사들을 노수 남쪽에 주둔시키고는 도랑을 깊이 파고 보루를 높여 우리 군을 막고 있소. 내 이미 군사를 일으켜 이곳까지 이르렀는데 어떻게 빈손으로 돌아가겠소? 그대들은 각기 군사를 이끌고 산을 끼고 수목이 인접한 무성한 숲을 골라 인마를 쉬게 하시오."

이에 여개를 노수로부터 100리 떨어진 곳으로 보내 그늘지고 서늘한 곳을 골라 군영을 넷으로 나누어 세우도록 했다. 왕평, 장억, 장익, 관색을 시켜 각자 한 군영씩 맡아 지키게 하고 안팎으로 모두 초막을 짓게 하여 말들을 가려주고 장병들이 시원한 바람을 쐬고 쉬도록 하면서 더위를 피하게 했다. 참군 장완이 그것을 보고는 들어와 공명에게 물었다.

"제가 보기에 여개가 세운 군영은 대단히 불리한 위치에 있습니다. 바로 지난날 선제께서 동오에 패했을 때와 같은 지세로 잘못을 범하고 있습니다. 만일 만병이 몰래 노수를 건너와 군영을 기습하여 화공을 쓴다면 어떻게 구출하시겠습니까?"

공명이 웃으면서 말했다.

"공은 너무 의심하지 마시오. 내게 묘책이 있소."

장완 등은 모두 그 뜻을 이해하지 못했다.

그때 별안간 촉중에서 파견한 마대馬岱가 더위를 퇴치하는 약과 군량을 가지고 당도했다는 보고가 들어왔다. 공명이 들이게 했다. 마대는 예를 마치고는 군량과 약을 네 군영에 나누어 보냈다. 공명이 물었다.

"자네는 군사를 얼마나 데리고 왔는가?"

마대가 말했다.

"3000명입니다."

공명이 말했다.

"우리 군사들이 여러 차례 싸우느라 피곤하여 자네의 군사들을 쓰고 싶은데 나가 싸울 수 있겠는가?"

"모두 조정의 군마인데 어찌 구분이 있겠습니까? 승상께서 쓰고자 하신다면 비록 죽는다 하더라도 사양하지 않겠습니다."

"지금 맹획이 노수를 가로막고 있어서 건널 길이 없네. 내 먼저 그들의 군량 보급로를 끊어 저들을 혼란에 빠뜨리려 하네."

"어떻게 끊을 수 있겠습니까?"

"여기서 150리 떨어진 노수 하류에 사구沙口[2]라는 곳이 있는데, 그곳은 물살이 느려 뗏목을 묶어서 건널 수 있네. 자네가 본부 군사 3000명을 이끌고 물을 건너서 곧장 만병의 동으로 들어가 먼저 그 군량을 끊게. 그런 다음에 동도나와 아회남 두 동주洞主와 회합하여 안에서 호응하도록 하게. 실수가 있어서는 안되네."

마대는 흔쾌히 떠났고 사구에 당도하여 군사들을 몰아 물을 건너도록 했다. 수심이 얕았기 때문에 태반이 뗏목을 타지 않고 옷만 벗고 건너는데 반쯤 건넜을 때 모두 쓰러지고 말았다. 급히 구하여 강기슭으로 옮겼으나 입과 코로 피를 흘리더니 죽고 말았다. 깜짝 놀란 마대가 그날 밤 돌아와 공명에게 보고했다. 공명이 곧바로 길을 안내하는 토착민을 불러 물었다. 토착민이 말했다.

"지금은 몹시 더운 날씨라 독이 노수에 모이는데 낮에는 너무 더워 독기가 왕성해지니 이때 물을 건너면 반드시 그 독에 중독됩니다. 혹여 그 물을 마시기라도 한다면 그 사람은 틀림없이 죽을 것입니다. 만약 그 물을 건너고자 한다면 고요한 밤에 물이 차가워져 독기가 일어나지 않을 때를 기다렸다

가 배불리 먹은 다음 건너야 할 것입니다."❶

공명은 즉시 토착민에게 길을 안내하라 명하고 다시 건장한 군사 500~600명을 선발하여 마대를 따르게 했다. 노수의 사구에 이르러 뗏목을 묶고는 한밤중에 물을 건너니 과연 아무 일도 없었다. 마대는 2000명의 건장한 군사들을 이끌고 토착민에게 길을 안내하게 하여 곧장 만병의 동에서 군량을 운반하는 길목인 협산욕夾山峪을 취하러 갔다. 그 협산욕 양쪽은 산이며 중간에 한 갈래 길이 있는데 사람 한 명, 말 한 마리가 겨우 지나갈 수 있을 정도로 협소했다. 마대는 협산욕을 점거한 후 군사를 나누어 배치하고는 목책을 세웠다. 아무것도 모르는 동의 만병들이 군량을 운반해오다가 마대에게 앞뒤로 차단되어 100여 량의 수레를 빼앗겼다. 만인들은 맹획의 본영으로 가서 이 사실을 보고했다.

이때 군영에 있던 맹획은 종일 술 마시고 놀면서 군사 사무는 전혀 돌보지 않고 있었다. 추장들에게 일렀다.

"내가 만약 제갈량과 대적한다면 틀림없이 간사한 계책에 걸려들 것이다. 지금 이 험준한 노수에 의지해 도랑을 깊이 파고 보루를 높여 기다리고 있으니, 촉의 군사들은 찌는 더위를 견디지 못하고 반드시 퇴각할 것이다. 그때 너희가 뒤따라 나와 그놈들을 치면 제갈량을 사로잡을 수 있을 것이다."

말을 마치더니 하하 크게 웃었다. 그때 별안간 반열 안에서 한 추장이 말했다.

"사구의 물이 얕아 만일 촉병이 침투해 건너온다면 정말 상대하기 어렵게 되니, 군사를 나누어 지켜야 합니다."

맹획이 웃으면서 말했다.

"너는 여기 토박이면서 어찌 모른단 말이냐? 촉병이 그곳을 건너주기를 바라고 있다. 건너면 반드시 물에 빠져 죽을 것이다."

추장이 다시 말했다.

"만약 토박이가 밤에 건너는 방법을 알려주면 그때는 어떻게 합니까?"

맹획이 말했다.

"의심할 필요 없네. 내 경내 사람들이 어찌 적을 도우려 하겠는가?"

한창 말하고 있는데 별안간 그 수가 얼마인지 알 수 없는 촉병이 몰래 노수를 건너 협산夾山의 군량 보급로를 끊었는데 '평북장군³ 마대'라는 깃발을 앞세웠다고 보고했다. 맹획이 웃으면서 말했다.

"그까짓 어린애쯤이야 말할 가치가 있느냐!"

즉시 부장 망아장에게 군사 3000명을 이끌고 협산욕으로 가게 했다.

한편 멀리서 만병이 오는 것을 본 마대는 바로 2000명의 군사를 산 앞에 벌여 세웠다. 양쪽 진이 원형으로 펼쳐지자 망아장이 말을 몰고 나와 마대와 맞붙었다. 그러나 단 1합 만에 마대의 한칼에 베어져 말 아래로 떨어졌다. 만병은 대패하여 달아났고 맹획을 만나 있었던 일을 상세하게 이야기했다. 맹획이 장수들을 불러 물었다.

"누가 감히 가서 마대를 대적하겠느냐?"

말을 마치기도 전에 동도나가 나서며 말했다.

"내가 가보겠소."

맹획이 크게 기뻐하며 즉시 3000명의 군사를 이끌고 가게 했다. 맹획은 또 누군가 다시 노수를 건널까 염려되어 즉시 아회남에게 3000명의 군사를 이끌고 가서 사구를 지키게 했다.

한편 동도나가 만병을 이끌고 협산욕에 당도하여 군영을 꾸리자 마대가 군사를 이끌고 나와 맞섰다. 부대에서 동도나를 알아본 군사가 마대에게 이러이러했었다고 말했다. 그러자 마대가 말고삐를 놓고 앞으로 달려나가 욕설을 퍼부었다.

"의리도 없고 은혜를 배반한 놈아! 우리 승상께서 네놈의 목숨을 살려줬거늘 지금 또 배반하려 하니 어찌 스스로 부끄럽지도 않단 말이냐!"

동도나는 얼굴 가득 창피한 기색을 띠고는 아무런 대답도 할 수 없어 싸우지도 않고 물러갔다. 마대는 한바탕 들이치고는 돌아갔다. 동도나가 돌아와 맹획을 만나 말했다.

"마대는 영웅이라 대적할 수 없소."

맹획이 크게 노했다.

"네놈이 원래 제갈량의 은혜를 입은 사실을 알고 있다. 지금 그 때문에 싸우지 않고 물러났으니 바로 뇌물을 받아 처먹고 일부러 진 것이로다!"

끌어내 목을 치라고 소리 질렀다. 추장들이 거듭 간청한 덕분에 간신히 죽음에서 면할 수 있었지만, 맹획은 무사들에게 호통쳐 큰 몽둥이로 동도나를 100대 때리게 하고는 비로소 본영으로 돌아가게 했다. 추장들이 와서 동도나에게 고했다.

"우리가 비록 남방에 살고 있지만 일찍이 중국을 범한 일이 없었고, 중국 또한 우리를 침입하지 않았소. 지금 맹획이 세력에 의지해 우리를 핍박하는 바람에 어쩔 수 없이 반란을 일으킨 것이오. 공명의 뛰어난 임기응변 지략을 예측할 수 없어 조조와 손권도 그를 두려워한다는 것을 생각하면 우리 같은 남방 사람들이야 말할 필요가 있겠소? 게다가 목숨을 살려준 은혜를 입었어도 보답할 수가 없었소. 지금 한목숨 버릴 각오로 맹획을 죽이고 공명에게 투항하여 동의 도탄에 빠진 백성을 고통 속에서 벗어나게 해줍시다."

동도나가 말했다.

"너희 마음은 어떤지 모르겠구나?"

그들 중에서도 공명에게서 풀려나 돌아온 사람들이 있었는데 일제히 한목소리로 대답했다.

"가겠습니다!"

이에 동도나는 손에 강철 칼을 쥐고 100여 명을 이끌며 곧장 본영으로 달려갔다. 이때 맹획은 크게 취한 채 군막 안에 있었다. 동도나가 무리를 이끌며 칼을 잡고는 군막으로 들어갔다. 군막 아래에 두 명의 장수가 시립하고 있었는데 동도나가 칼로 가리키며 말했다.

"너희도 제갈승상이 목숨을 살려준 은혜를 입었으니 마땅히 은혜를 갚기 위해 있는 힘을 다해야 한다."

두 장수가 말했다.

"장군께서 손쓰실 필요 없이 제가 맹획을 사로잡아 승상께 바치겠습니다."

이에 일제히 군막으로 들어가서는 맹획을 잡아 묶고 노수 가로 끌고 갔다. 그러고는 배를 타고 곧장 북쪽 기슭으로 건너가 먼저 사람을 시켜 공명에게 알리게 했다.

한편 이미 정탐꾼을 통해 이 사실을 알고 있었던 공명은 비밀리에 명령을 전달하여 각 군영의 장병들에게 군용 기구를 정돈하게 했다. 우두머리 추장에게 맹획을 끌고 들어오게 하고 나머지는 모두 본영으로 돌아가 지시를 기다리게 했다. 동도나가 먼저 중군으로 들어와 공명에게 있었던 일을 상세히 이야기했다. 공명은 후한 상을 내리고 좋은 말로 위로한 다음 동도나에게 추장들을 데리고 돌아가게 했다. 그러고는 도부수들에게 명하여 맹획을 끌고 오도록 했다. 공명이 웃으면서 말했다.

"너는 지난번에 '다시 사로잡히면 즉시 항복하겠다'고 말한 적이 있는데 오늘은 어떻게 하겠느냐?"

맹획이 말했다.

"이것은 너의 능력이 아니라 내 수하 놈들이 자기편을 해치는 바람에 이지경에 이른 것이다. 어떻게 복종한단 말이냐!"

공명이 말했다.

"내 지금 다시 너를 풀어주면 어떻겠느냐?"

맹획이 공손하게 말했다.

"내 비록 만인蠻人이지만 자못 병법을 알고 있소. 만약 승상이 정말로 나를 동으로 돌아가게 놓아준다면 내 군사들을 인솔하여 다시 승부를 결정짓겠소. 만약 승상이 이번에도 나를 사로잡는다면 그때는 성심을 다하여 귀순할 것이고 결코 다시는 마음을 바꾸지 않을 것이오."

공명이 말했다.

"이번에 가서 사로잡혔는데도 또 복종하지 않는다면 그때는 반드시 가볍게 용서하지 않겠다."

좌우에 명하여 밧줄을 풀어주게 하고는 이전처럼 술과 음식을 내리고 군막 위에 차례대로 앉았다. 공명이 말했다.

"내가 초려를 나온 이래로 싸워서 이기지 못한 적이 없고 공격해서 취하지 못한 적이 없다. 너는 야만인으로 어찌하여 복종하지 않느냐?"

맹획은 묵묵히 대답하지 않았다.

공명은 술자리가 끝난 다음 맹획을 불러 함께 말에 올라 군영을 나가 각 군영 울타리에 저장해놓은 군량과 마초 그리고 쌓여 있는 군용 기구를 보여줬다. 공명이 그것들을 가리키며 맹획에게 일렀다.

"네가 나에게 항복하지 않는다면 너는 참으로 어리석은 사람이다. 내게는 이와 같은 정예병과 맹장들 그리고 군량과 마초, 병기들이 있는데 네가 어찌 나를 이길 수 있겠느냐? 네가 만약 일찌감치 항복한다면 내 천자께 아뢰어 네가 왕의 자리를 잃지 않고 자자손손 영원히 남만을 다스릴 수 있게 해주겠다. 네 생각은 어떠하냐?"

맹획이 말했다.

"내가 비록 항복하려 해도 동의 사람들이 진심으로 복종하지 않으려 하는데 어쩌겠소. 만약 승상께서 돌아가도록 풀어준다면 본부의 인마를 복종시켜 마음을 합친 뒤에 귀순하겠소."

공명은 즐거워하면서 다시 맹획과 함께 본영으로 돌아왔다. 저녁까지 술을 마신 다음 맹획이 작별하고 떠나려 하자 공명은 친히 전송해주고 배에 태워 자신의 군영으로 돌아가게 했다.

본영으로 돌아온 맹획은 먼저 군막에 도부수들을 매복시켜놓고 동도나와 아회남의 군영으로 심복을 보내 공명의 명을 받든 사자가 왔다는 핑계로 두 사람을 속여 본영 군막으로 오게 했다. 그러고는 그들을 모조리 죽이고 시신을 계곡에 던져버렸다. 맹획은 즉시 측근을 보내 협곡의 입구를 지키게 하고 자신은 군사를 이끌고 협산욕으로 나가 마대와 맞붙려 했으나 단 한 사람도 보이지 않았다. 토착민들에게 물어보니 어젯밤 군량과 마초를 모조리 운반해 다시 노수를 건너서 자신들의 본영으로 돌아갔다는 답이 돌아왔다. 맹획은 다시 동으로 돌아와 친동생인 맹우[4]와 상의했다.

"이제 제갈량의 허실을 내 이미 모두 알았으니 너는 가서 이렇게 저렇게 하거라."

형의 계책을 받은 맹우는 100여 명의 만병을 이끌고 황금과 진주, 보물, 상아, 무소뿔 등을 실어서 노수를 건너 공명의 본영으로 가려 했다. 막 강을 건넜을 때 앞쪽에서 둥둥둥 북소리가 일제히 울리더니 군사들이 벌여 섰는데, 앞장선 대장은 바로 마대였다. 맹우는 깜짝 놀랐다. 마대가 맹우에게 오게 된 사정을 묻고 바깥에서 기다리게 하고는 사람을 보내 공명에게 보고했다. 공명이 마침 군막에서 마속, 여개, 장완, 비의 등과 함께 남만을 평정할 일을 상의하고 있었는데 느닷없이 군막으로 한 사람이 들어와 맹획이 아우인 맹우를 시켜 보물을 바치러 왔다고 보고했다. 공명이 마속을 돌아보며 일렀다.

"자네는 그가 온 뜻을 알겠는가?"

마속이 말했다.

"감히 터놓고 말씀드리지 못하겠습니다. 제가 은밀히 종이에 적어 승상께 올릴 터이니 승상의 생각과 일치하는지 살펴보시겠습니까?"

공명이 그렇게 하라고 했다. 마속이 적어서 공명에게 바쳤다. 그것을 읽고 난 공명이 손뼉을 치며 껄껄 웃었다.

"맹획을 사로잡을 계책으로 내 이미 이렇게 파견하려 했었네. 자네 소견이 바로 나와 같다네."

즉시 조운을 불러들여 귓가에 대고 이렇게 저렇게 하라고 분부했고, 또 위연을 불러들여 역시 소리를 낮춰 분부했다. 다시 왕평, 마충, 관색을 불러들여 비밀리에 분부했다. 각자 계책을 수령하고 명에 따라 나가자 비로소 맹우를 군막으로 불러들였다. 맹우는 군막 안에서 두 번 절을 올리고 말했다.

"제 형인 맹획이 승상께서 살려주신 은혜에 감격했으나 삼가 바칠 만한 것이 없어 약간의 황금과 진주, 보물을 갖추어 오게 되었습니다. 우선 군사들을 위한 포상 자금으로 사용하십시오. 뒤이어 천자께 진상할 예물은 따로 준비하겠습니다."

공명이 말했다.

"네 형은 지금 어디에 있느냐?"

맹우가 말했다.

"승상의 하늘 같은 은혜에 감격하여 은갱산銀坑山[5]으로 보물을 수습하러 갔는데 머지않아 돌아올 것입니다."

공명이 말했다.

"너는 몇 명이나 데리고 왔느냐?"

"감히 많이 데리고 오지는 못하고 수행원 100여 명만 데리고 왔는데 모두 물품을 운반하는 자입니다."

공명이 군막으로 모조리 불러들여 살펴보니 전부 검은색 눈알[6]에 얼굴은 검었고 누런 머리카락에 수염은 자색이었으며 귀에는 황금 고리를 달았고 헝클어진 머리에 맨발로 키가 크고 힘이 센 장사들이었다. 공명은 자리에 앉도록 명하고는 장수들에게 술을 권하고 정성을 다해 대접했다.

한편 맹획은 군막 안에서 소식이 오기만을 기다리고 있었는데 별안간 두 사람이 돌아왔다는 보고가 들어왔다. 그들을 불러들여 자세히 물었다.

"제갈량이 예물을 받고는 크게 기뻐하며 수행원을 모두 군막 안으로 불러들인 후 소와 양을 잡아 주연을 베풀어 대접하고 있습니다. 둘째 대왕께서 제게 오늘밤 이경에 안팎에서 서로 호응하여 큰일을 이루자고 비밀리에 보고하라 말씀하셨습니다."

그 말을 들은 맹획은 몹시 기뻐하며 즉시 3만 명의 만병을 점검해 일으키고는 세 부대로 나누었다. 각 동의 추장을 불러 분부했다.

"각 군은 모두 화구火具를 휴대하라. 오늘 밤 촉 군영에 당도했을 때 불을 질러 신호로 삼거라. 내가 직접 중군을 빼앗아 제갈량을 사로잡겠다."

만병 장수들이 계책을 받았고 해질 무렵에 각기 노수를 건너갔다. 맹획은 심복 장수 100여 명을 거느리고 곧장 공명의 본영으로 향했는데 길에 저지하는 군사가 한 명도 없었다. 군영 문 앞에 이르자 맹획은 장수들을 인솔하여 말을 타고 쏜살같이 질주해 군영 안으로 들어갔다. 그러나 군영은 텅 비어 있을 뿐 단 한 사람도 보이지 않았다. 맹획이 중군으로 돌진해 들어가니 군막 안에는 등촉만 밝게 빛났고 맹우와 번병[7]이 모두 술에 취해 쓰러져 있었다. 원래 공명이 마속과 여개 두 사람에게 맹우와 그의 수행원들을 접대한 것으로 악인樂人들을 시켜 잡극[8]을 공연하게 하고 함께 즐기면서 은근히 약을 탄 술을 권했다. 그러자 모조리 술에 취하고 정신이 혼미해져 졸도했고 마치 죽은 사람처럼 쓰러졌다. 맹획이 군막으로 들어가 영문을 묻자 그중에 깨어 있는 자가 말은 못 하고 손으로 입을 가리키기만 했다. 계책에 빠진 것을 알게 된 맹획은 급히 맹우와 그의 무리를 구출했다. 자신의 부대로 돌아가려는데 앞쪽에서 함성이 크게 진동하고 갑자기 불빛이 일어나자 만병들이 도망쳤다. 한 무리의 군사가 돌격해오는데 바로 촉장 왕평이었다. 깜짝 놀란 맹획이 급히 왼쪽 부대로 달아나려는데 불빛이 하늘로 솟구치더니 군사들이 돌격해왔다. 앞장선 촉장은 다름 아닌 위연이었다. 맹획이 허둥지둥 오른쪽 부대를 향해 달아났으나 불빛이 다시 일어나더니 또 한 무리의 군사가 몰려왔다. 앞장선 촉장은 바로 조운이었다. 세 갈래 길로 군사들이 협공해오자 사방 어디에도 달아날 길이 없었다. 맹획은 군사들을 버리고 필마단기로 노수를 향해 도망쳤다. 마침 노수에 수십 명의 만병이 작은 배 한 척을 젓고 있는 것이 눈에 들어오자 맹획은 황급히 기슭에 배를 대라고 명했다. 사람과 말이 막 배에 타려는데 외마디 호령 소리가 들리더니 맹획은 그만 결박당하고 말았다. 알고 보니 계책을 받은 마대가 본부 군사들을 만병으로 꾸미고 배를 저으면서 맹획을 유인해 사로잡은 것이었다. 이에 공명이 만병에게 투항을 권하자 항복한 자가 무수히 많았다. 공명은 일일이 위로하면서 결코 해치지 않았다. 그러고는 즉시 타다 남은 불을 끄게 했다.

잠시 후 마대가 맹획을 사로잡아 끌고 왔고 조운은 맹우를 사로잡아 왔으며 위연, 마충, 왕평, 관색 등도 각 동의 추장을 사로잡아 끌고 왔다. 공명이 맹획을 가리키며 웃었다.

"네가 먼저 네 아우를 시켜 예물을 바치면서 거짓으로 항복하게 했는데 어떻게 나를 속일 수 있겠느냐! 이번에 또 나한테 사로잡혔으니 이제 복종하겠느냐?"

맹획이 말했다.

"내 아우가 음식을 욕심내다 네가 탄 독을 잘못 먹었기 때문에 큰일을 그르친 것이다. 내가 직접 가고 아우를 시켜 군사로 호응하게 했다면 틀림없이 성공했을 것이다. 이것은 하늘이 패하게 만든 것일 뿐 내가 능력이 모자라 그런 것이 아닌데 어떻게 복종하겠느냐?"

공명이 말했다.

"벌써 세 번째인데 어떻게 복종하지 않는단 말이냐?"

맹획은 머리를 숙이고는 아무 말이 없었다. 공명이 웃으면서 말했다.

"내 다시 너를 풀어주어 돌아가게 해주마."

맹획이 다시 공손하게 말했다.

"승상께서 만약 우리 형제를 돌아가게 해준다면 집안 친정[9]까지 모조리 모아 승상과 한바탕 크게 싸워보겠소. 그때도 사로잡는다면 다른 생각하지 않고 한마음 한뜻으로 항복하겠소."

공명이 말했다.

"다시 사로잡는다면 반드시 가볍게 용서하지는 않을 것이다. 일을 할 때는 진지하고 조심해야 하며 육도六韜와 삼략三略의 병서를 부지런히 공부하고 다시 가까이 신임하는 군사들을 정비하여 미리 좋은 계책을 써서 후회 없도록 하라."

마침내 무사들에게 명하여 밧줄을 풀어주고 맹획을 놓아주게 했으며 아울러 맹우와 각 동의 추장도 모두 풀어줬다. 맹획 등은 절을 올리며 감사하고 떠났다. 이때 촉병은 이미 노수를 건넌 상태였다. 맹획 등이 노수를 건너자 기슭 입구에 군사들이 배치되어 있었고 장수들이 늘어서 있었으며 깃발들이 어지럽게 나부끼는 것이 보였다. 맹획이 군영 앞에 이르니 마대가 높이 앉아 검으로 가리키며 말했다.

"이번에 잡히면 반드시 가볍게 놓아주지는 않겠다!"

맹획이 자신의 군영에 당도했을 때는 조운이 어느 결에 그 군영을 급습하고 병마를 배치한 다음이었다. 조운이 큰 깃발 아래에 앉아 검을 어루만지며 말했다.

"승상께서 이토록 잘 대우해주셨으니 크나큰 은혜를 잊지 말거라!"

맹획은 연거푸 "예, 예" 하면서 떠났다. 경계 입구인 산비탈을 나가려는데 위연이 1000명의 정예병을 이끌어 비탈 위에 늘어세우고 있었다. 그가 고삐를 당겨 말을 세우고는 엄하게 말했다.

"내 이미 너의 소굴로 깊이 들어가 너의 요충지를 빼앗았다. 너는 아직도 어리석게 잘못에서 깨어날 줄 모르고 대군에 저항하려 드느냐! 이번에 잡히면 갈기갈기 찢어 죽일 테니 결코 가볍게 용서하지 않으리라!"

맹획 등은 머리를 감싸고 쥐새끼처럼 자신의 본래 동을 향해 달아났다. 후세 사람이 찬탄한 시가 있다.

오월에 군사를 휘몰아 불모지 땅으로 들어가니

달이 밝은 노수에 장기[10]가 높이 피어오르는구나

비범한 책략 세워 삼고초려의 보답을 맹세하니

어찌 남만 정벌 일곱 번 풀어준 수고 두려우리

五月驅兵入不毛, 月明瀘水瘴煙高

誓將雄略酬三顧, 豈憚征蠻七縱勞

한편 노수를 건넌 공명은 군영을 세운 다음 삼군을 크게 포상하고 군막 안에 장수들을 모아놓고 말했다.

"맹획이 두 번째로 사로잡혀 왔을 때 내가 각 군영의 허실을 그에게 두루 보여준 것은 바로 그로 하여금 군영을 기습하게 하려던 것이었소. 나는 맹획이 자못 병법을 이해하는 것을 알고서는 병마와 군량, 마초로 과시했으나 실제로는 맹획에게 우리의 빈틈을 보여주어 반드시 화공을 쓰도록 만든 것이오. 그자가 자신의 아우를 거짓으로 항복시킨 것은 안에서 호응하게 하려던 것뿐이었소. 내가 그자를 세 번 사로잡고도 죽이지 않은 것은 진실로 그의 마음을 복종시키고자 하는 것이지 그의 종족을 멸망시키려는 것이 아니오. 내 이제 그대들에게 분명히 알리노니 수고로움을 싫다 하지 말고 나라의 은혜에 보답하고자 심혈을 기울여주시오."

장수들이 무릎을 꿇고 엎드려 절을 올렸다.

"승상께서는 지智, 인仁, 용勇 세 가지를 갖추셨으니 비록 자아子牙(강태공)와 장량이라도 승상께는 미치지 못할 것입니다."

공명이 말했다.

"내 어찌 감히 옛사람을 바라겠소? 모두가 그대의 힘에 의지하여 함께 공업을 이룰 뿐이오.”

군막 안에 있던 장수들은 공명의 말을 듣고는 모두 즐거워했다.

한편 맹획은 세 번이나 사로잡히는 모욕을 당해 분개했다. 이에 은갱동
銀坑洞으로 돌아와서는 즉시 심복을 보내 황금과 진주, 보배를 가지고 8번
93전[11] 등지와 남방의 부락에 바치고 방패와 칼을 사용하는 요정獠丁[12] 병
사 수십만 명을 빌려 오게 했다. 기한을 정해 완비하도록 하니 각 부대의 인
마가 구름처럼 밀려오고 안개가 한데 모이듯 달려왔는데 모두 맹획의 지시
에 따랐다. 길에 매복해 있던 군사가 그 사실을 탐지하여 공명에게 보고하자
공명이 웃으면서 말했다.

“내가 마침 만병들을 모두 모아놓고 내 능력을 보여주려 했다.”

그러고는 즉시 작은 수레에 올라타고 나갔다.

만일 동주의 위풍이 사납지 않다면
군사의 높은 수단 어떻게 드러내랴
若非洞主威風猛, 怎顯軍師手段高

승부는 어떻게 될 것인가? ❷

제88회 노수 전투와 세 번 잡힌 맹획

『수경주水經注』는 노강수瀘江水에 대해 다음과 같이 기록하고 있다.

"이 물가에는 장기瘴氣가 특히 지독한데 기운 중에 어떤 괴물이 있다고 한다. 비록 그 형상을 볼 수는 없지만 움직일 때 소리가 나고 수목을 치면 수목이 바로 절단나며 행인을 치면 행인이 목숨을 잃어 귀탄鬼彈이라고 부른다. 오직 11월 혹은 12월에야 강을 건널 수 있는데 정월과 10월 사이에 건넌 사람 중에는 해를 입지 않은 자가 없었다."

② 동洞의 의미

소설에서는 맹획을 비롯한 그의 종족들이 모여 사는 곳을 '동洞'이라고 표현했다. 동은 일반적으로 산굴을 의미하는데 정확하게는 '동峒'이다. '동峒'은 남방 소수 민족의 범칭으로 산간의 평지를 말한다. 산 사이에 위치한 분지에서 사람들이 집을 짓고 마을을 이루면서 동족侗族(구이저우성, 광시성, 후난성 등지에 분포한 소수 민족)으로 발전했다.

비의, 마속, 장완, 위연은 남쪽 정벌에 참여하지 않았다

소설에서는 비의, 마속, 장완, 위연이 제갈량을 따라 남쪽 정벌에 참여하여 활약하는 것으로 묘사되어 있지만 실제 이들은 남쪽 정벌에 참여하지 않은 듯하다.

『삼국지』「촉서·비의전」에는 "제갈승상이 남쪽 정벌에서 돌아올 때 백관은 수십 리 밖까지 나가서 영접했다. 그들은 연령이나 지위가 대부분 비의보다 위였지만 제갈량은 특별히 비의에게 함께 수레에 타도록 했다"고 기록되어 있다. 또한 『자치통감』 권70 「위기 2」와 「촉서·마량전」 배송지 주 『양양기』의 기록에 따르면 "제갈량이 군대를 이끌고 옹개를 토벌하러 갈 때 참군 마속이 수십 리 밖까지 전송했다"고 기록하고 있다. 이러한 기록으로 볼 때 비의와 마속은 남쪽 정벌에 참여하지 않은 것이 확실하다.

그리고 「촉서·장완전」에 "건흥建興 원년(223), 제갈승상이 승상부를 개설하고 장완을 승상부 동조연東曹掾(승상부의 속관)으로 임명했다"는 기록이 있다. 제갈량이 남쪽 정벌에 나설 때 장완은 남아서 승상부의 업무를 처리한 것으로 보인다. 위연은 당시 한중 지역을 지키며 감독하는 진북장군鎭北將軍이었기에 요충지인 한중을 떠나지 않았을 것으로 판단되며, 이를 다른 사람이 대체했다는 기록도 없다. 단언하기는 어렵지만 장완과 위연 역시 남쪽 정벌에 참여하지 않은 것으로 판단되며 이들이 참여했다는 기록도 찾을 수 없다.

제 89 회

독룡동

무향후는 네 번째 계책을 쓰고,
남만왕은 다섯 번째 사로잡히다

武鄕侯四番用計,
南蠻王五次遭擒

공명은 작은 수레를 타고 직접 수백 기를 이끌며 앞으로 나아가 길을 살펴봤다. 앞쪽에 서이하[1]라 불리는 강이 하나 나타났는데 물살이 느린데도 단 한 척의 배나 뗏목도 없었다. 공명이 나무를 베어 뗏목을 만들고 건너게 했으나 나무가 물에 들어가기만 하면 모조리 가라앉고 말았다. 공명이 즉시 여개에게 묻자 그가 답했다.

　"듣기로는 서이하 상류에 산이 하나 있는데 그 산에 대나무가 많아 큰 것은 몇 위[2]나 된다고 합니다. 사람을 시켜 대나무를 베어다가 강 위에 다리를 세우면 군마가 건널 수 있을 것입니다."

　공명은 즉시 3만 명의 군사를 산으로 들여보내 대나무 수십만 그루를 베어내어 물결을 따라 내려보낸 다음 강물 폭이 좁은 곳에 10여 장의 넓이로 대나무 다리를 설치하게 했다. 이에 대군을 이동시켜 북쪽 기슭에 일자로 군영을 세우니 강은 참호가 되고 부교는 문이 되었으며 흙을 쌓아 성으로 삼았다. 다리 건너 남쪽 기슭에도 일자로 큰 군영 세 개를 세워 만병을 기다리게 했다.

한편 맹획은 수십만 명의 만병을 이끌고 분노에 가득 찬 상태로 달려오고 있었다. 맹획은 칼과 방패를 든 요정 1만 명으로 구성된 선봉대를 이끌고 서이하에 접근하자마자 앞쪽 군영으로 와서 싸움을 걸었다. 머리에 관건³을 쓰고 몸에 학창의를 걸친 공명이 손에 깃털 부채를 들고는 장수들에게 둘러싸인 채 사두마차를 타고 나타났다. 공명이 맹획을 보니 무소 가죽 갑옷을 걸치고 머리에는 주홍색 투구를 썼으며 왼손에는 방패를 걸고 오른손에는 칼을 잡고 있었다. 맹획이 붉은 털의 소를 타고 욕설을 퍼붓자 수하 1만여 명의 동 장정들이 각기 칼과 방패를 춤추듯 휘두르며 돌격해왔다. 공명은 급히 본영으로 퇴각하여 사면으로 문을 닫게 하고는 출전을 허락하지 않았다. 만병들은 옷을 벗어버리고 알몸을 드러낸 채 곧장 군영 문 앞까지 이르러 욕설을 퍼부어댔다. 장수들이 크게 노하여 공명에게 와서 아뢰었다.

"저희는 군영을 나가 목숨 걸고 싸우기를 간절히 원합니다!"

그러나 공명은 허락하지 않았다. 장수들이 거듭 나가서 싸우려고 했다. 공명이 말리며 말했다.

"남방 사람들은 천자의 교화를 따르지 않기에 미친 듯이 격렬하게 날뛰는 것이니 맞서서는 안 되오. 며칠 동안 단단히 지키면서 기다렸다가 제멋대로 날뛰는 것이 조금 수그러들면 그때 내게 그들을 깨뜨릴 묘한 계책이 있소."

그리하여 촉군은 며칠 동안 굳게 지키기만 했다. 공명이 높은 언덕에 올라 그들을 살펴보니 만병 대부분이 이미 나태해지고 있었다. 이에 장수들을 모아놓고 말했다.

"그대들이 감히 나가 싸워보겠소?"

장수들이 흔쾌히 나가 싸우고자 했다. 공명은 먼저 조운과 위연을 군막으로 불러들여 귓가에 대고 이렇게 저렇게 하라고 분부했다. 두 사람은 계책을 받고 먼저 나갔다. 왕평과 마충도 군막으로 불러들였고 그들도 계책을 받고 나갔다. 또 마대를 불러 분부했다.

"내 이제 이 세 군영을 버리고 강 북쪽으로 건너갈 것이다. 우리 군사가 물러가면 자네는 바로 부교를 떼어내 하류로 옮기고 조운과 위연의 군마가 강을 건너올 수 있도록 지원하게."

마대가 계책을 받고 나갔다. 또 장익을 불러 말했다.

"우리 군사가 물러가면 군영 안에 등불을 많이 설치하게. 맹획이 알면 틀림없이 추격해올 테니 자네는 그 뒤를 끊도록 하게."

장익이 계책을 받고 물러갔다. 공명은 관색에게만 수레를 호위하게 했다. 모든 군사가 물러가자 군영 안에 등불이 설치되기 시작했다. 만병들은 바라만 보고 감히 돌격해오지 못했다.

이튿날 새벽에 맹획이 대부대의 만병을 이끌고 곧장 촉의 군영으로 쳐들어왔으나 세 개의 큰 군영에 인마는 온데간데없고 군량과 마초를 실은 수레 수백 대와 병장기들만이 버려져 있었다. 맹우가 말했다.

"제갈량이 군영을 버리고 달아났으니 혹시 계책이 있는 것은 아닐까요?"

맹획이 말했다.

"내가 헤아리건대 제갈량이 군수 물자를 버리고 간 것은 필시 나라 안에 긴급한 일이 생긴 것이다. 오가 침입해온 것이 아니라면 위가 공격해온 것이니 등불로 의병疑兵(허장성세로 적을 미혹시키는 군대)으로 여기게 한 후 수레와 병장기를 버리고 간 것이다. 속히 그들을 추격하여 놓쳐서는 안 된다."

이에 맹획은 직접 선봉대를 몰아 곧장 서이하 강변으로 갔다. 강 북쪽 기슭의 군영을 바라보니 깃발들은 이전처럼 정연했고 마치 아름다운 꽃구름을 수놓은 비단처럼 찬란하게 빛이 났다. 강 연안 일대에도 비단을 펼친 듯

성처럼 늘어서 있었다. 만병은 순찰을 하더니 감히 전진하지 못했다. 맹획이 맹우에게 일렀다.

"이것은 제갈량이 내가 추격할까 두려워 일부러 강 북쪽 기슭에 잠시 머무르는 것으로 이틀이 못 되어 반드시 달아날 것이다."

결국 만병들을 강기슭에 주둔시켰고, 또 사람을 산 위로 보내 대나무로 뗏목을 만들어 강 건널 준비를 하도록 했다. 용감하고 싸움에 능한 군사들을 군영 앞쪽으로 모조리 옮겨 배치했으나 촉군이 일찌감치 자신의 경내에 들어와 있는 줄은 전혀 모르고 있었다.

그날 광풍이 세차게 몰아쳤다. 사방에서 불길이 환하게 빛나더니 북소리와 함께 촉병들이 몰려왔다. 만병과 요정들은 자기편끼리 서로 부딪쳤다. 깜짝 놀란 맹획은 급히 자신의 동 장정들을 이끌고 필사적으로 한 갈래 길을 열어 이전 군영으로 달아났다. 그때 별안간 한 무리의 군마가 군영 안에서 쏟아져 나왔는데 다름 아닌 조운이었다. 맹획이 허둥거리며 서이하로 돌아가 산 후미진 곳을 향해 달아났다. 그때 또 한 무리의 군마가 몰려나오니 바로 마대였다. 겨우 수십 명의 패잔병만 남은 맹획은 산골짜기로 달아났다. 남, 서, 북쪽 세 곳에서 먼지가 일고 불빛이 보였기 때문에 감히 앞으로 나아가지 못하고 동쪽만 바라보며 도망쳤다. 막 산어귀를 돌아가려는 순간 큰 숲 앞에서 수십 명의 종자가 한 대의 작은 수레를 끌고 오는 것이 눈에 들어왔다. 수레 위에 공명이 단정히 앉아서 크게 하하 웃으며 말했다.

"만왕 맹획아! 하늘이 너를 패하게 하여 여기까지 이르게 되었구나. 내 이미 너를 기다린 지 오래되었다!"

맹획이 크게 노하여 좌우를 돌아보며 말했다.

"내가 이놈의 간사한 계책에 걸려들어 세 번이나 모욕을 당했는데, 지금 다행히 이곳에서 만나게 되었구나. 너희는 온 힘을 다해 앞으로 나가 사람과 수레를 모두 가루가 되도록 박살내거라!"

몇 기의 만병이 맹렬히 앞으로 달려갔다. 맹획이 앞장서서 고함을 지르며 큰 숲 앞까지 달려들어 발을 내딛는 순간 와르르 소리와 함께 파놓은 함정이 꺼지면서 모두 그 속으로 떨어지고 말았다. 그때 숲속에서 위연이 수백 명의 군사를 이끌고 나오더니 함정에 빠진 만병들을 한 명씩 끌어내어 밧줄로 꽁꽁 묶어버렸다. 공명은 먼저 군영으로 돌아가 만병들과 각 전⁴의 추장 및 동 장정에게 투항을 권했다. 그러자 태반은 모두 고향으로 돌아갔고 죽거나 다친 자를 제외한 나머지는 모두 항복했다. 공명은 술과 고기로 그들을 대접하면서 좋은 말로 위로했고 모두 돌려보냈다. 만병들은 감탄하며 떠났다. 잠시 후 장익이 맹우를 끌고 왔다. 공명이 그를 훈계했다.

"네 형이 우매하고 깨닫지 못하면 네가 마땅히 잘못을 바로잡아야 하거늘 내게 네 번이나 사로잡혔으니 무슨 낯으로 다시 사람들을 보겠느냐!"

맹우가 온 얼굴에 부끄러운 기색을 띠며 땅바닥에 엎드려 살려달라고 간청했다. 공명이 말했다.

"내 너를 죽이고자 해도 오늘은 때가 아니다. 잠시 네 목숨을 살려줄 테니 네 형에게 충고하고 일깨워주도록 하거라."

무사들에게 밧줄을 풀어주고 맹우를 놓아주라고 명했다. 맹우가 울면서 절을 올리고 떠났다.

얼마 뒤에 위연이 맹획을 끌고 왔다. 공명은 크게 노했다.

"네가 지금 또 나한테 사로잡혔으니 무슨 할 말이 있겠느냐!"

맹획이 말했다.

"내 이번에는 간사한 계책에 빠졌으니 죽어도 눈을 감지 못하겠다!"

공명이 무사들에게 소리 질러 그를 끌어내 목을 치라고 했다. 맹획은 조금도 두려워하는 기색 없이 공명을 돌아보며 말했다.

"만약 다시 나를 돌아가도록 놓아준다면 틀림없이 네 번의 한을 갚겠소!"

공명이 껄껄 웃으며 좌우에 그 결박을 풀어주라 명하고는 술을 내려 놀란 마음을 진정시키고 군막 안에 앉혔다. 공명이 물었다.

"내 지금 네 번이나 예로 대접했는데도 너는 아직도 복종하지 않으니 무엇 때문이냐?"

맹획이 말했다.

"내 비록 화외化外(법령과 교화가 미치지 못하는 곳) 사람이나 오로지 간사한 계책만 쓰는 승상과는 다르니 어떻게 복종하려 하겠소?"

공명이 말했다.

"내 다시 너를 돌아가게 해줄 테니 싸울 수 있겠느냐?"

맹획이 말했다.

"승상께서 만약 다시 나를 붙잡는다면 내 그때는 마음을 다해 항복하고 동 물건을 모조리 바쳐 군사들을 대접하며 반란을 일으키지 않겠다고 맹세하겠소."

공명은 웃으면서 바로 그를 보내줬다.

맹획은 기뻐하면서 예를 행해 감사하며 떠났고 각 동의 장정 수천 명을 모아 남쪽을 향해 이리저리 천천히 나아갔다. 멀리서 먼지가 일어나더니 어느새 한 부대가 당도했는데 바로 아우인 맹우였다. 맹우는 패잔병들을 다시 정돈하여 형의 원수를 갚으러 오는 길이었다. 형제는 서로 두 손으로 머리를 감싸 쥐며 울면서 있었던 일을 간절하게 하소연했다. 맹우가 말했다.

"우리 병사는 여러 번 패했고 그때마다 촉병들이 승리를 거뒀으니 대적하기 어려울 것 같소. 산그늘 동 속으로 물러나 피해 있으면서 나오지 않는 것이 좋겠소. 그렇게 하면 촉군들은 더위를 견디지 못하고 저절로 물러갈 것이오."

맹획이 물었다.

"어디로 피해 있으면 좋겠느냐?"

맹우가 말했다.

"이곳 서남쪽에 독룡동禿龍洞이라 불리는 동이 하나 있소. 그곳 동주 타사대왕朶思大王은 이 아우와 관계가 두터우니 그곳에 의탁할 만하오."

그리하여 맹획은 먼저 맹우를 독룡동으로 보내 타사대왕을 만나게 했다. 타사대왕은 황급히 동의 군사들을 이끌고 나와 맞이했고 동으로 들어가 예를 마친 맹획은 있었던 일을 간절히 하소연했다. 타사대왕이 말했다.

"대왕께서는 마음을 놓으십시오. 만약 촉군이 오면 단 한 사람은 물론, 한 기의 말도 고향으로 돌아가지 못할 테니 제갈량도 이곳에서 죽게 될 것이오!"

맹획은 크게 기뻐하며 그에게 계책을 물었다. 타사대왕이 말했다.

"이 동으로 들어오는 길은 두 갈래가 있습니다. 동북쪽 길은 바로 대왕께서 오신 길로 지세가 평탄하고 땅이 단단하며 물맛이 꿀처럼 달고 좋아 사람과 말이 다닐 수 있으나, 만약 나무와 돌을 쌓아 동 입구를 막아버린다면 비록 백만 명의 무리가 온다 할지라도 들어올 수가 없습니다. 서북쪽에 또한 갈래 길이 있는데 산세가 험준하여 고개가 가파르고 도로가 협소합니다. 그곳에 오솔길이 있긴 하지만 독사와 사나운 전갈이 많이 숨어 있고, 해질 무렵이면 장기瘴氣가 크게 일어나 사시巳時나 오시午時가 되어야 비로소 사라지니 오직 미시未時, 신시申時, 유시酉時에만 왕래할 수 있습니다. 게다가 물을 마실 수가 없어 사람과 말이 다니기 어렵습니다. 그곳에는 더욱이 독이 든 샘물이 네 군데 있는데, 그중 하나는 아천啞泉으로 물맛이 자못 달지만 사람이 그 물을 마시면 말을 할 수 없게 되고 열흘을 못 넘겨 반드시 죽게 됩니다. 두 번째는 멸천滅泉이라 하는데 이 물은 뜨거운 물과 다름 없어 사람이 그 물로 목욕을 하면 피부와 살이 모두 문드러져 뼈만 남아 죽게 됩니다. 세 번째는 흑천黑泉으로 그 물이 맑기는 하지만 몸에 튀기만 해도 수족이 모두 검게 변해 죽고 맙니다. 네 번째는 유천柔泉이라 불리는데 그 물은 얼음같이 차가워 마시면 목구멍의 온기가 모두 없어져 몸이 풀솜처럼 연약해져 결국 죽고 맙니다. 그곳에는 벌레와 새도 없으며 한나라의 복파장군伏波將軍이 왔던 이래로 단 한 사람도 온 적이 없습니다. 이제 동북쪽의 큰길에 보루를 쌓아 끊어버리고 대왕께서 저의 동에 은거하시도록 하겠습니다. 촉군은 동쪽 길이 끊어진 것을 보면 틀림없이 서쪽 길로 들어올 것입니다. 길에 물도 없으니 이 네 개의 샘물을 보게 되면 반드시 마실 것이고, 그러면 비록 백만 대군이라 할지라도 모두 살아서 돌아갈 수 없을 것이니 칼과 병사를 무엇에 쓰겠습니까!"

맹획이 크게 기뻐하며 손을 이마에 대고는 말했다.

"오늘에야 비로소 몸을 의탁할 곳이 생겼구려!"

또 북쪽을 가리키며 말했다.

"제갈량의 기묘한 계책도 펼치기 어렵게 되었구나! 네 곳의 샘물이 패잔병의 한을 족히 갚을 것이니라!"

이로부터 맹획과 맹우는 하루 종일 타사대왕과 술자리를 벌였다.

한편 공명은 여러 날 계속 맹획의 군사가 나타나지 않는 것을 보고는 마침내 대군에 명을 전달하여 서이하를 떠나 남쪽으로 진군하도록 했다. 이때는 바로 6월로 몹시 무더운 날씨라 그 열기가 불같이 뜨거웠다. 후세 사람이 남방의 무더위를 읊은 시가 있다.

산림과 못은 말라서 타들어가는데
불빛은 한없이 넓은 하늘을 뒤덮네
이처럼 뜨거운 하늘과 땅 바깥은
열기가 또 어떠할지 알 수 없구나
山澤欲焦枯, 火光覆太虛
不知天地外, 暑氣更何如

또 이런 시도 있다.

더위를 관장하는 적제[5]가 권력을 휘두르니
흐린 날의 구름조차 감히 생기지 못하누
더운 수증기 오르니 외로운 학 숨 헐떡이고
바닷물도 더워져 거대한 자라도 놀라는구나

시냇가에 앉아 차마 버리고 떠날 수 있는가
대나무 숲속 거니는 것 이외에는 가기 싫다네
어찌하랴 변경 사막으로 출정한 병사이거늘
무장하고 다시 장정 길에 올라야 하는 것을
赤帝施權柄, 陰雲不敢生
雲蒸孤鶴喘, 海熱巨鰲驚
忍舍溪邊坐, 慵抛竹裏行

如何沙塞客, 摄甲復長征

공명이 대군을 통솔하여 한창 행군하는 사이에 별안간 정찰 기병이 나는 듯이 달려와 보고했다.

"맹획이 독룡동으로 물러가서는 나오지 않고 있는데 동 입구의 중요 길목에 보루를 쌓아 끊어놓았고 안에서는 병사들이 지키고 있습니다. 산이 험하고 고개가 높고 가팔라 전진할 수가 없습니다."

공명이 여개를 청해 묻자 그가 답했다.

"저도 일찍이 이 동에 들어가는 길이 있다고는 들었는데 상세하게는 모르겠습니다."

장완이 말했다.

"맹획이 네 차례나 사로잡혔기 때문에 이미 간담이 서늘해졌을 텐데 어찌 감히 다시 나오겠습니까? 더군다나 지금 날씨마저 찌는 듯이 덥고 군마도 피곤하니 그를 정벌하는 것에 이로움이 없습니다. 차라리 회군하여 귀국하는 것이 나을 듯합니다."

공명이 말했다.

"만약 그렇게 한다면 바로 맹획의 계책에 떨어지는 것이오. 우리 군이 한 번 물러나면 저들은 반드시 기세를 몰아 추격해올 것이오. 지금 이미 여기까지 왔는데 어찌 다시 돌아갈 수 있겠소!"

즉시 왕평에게 명하여 수백 명을 이끌고 선봉대가 되어 새로 항복한 만병에게 길을 인도하게 하고는 서북쪽 오솔길로 들어가도록 했다. 앞으로 나아가다가 한 샘물에 당도했는데 사람과 말이 모두 갈증이 나던 터라 앞다퉈 그 물을 마셨다. 왕평이 그 길을 정찰하고는 공명에게 보고하고자 돌아왔다.

그런데 본영에 도착할 즈음에 모두 말을 할 수가 없었고 손으로 입만 가리킬 따름이었다.

깜짝 놀란 공명은 독에 중독된 것이라 여겨 즉시 작은 수레를 타고는 직접 수십 명을 이끌고 앞으로 가서 살펴보았다. 못 가득히 맑은 물이 고여 있는데 바닥이 보이지 않을 정도로 깊었고 수면 위의 안개가 차가워 군사들이 감히 마시지 못했다. 공명이 수레에서 내려 높이 올라가 바라보니 죽 늘어선 높은 산봉우리가 사면으로 담장처럼 둘러져 있었고 새소리조차 들리지 않아 속으로 크게 의심이 들었다. 그때 별안간 멀리 산등성이 위에 한 오래된 사당이 눈에 들어왔다. 공명이 등나무 넝쿨을 잡아당기고 칡덩굴을 휘감아 올라가니 돌을 쌓아 만든 집 안에 흙으로 빚어 만든 한 장군이 단정히 앉아 있었고 옆에는 비석이 세워져 있었다. 바로 한나라 복파장군 마원馬援을 모신 사당이었다. 마원이 남만을 평정하러 이곳에 왔었기 때문에 토착민들이 사당을 세워 그를 제사 지낸 것이었다.❶

공명이 두 번 절하며 말했다.

"저는 선제께서 어린 황제를 부탁하신 막중한 소임을 맡았으며 지금 성지聖旨(황제의 명령)를 받들어 남만을 평정하고자 이곳에 왔습니다. 남방을 평정한 연후에는 위를 치고 오를 삼켜 다시 한실을 안정시키고자 합니다. 지금 군사들이 지리를 몰라 독이 든 샘물을 잘못 마시고는 말을 할 수가 없게 되었습니다. 고귀하신 신령께서는 한나라 왕조의 은정과 도의를 생각하고 심령의 영험을 보여주어 삼군을 보호해주시기를 깊이 바랍니다!"

기도를 마치고 사당을 나와 토착민을 찾았다. 멀리 맞은편 산에서 한 노인이 지팡이를 짚고 오는 것이 어슴푸레하게 눈에 들어왔는데 용모가 몹시 기이했다. 공명은 그 노인을 청해 사당 안으로 들어가 예를 마치고는 돌 위에 마주 앉았다. 공명이 물었다.

"노인장께서는 존함이 어떻게 되시는지요?"

그 노인이 말했다.

"이 늙은이는 대국 승상의 고명하신 명성을 들은 지 오래되었는데 이렇게 만나 뵙게 되어 행운이오. 많은 남방 사람이 승상께서 목숨을 살려주신 은혜를 입어 모두 그 은혜에 감격하고 있소."

공명이 샘물의 이유를 묻자 노인이 대답했다.

"군사들이 마신 물은 바로 아천의 물로, 그 물을 마시면 말을 못하게 되며 수일 내에 죽게 될 것이오. 그 샘물 이외에 또 다른 샘물이 세 곳 있는데, 동남쪽에 있는 샘물은 물이 차서 사람이 그 물을 마시면 목구멍에 온기가 사라져 몸이 연약해지면서 죽게 되는데 유천이라고 부르지요. 바로 남쪽에 샘물이 또 하나 있는데 그 물이 사람에게 튀면 수족이 모두 검게 변해서 죽게 되어 흑천이라고 하지요. 서남쪽에 있는 샘물은 열탕처럼 끓는데 사람이 그 물로 목욕을 하게 되면 가죽과 살이 모두 벗겨져 죽어버리니 멸천이라고 부르오. 네 개의 샘물에는 독기가 모여 있어 치료할 약도 없소. 또 장기가 심하게 일어나 오직 미시, 신시, 유시에만 왕래할 수 있고, 나머지 시진에는 모두 장기가 짙게 깔려 있어 닿기만 해도 즉사하고 말지요."

공명이 말했다.

"그렇다면 남방은 평정할 수가 없소. 남방을 평정하지 못한 채 어찌 오와 위를 병탄하고 다시 한실을 일으킬 수 있겠소? 선제께서 어린 황제를 맡기셨는데 이 막중한 소임을 저버린다면 살아 있는 것이 차라리 죽는 것만 못하오!"

"승상께서는 걱정하지 마시오. 이 늙은이가 한곳을 안내해드리겠소. 그럼 그 문제를 해결할 수 있을 것이오."

"노인장께서 무슨 고견이라도 있으시다면 바라건대 가르쳐주십시오."

"이곳에서 서쪽으로 몇 리를 가면 한 산골짜기가 나오는데 그 골짜기 안으로 20리쯤 들어가면 만안계萬安溪라 불리는 계곡이 나올 것이오. 그 계곡 위에 뜻과 품행이 고결한 분이 계시는데 도호가 '만안은자萬安隱者'라 하지요. 이분은 그 계곡에서 나오지 않은 지 벌써 수십여 년이나 되었소. 그 초가 뒤쪽에 안락천安樂泉이라 불리는 샘물이 하나 있는데 사람이 중독되었을 때 그 물을 길어다 마시면 바로 나을 것이오. 그리고 옴이나 문둥병이 생기거나 혹은 장기에 닿았을 때 만안계에서 목욕을 하면 저절로 나을 것이오. 더욱이 초가 앞에 '해엽운향薤葉芸香'이라는 약초가 있는데 사람들이 그 잎을 입에 머금고 있으면 장기에 물들지 않지요. 승상께서는 속히 그곳으로 가서 구하시지요."

공명이 절을 올려 감사하고 물었다.

"어르신께 이렇게 목숨을 살려주신 덕을 입었으니 그 고마움을 어떻게 나타내야 할지 모르겠소. 원컨대 존함을 들려주십시오."

노인이 사당으로 들어가며 말했다.

"나는 이곳의 산신이오. 복파장군의 명을 받들어 특별히 안내해드린 것이오."

말을 마치더니 소리쳐 사당 뒤의 석벽을 열고는 들어가버렸다. 놀란 공명은 사당 신에게 두 번 절을 올린 후 수레를 타고 오던 길을 찾아 본영으로 돌아왔다.

이튿날 공명은 신향⁶과 예물을 준비하여 왕평과 말을 못하게 된 군사들을 데리고 그날 밤 신선이 알려준 곳을 향해 구불구불 돌아서 천천히 나아갔다. 산골짜기 오솔길로 들어가 20여 리쯤 가니 장송과 커다란 잣나무, 무성한 대나무와 진귀한 꽃들로 둘러싸인 한 장원이 나타났다. 울타리 안에 몇 칸짜리 초가집이 있었는데 꽃향기가 코를 진동했다. 공명이 크게 기뻐하며 장원 앞으로 가서 문을 두드리니 한 동자가 나왔다. 공명이 자신의 성명을 말하려 하는데 어느새 죽관을 쓰고 짚신을 신은 채 흰 도포에 검은색 명주 끈을 묶은 눈이 푸르고 머리털이 누런 한 사람이 즐거운 표정으로 나오며 말했다.

"오신 분은 혹시 한나라 승상이 아니십니까?"

공명이 웃으면서 말했다.

"높은 선비께서 저를 어떻게 아시는지요?"

그 은자가 말했다.

"승상의 대도[7]가 남쪽 정벌에 나섰다는 것을 들은 지 오래인데 어찌 모르겠소!"

즉시 공명을 초당으로 들였다. 예를 마치고 각기 손님과 주인 자리에 나누어 앉았다. 공명이 고했다.

"저는 어린 황태자를 부탁한다는 소열황제의 당부를 받아 막중한 소임을 맡고 있습니다. 지금 뒤를 이으신 폐하의 성지를 받들어 남방을 복종시키고 왕화王化(천자의 교화)를 펼치고자 대군을 이끌고 이곳에 이르게 되었습니다. 그런데 예상치 못하게 맹획은 동 안으로 숨어들었고 군사들은 잘못하여 아천의 물을 마시고 말았습니다. 어제 복파장군께서 신령이 되어 나타나시더니 고명하신 선비께 약천이 있어 치료할 수 있다고 말씀하셨습니다. 바라건대 가엾게 여겨 신수를 내리시어 중독된 군사들의 목숨을 살려주십시오."

은자가 말했다.

"이 늙은이는 산야에 묻혀 사는 쓸모없는 사람인데 어찌하여 승상께서 수고롭게 왕림하셨소. 그 샘물은 초가 뒤에 있소."

그러고는 샘물을 가져다 마시게 했다.

이에 동자가 왕평과 말을 못하게 된 군사들을 함께 데리고 시내에 가서 그 물을 길어다 마시게 하자, 바로 중독된 침을 토해내더니 다시 말을 할 수 있게 되었다. 동자는 또다시 군사들을 데리고 만안계로 가서 목욕을 시켰다. 은자는 초가집에서 측백나무 차와 송화채松花菜(꽃양배추의 일종)를 공명에게 대접했다. 은자가 고했다.

"이곳 만동蠻洞에는 독사와 독이 강한 전갈이 많으며 버들꽃이 흩어져 시내와 샘물로 들어가면 그 물은 마실 수 없으나, 땅을 파서 나온 샘물을 길어다 먹어도 괜찮습니다."

공명이 '해엽운향'을 요청하자 은자는 군사들에게 마음껏 채취하도록 했다.

"각자 한 잎씩 입에 머금고 있으면 장기가 침투하지 못할 것이오."

공명이 절하며 은자의 성명을 묻자 그 은자가 웃으면서 말했다.

"저는 바로 맹획의 형 맹절[8]이라 하오."

공명이 아연실색했다. 은자가 또 말했다.

"승상께서 의심하지 마시고 제 몇 마디 말을 들어주시오. 부모님께서 세 아들을 두셨는데, 장남이 바로 이 늙은이인 맹절이고, 둘째가 맹획, 막내가 맹우지요. 부모님은 모두 돌아가셨소. 두 아우는 고집이 세고 흉악하여 왕화를 따르지 않았소. 내가 누차 타일렀으나 따르지 않았으므로 성과 이름을 바꾸고 이곳에 은거하고 있소. 이번에 욕된 아우가 모반을 일으켜 승상께서 수고롭게 불모의 땅으로 깊이 들어와 이런 어려움을 겪게 되셨으니 제가 만

번 죽어도 마땅합니다. 먼저 승상께 죄를 청하고자 합니다."

공명이 탄식했다.

"이제야 비로소 도척과 하혜⁹의 일을 믿게 되었소. 지금도 이런 일이 있구려."

그러고는 맹절에게 말했다.

"내 천자께 아뢰어 공을 왕으로 세우고자 하는데 어떻겠소?"

맹절이 말했다.

"공업과 명성을 싫어하여 이곳으로 도망왔는데 어찌 다시 부귀를 탐할 뜻이 있겠소!"

공명이 황금과 비단을 갖추어 증정했으나 맹절은 한사코 사양하며 받지 않았다. 공명은 탄식해 마지않았고 작별을 고한 후 돌아갔다. 후세 사람이 지은 시가 있다.

고결한 선비 홀로 문 걸고 은거하고 있는데
제갈무후는 이곳에서 모든 남만 깨뜨렸다네
지금까지도 고목만 있고 사람 살지 않는데
여전히 서늘한 안개는 옛 산을 감돌고 있네
高士幽棲獨閉關, 武侯曾此破諸蠻
至今古木無人境, 猶有寒煙鎖舊山

본영으로 돌아온 공명은 군사들에게 땅을 파서 물을 얻게 했다. 그러나 20여 장을 파내도 물 한 방울 나오지 않았고, 다른 10여 곳 모두 마찬가지였다. 군사들은 마음이 놀라 허둥거렸다. 공명은 한밤중에 향을 사르고 하늘에 고했다.

"신 량이 재주는 없으나 대한의 복을 삼가 받들고 황제의 명을 받아 남만을 평정하고자 합니다. 지금 도중에 물이 부족하여 군사와 말이 목말라하고 있습니다. 만일 상천께서 대한을 끊어버리지 않으셨다면 감미로운 샘물을 내려주소서! 만약 운수가 이미 끝났다면 바라건대 신 량 등은 이곳에서 죽겠습니다!"

이날 밤 축원을 마치고 새벽녘에 살펴보니 감미로운 샘물이 우물 가득 넘쳤다. 후세 사람이 지은 시가 있다.

나라를 위해 남만을 평정하고자 대군 통솔했는데
마음에 품은 바른 도리가 천지신명과 합치되었네
경공[10]이 우물에 절을 올리자 단 샘물 나왔다더니
제갈량의 정성스러운 마음에 밤사이 물이 솟았다네
爲國平蠻統大兵, 心存正道合神明
耿恭拜井甘泉出, 諸葛虔誠水夜生

공명의 군마는 단물을 얻자 마침내 안심하고 오솔길로 곧장 독룡동 앞으로 들어가 군영을 세웠다.
그 사실을 탐지한 만병이 맹획에게 보고했다.
"촉병이 장기에 걸리지 않았습니다. 또한 갈증의 걱정도 없는 것을 보니 네 곳의 샘물 모두 효력이 발생하지 않은 듯합니다."
타사대왕은 그 소리를 듣고 믿기지 않아 직접 맹획과 함께 높은 산에 올라 바라보았다. 촉군이 편안하고 아무 일도 없는 데다 크고 작은 통을 멜대에 달아 물을 운반해 말에게 먹이고 밥을 지어 먹는 것이 보였다. 그 광경을 본 타사대왕은 머리털이 솟구치더니 맹획을 돌아보며 말했다.

"이것은 바로 신병神兵이로다!"

맹획이 말했다.

"우리 형제 두 사람이 촉군과 죽을힘을 다해 싸울 것이오. 군 앞에서 죽으면 죽었지 어찌 손을 묶고 결박을 받으려 하겠소!"

타사대왕이 말했다.

"만약 대왕의 군사가 패한다면 내 처자식 또한 끝장이오. 소와 말을 잡고, 동의 장정들에게 큰 상을 내려 그들이 물불을 피하지 않고 곧장 촉의 군영으로 쳐들어가게 만들어야 비로소 승리를 거둘 수 있을 것이오."

이에 만병들에게 큰 상을 내렸다.

막 출발하려는데 별안간 동 뒤 서쪽에 있는 은야동銀冶洞의 21개 동주인 양봉[11]이 3만 명의 군사를 이끌고 싸움을 도우러 왔다는 보고가 들어왔다. 맹획이 크게 기뻐하며 말했다.

"이웃 군사들이 나를 돕는다니 나는 틀림없이 승리할 것이다!"

즉시 타사대왕과 함께 동을 나가 영접했다. 양봉이 군사를 이끌고 들어와 말했다.

"내가 보유한 정예병 3만 명은 모두 철갑을 걸쳤으며 나는 듯이 산을 오르고 고개를 넘을 수 있어 족히 촉군 백만 명을 대적할 수 있소. 또 내게 아들이 다섯 있는데 모두 무예에 뛰어나니 대왕을 돕고자 하오."

양봉이 다섯 아들을 불러들여 절을 올리게 하는데 모두가 호랑이 같은 체구에 위풍이 넘쳐났다. 맹획이 크게 기뻐하며 즉시 술자리를 베풀어 양봉

부자를 대접했다. 술이 거나하게 취하자 양봉이 말했다.

"군중에 즐길 것이 적은 것 같은데 내게 칼과 방패춤을 잘 추는 여인들이 종군하고 있으니 한번 주흥을 돋울까 하오."

맹획은 즐거워하며 그렇게 하기로 했다. 잠시 뒤에 수십 명의 남만 여인이 모두 머리를 풀어헤치고 맨발로 군막 밖에서 춤을 추며 들어왔다. 만병들이 박수를 치고 노래 부르며 화답했다. 양봉이 두 아들에게 잔을 들게 했고, 그들은 잔을 들어 맹획과 맹우 앞으로 갔다. 두 사람이 잔을 받아 막 마시려할 때 별안간 양봉이 크게 호통을 치자 두 아들이 어느새 맹획과 맹우를 잡아 자리에서 끌어내렸다. 타사대왕은 달아나려 했으나 이미 양봉에게 사로잡힌 후였다. 남만 여인들이 군막 위에서 가로막자 누구도 감히 앞으로 가까이 다가오지 못했다. 맹획이 말했다.

"토끼가 죽으면 여우가 슬퍼하듯이 같은 무리가 불행을 만나면 마음이 아프다'고 했다. 너와 나는 같은 동주인 데다 지난날 원수진 일도 없는데 무슨 까닭으로 나를 해치려 하느냐?"

양봉이 말했다.

"내 형제와 아들 그리고 조카까지 모두 제갈승상의 은혜를 입어 감사함을 보답할 길이 없었다. 지금 네가 모반을 했는데 어찌 사로잡아 바치지 않겠느냐!"

이에 각 동의 만병이 모두 도망쳐 고향으로 돌아갔다.

양봉은 맹획과 맹우, 타사대왕을 공명의 군영으로 압송해 왔다. 공명이 들이게 하자 양봉 등이 군막 아래서 절을 올리며 말했다.

"제 아들과 조카가 모두 승상의 은덕에 감격하고 있어 맹획과 맹우 등을 바치고자 합니다."

공명은 후한 상을 내리고는 맹획을 끌어오게 했다. 공명이 웃으면서 말했다.

"이번에는 진심으로 복종하겠느냐?"

맹획이 말했다.

"너의 능력이 아니라 내 동 사람들이 자기편끼리 서로 해쳐 이 지경에 이른 것이다. 죽일 테면 죽여봐라. 절대로 복종하지 않겠다!"

공명이 말했다.

"네가 나를 속여 물 없는 땅으로 들어오게 했다. 더욱이 아천, 멸천, 흑천, 유천과 같은 독이 있는데도 우리 군은 탈 없이 지나왔으니 어찌 하늘의 뜻이라 하지 않겠느냐? 너는 어떻게 이토록 고집만 부리고 깨닫지 못한단 말이냐?"

맹획이 다시 말했다.

"나는 조상 대대로 은갱산銀坑山에서 살았는데 삼강의 사나움과 겹겹이 쌓인 관문과 요새의 견고함이 있다. 네가 그곳에서 나를 사로잡는다면 내 자자손손 마음을 다하여 복종하고 섬기겠다."

공명이 말했다.

"내 다시 너를 놓아줘 돌아가도록 해줄 테니 다시 병마를 정돈하여 나와 승부를 가려보자. 그때 사로잡히고도 네가 다시 복종하지 않는다면 마땅히 구족을 멸하겠다."

좌우를 큰 소리로 꾸짖어 결박을 풀어주도록 하고 맹획을 놓아줬다. 맹획은 두 번 절하고 떠났다. 공명은 또 맹우와 타사대왕의 결박도 모두 풀어주고 술과 음식을 내려 놀란 마음을 진정시켰다. 두 사람은 두려워하며 감히 공명을 똑바로 쳐다보지도 못했다. 공명은 안장과 말을 내어주고 돌아가게 했다.

험한 곳 깊이 들어가기도 쉽지 않은 일이거늘

다시 기묘한 계책 펼치니 어찌 우연이겠는가

深臨險地非容易, 更展奇謀豈偶然

맹획이 군사를 정돈하여 다시 온다면 승부는 어떻게 될 것인가?

제89회 독룡동

❶

마원馬援의 남쪽 정벌

『후한서』「마원전」에 따르면 마원은 두 차례에 걸쳐 남쪽 정벌에 나섰다. 역사 기록에 따르면 "쯩짝Trung Trac(징측徵側)과 그녀의 여동생인 쯩니Trung Nhi(징이徵貳)가 반란을 일으키고 교지군交阯郡(치소는 용편龍編으로 지금의 베트남 하노이 북쪽)을 점령하자, 건무建武 19년(43) 정월, 둘을 참수하고 수급을 낙양으로 전송했다"고 하고, "건무 24년(48), 무위장군武威將軍 유상劉尙이 무릉武陵 오계五溪의 만이蠻夷(웅계雄溪, 만계橫溪, 유계酉溪, 무계無溪, 진계辰溪가 모두 만이의 거주지였으므로 오계만五溪蠻이라 했다)를 공격했는데 적진으로 너무 깊숙이 들어가 군사들이 전멸하자 마원은 이때문에 다시 출병을 요청했다. 마침내 마원을 파견해 중랑장 마무馬武, 경서耿舒, 유광劉匡, 손영孫永 등을 인솔하여 12개 군에서 모집한 사병과 형구를 제거한 죄수 무리 4만여 명을 이끌고 오계를 정벌하게 했다"고 한다. 마원의 직위인 복파장군伏波將軍은 후한 시기 잡호장군雜號將軍 중 하나다. 복파는 파도를 굴복시킨다는 뜻으로 해외의 풍파를 평정한다는 의미다.

칠종칠금

큰 짐승 쫓아내 여섯 번째 만병을 깨뜨리고,
등갑군을 불태워 일곱 번째 맹획을 사로잡다

驅巨獸六破蠻兵,
燒藤甲七擒孟獲

공명은 맹획 등 일련의 무리를 풀어준 뒤 양봉 부자에게 관직과 작위를 봉해주고 동의 군사들에게도 후한 상을 하사했다. 양봉 등은 절을 올리고 감사하며 떠났다. 맹획 등은 밤새 달아나 은갱동으로 돌아갔다. 그 동 밖에는 세 강이 흘렀는데 바로 노수濾水, 감남수甘南水, 서성수西城水로 세 갈래 강이 합쳐지는 곳이라 삼강이라 불렀다. 그 동 북쪽에는 평평한 땅이 300여 리나 펼쳐져 있었고 온갖 산물이 생산되었다. 서쪽으로 200리 떨어진 곳에는 염정[1]이 있었고, 서남쪽으로 200리 떨어진 곳은 노수와 감남수에 닿았으며, 남쪽으로 300리 떨어진 곳은 바로 양도동梁都洞이었다. 이 양도동에는 산이 그 동을 둘러싸고 있었는데, 그 산에서 은광석이 나왔으므로 은갱산銀坑山[2]이라 불렀다. 산속에 궁전을 짓고 누대를 설치하여 만왕의 소굴로 삼았으며 그 안에 선조에게 제사 지내는 사당을 지어 '가귀家鬼'라고 했다. 계절마다 소와 말을 잡아 제사 지내는 것을 '복귀卜鬼'라 했고 매년 촉 사람과 다른 고장 사람들을 제물로 바쳐 제사를 지냈다. 만약 사람이 병을 앓으면 약을 먹이지 않고 단지 무당에게 빌었는데 이것을 '약귀藥鬼'라 했다. 그곳에는 형법이 없어 죄를 지으면 즉시 목을 베었다. 장성한 딸이 있으면 시내에 들어가 목욕을 시키는데 남녀가 서로 뒤섞여 자기 마음대로 배필을 골랐고 부모가 금지하지 않았으니 이것을 '학예學藝'라 했다. 비가 일정하게 내리는 해에는 벼를 심는데, 만일 벼가 익지 않으면 뱀을 잡아 국으로 삼고 코끼리를 삶아 밥으로 먹었다. 지역마다 부유한 집을 '동주洞主'라 불렀고 그다음을 '추장酋長'이라 했다. 매월 초하루와 보름 양일에는 모두 삼강성三江城³에서 거래를 하고 물품을 교환했다. 그 풍속이 이와 같았다.

한편 맹획은 은갱동에서 종족 1000여 명을 모아놓고 그들에게 일렀다.

"내가 여러 차례 촉군에게 모욕을 당했으니 목숨을 걸고 원수를 갚고자 한다. 너희에게 무슨 고견이라도 있는가?"

말을 마치기도 전에 한 사람이 응답했다.

"제가 제갈량을 격파할 수 있는 사람을 천거하겠습니다."

사람들이 보니 바로 맹획의 처남이자 팔번부장八番部長을 맡고 있는 대래동주였다. 맹획이 크게 기뻐하며 급히 누구냐고 물었다. 대래동주가 말했다.

"이곳에서 서남쪽으로 가면 팔납동八納洞 동주인 목록대왕⁴이 살고 있습니다. 그는 법술에 정통한데 나갈 때는 코끼리를 타고 비바람을 부를 수 있으며 항상 호랑이와 표범, 승냥이와 이리, 독사와 독한 전갈들이 뒤를 따라다닙니다. 게다가 수하에 신병神兵 3만 명이 있는데 대단히 용맹합니다. 대왕께서 편지를 쓰고 예물을 마련해주신다면 제가 직접 가서 도움을 요청하겠습니다. 이 사람이 만약 요청에 응한다면 촉군 따위가 무엇이 두렵겠습니까!"

맹획이 즐거워하면서 국구國舅인 대래동주를 시켜 편지를 가지고 가게 했다. 또한 타사대왕에게 삼강성을 지키도록 하여 앞쪽 장벽으로 삼았다.

한편 공명은 군대를 거느리고 곧장 삼강성에 이르렀다. 멀리 성을 바라보니 삼면이 강과 닿아 있었으며 한쪽만 육지와 통했다. 즉시 위연과 조운에게 일군을 이끌고 육로로 성을 공격하게 했다. 군사들이 성 아래에 이르자 성 위에서 활과 쇠뇌가 일제히 쏟아졌다. 원래 동 사람들은 활과 쇠뇌를 오랜 시간 익혔기에 쇠뇌를 한 번 쏠 때 살 10개를 발사했고 화살촉에 모두 독약을 발라 화살에 맞기만 하면 피부와 살이 모두 썩고 오장[5]을 드러내며 죽고 말았다. 조운과 위연은 승리할 수가 없자 공명을 만나 독화살에 대해 말했다. 공명은 직접 작은 수레를 타고 최전방 진지로 가서 허실을 살펴보고는 군영으로 돌아와 군사들에게 몇 리를 물러나서 군영을 세우게 했다. 만병들은 촉군이 멀리 물러가는 것을 보고는 모두 크게 웃으며 축하했다. 그들은 단지 촉군이 두려워하여 물러간 것으로 여겼기에 야간에 정찰도 내보내지 않고 편안하게 잠을 잤다.

한편 공명은 군사를 물린 뒤 즉시 군영을 닫아버리고 나오지 않았고 연이어 닷새 동안 아무런 명령도 내리지 않았다. 해가 서쪽으로 기울어질 무렵 별안간 산들바람이 일었다. 공명이 명령을 전달했다.

"군사들은 각기 옷자락 한 벌씩 준비하여 초경 안에 점검을 받거라. 옷이 없는 자는 즉시 목을 치겠노라."

장수들은 모두 그 뜻을 알지 못했으나 군사들은 명령에 따라 준비할 수밖에 없었다. 초경 때 또 명령이 전달됐다.

"군사들은 각기 옷자락으로 흙을 싸서 한 보따리를 만들거라. 보따리가 없는 자는 즉시 참수하겠다."

군사들도 그 뜻을 알지 못했으나 역시 명령에 따라 준비할 수밖에 없었다. 공명이 다시 명령을 전달했다.

"군사들은 흙 보따리를 삼강성 아래에 던져라. 먼저 도착하는 자에게는 상이 있을 것이다."

명령을 들은 군사들은 모두 깨끗한 흙을 싸서 나는 듯이 성 아래로 달려
갔다. 공명은 흙을 쌓아 계단으로 오를 수 있는 비탈길을 만들라고 명하고는
먼저 성에 오르는 자의 공을 으뜸으로 삼겠다고 했다. 이에 촉군 10여 만 명
과 항복한 군사 1만여 명이 흙 보따리를 일제히 성 아래에 내던졌다. 삽시간
에 흙으로 성을 쌓아 성 위까지 이어지게 만들었다. 한바탕 암호 소리와 함
께 촉군이 모조리 성에 올랐다. 만병들은 급히 쇠뇌를 쏘려 했으나 어느새
태반이 사로잡히고 말았고 나머지도 성을 버리고 달아났다. 타사대왕은 어
지러운 군중 속에서 죽었다. 촉 장수들은 군사들을 감독하며 길을 나누어
만병들을 섬멸했다. 삼강성을 빼앗은 공명은 획득한 진귀한 보물들을 모두
삼군에게 상으로 내렸다.

패전한 만병이 달아나 맹획에게 말했다.

"타사대왕께서는 전사하셨고 삼강성을 잃었습니다."

맹획은 깜짝 놀랐다. 한창 근심하고 있는데 촉군이 이미 강을 건넜고 지금
본 동 앞에 군영을 세웠다는 보고가 들어왔다. 맹획은 몹시 당황하며 쩔쩔맸
다. 그때 별안간 병풍 뒤에서 한 사람이 껄껄 웃으면서 나오며 말했다.

"남자가 되어서 어찌 그리도 지혜가 없나요? 내 비록 일개 아녀자에 불과
하지만 원컨대 당신과 함께 출전하겠어요."

맹획이 보니 다름 아닌 축융부인祝融夫人이었다. 부인은 대대로 남만에서
살아온 축융씨[6]의 후손으로 비도[7]를 잘 사용하여 던졌다 하면 백발백중이었
다. 맹획이 일어나며 감사했다. 부인은 즐겁게 말에 올라 종족의 맹장 500명
과 동의 신예 병사 5만 명을 이끌고 촉군과 대적하러 은갱 궁궐을 나갔다. 동
입구를 나가려는데 한 무리의 군마가 가는 길을 막아섰다. 앞장선 촉장은 바

로 장억이었다. 그를 본 만병은 어느 결에 두 갈래 길로 늘어섰다. 축융부인은 등에 다섯 자루의 비도를 꽂고 손에는 장팔장표丈八長標(길이가 8장인 표창)를 든 채 곱슬곱슬한 털이 달린 적토마를 타고 있었다. 그녀의 모습을 본 장억은 혼자 기묘함에 탄복했다. 두 사람이 쏜살같이 말을 몰아 맞붙었다. 몇 합을 싸우지도 않았는데 부인이 말을 돌리더니 이내 달아났다. 장억이 그 뒤를 쫓는데 별안간 공중으로 비도 한 자루가 날아왔다. 급히 손으로 막았으나 왼팔에 정통으로 꽂혀 몸이 뒤집히며 말에서 떨어지고 말았다. 만병들이 일제히 고함을 지르더니 달려들어 장억을 포박해버렸다. 장억이 사로잡혔다는 소리를 들은 마충이 급히 구출하러 나갔을 때는 이미 만병에게 붙잡혀 묶여 있는 상태였다. 멀리 축융부인이 표창을 들고 고삐를 당겨 말을 세우고 있는 것이 보이자 마충은 분노하여 앞으로 달려가 싸우려 했다. 그러나 미리 쳐놓은 줄에 타고 있던 말이 걸려 자빠졌고 그 역시 사로잡히고 말았다. 두 사람 모두 동 안에 있던 맹획에게 끌려갔다. 맹획은 술자리를 마련해 축하했다. 부인이 장억과 마충을 끌어내 목을 치라고 도부수들에게 큰 소리로 꾸짖자 맹획이 말렸다.

"제갈량은 나를 다섯 번이나 놓아줬는데 이번에 저 장수들을 죽인다면 의롭지 못한 일이오. 잠시 동 안에 가두었다가 제갈량을 사로잡은 다음에 그들을 죽여도 늦지 않소."

부인은 그 말을 따르기로 하고 웃고 마시며 즐겼다.

한편 패전한 군사들이 공명을 찾아뵙고 있었던 일을 알렸다. 공명은 즉시 마대, 조운, 위연 세 사람을 불렀고 세 사람은 계책을 받은 다음 각자 군사를 이끌고 앞으로 나아갔다. 이튿날 만병들이 동 안으로 들어가 조운이 싸움을 걸고 있다고 보고했다. 축융부인이 즉시 말에 올라 나와 맞섰다. 두 사람이 몇 합을 싸우지도 못했는데 조운이 말을 돌려 이내 달아났다. 부인은 매복이 있을까 두려워 군대를 통솔하여 돌아갔다. 위연이 또 군사를 이끌고 와서 싸움을 걸자 부인은 말고삐를 놓고 나와 맞섰다. 막 긴박하게 맞붙어 싸우다가 위연도 거짓으로 패한 척하며 달아났다. 그러나 부인은 추격하지 않았다.

이튿날 조운이 또 군사를 이끌고 와서 싸움을 걸자 부인이 동의 병사들을 이끌고 나와 맞섰다. 두 사람이 싸운 지 몇 합이 못 되어 조운이 거짓으로 패한 척하며 달아났다. 부인은 표창을 어루만지기만 하고 뒤쫓지는 않았다. 군사를 거두어 동으로 돌아가려 할 때 위연이 군사를 이끌고 와서는 일제히 욕설을 퍼붓자 부인이 급히 표창을 잡고 위연에게 달려들었다. 위연이 말을 돌려 바로 달아났다. 분노한 부인이 그 뒤를 쫓았고 위연은 쏜살같이 말을 몰아 산 후미진 오솔길로 들어갔다. 그때 별안간 등 뒤에서 한바탕 요란한 소리가 들렸다. 위연이 고개를 돌려보니 부인의 양다리가 안장에서 하늘로 향하더니 뒤로 벌러덩 나가떨어졌다. 알고 보니 마대가 이곳에 매복해 있다가 반마삭[8]을 설치하여 걸어 넘어뜨린 것이었다. 부인을 붙잡은 마대는 그녀를 꽁꽁 묶어 본부 군영으로 끌고 왔다. 남만의 장수들과 동의 병사들이 모두 부인을 구하러 왔으나 조운이 한바탕 싸워 흩어버렸다. 공명이 군막 위에 단정히 앉아 있었는데 마침 마대가 축융부인을 압송해 왔다. 공명은 급히 무사들에게 명하여 결박을 풀어주게 하고는 다른 군막으로 청해 술을 내려 놀란 마음을 진정시켜주었다. 그러고는 사자를 맹획에게 보내 부인과 장억, 마충 두 장수를 교환하자고 했다. 맹획은 승낙하고 즉시 장억과 마충을 놓아주어 공명에게 돌려보냈다. 공명도 즉시 부인을 전송하여 동으로 들어가게 했다. 부인을 맞아들인 맹획은 기쁘기도 했지만 한편으론 화가 났다. 그때 별안간 팔납동八納洞 동주인 목록대왕木鹿大王이 당도했다는 보고가 들어왔다. 맹획이 동을 나가 영접하며 보니 그 사람은 흰 코끼리를 타고 몸에는 황금 구슬로 꿰어 만든 영락[9]을 걸쳤으며 허리에는 두 자루의 대도를 차고 있었는데 한 무리의 호랑이와 표범, 승냥이와 이리를 사육하는 군사가 빽빽하게 둘러싸며 들어왔다. 맹획이 두 번 절하고 있었던 일을 간절하게 하소연했다. 목록대왕은 원수를 갚아주겠다며 응했다. 맹획은 크게 기뻐하며 주연을 베풀어 대접했다.

이튿날 목록대왕은 본 동의 군사들과 맹수를 거느리고 나갔다. 만병이 나왔다는 소리를 들은 조운과 위연은 즉시 군마들을 통솔하여 진을 펼쳤다. 두 장수가 말고삐를 나란히 하고 진 앞에 서서 살펴보니 만병의 깃발과 군용 기구의 종류가 모두 달랐고 대부분이 갑옷을 입지 않았는데 벌거벗은 알몸에다 생김새는 추악했고 몸에는 네 자루의 뾰족한 칼을 차고 있었다. 군중은 고각도 울리지 않았고 다만 징을 쳐서 신호로 삼았다. 목록대왕의 허리에는 두 자루의 보도가 걸려 있었는데 손에는 작은 종을 쥐고 흰 코끼리를 타고는 큰 깃발 사이에서 나왔다. 그 광경을 본 조운이 위연에게 일렀다.

"우리가 싸움터에서 일생을 보냈지만 저런 인물을 아직까지 본 적이 없네."

두 사람이 중얼거리며 망설이고 있는 사이에 목록대왕이 입으로 알 수 없는 주문을 외며 손에 든 작은 종을 흔들었다. 그러자 별안간 광풍이 크게 일면서 모래가 날리고 돌이 구르는데 마치 소나기가 쏟아지는 듯했다. 한바탕 화각[10] 소리가 울리더니 호랑이와 표범, 승냥이와 이리 그리고 독사와 맹수들이 바람을 타고 쏟아져 나오며 어금니를 드러내고 발톱을 휘두르면서 돌격해왔다. 촉병들은 어떻게 막아낼 수 없어 뒤를 향해 물러났다. 만병들은 뒤쫓으며 들이쳤고 곧장 삼강 경계까지 밀고 왔다가 비로소 돌아갔다.

조운과 위연은 패잔병을 한데 모아 공명의 군막 앞으로 와서 죄를 청하며 이 사실을 상세하게 설명했다. 공명이 웃으면서 말했다.

"그대 두 사람의 죄가 아니오. 내 초려에서 나오기 전부터 남만에 호랑이와 표범을 모는 술법이 있다는 것을 알고 있었소. 촉중에서 이미 이 진을 깨뜨릴 물건을 준비하여 20량의 수레에 실어왔소. 이곳에 모두 봉하고 표기해 두었으니 오늘은 일단 반만 쓰지요. 나머지 반을 남겨두면 나중에 별도로 쓰일 데가 있을 것이오."

그러고는 즉시 좌우에 명하여 붉은 기름으로 칠한 궤짝을 실은 수레 10량을 군막으로 가져오게 하고 나머지 검은 기름으로 칠한 궤짝을 실은 수레 10량은 군막 뒤에 두게 했다. 그 뜻을 아는 사람이 아무도 없었다. 공명이 궤짝을 열자 채색을 한 커다란 목각 짐승들이었는데, 오색의 가는 실로 털옷을 만들었고 강철로 이빨과 발톱을 만들었으며 한 마리에 10명이 올라탈 수 있었다. 공명은 건장한 군사 1000여 명을 선발하여 100마리를 이끌게 했고 입안에 연기와 불을 만들어낼 물질을 실은 뒤 군중에 숨겨두게 했다.

이튿날 공명이 군사를 대규모로 진격시켜 동 입구에 포진시켰다. 만병들이 이를 탐지하고는 동으로 들어가 만왕에게 보고했다. 목록대왕은 스스로 무적이라 일컫고는 즉시 맹획과 함께 동의 군사들을 이끌고 나왔다. 공명은 관건을 쓰고 손에 깃털 부채를 들고는 도사들이 입는 도포를 입은 채 수레에 단정히 앉아 있었다. 맹획이 가리키며 말했다.

"수레 위에 앉아 있는 자가 바로 제갈량이오! 만약 저자를 잡는다면 큰일은 정해지는 것이오!"

목록대왕이 입으로 주문을 외면서 손으로 작은 종을 흔들었다. 눈 깜짝할 사이에 광풍이 크게 일더니 맹수들이 튀어나왔다. 공명이 깃털 부채를 한 번 흔들자 몰아치던 바람이 거꾸로 적진으로 불기 시작했다. 그러자 촉

진중에서 가짜 짐승이 우르르 몰려나왔다. 만동의 진짜 짐승들은 촉진의 거대한 짐승들이 입으로 화염을 토해내고 코로 검은 연기를 내뿜는 데다 몸으로 구리 방울을 흔들면서 어금니를 드러내고 발톱을 휘두르며 몰려오는 것을 보고는 감히 전진하지 못하고 만동으로 되돌아 달아났다. 그 바람에 수없이 많은 만병이 부딪쳐 쓰러지고 말았다. 공명은 군사들을 몰아 대대적으로 진격했고 고각을 일제히 울리면서 앞을 바라보며 들이쳤다. 목록대왕은 혼란스러운 군중에서 죽고 말았다. 동 안에 있던 맹획의 종족은 모두 궁궐을 버리고 산을 기어올라 고개를 넘어 달아났다. 공명의 대군은 은갱동을 점령했다.

이튿날 공명이 군사를 나누어 맹획을 찾아 잡으려고 하는데 별안간 보고가 들어왔다.

"만왕 맹획의 처남 대래동주가 맹획에게 투항하기를 권했으나 맹획이 따르지 않자 지금 맹획과 축융부인 및 종족 100여 명을 모조리 사로잡아 승상께 바친다고 합니다."

그 말을 들은 공명은 즉시 장억과 마충을 불러 이렇게 저렇게 하라고 분부했다. 계책을 받은 두 장수는 2000명의 건장한 병사들을 이끌고 양쪽 복도에 매복했다. 공명은 즉시 문을 지키는 장수에게 모두 들여보내라고 명했다. 대래동주가 도부수를 이끌고 맹획 등 수백 명을 압송해와서는 전각 아래서 절을 올렸다. 공명이 크게 호통쳤다.

"사로잡아라!"

양쪽 복도에서 건장한 병사들이 일제히 뛰쳐나오더니 두 사람이 한 명씩 잡아 모조리 포박해버렸다. 공명이 껄껄 웃었다.

"그따위 작고 간사한 계책으로 어떻게 나를 속일 수 있단 말이냐! 두 번이나 본 동 사람들이 너를 사로잡아 와서 항복했어도 해치지 않는 것을 보고는 내가 굳게 믿을 것이라 생각했구나. 고의로 항복하러 동 안으로 와서는 나를 해치려 하는 것이냐!"

무사들에게 큰 소리로 몸을 뒤지라 명하니 과연 각자 날카로운 칼들을 지니고 있었다. 공명이 맹획에게 물었다.

"너는 원래 네 집에서 사로잡히면 그때는 진심으로 복종하겠다고 말했는데, 오늘은 어떠하냐?"

맹획이 말했다.

"이번에는 우리가 스스로 죽을 길을 택한 것이지 너의 능력이 아니다. 내 진심으로 복종하지 못하겠다."

공명이 말했다.

"내가 여섯 번이나 사로잡았는데 여전히 복종하지 않겠다니 언제까지 기다려야 한단 말이냐?"

맹획이 말했다.

"네가 일곱 번째로 나를 사로잡는다면 내 마음을 다해 귀순하여 복종하고 배반하지 않겠다고 맹세하겠다."

공명이 말했다.

"소굴이 이미 깨졌는데 내 무엇을 근심하겠느냐!"

무사들에게 명하여 모조리 포박을 풀어주게 하고는 큰 소리로 꾸짖었다.

"이번에도 사로잡혀 다시 어물어물 넘기려 한다면 그때는 기필코 가볍게 용서치 않겠노라!"

맹획 등은 머리를 감싸고 쥐새끼처럼 달아났다.

한편 패전한 만병 1000여 명은 태반이 중상을 입은 채 도망치다가 마침 만왕 맹획과 마주쳤다. 패잔병을 거두어들인 맹획은 속으로 조금은 기뻐했다. 그가 대래동주와 대책을 상의했다.

"내 지금 이미 동 관서까지 촉병에게 빼앗기고 말았으니 어디로 가서 몸을 의탁한단 말이냐?"

대래동주가 말했다.

"촉을 깨뜨릴 수 있는 나라가 하나 남아 있습니다."

맹획이 기뻐하며 말했다.

"어디로 갈 만한가?"

대래동주가 말했다.

"이곳에서 동남쪽으로 700리 떨어진 곳에 오과국烏戈國이라는 나라가 있습니다. 이 나라의 군주 올돌골兀突骨은 신장이 1장 2척이나 되고 곡식은 먹지 않지만 살아 있는 뱀과 흉악한 짐승을 밥으로 삼아 먹습니다. 이 때문에 몸에 비늘과 껍데기가 생겨 칼과 화살도 몸을 뚫을 수 없습니다. 또한 그의 수하 군사는 모두 등갑[1]을 입고 있습니다. 그 등나무는 계곡물에서 자라 가파른 암석 위로 둘둘 감아 오르는데, 오과국 사람들이 채취하여 기름 속에 담가두었다가 반년이 지나면 햇볕에 말립니다. 말린 다음에 다시 담그기를 10여 차례 거친 뒤에야 비로소 만들어진 갑옷으로, 그 갑옷을 입으면 강을 건너도 가라앉지 않고 물에 닿아도 젖지 않으며 칼과 화살도 뚫을 수 없기 때문에 '등갑군藤甲軍'이라 부릅니다. 지금 대왕께서는 오과국으로 가서 도움을 요청하십시오. 만약 그의 도움을 얻을 수 있다면 제갈량을 사로잡는 일은 날카로운 칼로 대나무를 쪼개는 것과 같이 쉬운 일입니다."

맹획이 크게 기뻐하며 즉시 오과국으로 가서 올돌골을 만났다. 그 동은 가옥 대신 모두 토굴 안에서 기거했다. 맹획이 동으로 들어가 두 번 절하고 있었던 일들을 간절히 호소했다. 올돌골이 말했다.

"내가 본 동의 군사를 일으켜 그대의 원수를 갚아주겠소."

맹획은 즐거워하며 절하고 감사했다. 이에 올돌골은 군사를 통솔하는 부장俘長 두 명을 불렀다. 한 명은 토안土安이고 다른 한 명은 해니奚泥로 모두 등갑을 입은 군사 3만 명을 일으켜 오과국을 떠나 동북쪽으로 향했다. 행군하다가 도화수桃花水라는 강에 이르렀다. 양쪽 기슭에 복숭아나무가 자라는데 해마다 그 잎이 강물에 떨어졌다. 다른 나라 사람이 마시면 모조리 죽었으나 오과국 사람들이 그 물을 마시면 오히려 정신이 배로 맑아졌다. 올돌골의 군사들은 도화수 나루터에 이르러 군영을 세우고는 촉군이 오기를 기다렸다.

한편 공명은 만인들을 시켜 맹획의 소식을 정탐하게 했다. 그들이 돌아와서는 보고했다.

"맹획은 오과국 군주에게 청해 3만 명의 등갑군을 이끌고 지금 도화수 나루터에 주둔하고 있습니다. 또 각 번番에서도 만병들을 모아 저항하며 반격을 계획하고 있습니다."

보고를 들은 공명은 군사를 거느리고 대대적으로 진격하여 곧장 도화수 나루터에 이르렀다. 맞은편 기슭을 멀리 바라보니 생김새가 몹시 추악하여 사람의 모습으로 볼 수 없었다. 다시 토착민에게 물어보니 마침 복숭아 잎이 떨어지는 시기라 물을 마실 수 없다고 말했다. 공명은 5리를 물러나 군영을 세우고 위연을 남겨두어 군영을 지키게 했다.

이튿날 오과국 군주가 한 무리의 등갑군을 이끌고 강을 건너오며 징과 북소리를 요란스럽게 울렸다. 위연이 군사를 이끌고 나가 맞섰다. 만병들이 땅을 휩쓸며 몰려오자 촉병들이 쇠뇌와 화살로 등갑을 쏘았다. 그러나 화살이 뚫지 못하고 모조리 땅바닥에 떨어졌고, 칼로 찍고 창으로 찔렀으나 역시 갑옷을 뚫을 수가 없었다. 만병은 모두 날카로운 칼과 강철 삼지창을 사용했는데 촉군은 막아내지 못하고 모조리 패하여 달아나고 말았다. 만병은 뒤쫓지 않고 돌아갔다. 위연이 다시 군사를 돌려 도화수 나루터까지 쫓았는데 만병들이 갑옷을 입은 채 강을 건너는 것이 보였다. 그중에 피곤한 자들은 갑옷을 벗어 수면 위에 띄워놓고 그 위에 앉아서 강을 건너고 있었다. 위연은 급히 본부 군영으로 돌아와 공명에게 아뢰고 그 일을 자세히 보고했다. 공명은 여개와 토착민을 청해 물었다. 여개가 말했다.

"제가 이전에 듣자 하니 남만 중에 오과국이라는 나라가 있는데 인륜이라고는 조금도 없는 자들이라고 합니다. 더욱이 등갑으로 몸을 보호하고 있어 상처를 입히기 어렵다고 전해집니다. 또 복숭아 잎이 물을 오염시켜 본국 사람이 마시면 도리어 정신이 맑아지나, 다른 나라 사람이 마시면 즉사한다고 합니다. 남방이 이와 같은데 설령 완승을 거둔다 한들 무슨 이로움이 있겠습니까? 차라리 회군하여 일찌감치 돌아가는 것이 나을 듯합니다."

공명이 웃으면서 말했다.

"내가 여기까지 오기가 쉽지 않았는데 어찌 바로 돌아갈 수 있겠소! 내일 남만을 평정할 계책이 있소."

이에 조운에게 위연을 도와 군영을 지키게 하고는 함부로 싸우러 나가지 못하게 했다.

이튿날 공명은 토착민에게 길을 안내하게 하고는 직접 작은 수레를 타고 도화수 나루터 북쪽 기슭의 산 후미진 곳으로 가서 두루 지리를 살펴보았다. 산세가 험한 데다 고개가 높고 가파른 곳에 이르러 더 이상 수레가 갈 수 없게 되자 공명은 수레를 버리고 걸어갔다. 그때 어느 산에 이르러 멀리 계곡 하나를 바라보게 되었다. 긴 뱀 모양으로 계곡 양쪽이 모두 높고 가파른 벽 같은 암석으로 되어 있었는데 표면이 매끄러웠으며 나무라고는 전혀 없었고 계곡 중간으로 한 갈래 큰길이 나 있었다. 공명이 토착민에게 물었다.

"이 계곡을 무엇이라 부르느냐?"

토착민이 대답했다.

"반사곡盤蛇谷이라 부릅니다. 계곡을 나가면 삼강성으로 가는 큰길이 나오고 계곡 앞은 탑랑전塔郞甸이라고 합니다."

공명이 크게 기뻐하며 말했다.

"저곳은 바로 하늘이 내게 공을 이루라고 내려주신 것이로다!"

즉시 오던 길로 돌아가 수레를 타고 군영으로 돌아와서는 마대를 불러 분부했다.

"자네에게 검은 기름으로 칠한 궤짝을 실은 수레 10량을 줄 테니 대나무 장대 1000자루를 사용하게. 궤짝 속의 물건은 이러이러한 것이네. 본부 군사들을 데리고 반사곡 양쪽 끝을 지키면서 절차대로 움직여야 하네. 자네에게 보름의 기한을 줄 테니 모두 완비를 마치게. 기한이 되면 이렇게 설치하게나. 만약 누설한다면 군법에 따라 처리하겠네."

마대는 계책을 받고 떠났다. 또 조운을 불러 분부했다.

"그대는 반사곡 뒤쪽으로 가서 삼강성으로 통하는 큰길 입구를 이렇게 저렇게 지키시오. 사용할 물건은 기한 안에 완비하도록 하시오."

조운이 계책을 받고 떠났다. 이번에는 위연을 불러 분부했다.

"그대는 본부 군사들을 이끌고 도화수 어귀로 가서 군영을 세우시오. 만약 만병이 강을 건너 대적하러 오면 즉시 군영을 버리고 흰 깃발이 있는 곳으로 달아나시오. 보름 안에 연이어 15번 패하고 일곱 개의 목책을 버려야 하오. 14번 패하더라도 나를 만나러 와서는 안 되오."

명령을 받은 위연은 즐겁지 않았고 속으로 불만족스러워하며 떠났다. 공명은 또 장익을 불러 별도로 한 부대를 이끌고 지시한 곳에 목책을 세우라고 보냈다. 장익과 마충에게는 본 동의 항복한 군사 1000명을 이끌고 이렇게 저렇게 하라고 명했다. 각기 모두 계책에 따라 움직였다.

한편 맹획은 오과국 군주 올돌골에게 말했다.

"제갈량은 교묘한 계책이 많지만 단지 매복만 할 뿐이오. 삼군에 분부하여 산골짜기에 나무가 많은 곳이 보이면 함부로 진격해서는 안 된다고 하시오."

올돌골이 말했다.

"대왕의 말씀에 이치가 있소. 내 이미 중국인들이 간사한 계책을 많이 쓰는 것을 알고 있소. 이후로는 그 말씀에 따라 움직이겠소. 내가 앞에서 들이칠 테니 그대는 뒤에서 나를 가르쳐주시오."

두 사람이 상의하며 결정하고 있는데 그때 별안간 촉군이 도화수 나루터 북쪽 기슭에 군영을 세웠다는 보고가 들어왔다. 올돌골은 즉시 두 부장에게 등갑군을 이끌고 강을 건너 촉군과 맞붙게 했다. 몇 합을 싸우지도 못하고 위연이 패하여 달아났다. 만병은 매복이 있을까 두려워 뒤쫓지 않고 돌아갔다. 이튿날 위연이 또 군영을 세웠다. 만병 정찰꾼이 보고하자 다시 군사들을 이끌고 강을 건너 싸우러 왔다. 위연이 또 나가 맞섰으나 몇 합을 싸우지도 못하고 패해서 달아났다. 만병들은 10여 리를 추격하며 들이쳤고 사방에 아무런 동정이 없는 것을 보고는 즉시 촉 군영 안에 주둔했다. 이튿날 두 부장이 올돌골을 군영으로 청해 이 일을 이야기했다. 올돌골은 바로 군사를 이끌고 대대적으로 진격시켜 한바탕 위연을 추격했다. 촉병들은 모두 갑옷과 창을 버리고 달아났는데 앞에는 흰 깃발만 보였다. 위연은 패잔병을 이끌고 급히 흰 깃발이 있는 곳으로 달아났다. 어느 결에 보니 군영 하나가 나타나자 그 군영에 군사를 주둔시켰다. 올돌골이 군사를 휘몰아 추격해오자 위연은 군사를 이끌어 군영을 버리고는 달아났다. 만병이 다시 촉 군영을 획득했다. 이튿날 또 앞쪽을 향해 위연을 추격하며 들이쳤다. 위연은 군사를 돌려 맞붙었으나 3합을 싸우지도 못하고 다시 패했고 흰 깃발만 보며 달아났다. 또 군영 하나가 나타나자 위연은 다시 군사들을 주둔시켰다. 이튿날 만병이 또다시 쳐들어왔다. 위연은 대충 싸우고는 또 달아났고 만병은 촉의 군영을 점거했다.

위연은 싸우면서 달아나 이미 15차례 패했고 연이어 일곱 개의 군영을 버렸다. 만병들이 대대적으로 진격하며 들이쳤다. 올돌골은 직접 앞장서서 적을 깨뜨렸는데 수목이 울창한 곳이 보이자 감히 전진하지 못했다. 사람을 시켜 멀리 살펴보게 하니 과연 나무 그늘 속에 깃발들이 바람에 흔들리고 있었다. 올돌골이 맹획에게 일렀다.

"과연 대왕의 헤아림에서 벗어나지 못하는구려."

맹획이 껄껄 웃으면서 말했다.

"제갈량이 이번에 나한테 깨질 것이오! 대왕께서 연일 15차례나 그를 이겼고 일곱 개의 군영을 빼앗았으니 촉병들이 멀리서 우리의 왕성한 기세를 보고는 벌벌 떨며 달아난 것이오. 제갈량의 계책이 이미 다했으니 한 번만 진격하면 큰일은 정해질 것이오!"

올돌골은 크게 기뻐하며 마침내 촉병을 더 이상 염려하지 않았다. 16일째 되는 날, 위연은 패잔병을 이끌고 다시 등갑군과 대적하러 나왔다. 올돌골은 코끼리를 타고 앞장섰는데 머리에는 해와 달 모양을 장식한 이리 수염 모자를 쓰고 몸에는 황금 구슬을 꿰어 만든 영락을 걸쳤다. 양 옆구리에 비늘과 껍데기를 드러냈고 눈에는 미묘한 빛을 띠고 있었다. 그가 손가락으로 위연을 가리키며 욕설을 퍼부었다. 위연이 말을 돌리고 이내 달아나자 뒤에서 만병이 대규모로 진격해왔다. 위연은 군사를 이끌고 반사곡을 돌아 흰 깃발을 바라보며 달아났다. 올돌골은 군사들을 통솔하여 위연의 뒤를 추격하며 들이쳤다. 올돌골은 산 위에 풀과 나무가 전혀 없는 것을 보고 매복이 없다고 헤아리고는 마음 놓고 추격했다. 골짜기 안까지 쫓아가니 검은 기름으로 칠한 궤짝을 실은 수레 수십 량이 길에 버려져 있었다. 만병이 보고했다.

"이곳은 촉병들이 군량을 운반하는 도로인데 대왕의 군사들이 이르자 군량 수레를 내버리고 달아난 것입니다."

올돌골은 크게 기뻐하며 군사들을 재촉하여 추격했다. 골짜기 입구를 나가려는데 촉병은 보이지 않았고 횡목과 돌들이 어지럽게 굴러떨어지며 쌓이면서 계곡 입구를 막아버렸다. 올돌골이 군사들에게 명하여 길을 열고 진격하려는데 별안간 앞쪽에 크고 작은 수레들이 나타나더니 수레에 실려 있던 마른 장작에 모조리 불길이 일어났다. 황급히 군사를 물리려 하자 후군에서 고함 소리가 들리더니 계곡 입구는 이미 마른 장작에 쌓여 차단되었고 수레에 실려 있던 것들은 모두 화약으로 일제히 불타고 있다는 보고가 들어왔다. 올돌골은 풀과 나무가 전혀 없는 것을 보고는 속으로 여전히 당황하지 않고 길을 찾아 달아나라고 명했다. 그때 산 위 양쪽에서 횃불들이 어지럽게 날아들어 떨어지는 곳마다 땅속에 있던 도화선에 불이 붙으면서 철포가 날아올랐다. 불빛들이 골짜기 안을 온통 어지럽게 비췄고 등갑에 불이 붙지 않은 사람이 없었다. 올돌골과 3만 명의 등갑군은 서로 끌어안은 채 반사곡 안에서 불타 죽고 말았다. 공명이 산 위에서 살펴보니 불에 타 죽은 만병들이 주먹을 내밀고 다리를 펴고 있었는데 태반이 철포에 맞아 머리와 얼굴이 산산조각 난 채로 골짜기 안에 죽어 있었고, 냄새는 맡을 수 없을 정도로 지독했다. 공명이 눈물을 흘리며 탄식했다.

"내 비록 사직에는 공이 있을지언정 틀림없이 제명에 못 살겠구나!"

좌우의 장수와 사졸들 중에서 탄식하지 않는 자가 없었다.

한편 군영 안에 있던 맹획은 만병들이 돌아와 보고하기만을 기다리고 있었다. 그때 별안간 1000여 명의 사람이 군영 앞에서 웃으며 절을 올리고 말했다.

"오과국 병사들이 촉군과 크게 싸워 제갈량을 반사곡 안에 가두고 포위했습니다. 특별히 대왕께 청하건대 그곳으로 가서서 호응하시기 바랍니다. 저희는 모두 본 동의 사람들로 어쩔 수 없이 촉에 항복했었습니다. 지금 대왕께서 당도하셨다는 것을 알고 특별히 싸움을 도우러 온 것입니다."

맹획은 크게 기뻐하며 즉시 종족과 번인番人들을 모으고는 그날 밤으로 말에 올라 만병들에게 길을 안내하게 했다. 막 반사곡에 당도했을 때 불빛이 크게 일어나는 것이 보였는데 악취가 지독했다. 그제야 계책에 걸려든 것을 안 맹획이 급히 군사를 물리려 하자 왼쪽에서는 장억, 오른쪽에서는 마충의 군사들이 두 갈래 길로 돌격해왔다. 맹획이 대적하려 하는데 한바탕 고함 소리가 일어났다. 알고 보니 따르던 만병 태반이 촉병이었고 만왕의 종족뿐 아니라 한데 모은 번인들까지 모조리 사로잡히고 말았다. 맹획은 홀로 겹겹의 포위를 뚫고 나와 산길을 향해 달아났다. 한창 달아나고 있는데 산 오목한 곳에서 한 무리의 인마가 한 량의 수레를 에워싸고 나타났다. 수레에는 관건을 쓰고 깃털 부채를 든 채 도사들이 입는 도포를 입은 사람이 단정히 앉아 있었다. 다름 아닌 공명이었다. 공명이 호통을 쳤다.

"역적 맹획아! 이번에는 어떠하냐?"

맹획이 급히 말 머리를 돌려 달아났다. 옆에서 한 장수가 번개같이 나타나 가는 길을 막아섰다. 바로 마대였다. 맹획은 미처 손쓸 겨를도 없이 마대에게 사로잡히고 말았다. 이때 왕평과 장익은 이미 일군을 거느리고 만병 군영으로 가서 축융부인과 모든 가족을 생포하여 돌아왔다.

공명은 군영으로 돌아와 군막 안에 장수들을 불러 모았다. 군사 상황을 듣고 앉아서는 장수들에게 일렀다.

"내 이번 계책은 부득이해서 쓴 것이지만 음덕¹²을 크게 손상시켰소. 적들이 틀림없이 내가 숲이 울창한 곳에 군사를 매복시켰을 것이라 계산할 것으로 헤아리고는 헛되이 깃발들만 꽂아놓고 실제로는 병마를 두지 않아 그들의 마음을 의심하게 만들었소. 내가 위문장魏文長(위연의 자)에게 연거푸 15번을 패하게 한 것은 그들의 마음을 확고부동하게 만들기 위해서였소. 나는 반사곡에 한 갈래 길만 있는 데다 양쪽은 모두 반들반들한 암석이고 나무도 없으며 바닥은 전부 모래흙인 것을 봤기 때문에 마대에게 검은 기름으로 칠한 궤짝을 실은 수레를 골짜기 안에 배치하게 한 것이오. 수레에 실려 있던 기름칠한 궤짝 속에 있는 것은 모두 미리 제작해둔 화포로 '지뢰地雷'라고 하오. 한 지뢰 안에 아홉 개의 포가 들어 있는데 30보 간격으로 그것을 묻어두고 중간에 마디를 뚫은 죽통을 써서 화약 도화선을 연결했으니, 하나만 폭발시켜도 연이어 터져 산이 부서지고 바위가 갈라지는 것이오. 내가 또 조자룡에게 풀단을 실은 수레를 미리 준비시켜 계곡 안에 배치해두도록 했고, 다시 산 위에 큰 나무와 돌들을 준비시켰소. 위문장을 시켜 올돌골과 등갑군을 속여 계곡으로 끌어들이게 한 다음 위연이 빠져나오자마자 즉시 그 돌아갈 길을 끊어버리고 이어서 불태우게 한 것이오. 내 듣자 하니 '물에 이로운 것은 반드시 불에 불리하다利於水者必不利於火'고 했소. 등갑이 비록 칼과 화살로 뚫을 수 없을지라도 기름에 담갔던 물건이라 불에는 반드시 타게 마런이오. 만병들이 그토록 완고하게 나오는데 화공이 아니고서야 어찌 승리를 얻을 수 있겠소? 그러나 오과국 사람을 남김없이 모조리 죽인 것은 나의 큰 죄라 하겠소!"

장수들이 무릎을 꿇고 절을 올리며 말했다.

"승상의 천부적인 재능은 귀신도 예측하지 못할 것입니다!"

공명은 맹획을 압송해오게 했고 맹획은 군막 안에서 무릎을 꿇었다. 공명은 그의 결박을 풀어주라 명하고는 잠시 다른 군막에서 술과 음식을 주어 놀란 마음을 진정시키게 했다. 또한 술과 음식을 관리하는 관원을 불러 침상 앞에 앉히고는 이렇게 저렇게 하라 분부하고 나가게 했다.

한편 맹획은 축융부인과 맹우, 대래동주 등 모든 종족과 함께 다른 군막에서 술을 마시고 있었다. 그때 별안간 한 사람이 군막으로 들어오더니 맹획에게 일렀다.

"승상께서 낯이 부끄러워 공을 만나고 싶지 않다고 하셨소. 특별히 내게 공을 놓아줘 돌아가도록 하셨으니 다시 인마를 불러모아 승부를 가리도록 하시오. 공은 지금 속히 떠나시오."

맹획은 눈물을 흘리며 말했다.

"일곱 번 사로잡았다가 일곱 번 놓아준 것은 예로부터 일찍이 없었던 일이오. 내 비록 교화가 미치지 못하는 곳의 사람이나 자못 예의라는 것을 알고 있는데 어떻게 줄곧 부끄러움이 없겠소?"

마침내 형제와 처자식 그리고 종족 사람들과 함께 군막 안으로 기어가 무릎을 꿇고 웃통을 벗고[13]는 사죄했다.

"승상의 하늘 같은 위엄 앞에 남인南人들은 다시는 배반하지 않겠습니다!"

공명이 말했다.

"공은 지금 복종하는 것이오?"

맹획이 울면서 사죄했다.

"저는 자자손손 모두의 목숨을 살려주신 하늘과 땅 같은 큰 은혜에 감격하고 있는데 어찌 복종하지 않을 수 있겠습니까!"

공명은 이에 맹획을 군막 위로 청하고는 주연을 베풀어 경축하고 영원히 동주洞主로 있게 해주었다. 그러고는 빼앗은 땅도 모두 돌려주었다. 맹획의 종족과 모든 만병이 감격하여 떠받들지 않는 자가 없었고 모두 즐거워하며 펄쩍펄쩍 뛰면서 떠났다. 후세 사람이 공명을 찬탄한 시가 있다.

깃털 부채에 관건 쓰고 푸른 휘장 수레에 앉아
일곱 번 사로잡는 묘책으로 만왕을 제압했다네
지금도 계동[14]에는 그의 위엄과 덕행 전하고자
높은 평지 골라서 제갈량의 사당을 세웠다네
羽扇綸巾擁碧幢, 七擒妙策制蠻王
至今溪洞傳威德, 爲選高原立廟堂

장사 비의가 들어와 간언했다.

"이제 승상께서 친히 사졸들을 거느려 불모의 땅으로 깊이 들어오셔서 남방을 복종시키셨습니다. 지금 만왕이 이미 귀순하여 복종했는데 어찌 관리를 두어 맹획과 함께 지키게 하지 않으십니까?"

공명이 말했다.

"그렇게 한다면 세 가지가 쉽지 않게 될 것이오. 외지인을 남겨둔다면 병사들도 남겨두어야 하는데 병사들이 먹을 것이 없는 것이 첫째로 쉽지 않은 일이오. 만인들이 상해를 입은 데다 그 아비와 형이 죽었는데 외지인을 남겨 두고 군사들을 남겨두지 않으면 반드시 재앙이 일어날 것이니 이것이 둘째 로 쉽지 않은 일이오. 만인들은 여러 차례 그들의 주인을 폐하고 죽인 죄가 있어 스스로 의심하는데 외지인을 남겨두면 끝내 서로 믿지 못할 것이니 이 것이 셋째로 쉽지 않은 일이오. 지금 나는 사람도 남기지 않고 군량도 운반 하지 않으면서 서로 다툼 없이 화목하게 지내고자 할 뿐이오."

사람들이 모두 감복했다. 남방 사람들은 모두 공명의 은덕에 감격하여 그를 위해 생사[15]를 세우고 사계절 제사를 지내면서 모두 '자부'[16]라 불렀다. 그리고 각기 진주와 황금, 보석, 주홍색 옻칠에 쓰는 약재, 밭갈이 소와 전마 등을 보내 군용에 쓰게 했으며 다시는 반란을 일으키지 않겠다고 맹세했다. 이렇게 남방은 평정되었다.

한편 공명은 술과 음식을 내려 군사들을 위로하고 회군하여 촉으로 돌아 가기로 하고는 위연을 선봉으로 삼아 본부 군사들을 이끌게 했다. 위연이 군사를 이끌고 막 노수 가에 이르렀는데 별안간 검은 구름이 사방에서 모여들고 갑자기 수면 위로 한바탕 광풍이 일어나더니 모래가 날리고 돌이 굴러 군사들이 전진할 수가 없었다. 위연은 군사를 물리고 돌아와 공명에게 보고 했다. 공명이 즉시 맹획을 청해 그 까닭을 물었다.

변경 밖의 만인들이 이제야 막 복종했는데
물가의 귀신 졸개들이 또 미쳐 날뛰는구나
塞外蠻人方帖服, 水邊鬼卒又猖狂

맹획이 어떤 말을 할 것인가? ❶

제90회 칠종칠금

❶

정말 남만을 토벌한 이후에 군사와 관리를 두지 않았을까?

『삼국지』「촉서·제갈량전」배송지 주『한진춘추』에는 "남중南中(지구 명칭으로 지금의 쓰촨성 다두강大渡河 이남과 윈난성, 구이저우성 등 지역)을 평정하고 그들의 수령을 임용했다"고 기록하고 있고, 『자치통감』권70 「위기 2」에는 "익주, 영창, 장가, 월수 네 군이 평정되자 제갈량은 여전히 원래 있던 사람들을 수령으로 임명했다. 또한 맹획 등 그곳의 저명한 인물들을 끌어모아 지방 관리로 임명했다"고 하며 소설과 같은 내용으로 기록하고 있다.

그러나 「촉서·이회전」에는 남중이 평정되고 "후에 군대가 철수하자 남방 이족夷族은 또 반란을 일으켰고 지키던 장수를 살해했다. 이회는 직접 군사를 이끌고 토벌에 나서 주모자를 모조리 제거하여 뿌리를 뽑았다. 그들의 수령을 성도로 옮기게 했으며 수叟와 복濮(서남 지역의 소수 민족 명칭) 등의 소수 민족으로부터 받가는 소, 전마, 금, 은, 코뿔소 가죽을 징수하여 군사 물자에 보충했으므로 당시의 군사 물자 공급이 부족하지 않았다"고 기록하고 있어 평정 이후에 군사와 장수를 배치했음을 알 수 있다.

또한 「촉서·제갈량전」에 "남중南中에서 제공하는 허다한 군용 물자로 나라가 풍족해졌기에 병사를 조련하고 무예를 익혀 대규모의 북벌을 준비했다"고 기록되어 있어, 남방에서 징수되는 물자가 북벌을 실행하는 토대가 되었음을 알 수 있다.

칠종칠금은 사실이었을까?

맹획을 일곱 번 사로잡았다가 일곱 번 풀어줬다는 유명한 고사인 '칠종칠금'은 『삼국지』 본문에는 실려 있지 않지만, 「촉서·제갈량전」 배송지 주 『한진춘추』와 『자치통감』 권70 「위기 2」에는 실려 있다. 『한진춘추』의 기록을 살펴보면 다음과 같다.

"제갈량이 남중에 당도하기 전까지 이르는 곳마다 승리를 거뒀다. 맹획이라는 자를 이족夷族과 한나라 사람들이 믿고 따른다는 소리를 듣고 현상금을 걸어 사로잡도록 했다. 그를 잡은 뒤에 군영의 포진을 살펴보도록 하고는 '이 군대는 어떻소?'라고 물었다. 맹획은 '지난번에는 허실을 몰랐기 때문에 패했습니다. 이제 군대의 진영 배치를 살펴보았으니 만일 이와 같다면 쉽게 이길 수 있습니다'라고 대답했다. 제갈량은 웃으면서 맹획을 풀어주고 다시 싸우게 했다. 일곱 번 풀어주고 일곱 번 사로잡았지만 제갈량은 여전히 맹획을 풀어주었다. 맹획은 이에 더 이상 가지 않고 멈추고는 '공은 하늘의 위엄을 지녔습니다. 남인南人들이 다시는 배반하지 않겠습니다'라고 말했다."

비록 '칠종칠금'의 기록은 있지만 학자들은 믿을 수 없다는 것이 대체적인 견해다. 나쁜 기후 조건과 원정에 나선 입장을 헤아려봤을 때 북벌을 준비하는 제갈량이 그렇게 한가롭게 잡았다가 여러 차례 풀어줬다는 것은 믿기 어려운 이야기다.

제갈량은 세 갈래 길로 남쪽 정벌에 나섰다

『삼국지』「촉서·이회전」에 따르면 "선주(유비)가 세상을 떠나자 고정高定은 월수越嶲에서 제멋대로 날뛰었고, 옹개雍闓는 건녕建寧에서 발호했으며, 주포는 장가牂牁에서 모반했다"고 기록하고 있다. 『자치통감』 권70 「위기 2」에 따르면 "한나라 제갈량이 남중南中에 당도했고 지나는 곳마다 모두 승리를 거두었다. 제갈량은 월수로 진입하여 옹개와 고정을 참수했다. 내항독庲降督(촉한이 남중에 설립한 군사 행정 장관) 익

주 사람 이회를 익주에서 남쪽으로 진격하게 했고, 문하독門下督(도적의 일을 관장)
파서 사람 마충을 장가에서 남쪽으로 진격하게 하여 각 현을 공격해 격파한 다음
다시 제갈량과 합류하게 했다"고 했다. 이 기록을 통해 제갈량이 세 갈래 길로 남쪽
정벌에 나선 것을 알 수 있다.

제 91 회

출사표

한나라 승상 노수에 제사 지낸 뒤 회군하고,
무후는 중원을 정벌하려고 표문을 올리다

祭瀘水漢相班師,
伐中原武侯上表

공명이 군대를 철수시켜 귀국하려 하자 맹획이 대소 동주와 추장 그리고 모든 부락 사람을 인솔하여 공명을 둘러싸고는 무릎을 꿇고 절을 올리며 전송했다. 선봉대가 노수 가에 이르렀을 때는 바야흐로 9월 가을이었는데 별안간 검은 구름이 몰려들더니 갑자기 광풍이 일어났다. 병사들은 강을 건널 수 없어 다시 돌아와 공명에게 보고했다. 공명이 즉시 맹획에게 묻자 맹획이 말했다.

"이 물에는 원래 미쳐 날뛰는 귀신이 있어 재앙을 일으킨다고 합니다. 왕래하는 자들은 반드시 제사를 지내줘야 합니다."

공명이 말했다.

"무슨 물건을 써서 제사를 지내야 하오?"

맹획이 말했다.

"옛날에 나라 안에서 흉포한 귀신이 재앙을 일으켰을 때 49명의 사람 머리와 검은 소, 흰 양을 잡아 제사를 지냈습니다. 그러면 저절로 바람이 고요해지고 물결이 잠잠해졌으며 해마다 풍작을 이루었습니다."

공명이 말했다.

"내 이제 평정했건만 어찌 한 사람이라도 헛되이 함부로 죽일 수 있겠소?"

즉시 직접 노수 기슭으로 가서 살펴보았다. 과연 음풍이 크게 일어나고 물이 세차게 출렁이는데 사람과 말이 모두 놀랐다. 몹시 의심이 든 공명은 즉시 토착민을 찾아 그 원인을 물었다. 토착민이 고했다.

"승상께서 이곳을 지나가신 이후로 밤마다 물가에서 귀신이 곡을 하고 신령이 부르는 소리가 들렸습니다. 황혼 무렵부터 시작해서 날이 밝을 때까지 곡소리가 끊이지 않았습니다. 장기가 연기처럼 피어오르면 귀신이 무수히 나타납니다. 이렇게 재앙을 일으키니 감히 건넌 사람이 아무도 없었습니다."

공명이 말했다.

"이것은 바로 나의 죄악이로다. 이전에 마대가 이끌던 촉군 1000여 명이 이 물속에 모두 빠져 죽었다. 게다가 남쪽 사람을 죽여 모조리 이곳에 버렸으니, 미친 영혼과 원한에 찬 귀신들이 해탈할 수 없어 이 지경에 이른 것이로다. 내 오늘 밤에라도 당장 직접 가서 제사를 지내야겠구나."

토착민이 말했다.

"전례를 따라 49명을 죽여 그 머리로 제사를 지내야만 원귀恕鬼가 저절로 흩어질 것입니다."

공명이 말했다.

"본래 사람이 죽어서 원귀가 되었거늘 어찌 또 생사람을 죽인단 말인가? 내 나름대로 생각이 있네."

그러고는 주방장을 불러 소와 말을 잡고 밀가루를 반죽하여 사람의 머리를 만들게 했다. 그 속에 소와 양의 고기를 넣어 사람 머리를 대신하게 하고는 '만두饅頭'라 불렀다. 이날 밤 노수 기슭에 향안¹을 설치하고 제물을 펼쳐놓았다. 그러고는 49개의 등잔을 배열해놓고 조기를 걸어 죽은 자의 영혼을 부르며, 만두 등의 제물을 땅바닥에 늘어놓았다. 삼경이 되자 공명이 금관을 쓰고 학창의를 입고는 친히 제사에 임하여 동궐董厥에게 제문을 낭독하게 했다. 제문의 내용은 다음과 같다.

"대한大漢 건흥建興 3년 9월 초하루, 무향후, 익주목 겸 승상 제갈량은 삼가 제품을 차려놓고 왕사² 를 위해 죽은 촉중의 장교와 남방의 죽은 영혼에게 제물을 흠향하게 하며 고하노라.

우리 대한 황제의 위엄은 오패³ 보다 우월하고 밝음은 삼왕⁴ 을 계승하셨도다. 전날 먼 곳의 사람들이 경계를 침범하고 풍속이 다른 자들이 군대를 일으켜, 전갈 독 같은 잔혹한 수단을 쓰고 요사스러운 짓을 하며 이리 같은 심보로 도적질하고 제멋대로 난을 일으켰다. 내가 왕명을 받들어 죄를 묻고자 황량하고 외진 곳으로 왔으니, 용맹한 전사를 대대적으로 일으켜 땅강아지와 개미같이 미약하고 비천한 자를 모조리 제거했고, 정예 병력이 구름같이 모여들자 미친 도적들은 얼음처럼 녹아 사라졌으며, 대를 쪼개는 소리가 들리자마자 장수와 사졸들이 전몰하는 형세가 되었다. 그러나 병사는 모두 구주⁵ 의 호걸이며, 관료와 장교는 모두 사해의 영웅이 되었다. 무예를 익혀 종군하고 광명을 좇아 주인을 섬기고 명령을 어김없이 받들어 함께 적을 일곱 번 사로잡았도다. 나라를 받드는 진실함을 한결같이 견지하고 아울러 군주께 충성을 다하여 진력했도다. 그대들이 공교롭게도 용병의 임기응변 책략을 잘못 생각하여 간사한 계책에 빠질 줄 어찌 짐작이나 할 수 있었겠는가. 난데없이 날아온 화살에 맞아 영혼이 구천으로 가기도 하고, 혹은 칼과 검에 다쳐 혼백이 어둡고 캄캄한 지하로 돌아가기도 했다. 살아서는 용맹을 보였고 죽어서는 세상에 명성을 얻었도다. 이제 개선가를 부르며 돌아가고자 하니 장차 헌부[6]를 할 것이니라. 그대들의 영령이 아직도 여기에 있다면 나의 기도를 반드시 들을지어다. 나의 깃발을 따르고 부곡[7]을 쫓아 함께 상국[8]으로 돌아가자. 각자 고향을 찾아가서 골육의 증상[9]을 받고 집안사람의 제사를 받아 헛되이 이역의 혼령이 되지 말지어다. 내 마땅히 이 일을 천자께 아뢰어 그대 각자의 집마다 모두 황제의 은혜를 입게 할 터이니 해마다 의복과 양식을 주고 달마다 늠록[10]을 하사케 하겠노라. 이것으로 그대에게 보답하고 그대의 마음을 위로하노라. 이곳 변경의 토신土神과 남방의 죽은 귀신들에게는 항상 혈식[11]이 있을 것이니 의지할 곳이 머지않아 생길 것이니라. 살아 있는 자는 이미 천자의 위엄을 경외하고 있으니 죽은 자 또한 왕화에 귀의하라. 바라건대 마땅히 평온하게 안정하되 목놓아 울지 말지어다. 조금이나마 정성된 마음을 표하며 공손하게 제사를 지내노라. 아아 슬프도다! 엎드려 제물을 흠향하기를 바라노라!"

제문 낭독을 마치자 공명이 대성통곡하는데 매우 비통하고 간절하여 삼군의 감정을 흔들어놓았다. 눈물을 흘리지 않는 자가 없었으니 맹획을 비롯한 모든 무리가 흐느끼며 울었다. 어둡고 음산한 연기 같은 운무와 안개 속에서 수천의 영혼들이 바람 따라 흩어지는 것이 흐릿하게 보였다. 이에 공명은 좌우에 제물을 모조리 노수 속으로 던지라고 명했다.

이튿날 공명이 대군을 이끌고 노수 남쪽 기슭에 이르자 구름은 걷히고 안개는 흩어졌으며 바람은 차분했고 물결은 잠잠했다. 촉병들이 무사히 노수를 건너니 과연 말채찍으로 황금 등자 두드리는 소리가 울려 퍼지고, 사람들은 개선가를 부르며 돌아왔다. 영창永昌에 이르자 공명은 왕항과 여개를 남겨두어 네 개 군을 지키게 했다. 맹획에게는 무리를 이끌고 돌아가게 하고는 성실하게 정무를 보고 거주민들을 잘 어루만지며 농경기를 놓치지 말라고 당부했다. 맹획은 눈물을 흘리며 삼가 작별을 고하고 떠났다.

공명이 대군을 이끌고 성도로 돌아왔다. 후주는 어가를 타고 곽 30리 밖까지 나와서 영접했고 어가에서 내려 길가에 서서는 공명을 기다렸다. 공명은 당황하며 수레에서 내리고는 길에 엎드려 아뢰었다.

"신이 속히 남방을 평정하지 못하여 주상께 근심을 끼쳐드렸으니 그 죄가 큽니다."

후주는 공명을 부축해 일으키고는 수레를 나란히 하고 돌아왔으며 연회를 열어 삼군에 후한 상을 내렸다. 그로부터 먼 곳에서 조공을 바치고 알현하는 자가 200여 명이나 되었다. 공명은 후주에게 아뢰어 정벌로 인해 전몰한 자의 집을 하나하나 위로하고 보상했다. 사람들이 기뻐하며 즐거워했고 조정과 민간이 태평해졌다.

한편 위주 조비가 황제에 오른 지 7년째 되는 해는 촉한 건흥 4년(226)이었다. 조비의 부인은 바로 원소의 차남 원희의 부인으로 이전에 업성을 점령했을 때 얻었다. 나중에 아들 하나를 두었는데 이름이 예睿이고 자가 원중元仲으로 어려서부터 총명하여 조비가 무척 사랑했다. 조비는 또 안평[12] 광종廣宗 사람인 곽영郭永의 여식을 귀비[13]로 삼았는데 대단히 아름다웠다. 그 아비가 일찍이 이렇게 말한 적이 있었다.

"내 딸은 여자 중에서도 왕이로다."

그래서 그녀를 '여왕女王'이라 불렀다. 조비가 그녀를 들이고 귀비로 삼자 진씨 부인은 총애를 잃고 말았다. 곽귀비는 황후가 되고자 조비의 총애를 받고 있는 신하 장도張韜와 상의했다. 이때 조비는 병을 앓고 있었는데 장도는 진씨 부인이 궁중에서 오동나무로 만든 인형에 천자의 태어난 연월일시를 적고 염진[14]을 했다고 상서[15]를 올렸다. 조비는 크게 노하여 결국 부인에게 사사賜死[16]를 명하고는 곽귀비를 황후로 삼았다. 그러나 곽황후는 자식을 낳지 못했기 때문에 조예를 길러 자신의 아들로 삼았다. 그를 대단히 사랑했지만 후계자로 세우지는 않았다. ❶

열다섯 살이 된 조예는 활쏘기와 말타기에 능숙했다. 그해 봄 2월, 조비가 조예를 데리고 사냥을 나갔다. 산간의 평지를 지나는데 사슴 두 마리가 뛰쳐나왔다. 조비가 화살 한 대로 어미 사슴을 쏘아 쓰러뜨리고 뒤돌아보니 새끼 사슴이 조예의 말 앞으로 달려가고 있었다. 그러자 조비가 크게 소리쳤다.

"아들아, 어찌하여 쏘지 않느냐?"

조예가 말 위에서 울면서 고했다.

"폐하께서 이미 그 어미를 죽이셨는데 신이 어찌 차마 그 새끼를 죽일 수 있겠습니까?"

그 말을 들은 조비는 활을 땅바닥에 내던지며 말했다.

"내 아들은 참으로 어질고 덕이 있는 군주로다!"

그리하여 마침내 조예를 봉하여 평원왕平原王으로 삼았다.

5월, 조비가 한질寒疾(한기를 느껴 걸리는 질병)에 걸렸으나 치료를 해도 병이 낫지 않았다. 이에 중군대장군[17] 조진, 진군대장군[18] 진군, 무군대장군[19] 사마의를 불러 침궁寢宮으로 들였다. 조비가 조예를 불러놓고 가리키며 조진 등에게 일렀다.

"지금 짐의 병이 이미 심해져 소생하지 못할 것 같소. 이 아이는 아직 나이가 어리니 경들 세 사람이 잘 보좌하여 짐의 마음을 저버리지 말아주시오."

세 사람이 모두 고했다.

"폐하께서는 어찌하여 그런 말씀을 하십니까? 신들은 바라건대 있는 힘을 다해 폐하를 섬겨 천추만세에 이르게 할 것입니다."

조비가 말했다.

"올해 허창 성문이 아무런 까닭 없이 저절로 붕괴되었는데 이는 상서롭지 못한 징조로 짐은 그 때문에 반드시 죽을 것이라고 스스로 알고 있었소."

한창 말하고 있는데 내시가 정동대장군[20] 조휴가 문안을 드리러 입궁했다고 아뢰었다. 조비가 불러들이고 일렀다.

"경들은 모두 국가의 기둥과 주춧돌 같은[21] 신하이니 마음을 합쳐 짐의 아들을 보좌해주시오. 그럼 짐은 죽어도 편안히 눈을 감을 수 있을 것이오!"

말을 마치더니 눈물을 흘리며 세상을 떠났다. 이때 그의 나이 40세였으니 황제의 자리에 오른 지 7년째였다.

조진, 진군, 사마의, 조휴 등은 애도하는 한편 조예를 대위大魏황제로 옹립했다. 부친 조비에게 문황제, 모친 진씨에게는 문소황후文昭皇后라는 시호를 바쳤다. 종요를 태부로 봉하고 조진을 대장군, 조휴를 대사마, 화흠을 태위, 왕랑을 사도, 진군을 사공, 사마의를 표기대장군으로 임명했다. 나머지 문무 관원에게도 각각 봉증[22]을 내렸고 천하에 대사면을 단행했다. 이때 옹주[23]와 양주涼州를 지키는 자리에 결원이 생기자 사마의가 표문을 올려 자신이 서량[24] 등을 지키겠다고 했다. 조예는 그 의견을 따라 즉시 사마의를 옹주, 양주涼州 등의 병마를 총감독하는 제독[25]에 봉했고 그는 조서를 받들어 그곳으로 떠났다.

어느새 정탐꾼이 급히 서천으로 들어와 이 사실을 보고했다. 공명은 깜짝 놀랐다.

"조비가 이미 죽었고 어린 아들 조예가 즉위했다니 나머지 무리야 걱정할 필요가 없겠으나, 사마의는 지략이 뛰어난 자다. 지금 옹주와 양주涼州의 병마를 감독하게 되었다니 만일 훈련을 마친다면 틀림없이 촉중의 커다란 우환거리가 될 것이다. 차라리 먼저 군대를 일으켜 쳐야겠구나."

참군 마속이 말했다.

"지금 승상께서는 막 남방을 평정하고 돌아오셨습니다. 군마가 피폐하니 마땅히 돌보셔야 하거늘 어찌 다시 원정에 나서려 하십니까? 제게 사마의가 조예의 손에 죽게 할 수 있는 계책이 하나 있는데 승상께서 허락하실지 모르겠습니다."

공명이 무슨 계책이냐고 묻자 마속이 말했다.

"사마의가 비록 위국의 대신이라 할지라도 조예는 평소에 그를 의심하고 시기하는 마음을 품고 있습니다. 비밀리에 낙양과 업군 등지로 사람을 보내 사마의가 모반하려 한다는 유언비어를 퍼뜨리게 하십시오. 그러고는 사마의 명의로 천하에 포고하는 방문을 지어 모든 지역에 붙인다면 조예가 의심하여 틀림없이 이 사람을 죽일 것입니다."

공명은 그 말을 따르기로 하고 즉시 비밀리에 사람을 보내 이 계책을 실행했다.

한편 업성의 성문에 어느 날 갑자기 포고문 한 장이 붙었다. 성문을 지키는 자가 그것을 떼어내어 조예에게 아뢰었다. 조예가 그 내용을 살펴보니 다음과 같았다.

"표기대장군이자 옹주와 양주涼州 등지의 병마를 통솔하는 사마의는 삼가 신의로써 천하에 포고하노라. 옛날에 태조 무황제(조조)께서 기업을 창립하고 본래는 진사왕[26] 자건子建(조식의 자)을 세워 사직의 주인으로 삼고자 했으나, 불행하게도 중상모략이 동시에 일어나 오랜 세월을 숨어서 드러내지 않고 잠룡[27]으로 지내셨다. 황손 조예는 본디 덕행도 없으면서 망령되이 스스로 존귀한 자리에 있으니 이는 태조께서 남기신 뜻을 저버린 것이로다. 이제 천명에 순응하고 인심에 부합하고자 기한을 정해 군대를 일으켜 만민의 바라는 바를 위로하려 하노라. 포고문이 이르는 날에는 각자 새로운 군주에게 귀순토록 해야 하노라. 순응하지 않는 자는 마땅히 구족을 멸하리라! 먼저 이렇게 알리노니 바라건대 알아들을지어다."

글을 읽고 난 조예는 몹시 놀라 얼굴빛이 변했다. 그가 급히 군신들에게 묻자 태위 화흠이 아뢰었다.

"사마의가 표문을 올려 옹주와 양주涼州를 지키겠다고 한 것은 바로 이 때문입니다. 이전에 태조 무황제께서 일찍이 신에게 이르시기를 '사마의는 노려보는 눈매가 매처럼 날카롭고 이리처럼 뒤돌아보니 사람됨이 음흉하고 흉악하여 병권을 맡겨서는 아니 된다. 나중에 반드시 국가의 커다란 재앙이 될 것이다'라고 하셨습니다. 오늘 모반의 정황이 이미 싹텄으니 속히 그를 죽이셔야 합니다."

왕랑이 아뢰었다.

"사마의는 육도와 삼략의 병법에 통달했으며 용병의 책략에 정통한 데다 본디 큰 뜻을 품고 있습니다. 만약 일찌감치 제거하지 않는다면 나중에 필시 재앙이 될 것입니다."

조예는 이에 성지를 내려 군대를 일으킨 후 친히 정벌에 나서려고 했다. 그때 느닷없이 반열 속에서 대장군 조진이 재빨리 나오며 아뢰었다.

"안 됩니다. 문황제께서 신을 비롯한 몇 사람에게 어린 황태자를 부탁하셨는데 이는 사마중달에게 다른 뜻이 없음을 알고 계셨기 때문입니다. 지금 진위 여부도 모른 채 갑자기 무력으로 진공하는 것은 바로 그를 핍박하여 반역하게 만드는 것과 다름없습니다. 게다가 촉이나 오의 첩자가 반간계를 써서 우리 군신들을 자중지란에 빠뜨린 다음 빈틈을 타서 공격하려는 것인지도 아직 모릅니다. 폐하께서는 세밀하게 살펴주십시오."

조예가 말했다.

"사마의가 만약 모반한 것이라면 장차 어찌하면 좋겠소?"

조진이 말했다.

"폐하께서 의심이 드신다면 한고조께서 운몽으로 거짓 유람하신 계책[28]을 본받아 어가를 안읍[29]으로 행차하도록 하십시오. 그러면 사마의는 틀림없이 와서 영접할 것이니 그때 그의 동정을 살펴보신 다음에 어가 앞에서 그를 사로잡는 것이 좋을 듯합니다."

조예는 그렇게 하기로 하고 즉시 조진에게 국사를 관리하도록 명한 다음 친히 어림군 10만 명을 이끌고 안읍으로 갔다.

그 까닭을 모르는 사마의는 천자에게 자신의 위엄을 알리고 싶어 이에 병마를 정돈하고 갑옷 입은 군사 수만 명을 인솔하여 영접하러 왔다. 근신이 아뢰었다.

"사마의가 과연 군사 10여 만 명을 인솔하고 항거하러 왔으니 진실로 모반할 마음을 갖고 있는 듯합니다."

조예는 황급히 조휴에게 군사를 이끌고 그를 맞이하라 명했다. 병마가 오는 것을 본 사마의는 어가가 친히 오는 것으로만 여기고 길에 엎드려 맞이했다. 조휴가 나서며 말했다.

"중달은 선제의 당부를 받아 막중한 소임을 맡았거늘 무슨 까닭으로 모반했단 말이냐?"

사마의는 몹시 놀라 낯빛이 변하더니 온몸에 땀을 흘리면서 그 까닭을 물었다. 조휴가 있었던 일을 자세히 설명했다. 그러자 사마의가 말했다.

"이것은 오나 측 첩자의 반간계로 우리 군신들을 서로 해치게 한 다음 그 틈을 노려 기습하려는 것이오. 내가 천자를 찾아뵙고 분명하게 가리겠소."

즉시 급히 군마를 물리고는 조예의 어가 앞으로 가서 엎드려 눈물을 흘리며 아뢰었다.

"신이 선제의 당부를 받아 막중한 소임을 맡았는데 어찌 감히 다른 마음을 품겠습니까? 이것은 필시 오나 측의 간사한 계책입니다. 청컨대 한 무리의 군대를 통솔하게 해주신다면 먼저 촉을 깨뜨리고 그다음에 오를 정벌하여 선제와 폐하께 보답하고 신의 마음을 밝히겠습니다."

조예는 의심하고 염려하며 결정을 내리지 못했다. 화흠이 아뢰었다.

"그에게 병권을 맡겨서는 안 됩니다. 즉시 파직하여 고향으로 돌아가게 하소서."

조예는 그 말에 따라 사마의의 관직을 삭탈하여 고향으로 돌아가게 하고 조휴에게 옹주와 양주涼州의 군마를 총괄하도록 명했다.[30] 조예는 어가를 돌려 낙양으로 돌아갔다.❷

한편 정탐꾼이 이 사실을 탐지하여 서천으로 들어가 보고했다. 그 소식을 들은 공명은 크게 기뻐하며 말했다.

"내가 위를 정벌하려 한 지가 오래되었으나 사마의가 옹주와 양주涼州의 군사를 총괄하고 있어 어찌하지 못하고 있었다. 이제 계책에 걸려들어 관직을 삭탈당했으니 내 무슨 근심이 있겠는가!"

이튿날 후주가 이른 아침에 관료들을 모아놓고 조회를 하는데 공명이 반열에서 나와 출사표出師表를 바쳤다.

"신 량이 아룁니다. 선제께서 나라를 창업하셨으나 절반도 이루지 못하고 중도에 붕어하셨습니다. 지금 천하가 셋으로 나뉘어 익주의 백성은 곤궁하고 피폐해졌으니 이는 확실히 존망이 걸린 위급한 시기입니다. 그러나 폐하를 모시며 호위하는 신하들이 궁중에서 조금도 게으름을 피우지 않고, 충성스러운 인사들이 밖에서³¹ 자신의 몸을 돌보지 않고 온 힘을 다하고 있습니다. 이는 선제께서 베풀어주신 남달랐던 예우를 회상하며 폐하께 보답하려 하기 위함입니다. 그러니 폐하께서는 진실로 신하의 의견을 폭넓게 청취하여 선제께서 남기신 미덕을 빛내고, 원대한 뜻이 있는 인사들의 기개를 넓혀 더욱 발전시키셔야 합니다. 함부로 폐하 자신을 가볍게 여기지 마시고 도리에 부합하지 않는 비유로 의를 잃음으로써 충성스럽게 진언하는 언로를 막아서는 안 됩니다. 궁중과 부중³²이 한몸이 되어 하급 관원에게 선행을 장려해야 하며 악행을 처벌함에 있어 서로 달라서는 안 됩니다. 만약 나쁜 짓을 하여 법령을 어기거나 혹은 충성스럽고 선량한 일을 한 자가 있으면 응당 주관 부서의 관리에게 맡겨 그의 형벌과 포상을 결정하게 해야 합니다. 폐하의 공평하고 명백한 다스림을 밝히셔야지, 사적인 정에 치우쳐 궁 안팎의 법도를 다르게 해서는 안 됩니다. 시중, 시랑 곽유지郭攸之, 비의費禕, 동윤董允 등은 모두 선량하고 진실하며 지향하는 사상이 순수한 사람들이라 선제께서 발탁하여 폐하께 남기셨습니다. 저의 어리석은 생각으로는 궁중의 일은 크고 작음을 막론하고 모두 이들에게 자문한 다음에 실행하신다면 틀림없이 결점을 보완할 수 있고 이로움이 더욱 많아질 것입니다. 장군 상총向寵은 성품과 행실이 선량하고 공정하며 군사 관련

업무에 정통합니다. 지난날 선제께서 그를 시험 삼아 써보고는 '유능하다'고 칭찬하셨기 때문에 여러 사람이 의론하여 상총을 천거해서 독[33]으로 임명했습니다. 제 어리석은 생각으로는 군사 사무에 관한 일은 크건 작건 모두 이 사람에게 자문하셔야 합니다. 그럼 틀림없이 군대를 화목하게 만들 수 있고 재능에 따라 군사들이 각자 자기가 있을 자리에 있게 될 것입니다. 어진 신하를 가까이하고 소인배를 멀리하여 전한이 번창하고 융성해졌고, 소인배를 가까이하고 어진 신하를 멀리하여 후한이 쇠망했습니다. 선제께서 살아 계셨을 적에 신과 함께 이 일을 의논하실 때마다 일찍이 환제와 영제의 일을 탄식하며 비통해하지 않은 적이 없으셨습니다! 시중 곽유지와 비의, 상서 진진陳震, 장사 장예張裔, 참군 장완蔣琬 등은 모두 충성스럽고 굳은 절개를 지녀 죽음으로써 나라에 보답할 신하들입니다. 바라건대 폐하께서 그들을 가까이하고 신임하신다면 한실이 융성할 때를 날을 세며 기다릴 수 있을 것입니다.

신은 본래 무명옷을 입은 평민으로 남양 땅에서 직접 농사를 지으며 잠시 난세에 목숨을 보전할 생각만 했을 뿐 제후들에게 명성을 떨칠 생각은 하지 않았습니다. 그런데 선제께서는 신을 비천하다 여기지 않으시고 신분을 낮춰 삼가 초려로 세 번이나 찾아오셔서 신에게 당시의 정세를 자문하셨습니다. 이에 신 감격하여 마침내 선제께 분주히 뛰어다니며 온 힘을 다하기로 약속했습니다. 나라가 기울어 전복되려는 상황을 만났던[34] 패전한 시기에 중임을 맡게 되었고 위험한 시기에 명령을 받든 지 21년이나 되었습니다. 선제께서는 신이 언행에 신중하고 조심하는 것을 아시고 붕어하실 즈음에 신에게 국가 대사를 맡기셨습니다. 명령을 받은 이래로 밤낮으로 걱정하며 부탁하신 임무에 결실을 얻지 못하여 선제의 밝음을 손상시킬까 두려웠으므로 5월에 노수를 건너 불모의 땅으로 깊이 들어갔습니다. 남방은 이미 평정되었고 갑옷과 병기도 풍족하니 마땅히 삼군을 격려하며 북으로 인솔하여 중원을 평정하고자 합니다. 신은 평범한 재능을 다하여 간사하고 흉악한 무리를 깨끗이 제거하고 한실을 부흥시켜 옛 도성으로 돌아가고자 합니다. 이것은 신이 선제께 보답하는 길이자 폐하께 충성하는 직분입니다. 손익을 헤아려 충언을 올리는 정사의 일은 곽유지, 비의, 동윤이 할 것입니다. 바라건대 폐하께서는 역적을 토벌하여 한실을 부흥시키는 책임을 신에게 맡겨주십시오. 만약 성공하지 못한다면 신의 죄를 다스려 선제의 영전에 고하소서. 만약 한실을 부흥시킬 만한 충언이 없다면[35] 곽유지, 비의, 동윤 등의 과실을 꾸짖고 그들의 소홀함과 태만함을 공개적으로 드러내소서. 또한 폐하께서도 마땅히 스스로 사색하여 바른 도리를 자문하고 정직한 언론을 살펴 받아들이며 선제께서 남기신 조서를 깊이 따르소서. 신 깊이 입은 은혜의 감격을 어찌 다 드러내겠습니까! 이제 먼 길을 떠남에 표문을 마주하고 눈물을 흘리니 무슨 말씀을 올려야 할지 모르겠습니다." ❸

표문을 읽고 난 후주가 말했다.

"상보께서는 남쪽 정벌을 나가 넓은 지역을 건너느라 고초를 겪으시다가 이제야 도성으로 돌아오셨소. 아직 편안한 자리에 앉지도 못하셨는데 지금 또 북쪽으로 정벌에 나서고자 하시니 정신이 지칠까 두렵소."

공명이 말했다.

"신이 선제의 당부를 받들어 막중한 임무를 맡고서 밤낮으로 태만한 적이 없었습니다. 지금 이미 남방을 평정하여 나라의 근심이 없어졌으니, 이때 역적을 토벌하여 중원을 회복하지 않는다면 다시 어느 때를 기다리겠습니까?"

그때 별안간 반열 속에서 태사 초주譙周가 나오며 아뢰었다.

"신이 간밤에 천문을 살펴보니 북방의 흥성한 기운이 왕성하여 별빛이 곱절로 밝아졌습니다. 지금은 도모할 수 없습니다."

이에 공명을 돌아보며 말했다.

"승상께서는 천문에 정통하시면서 무슨 까닭으로 무리하십니까?"

공명이 말했다.

"천도의 변화는 일정하지 않은 법인데 어찌 고집만 부릴 수 있겠소? 내 잠시 한중에 군마를 주둔시키고 그 동정을 살펴본 후에 움직이겠소."

초주가 간절하게 말렸으나 듣지 않았다. 그리하여 공명은 곽유지, 동윤, 비의 등을 남겨두고는 시중으로 삼아 궁중 일을 관리하게 했다. 또 상총을 남겨두어 대장으로 삼아 어림군을 감독하게 했고, 장완을 참군으로 삼았으며, 장예를 장사로 삼아 승상부의 일을 관장하도록 했다. 두경杜瓊을 간의대부로 삼고, 두미와 양홍을 상서,[36] 맹광과 내민을 좨주祭酒,[37] 윤묵尹默과 이선李譔을 박사博士,[38] 극정郤正과 비시費詩를 비서祕書,[39] 초주를 태사太史[40]로 삼았다. 내외 문무관원 100여 명에게 함께 촉중의 일을 처리하게 했다.

공명은 조서를 받고 승상부로 돌아와 장수들을 불러 명령을 내렸다. 전독前督部부[41]는 진북장군鎭北將軍 겸 승상사마丞相司馬, 양주涼州자사, 도정후都亭侯 위연으로 삼았고, 전군도독前軍都督은 부풍扶風태수 장익이 겸임하게 했다. 아문장은 비장군 왕평, 후군영병사後軍領兵使는 안한장군安漢將軍[42] 겸 건녕태수 이회李恢, 부장으로는 정원장군定遠將軍 겸 한중태수 여의呂義[43]가 맡았다. 군량 운반의 일과 좌군영병사左軍領兵使는 평북장군平北將軍, 진창후陳倉侯 마대가 맡고, 부장으로는 비위장군飛衛將軍[44] 요화, 우군영병사右軍領兵使는 분위장군奮威將軍, 박양정후博陽亭侯 마충[45]과 무융장군,[46] 관내후 장억이 맡았다. 중군사[47] 대리는 거기대장군,[48] 도향후都鄉侯 유염劉琰이 맡고, 중감군[49]은 양무장군[50] 등지, 중참군[51]은 안원장군安遠將軍 마속, 전장군은 도정후都亭侯 원침袁綝, 좌장군은 고향후高陽侯[52] 오의吳懿, 우장군은 현도후玄都侯[53] 고상高翔, 후장군은 안락후安樂侯[54] 오반吳班이 맡았다. 수군장군[55] 양의楊儀가 장사를 겸했으며, 전장군[56]은 정남장군征南將軍 유파가 맡았고, 전호군前護軍은 편장군, 한성정후漢城亭侯[57] 허윤許允이 맡았으며, 좌호군左護軍은 독신중랑장篤信中郎將 정함丁咸, 우호군右護軍은 편장군 유민劉敏, 후호군後護軍은 전군중랑장典軍中郎將 관옹[58]이 맡았다. 참군參軍 대리[59]는 소무중랑장昭武中郎將 호제胡濟, 간의장군諫儀將軍[60] 염안閻晏, 편장군 찬습爨習, 비장군 두의杜義, 무략중랑장武略中郎將 두기杜祺, 수융도위綏戎都尉 성발盛教[61] 등이 맡았다. 종사從事[62]는 무략중랑장 번기樊岐, 전군서기典軍書記는 번건樊建, 승상영사丞相令史는 동궐, 군막 앞의 호위를 담당하는 좌호위사左護衛使는 용양장군[63] 관흥關興, 우호위사左護衛使는 호익장군虎翼將軍 장포가 맡았다. 이상 모든 관원은 평북대도독, 승상, 무향후 겸 익주목이자 안팎의 일을 맡은 제갈량을 따르게 되었다. 배치가 정해지자 또 이엄 등에게 격문을 띄워 천구를 지키면서 동오를 막게 하고, 건흥 5년(227) 3월 병인丙寅일에 위를 정벌하기 위해 출병하기로 했다.

그때 별안간 군막 가운데서 한 노장이 나서더니 엄하게 소리 질렀다.

"내 비록 나이가 많지만 아직 염파廉頗(전국시대 말기 조趙나라의 명장) 같은 용맹과 마원馬援 같은 기백이 있소. 이 두 옛사람은 모두 늙었음을 인정하지 않았거늘 무슨 까닭으로 나를 쓰지 않는 것이오?"

모두 보니 바로 조운이었다. 공명이 말했다.

"내가 남방을 평정하고 도성으로 돌아오니 마맹기馬孟起(마초의 자)가 병사한 뒤였소. 내 심히 애석하여 한쪽 팔이 꺾인 듯했소. 지금 장군께서는 연세가 많아 만일 조금이라도 그르침이 있으면 한평생 떨친 걸출한 명성이 흔들리고 촉중의 날카로운 기세가 떨어질 것이오."❹

조운이 엄하게 말했다.

"내가 선제를 따른 이래로 전쟁에 나가 물러난 적이 없었고 적을 만나면 항상 앞장섰소. 대장부가 전쟁터에서 죽을 수 있으면 다행이거늘 내 무엇을 원망하겠소? 바라건대 선봉대의 선두가 되겠소!"

공명이 재삼 간곡하게 만류했으나 막을 수가 없었다. 조운이 말했다.

"나를 선봉으로 삼지 않는다면 섬돌 아래에 머리를 부딪쳐 죽겠소!"

공명이 말했다.

"장군께서 이미 선봉으로 서시겠다면 한 사람을 더 데리고 가시오."

말을 마치기도 전에 한 사람이 응답했다.

"제가 비록 재주는 없으나 원컨대 노장군을 도와 한 부대를 이끌고 앞으로 나아가 적을 깨뜨리겠습니다."

공명이 보니 바로 등지였다. 공명이 크게 기뻐하며 즉시 정예병 5000명과 부장 10명을 선발하여 조운과 등지를 따라가게 했다. 공명이 출병하자 후주는 백관을 거느리고 북문 밖 10리까지 나가 전송했다. 공명은 후주에게 작별을 고했다. 깃발은 들판을 덮고 과와 극은 숲을 이뤘다. 공명이 군사들을 거느리고 한중을 향해 천천히 진군했다.❺

한편 위의 국경에서는 이 사실을 탐지하여 낙양에 바로 보고했다. 조예는 조회에 참석하여 정무를 듣고 있었는데 근신이 아뢰었다.

"변경의 관원이 보고하기를 제갈량이 대군 30여 만 명을 인솔하여 한중으로 나와 주둔하고 있다고 합니다. 조운과 등지를 선봉대 선두로 삼았는데 군사들을 이끌고 경계 안으로 들어왔습니다."

깜짝 놀란 조예가 군신들에게 물었다.

"누구를 장수로 삼아야 촉군을 물리칠 수 있겠소?"

그때 별안간 한 사람이 응답하며 나섰다.

"신의 아비가 한중에서 죽었으나 이가 갈리는 사무친 원한을 갚을 길이 없었습니다. 지금 촉군이 경계를 침범했다고 하니 신이 원컨대 폐하께서 관서의 군사들을 내려주신다면 본부의 맹장들을 이끌고 앞으로 전진하여 촉을 깨뜨리겠습니다. 이는 위로는 나라를 위해 진력하고 아래로는 아비의 원수를 갚는 것이니 신 만 번 죽어도 원통하지 않습니다!"

모두 보니 바로 하후연의 아들 하후무夏侯楙였다. 하후무는 자가 자휴子休64로 성격이 몹시 급하고 지독하게 인색했다. 어려서부터 하후돈의 대를 이었는데, 후에 하후연이 황충에게 죽자 조조가 그를 가엾게 여겨 자신의 딸 청하공주淸河公主와 결혼시켜 부마65로 삼았다. 이 때문에 조정에서도 그를 존경했다. 비록 병권을 잡기는 했지만 일찍이 전쟁에 나간 적은 없었던 그가 출정을 자청하자 조예는 즉시 그를 대도독으로 삼고 관서의 여러 갈래 군마를 소환하여 앞으로 나아가 적에 맞서게 했다. 사도 왕랑王朗이 간언했다.

"안 됩니다. 하후 부마는 본디 전투 경험이 없어 이러한 막중한 임무를 맡기시는 것은 마땅하지 않습니다. 더욱이 제갈량은 지혜가 많고 계략이 풍부하며 육도와 삼략의 병법에 정통하니 함부로 대적해서는 안 됩니다."

하후무가 큰 소리로 꾸짖었다.

"사도는 혹여 제갈량과 연계하여 내응하려는 것이 아니오? 내 어려서 부친으로부터 육도와 삼략을 배워 병법에 정통했는데, 그대는 어찌하여 내가 나이가 어리다고 업신여기시오? 내 만약 제갈량을 사로잡지 못한다면 맹세코 천자를 뵈러 돌아오지 않을 것이오!"❻

왕랑을 비롯한 모두가 감히 말을 꺼내지 못했다. 하후무는 위주에게 하직을 고하고 밤새 장안으로 달려가 관서의 여러 갈래 군마 20여 만 명을 이동시켜 공명을 대적하러 갔다.

백모[66] 잡고 장수와 사졸을 어루만지게 하면서
도리어 어린 풋내기에게 병권을 잡게 하는구나
欲秉白旄摩將士, 却教黃吻掌兵權

승부는 어떻게 될 것인가?

제91회 출사표

❶

곽황후는 누구인가?

「위서·후비전后妃傳·문덕곽황후기文德郭皇后紀」는 곽황후가 황후가 된 과정을 다음과 같이 기록하고 있다.

"곽후郭后는 아주 어려서 부모를 잃고 전란 중에 유랑했으며 동제銅鞮(현 명칭으로 치소는 산시山西성 친현沁縣 남쪽) 후侯 집안에 몸을 의탁하기도 했다. 태조가 위공魏公이 되었을 때 태자 동궁에 들어왔다. 곽후는 지모와 술수가 있었고 건의한 것은 항상 [조비에게] 받아들여졌다. 문제가 후계자로 정해졌을 때도 곽후는 계책을 바쳤다. 태자가 왕위에 오르자 곽후는 부인으로 세워졌으며 [조비]가 제위에 오르자 귀빈貴嬪이 되었다."

중랑 잔잠棧潛이 상소를 올려 총애를 받아 황후로 세운다면 천한 사람이 갑자기 고귀한 지위에 오르는 것으로 비첩의 세력이 확장되고 법도가 없어지기 때문에 동란이 발생할 것이라며 반대했으나 조비는 듣지 않고 결국 황후로 세웠다고 역사는 기록하고 있다.

조예를 후계자로 세우지 않은 이유

『삼국지』「위서·명제기明帝紀」에 "그의 생모 진씨가 사사賜死되었기 때문에 황위 계승자로 오르지 못했다. 황초 7년(226) 5월, 문제의 병세가 위중해지자 비로소 황태 자로 세워졌다"고 기록되어 있다. 배송지 주『위략』에 따르면 "문제는 처음에 황제를 좋아하지 않았고 첩의 아들 경조왕京兆王(조례曹禮)을 후사로 삼으려 했기 때문에 오 래도록 태자를 세우지 않았다"고 기록하고 있다. 또한 소설에서 장도張韜라는 인물 이 곽귀비와 일을 꾸몄다는 이야기는 역사 기록에 보이지 않는다.

「위서·후비전·문덕곽황후기」 배송지 주『위략』은 조예와 곽황후에 대해 다음과 같이 기록하고 있다.

"명제는 황제의 지위를 계승하자 모친인 진후甄后(조비의 부인 진씨甄氏)의 훙서薨 逝(사망)를 가슴 아파했다. 이 때문에 곽태후는 그것을 우려하다가 돌연 사망했다. 진 후가 임종하자 황제는 이부인李夫人에게 일을 맡겼다. 곽태후가 붕어하자 이부인은 진후가 참언의 화를 당했으며 대렴大斂(수의를 입힌 시신을 관에 넣는 상례喪禮)도 받지 못하고 머리카락이 풀어헤쳐져 얼굴을 덮었다고 [조예에게] 말했다. 황제는 비통해 하며 눈물을 흘렸고 곽태후의 장례도 진후에게 했던 것처럼 하라고 명령했다."

❷

사마의는 반간계에 걸려 파직당하지 않았다

『진서晉書』「선제기宣帝紀」에 따르면 "태화太和 원년(227) 6월, 천자는 [사마의에 게] 조서를 내려 완성宛城에 주둔하면서 형주와 예주 두 주의 모든 군사 사무를 감 독하게 했다"고 기록하고 있다. 제갈량이 출사표를 올린 때는 227년 3월로 사마의는 결코 파직당하지 않았다. 또한 제갈량이 반간계를 썼다는 기록도 존재하지 않는다.

❸

출사표에 등장하는 상총向寵은 누구인가?

상총에 관한 기록은 많지 않으나 출사표의 내용대로 유비로부터 유능하다는 평가를 받은 것은 사실이다. 『삼국지』 「촉서·상랑전尙郎傳」에 "상랑 형의 아들인 상총은 선주 때 아문장이 되었다. 선주가 자귀에서 패했을 때 상총이 통솔하던 부대만 온전했다. 연희 3년(240), 한가군漢嘉郡(치소는 쓰촨성 야안雅安 밍산구名山區 북쪽) 소수 민족을 정벌하다가 살해되었다"고 기록되어 있다.

❹

마초의 사망 시기

『삼국지』 「촉서·마초전」에 따르면 마초는 "장무 2년(222)에 세상을 떠났는데 그의 나이 47세였다"고 기록하고 있다. 제갈량이 남쪽 정벌에 나선 것은 건흥 3년(225)으로 마초는 이미 남쪽 정벌 3년 전에 사망했고, 유비가 사망하기 1년 전에 병사한 상태였다.

또한 「촉서·마초전」에 따르면 마초는 임종할 즈음에 상소를 올려 "신의 가족 200여 명은 조맹덕에게 살해당하여 거의 남지 않았고 오직 사촌 동생 마대馬岱만 남았습니다. 쇠락한 가족의 제사를 이을 사람이니 신 정중하게 폐하께 그를 부탁드립니다. 이밖에 달리 할 말은 없습니다"라고 했다. 그리고 「촉서·팽양전」에 따르면 "마초는 자신이 오랫동안 멀리서 떠돌다가 어찌해볼 도리가 없어 촉한에 귀순했기 때문에 항상 걱정하고 두려운 마음을 품었다"고 기록하고 있는데 이를 통해 촉에서의 마초의 상태와 그가 왜 병사했는지 엿볼 수 있을 듯하다.

마초에게 가족이라고는 마대밖에 없다고 했지만, 역사 기록에 따르면 적어도 마초는 촉한에서 1남1녀의 자녀를 두었다. 「촉서·마초전」에 따르면 "아들 마승馬承이 작위를 계승했다. 마초의 딸은 안평왕安平王 유리劉理(유비의 막내아들)의 아내가 되었다"고 기록하고 있다.

❺

제갈량은 성도에서 출병하지 않았다

『삼국지』 「촉서·제갈량전」에 "건흥 5년(227), 제갈량은 각 군을 인솔하여 북으로 항하며 한중에 주둔했고, 출발하기에 앞서 상소를 올려 아뢰었다"고 기록되어 있다. 제갈량은 성도가 아닌 한중에서 출병했다.

하후무는 어리지 않았다

『삼국지』「위서·하후돈전」 배송지 주 『위략』에 따르면 "문제(조비)는 어려서부터 하후무와 친하게 지냈다"고 기록하고 있다. 조비는 226년, 나이 40세에 죽었다고 기록되어 있는데, 그때는 2년 후인 228년이므로 하후무의 나이는 42세 정도로 판단되며 결코 어리지는 않았다. 그리고 소설에서는 하후무가 하후연의 아들로 하후돈의 양자가 되었다고 했지만, 「위서·하후돈전」에서는 하후무를 하후돈의 둘째 아들로 기록하고 있어, 하후돈의 양자가 아닌 친아들이었다.

제갈량의 출기불의 계책

조자룡은 힘써 다섯 장수를 베고,
제갈량은 지혜로 세 개의 성을 빼앗다

趙子龍力斬五將,
諸葛亮智取三城

공명은 군사를 인솔하여 면양에 이르렀고 마초의 무덤을 지나게 되자 그의 아우인 마대에게 상복을 입게 하고 친히 제사를 지냈다. 제사를 마치고 군영으로 돌아와 군사를 진격시킬 대책을 상의했다. 그때 별안간 정찰 기병이 보고했다.

"위주 조예가 부마인 하후무를 파견했는데 관중에서 여러 갈래 군마를 이동시켜 우리와 대적하려고 합니다."

위연이 군막에 올라 계책을 바쳤다.

"하후무는 부잣집 자제라 나약하고 꾀가 없습니다. 제가 원컨대 정예병 5000명으로 길을 잡아 포중[1]으로 나간 뒤 진령[2]을 따라 동쪽으로 가서 자오곡[3]으로부터 북쪽으로 향한다면 열흘 이내에 장안에 당도할 수 있을 것입니다. 제가 갑자기 그곳에 이르렀다는 소식을 들으면 하후무는 틀림없이 성을 버리고 횡문[4]의 저각邸閣(관부에 양식 등의 물자를 저장해둔 창고)으로 달아날 것입니다. 그때 제가 동쪽에서 쳐들어갈 테니 승상께서는 병마를 크게 몰아 야곡[5]으로 전진하십시오. 이렇게 한다면 함양[6] 서쪽을 일거에 평정할

수 있을 것입니다."❶

공명이 웃으면서 말했다.

"그것은 치밀한 계책이 아니오. 그대는 중원을 좋은 인물이 없는 것으로 깔보는데 만일 누군가 진언하여 산 후미진 곳에 군사를 매복시키고 들이친다면 5000명이 해를 입는 것뿐만 아니라 전군의 날카로운 기세가 크게 꺾일 것이니 결코 그 계책은 쓸 수가 없소."

위연이 또 말했다.

"승상의 군사가 큰길로 진군한다면 저들은 반드시 관중의 군사를 모조리 일으켜 길에서 대적할 것입니다. 헛되이 시일을 보내면서 질질 끌 텐데 어느 때에 중원을 얻을 수 있겠습니까?"

공명이 말했다.

"내 농우⁷로부터 평탄한 큰길을 잡아 병법에 따라 군사를 진격시킨다면 어찌 승리하지 못할 것을 근심하겠소!"

결국 위연의 계책을 쓰지 않았다. 위연은 불만스러웠다. 공명은 사람을 보내 조운에게 군사를 진격시키게 했다.

한편 하후무는 장안에서 여러 갈래 길의 군마를 모으고 있었다. 이때 서량 대장 한덕韓德은 개산대부⁸를 잘 사용했는데 만 명도 당해낼 수 없는 용맹이 있었다. 그가 서강西羌의 군사 8만 명을 이끌고 당도하여 하후무를 만났다. 하후무는 그에게 후한 상을 내리고 바로 선봉으로 삼아 파견했다. 한덕에게는 아들이 넷 있었는데 모두 무예에 정통했고 활쏘기와 말타기에 뛰어났다. 큰아들은 한영韓瑛이고 둘째는 한요韓瑤, 셋째는 한경韓瓊, 막내는 한기韓琪였다. 한덕이 네 아들과 서강 군사 8만 명을 이끌고 길을 잡아 봉명산⁹에 이르렀을 때 촉군과 맞닥뜨렸다. 양쪽 진이 원형으로 펼쳐지자 한덕이 말을 몰고 나왔고 네 아들이 양쪽으로 늘어섰다. 한덕이 사나운 목소리로 욕설을 퍼부었다.

"나라를 배반한 역적 놈들이 어찌 감히 우리 경계를 침범한단 말이냐!"

조운이 크게 노하여 창을 잡고 말고삐를 놓고 달려나가더니 한덕과 맞붙고자 싸움을 걸었다. 맏아들 한영이 말에 박차를 가하며 나와 맞섰으나, 3합도 싸우지 못해 조운의 창에 찔려 말 아래로 떨어져 죽었다. 그 광경을 본 둘째 아들 한요가 말고삐를 놓고 칼을 휘두르며 싸우러 나왔다. 조운은 옛적의 호랑이 같은 위엄을 드러내며 원기 왕성하게 맞서 싸웠다. 한요는 당해낼 수 없었다. 그러자 셋째 아들 한경이 급히 방천극을 잡고 쏜살같이 말을 앞으로 몰아 협공했다. 조운은 전혀 두려워하지 않았고 창 쓰는 법 또한 흐트러지지 않았다. 막내아들 한기는 두 형이 조운과 싸워 이기지 못하는 것을 보고는 말고삐를 놓고 두 자루의 일월도[10]를 돌리며 달려나와 조운을 에워쌌다. 조운은 한가운데서 홀로 세 장수와 싸웠다. 잠시 뒤에 한기가 창에 찔려 말에서 떨어지자 한덕의 진중에서 편장偏將(부장副將)이 급히 달려와 구출했다. 조운이 창을 끌며 이내 달아났다. 그러자 한경이 극을 안장에 걸고 급히 활을 집어 화살을 얹고 연거푸 세 대를 쏘았다. 그러나 조운이 모두 창으로 쳐내 떨어뜨렸다. 크게 노한 한경이 방천극을 움켜쥐고는 말고삐를 놓고 뒤를 쫓았으나, 조운이 쏜 화살 한 대가 얼굴에 정통으로 꽂히면서 말에서 떨어져 죽었다. 한요가 말고삐를 놓고 달려오더니 보도를 들어 바로 조운을 내리찍었다. 조운은 땅에 창을 버리면서 재빨리 보도를 피했고 한요를 사로잡아 진으로 돌아왔다. 그러고는 다시 말고삐를 놓고 달려나가 창을 줍더니 적진으로 쳐들어갔다. 네 아들이 모두 조운의 손에 죽는 것을 본 한덕은 간담이 찢어지는 것 같았다. 이에 먼저 달아나 진으로 들어갔다. 평소에 조운의 명성을 알고 있는 서량의 군사들이 그 용맹이 지난날과 변함없는 것을 보았으니 누가 감히 맞붙어 싸우려 하겠는가? 조운의 말이 이르는 곳마다 진들이 연이어 뒤로 물러났다. 조운이 필마단창으로 오가며 부딪쳐 싸우는데 마치 무인지경에 들어간 듯했다. 후세 사람이 찬탄한 시가 있다.

옛날 상산 땅 조자룡의 용맹을 회고하나니
나이 일흔에도 예사롭지 않은 공적 세웠네[11]
홀로 네 장수 죽이고 적진을 들이치니
당양에서 주인 구할 때의 그 모습 그대로네
憶昔常山趙子龍, 年登七十建奇功
獨誅四將來衝陣, 猶似當陽救主雄 ❷

조운이 대승을 거두는 것을 본 등지는 촉군을 인솔하여 들이쳤고 서량 군사들은 대패하여 달아났다. 한덕은 자칫 조운에게 사로잡힐 뻔했으나 갑옷을 버리고 걸어서 도망쳤다. 조운은 등지와 함께 군사를 거두어 군영으로 돌아왔다. 등지가 축하했다.

"장군의 연세가 이미 칠순이신데 용감하고 출중한 것은 예전과 다름없으십니다. 오늘 진 앞에서 힘으로 네 장수를 꺾으셨으니 세상에 드문 일입니다!"

조운이 말했다.

"승상께서 내 나이가 많다고 말하면서 쓰지 않으려 하시기에 그저 보여줬을 따름이오."

즉시 사람을 시켜 한요를 압송토록 하고 군사 첩보에 관한 서면 보고를 공명에게 전달하게 했다.

한편 한덕은 패잔병을 이끌고 하후무를 만나 있었던 일을 울면서 고했다. 그러자 하후무가 직접 군사를 통솔하여 조운에게 맞서러 왔다. 정찰 기병이 촉의 군영으로 들어오더니 하후무가 이끄는 군사가 당도했다고 보고했다. 조운이 말에 올라 창을 움켜쥐고는 1000여 명의 군사를 이끌고 봉명산 앞에서 진을 펼쳤다. 이날 하후무는 황금 투구를 쓰고 백마를 타고는 손에 대감도大砍刀(대도, 큰칼)를 든 채 문기 아래에 섰다. 조운이 창을 잡고 말에 박차를 가하며 이리저리 오가면서 내달리는 것을 본 하후무는 직접 싸우려고 했다. 그러자 한덕이 말했다.

"내 아들 넷을 죽인 원수인데 어떻게 갚지 않겠소!"

말고삐를 놓고 개산대부를 돌리며 곧장 조운에게 달려들었다. 분노한 조운이 창을 잡고 달려나와 맞섰다. 3합도 안 되어 조운이 창을 내지르더니 한덕을 찔러 말 아래로 떨어뜨리고는 급히 말을 돌려 곧장 하후무에게 달려들었다. 하후무는 허둥거리다 재빨리 본진으로 몸을 피해 들어가버렸다. 등지가 군사들을 휘몰아 들이쳤고 위군은 또 한바탕 꺾인 채 10여 리를 물러나 군영을 세웠다. 하후무는 그날 밤 장수들과 대책을 상의했다.

"내 조운의 명성을 오래전부터 들었지만 만난 적은 없었소. 오늘 보니 나이가 많은데도 영웅다움이 여전하니 비로소 당양 장판에서의 일을 믿게 되었소. 그를 대적할 만한 사람이 없는 것 같으니 어찌하면 좋겠소?"

참군參軍 정무程武는 바로 정욱의 아들이었는데 그가 진언했다.

"제가 헤아리건대 조운은 용맹은 있으나 꾀가 없는 것 같으니 근심할 필요가 없습니다. 내일 도독께서 다시 군사를 이끌고 나가면서 먼저 좌우 양쪽에 군사들을 매복시키십시오. 도독께서 싸움터에 임하셨다가 먼저 물러나면서 조운을 복병이 있는 곳으로 유인하십시오. 그런 다음 도독께서 산으로 올라가서 군사를 지휘하며 사방의 군마로 조운을 겹겹이 에워싸면 사로잡을 수 있을 것입니다."❸

하후무는 그 말을 따르기로 하고 즉시 동희董禧에게 3만 명의 군사를 이끌고 왼쪽에 매복하게 하고, 설칙薛則에게도 3만 명의 군사를 거느리고 오른쪽에 매복하도록 했다.

이튿날 하후무는 다시 징과 북, 깃발들을 정돈하고 군사를 인솔하여 싸우러 나갔다. 조운과 등지도 맞서 나왔다. 등지가 말 위에서 조운에게 일렀다.

"어젯밤 위군이 대패하여 달아났는데 오늘 다시 왔으니 필시 속임수가 있을 것입니다. 노장군께서는 방비하셔야 합니다."

자룡이 말했다.

"저런 젖비린내 나는 어린놈을 말할 필요가 무엇이 있겠소! 내 오늘 반드시 저놈을 사로잡으리다!"

바로 말에 박차를 가하며 달려나갔다. 위 장수 반수潘遂[12]가 맞섰으나 3합을 채 싸우지 않고 말을 돌려 이내 달아났다. 조운이 그를 뒤쫓자 위의 진중에서 여덟 명의 장수가 일제히 나와 맞섰다. 그런데 하후무를 먼저 달아나게 하고서는 여덟 명의 장수도 연이어 달아나는 것이었다. 조운은 기세를 몰아 뒤를 추격했고 등지도 군사를 이끌고 이어서 전진했다. 조운이 적진 내부로 깊숙이 들어가자 사방에서 '와!' 하는 함성이 크게 진동했다. 등지는 급히 군사를 거두어 돌아가려 했다. 그때 왼쪽에서 동희, 오른쪽에서 설칙의 군사들이 두 갈래 길로 들이쳤다. 등지는 군사가 적어 조운을 구출해낼 수가 없었다. 조운은 한가운데 포위되어 곤란한 지경에 빠졌고 사방으로 돌격했지만 위군의 포위는 더욱 증강되었다. 이때 조운의 수하에는 1000여 명밖에 없었는데 죽기로 싸워 산비탈 아래에 이르렀다. 하후무가 산 위에서 삼군을 지휘하고 있는 것이 눈에 들어왔는데 조운이 동으로 향하면 그가 동쪽을 가리키고 서로 향하면 서쪽을 가리켰다. 이 때문에 조운은 포위망을 뚫을 수 없었다. 이에 군사들을 이끌고 산 위로 올라갔다. 그러나 산 중턱에 이르렀을 때 뇌목과 포석이 아래로 굴러떨어져 산을 오를 수가 없었다. 조운은 진시辰時부터 유시酉時까지 싸웠으나 포위망을 벗어날 수 없었고 하는 수 없이 말에서 내려 잠시 쉬고 달이 밝아지기를 기다렸다가 다시 싸우기로 했다. 갑옷을 떼어내 앉자 달빛이 비로소 밝아졌다. 그때 별안간 불빛이 하늘로 치솟더니 둥둥둥 북소리가 크게 진동하고 화살과 돌이 비 오듯 쏟아지며 위군이 들이닥쳤다. 그들이 소리 질렀다.

"조운은 어서 항복하라!"

조운이 급히 말에 올라 맞서 대적하려 했다. 그러나 사방의 군마들이 점점 가까이 닥쳐오고 팔방으로 쇠뇌와 화살이 빗발치듯 날아들어 사람과 말이 모두 앞으로 나아갈 수 없었다. 조운은 하늘을 우러러보며 탄식했다.

"내가 늙었다는 것을 인정하지 않다가 이곳에서 죽게 생겼구나!"

그때 별안간 동북쪽 귀퉁이에서 함성이 크게 일더니 위군이 어지럽게 사방으로 마구 뛰어다녔다. 한 무리의 군마가 몰려왔는데 앞장선 대장은 장팔점강모를 들었고 말 목에는 사람 머리 하나가 매달려 있었다. 조운이 보니 다름 아닌 장포였다. 조운을 본 장포가 말했다.

"승상께서는 노장군께서 일이 잘못되지 않을까 걱정되어 특별히 저를 파견하여 5000명의 군사를 이끌고 호응하도록 하셨습니다. 노장군께서 곤란한 지경에 빠지셨다고 하기에 겹겹의 포위망을 뚫고 들어왔습니다. 마침 위 장수 설칙이 길을 차단하기에 제가 죽였습니다."

조운은 크게 기뻐하며 즉시 장포와 함께 서북쪽 모퉁이로 향해 뚫고 나갔다. 그런데 위군이 창을 버리고 달아나는 것이 보였다. 한 무리의 군마가 함성을 지르며 뚫고 들어오는데 앞장선 대장은 언월청룡도를 든 채 다른 손으로 사람 머리를 들고 있었다. 조운이 보니 바로 관흥이었다. 관흥이 말했다.

"승상의 명을 받들어 노장군께서 일이 잘못되지 않을까 염려되어 특별히 5000명의 군사를 이끌고 호응하러 왔습니다. 방금 전 진중에서 위 장수 동희와 마주쳤는데 제가 한칼에 베어버리고 여기에서 효수한 것입니다. 승상께서는 뒤따라 곧 당도하실 것입니다."

조운이 말했다.

"두 장군이 이미 남다른 공로를 세웠는데 어찌하여 오늘 이 기회를 이용하여 하후무를 사로잡고 큰일을 결정하지 않는가?"

이 말을 들은 장포가 즉시 군사를 이끌고 떠났다. 관흥이 말했다.

"저 또한 공을 세우러 가겠습니다."

역시 군사를 이끌고 떠났다. 조운이 좌우를 돌아보며 말했다.

"저 두 사람은 나의 아들이나 조카뻘이지만 오히려 먼저 공을 세우려고 다투거늘, 나는 나라의 상장이며 조정의 옛 신하인데 어찌 도리어 이 아이들보다도 못할 수 있단 말이냐? 내 마땅히 늙은 목숨을 버려 선제의 은혜에 보답하겠노라!"

이에 군사를 이끌고 하후무를 잡으러 떠났다. 그날 밤 세 갈래 길의 군사들이 협공하여 위군을 한바탕 크게 물리쳤다. 등지도 군사를 이끌고 호응하며 들이치자 시체가 온 들판에 널렸고 피가 흘러 강을 이루었다. 하후무는 지모가 없는 데다 더욱이 나이까지 어려 전투 경험도 없었는데 군사들이 크게 혼란에 빠진 것을 보고는 즉시 부하 맹장 100여 명을 이끌고 남안군[13]을 향해 달아났다. 주인이 사라지자 군사들은 모조리 도망쳐 숨어버리고 말았다. 관흥과 장포 두 장수는 하후무가 남안군을 향해 떠났다는 소리를 듣고는 밤새 뒤를 쫓았다. 하후무는 성[14]안으로 달아나서는 성문을 굳게 닫고 군사들을 몰아 방어만 했다. 그 뒤를 추격해온 관흥과 장포 두 사람이 성을 포위했고, 조운도 뒤따라 당도하여 삼면으로 성을 공격했다. 잠시 뒤에 등지 또한 군사를 이끌고 당도했다. 열흘을 포위하여 줄기차게 공격을 퍼부었으나 함락시키지 못했다. 그때 별안간 승상이 후군을 면양에 머물게 하고 좌군은 양평, 우군은 석성石城[15]에 주둔시키고는 직접 중군을 거느려 그곳에 당도했다는 보고가 들어왔다. 조운, 등지, 관흥, 장포 모두가 공명을 찾아뵙고 절하며 안부를 묻고는 연일 성을 공격했는데도 함락시키지 못했다고 보고했다.

공명이 즉시 작은 수레를 타고 친히 성 주위를 한 번 살펴보고는 군영으로 돌아왔다. 그가 중군 군막으로 들어가서 앉자 장수들이 둘러서서 명을 들었다. 공명이 말했다.

"이 군은 해자가 깊으며 성이 높고 가파르기 때문에 공격하기가 쉽지 않소. 우리의 중요한 일은 이 성에 있지 않으니 그대들이 오래도록 성을 공격하다가 만일 위군이 길을 나누어 한중을 빼앗는다면 우리 군은 위태롭게 될 것이오."

등지가 말했다.

"하후무는 바로 위의 부마이니 이자를 사로잡는다면 100명의 장수를 베어 죽이는 것보다 낫습니다. 지금 그가 이곳에서 곤란한 지경에 처했는데 어찌 그를 버리고 떠날 수 있습니까?"

공명이 말했다.

"내게 계책이 있소. 이곳은 서쪽으로는 천수군과 이어져 있고[16] 북쪽으로는 안정군[17]에 접해 있지요. 허나 누가 두 곳에서 태수를 맡고 있는지 모르겠소."

정탐하는 병사가 대답했다.

"천수태수는 마준馬遵이고 안정태수는 최량崔諒입니다."

공명이 크게 기뻐하며 위연을 불러 계책을 받게 하고는 이렇게 저렇게 하라고 했다. 또 관흥과 장포를 불러 계책을 주면서 지시했다. 다시 심복 군사 두 사람을 불러 계책을 받게 하면서 이렇게 움직이라고 명했다. 장수들은 각기 명령을 받고 군사를 이끌며 떠났다. 공명은 남안성[18] 밖에 머물면서 군사들에게 땔나무를 성 아래로 옮겨 쌓게 하고는 성을 불태우겠다고 말하게 했다. 그 말을 들은 위병들은 모두 크게 웃으며 두려워하지 않았다.

한편 안정태수 최량은 성[19]안에 있다가 촉병이 남안을 포위하여 하후무가 곤경에서 헤어나지 못하고 있다는 소식을 듣고는 몹시 허둥대며 즉시 군마 4000여 명을 점검하고는 성지를 지켰다. 그때 별안간 한 사람이 남쪽으로부터 와서는 기밀 사항이 있다고 말했다. 최량이 불러들여 그에게 묻자 대답했다.

"저는 하후도독의 부하로 있는 심복 장수 배서裴緖입니다. 지금 도독의 군령을 받들어 특별히 천수와 안정 두 군에 구원을 요청하러 왔습니다. 남안이 심히 위급하여 매일 성 위에서 불을 놓아 신호를 보내며 두 군에서 구원병이 오기만을 바라보고 있는데 전혀 오지 않고 있기에, 다시 저를 파견하여 겹겹의 포위망을 뚫고 나와 이렇게 위급함을 알리는 것입니다. 밤사이라도 군대를 일으켜 밖에서 호응해주십시오. 도독께서는 두 군의 병사들이 오는 것만 보아도 성문을 열고 호응하실 것입니다."

최량이 말했다.

"그럼 도독께서 발급한 문서는 가지고 있소?"

배서가 살갗에 붙어 있던 문서를 꺼내는데 이미 땀으로 흠뻑 젖어 있었다. 대충 한 번 보여주고는 급히 수하에게 명하여 말을 바꿔 타고 바로 성을 나가 천수를 향해 떠났다. 이틀이 못 되어 또 보마報馬(말을 타고 소식을 보고하는 사람)가 당도했다. 천수태수는 이미 군대를 일으켜 남안을 구하러 갔으니 안정에서도 어서 빨리 호응해달라는 것이었다. 최량이 부관[20]들과 상의했다. 관원 대부분이 말했다.

"만약 구원하지 않았다가 남안을 잃고 하후 부마를 버리게 된다면 모두 우리 두 군의 죄가 될 것입니다. 구원할 수밖에 없습니다."

최량은 즉시 인마를 점검해 일으키고 성을 떠나면서 문관들만 남겨 성을 지키게 했다. 최량이 군사들을 거느리고 남안으로 가는 큰길로 진군하는데 멀리 하늘로 불빛이 치솟는 것이 보였다. 이에 최량은 밤새 전진했다. 남안까지 아직 50여 리나 남은 곳에서 별안간 함성이 크게 진동했는데 이때 정찰 기병이 보고했다.

"앞쪽에는 관흥이 가는 길을 막고 있고 뒤에는 장포가 쳐들어오고 있습니다!"

안정의 군사들은 사방으로 도망쳐 숨었다. 깜짝 놀란 최량은 이에 수하 100여 명을 이끌고 오솔길로 향했다. 그들은 죽도록 싸워 간신히 벗어나서 안정으로 돌아갔다. 막 성 해자 가에 당도했는데 성 위에서 어지럽게 화살이 쏟아져 내렸다. 촉장 위연이 소리 질렀다.

"내 이미 성을 빼앗았노라! 어찌하여 일찌감치 항복하지 않느냐?"

알고 보니 위연이 군사들을 안정의 병사로 변장시켜 깊은 밤에 안정의 군사들을 속여 성문을 열게 한 다음 촉병들을 모조리 밀고 들어가서 안정을 빼앗은 것이었다.

당황한 최량은 천수군을 향해 갔다. 1정[21]도 달리지 못했는데 앞쪽에서 한 무리의 군사가 늘어섰다. 큰 깃발 아래에 한 사람이 관건을 쓰고 깃털 부채를 든 채 도사들이 입는 도포에 학창의를 걸치고는 수레 위에 단정히 앉아 있었다. 최량이 그 사람을 보니 다름 아닌 공명이라 급히 말을 돌려 오던 길로 달아났다. 그러자 관흥과 장포의 군사들이 두 갈래로 쫓아오며 소리 질렀다.

"어서 항복하라!"

사방이 모두 촉병으로 깔려 있는 것을 본 최량은 어쩔 수 없이 항복하고 함께 촉 본영으로 돌아갔다. 공명은 그를 귀빈으로 대접했다. 공명이 말했다.

"남안태수와 족하께서는 교분이 두텁지 않소?"

최량이 말했다.

"그 사람은 양부楊阜의 족제[22] 양릉楊陵입니다. 저와는 이웃한 군이라 친분이 매우 두텁습니다."

공명이 말했다.

"지금 번거롭더라도 족하를 성으로 들여보내 하후무를 사로잡자는 말로 양릉을 설득하고자 하는데 할 수 있겠소?"

최량이 말했다.

"승상께서 만약 저를 보내고자 하신다면 잠시 군마를 물려 제가 성으로 들어가 그를 설득할 수 있도록 해주십시오."

공명은 그 말을 따르기로 하고 즉시 명령을 전달하여 사방의 군마들에게 각기 20리를 물러나 군영을 세우게 했다. 최량은 홀로 성에 이르러 성문을 열라고 소리치고는 부중으로 들어가 양릉과 예를 마친 다음 있었던 일을 상세하게 이야기했다. 양릉이 말했다.

"우리가 위주의 큰 은혜를 입었는데 어찌 차마 배신할 수 있겠소? 적의 계책을 역이용하는 장계취계를 쓰는 것이 좋겠소."

즉시 최량을 하후무의 처소로 인도하여 상세하게 알렸다. 하후무가 말했다.

"무슨 계책을 써야 하오?"

양릉이 말했다.

"제가 성문을 바치겠다는 구실로 촉병을 속여 들이게 한 다음 성안에서 그들을 죽이도록 합시다."

최량은 계책에 따라 성을 나간 다음 공명을 만나서 말했다.

"양릉이 성문을 바쳐 대군이 성으로 들어올 수 있게 한 후 하후무를 사로잡을 수 있도록 돕겠답니다. 양릉이 본래 직접 잡으려고 했는데 수하의 용사들이 많지 않아 감히 함부로 움직일 수 없다고 합니다."

공명이 말했다.

"그것은 지극히 쉬운 일이오. 지금 족하가 원래 이끌었던 군사 100여 명속에 촉 장수를 숨겨 안정의 군마로 꾸민 후 성으로 데리고 들어가서 먼저 하후무의 부중에 매복시키시오. 그런 다음 양릉과 은밀하게 약속하여 한밤중이 될 때까지 기다렸다가 성문을 열고 안팎으로 호응합시다."

최량은 속으로 생각했다.

'만일 촉 장수를 데리고 가지 않으면 공명이 의심할까 염려된다. 일단 데리고 들어갔다가 안에서 먼저 그를 베어버려야겠다. 그리고 불을 질러 신호를 보내 공명을 속여서 성안으로 들어오게 한 다음에 죽여버리면 되겠구나.'

최량은 승낙했다. 공명이 당부했다.

"내가 두텁게 신임하는 장수 관흥과 장포가 족하를 따라 먼저 가서 구원병이 왔다고 핑계를 대고 성안으로 들어갈 것이오. 그대는 하후무의 마음을 안심시키시오. 그대가 불을 지르면 직접 성으로 들어가 그를 사로잡겠소."

때는 해질 무렵으로 관흥과 장포는 공명의 은밀한 계책을 받고서 갑옷을 걸치고 말에 올라 각자 병기를 들고는 안정의 군사들 속에 섞여 들어간 후 최량을 따라 남안성 아래에 이르렀다. 양릉은 성 위에서 현공판을 받치고 호심란[23]에 기대어 물었다.

"어디에서 온 군사들이냐?"

최량이 말했다.

"안정의 구원병이 왔소."

최량은 먼저 화살 한 대를 신호로 삼아 성 위로 쏘았다. 화살에는 밀서가 꽂혀 있었다.

"지금 제갈량이 먼저 두 장수를 파견하여 성안에 매복시킨 다음 안팎으로 호 응하려고 하오. 일단 그들이 놀라도록 해서는 아니 되오. 계책이 새나갈까 두 려우니 부중으로 들인 다음에 도모하도록 하시지요."

양릉은 하후무에게 그 편지를 보여주고는 자세히 설명했다. 하후무가 말 했다.

"제갈량이 계책에 걸려든 이상 도부수 100여 명을 부중에 매복시키시오. 두 장수가 최태수를 따라 부중에 당도해서 말에서 내리면 문을 닫아버리고 그들을 베어버립시다. 그런 다음 성 위에서 불을 놓아 제갈량을 속여 성으 로 들이시오. 그때 복병이 일제히 뛰쳐나가면 제갈량을 사로잡을 수 있을 것 이오."

준비를 끝낸 양릉이 성 위로 올라와 말했다.

"안정의 군마라 하니 성으로 들어오도록 하시오."

관흥이 최량을 따라 먼저 들어갔고 장포는 뒤에서 따라갔다. 양릉이 성에서 내려와 문가에서 그들을 맞이했다. 관흥이 순식간에 손에 든 칼로 양릉을 베어 말 아래로 떨어뜨렸다. 깜짝 놀란 최량이 급히 말을 돌려 조교로 달아나자 장포가 크게 고함을 질렀다.

"도적놈은 달아나지 마라! 너희가 간사한 계책으로 어떻게 승상을 속일 수 있겠느냐!"

손을 번쩍 들어 한 창에 최량을 찔러 말 아래로 떨어뜨렸다. 관흥은 어느결에 성 위로 올라 불을 질렀다. 사방에서 촉병이 일제히 몰려들었다. 하후무는 어찌할 바를 몰라 당황하다 남문을 열어 군사들과 협력해서 뚫고 나갔다. 그러자 한 무리의 군사가 막아섰는데 앞장선 대장은 바로 왕평이었다. 두 말이 엎치락뒤치락하자마자 단 1합 만에 하후무는 말을 탄 채 사로잡히고 말았고 나머지 군사는 모두 죽임을 당했다. ❹

남안으로 들어간 공명은 군사들과 백성을 귀순시키고 그들에게 조금도 피해를 주지 않도록 지시했다. 장수들은 각자 자신들이 세운 공을 보고했다. 공명은 하후무를 수레에 가두었다. 등지가 물었다.

"승상께서는 무엇을 보시고 최량의 속임수를 아셨습니까?"

공명이 말했다.

"내 이미 이 사람에게 항복할 마음이 없다는 것을 알고 일부러 성으로 들어가게 한 것이오. 그가 필시 모든 정황을 하후무에게 보고하고 나의 계책을 역이용하는 장계취계를 쓸 줄 알았소. 그가 와서 행동하는 모습을 보고서 그 속임수를 충분히 알 수 있었기에 두 장수를 함께 보내 그의 마음을 안심시킨 것이오. 이 사람이 만약 진심이었다면 틀림없이 함께 가는 것을 저지했을 텐데, 그가 흔쾌히 함께 가려고 한 것은 내가 자기를 의심할까 염려했던 것이오. 그의 의중을 헤아리건대 두 장수와 함께 가서 그들을 속여 성안으로 들어간 다음에 죽여도 늦지 않았을 거라 생각했을 것이고, 또 우리 군사들이 그를 의지하여 마음 놓고 들어갈 것이라고 짐작했을 것이오. 그러나 나는 이미 두 장수에게 성문 아래에 당도하면 바로 그를 도모하라고 은밀하게 당부했소. 성안에는 필시 준비가 없을 것이기에 우리 군사들에게 뒤따라 들이치게 했소. 이것이 바로 상대방이 방심한 틈을 타서 허를 찌르는 출기불의出其不意라는 것이오."

장수들이 우러러 탄복했다. 공명이 말했다.

"최량을 속인 자는 위 장수 배서로 가장한 내 심복이었소. 내 그를 또 천수군으로 보냈는데 지금까지 오지 않고 있으니 무슨 까닭이 있는지 모르겠소. 이제 기세를 몰아 천수군을 취해야겠소."

이에 오의를 남겨두어 남안을 지키게 하고 유염에게는 안정을 지키게 하고는 대신 위연의 군마를 이끌고 천수군을 취하러 떠났다.

한편 천수태수 마준은 하후무가 남안성에서 곤경에 빠진 것을 알고는 이에 문무관원들을 모아놓고 대책을 상의했다. 공조 양서梁緒, 주부 윤상尹賞, 주기²⁴ 양건梁虔 등이 말했다.

"하후 부마께서는 금지옥엽²⁵이신데, 만일 잘못되기라도 한다면 수수방관했다는 죄를 벗어나기 어려울 것입니다. 태수께서는 어찌하여 본부의 군사를 모조리 일으켜 그를 구출하지 않으십니까?"

마준이 한창 의심하며 염려하는 사이에 별안간 하후 부마가 보낸 심복 장수인 배서가 당도했다는 보고가 들어왔다. 부중으로 들어온 배서는 공문을 꺼내 마준에게 건네며 말했다.

"도독께서는 안정과 천수 두 군의 군사들이 밤새 달려와 구원해주기를 요청하십니다."

말을 마치더니 서둘러 가버렸다. 이튿날 또 보마가 당도해 알렸다.

"안정의 군사들이 이미 떠났으니 태수께서는 화급히 달려와 합류하라고 하십니다."

마준이 막 군사를 일으키려 하는데 별안간 한 사람이 밖에서 들어오더니 말했다.

"태수께서는 제갈량의 계책에 빠졌소!"

모두 보니 바로 천수 기현 사람으로 성이 강姜이고 이름이 유維이며 자가 백약伯約이었다. 그의 부친은 이름이 경冏인데 옛날에 천수군의 공조功曹였다가 강인羌人들이 난을 일으켰을 때 왕사[26]에 참여하다 전사했다. 강유는 어려서부터 서적을 두루 다독했고 병법과 무예도 정통하지 않은 것이 없었다. 또한 모친을 모시는 데 지극히 효성스러워 천수군 사람 모두가 그를 공경했다. 후에 중랑장[27]이 되어 천수군의 군사 관련 일에 참여했다.

그날 강유가 마준에게 일렀다.

"근래에 듣자 하니 제갈량이 하후무와 싸워 그를 굴복시키고 남안에 가두어놓고는 물샐틈없이 삼엄한 경비를 편다고 하던데, 어찌 겹겹의 포위망을 벗어날 수 있겠습니까? 또한 배서는 무명의 하급 장수라 일찍이 본 적도 없으며, 게다가 안정에서 온 보마는 공문조차 없었습니다. 이것으로 살펴보건대 그 사람은 바로 위 장수로 가장한 촉 장수일 것입니다. 태수님을 속여 성을 나오게 하고 성안에 방비가 없도록 한 다음 틀림없이 은밀하게 일군을 매복시켜서 허점을 이용해 천수군을 취하려 하는 것입니다."

마준이 크게 깨닫고는 말했다.

"백약의 말이 아니었다면 간사한 계책에 걸려들 뻔했구나!"

강유가 웃으면서 말했다.

"태수께서는 안심하십시오. 제게 한 가지 계책이 있는데, 제갈량을 사로잡고 남안의 위기를 풀 수 있을 것입니다."

전략을 궁리하다 또 강한 적수를 만나기도 하고
지혜를 다투다가 의외의 사람을 만나기도 한다
運籌又遇強中手, 鬪智還逢意外人

그 계책은 어떤 것일까?

제92회 제갈량의 출기불의 계책

❶

『삼국지』「촉서·위연전」 배송지 주 『위략』은 위연이 제시한 계책을 다음과 같이 기록하고 있다.

"제갈량이 남정南鄭에서 부하들과 전략을 논의할 때 위연이 말했다. '지금 이 위연에게 정예병 5000명과 5000석의 식량을 주시면 곧장 포중褒中을 나간 뒤 진령秦嶺 산맥을 따라 동쪽으로 가서 자오곡子午谷에 이른 후 북쪽으로 가겠습니다. 그럼 열흘 안에 장안에 당도할 수 있을 것입니다. 하후무는 이 위연이 갑자기 당도했다는 소식을 들으면 틀림없이 배를 타고 도망칠 것입니다. 장안성에는 오로지 어사御史와 경조京兆태수만 있을 뿐이므로 횡문橫門에 있는 저각邸閣(식량 저장 창고)에 보관한 양식과 백성이 도망쳐 흩어진 후 버린 양식으로 군량을 공급하면 군대의 식량은 충분할 것입니다. 위나라가 동방에서 군대를 집결시키는 데 대략 20일은 걸릴 것이므로 공公이 야곡斜谷으로부터 나온다면 충분히 도달할 수 있습니다. 이와 같이 한다면 일거에 함양咸陽 서쪽 지구를 평정할 수 있습니다.'"

그러나 제갈량은 이러한 계책이 위험하다고 판단하여 받아들이지 않았다. 역사 기록과 다르게 소설에서는 하후무가 장안성을 버린 후 횡문의 저각으로 도주할 것이라고 했다. 또한 역사 기록에서는 동방에서 군대를 모으는 것이 위나라 군대라고 기록하고 있는데, 소설에서는 도리어 위연이 통솔하는 촉의 군대로 묘사하고 있다.

❷

한덕과 그의 네 아들은 역사에 기록되어 있지 않은 허구의 인물들이다. 『삼국지』 「촉서·조운전」에 따르면 "조운과 등지의 병력은 약하고 적군은 강대했다. 비록 그들이 기곡箕谷에서 패했지만 병력을 수습해 굳게 지켰으므로 참패에 이르지는 않았다. 군대가 철군한 후 조운은 진군장군鎭軍將軍(유비가 설치했으며 지위는 사진장군四鎭將軍의 아래다)으로 강등되었다"고 기록하고 있다. 조운이 이 전쟁에서 용맹을 뽐냈다는 기록은 없으며 오히려 싸움에서 패하여 직급까지 강등되었다. 이는 조운을 부각시키기 위한 지나친 묘사로 볼 수 있다.

❸

정무는 정욱의 아들로 부친 정욱의 작위를 계승했으나 생몰 연대가 불확실하며 단명한 것으로 여겨진다. 정욱의 사망이 소설에 소개되지는 않았지만 조조가 사망한 해인 220년에 정욱도 사망했다.

『삼국지』 「위서·정욱전」에 "막내아들 정연程延과 손자 정효程曉에게 분봉分封(제후 등에게 토지와 작위를 하사하는 것)하여 열후로 삼았다. 정욱을 삼공으로 임명하려 할 때 공교롭게도 세상을 떠났다"고 기록되어 있고, 배송지 주 『위서』에 "정욱은 그때 80세였다"고 기록되어 있다.

또 『세어』에 정욱과 관련된 내용이 있는데, "처음에 태조가 식량이 부족했을 때 정욱은 그의 출신 현을 약탈하여 사흘 치 식량을 제공했다. 그중에는 시체를 말린 것도 섞여 있었다. 이로 인해 조정에서 신망을 잃었으므로 지위가 공公에 이르지 못했다"는 기록이 있다.

❹

하후무는 사로잡히지 않았다

『삼국지』「위서·하후돈전」 배송지 주 『위략』에 "조비가 황제에 오르자 하후무는 안서장군安西將軍이 되어 하후연의 뒤를 이어 관중을 통솔했다. 그러나 그는 본래 무략이 없었으며 가업을 경영하기를 좋아했다. 태화 2년(228)에 명제(조예)가 서쪽을 정벌할 때 마침내 그를 불러들여 상서로 삼았다. 많은 기녀와 시첩을 거느렸으므로 청하공주와 불화가 생기기도 했다"고 기록되어 있다. 「촉서·위연전」 배송지 주 『위략』은 "하후무가 안서장군이 되어 장안 수비를 맡았다. 제갈량이 남정南鄭에서 계책을 논의할 때 위연이 '듣자 하니 하후무는 젊은 데다 조조의 사위이지만 겁쟁이며 지모가 없다고 합니다'라고 말했다"고 기록하고 있다.

두 기록을 통해 하후무라는 인물을 엿볼 수 있을 뿐만 아니라 그가 이 전쟁에 참여하지 않았다는 것도 알 수 있다. 「위서·명제기」에도 이 전쟁에 조진과 장합을 파견했다고 기록되어 있을 뿐 하후무를 파견했다는 기록은 찾을 수 없다. 당연히 제갈량과 전투를 벌이고 계책에 빠져 사로잡힐 일도 없는 것이다.

강유를 얻은 제갈량

강백약은 공명에게 귀순하고,
무향후는 왕랑을 꾸짖어 죽이다

姜伯約歸降孔明,
武鄕侯罵死王朗

강유가 마준에게 계책을 바치며 말했다.

"제갈량은 틀림없이 군사들을 군郡[1] 뒤쪽에 매복시키고 우리 군사들을 속여 성을 나오게 한 다음 빈틈을 이용하여 우리를 습격할 것입니다. 제가 원컨대 정예병 3000명을 주신다면 중요한 길목에 매복시키겠습니다. 태수께서는 뒤따라 출병하여 성을 나가시되 멀리 가서는 아니 되고 30리 정도 가셨다가 즉시 되돌아오십시오. 불길이 일어나는 것을 신호로 삼아 앞뒤로 협공한다면 대승을 거둘 수 있을 것입니다. 만약 제갈량이 직접 온다면 틀림없이 제게 사로잡히게 될 것입니다."

마준은 그 계책을 쓰기로 하고 정예병을 강유에게 주어 떠나게 한 다음 자신은 양건梁虔과 함께 군사를 이끌고 성을 나가 기다리고, 양서梁緖와 윤상尹賞만 남겨두어 성을 지키게 했다. 알고 보니 공명은 과연 조운을 보내 한 부대를 이끌고 산 후미진 곳에 매복시키고는 천수군의 인마가 성을 떠나기를 기다렸다가 즉시 빈틈을 이용해 습격하려고 했다. 그날 정탐꾼이 돌아와 조운에게 천수태수 마준이 군사를 일으켜 성을 나갔고 문관들만 남아서 성을 지키고 있다고 보고했다. 조운은 크게 기뻐하며 다시 사람을 시켜 장익과 고상에게 알려 주요 길목에서 마준을 차단하고 죽이게 했다. 이 두 곳의 병사 또한 공명이 미리 매복시켜둔 것이었다.

한편 조운은 군사 5000명을 이끌고 곧장 천수군 성 아래로 달려가 크게 소리 질렀다.

"내가 바로 상산의 조자룡이다! 너희는 계책에 빠졌으니 속히 성지를 바쳐 죽음을 면하도록 하라!"

성 위에서 양서가 껄껄 웃었다.

"너는 우리 강백약姜伯約(강유의 자)의 계책에 걸리고도 아직 모른단 말이냐?"

조운이 막 성을 공격하려는데 별안간 함성이 크게 진동하면서 사방에서 불길이 하늘로 치솟았다. 그때 한 소년 장군이 창을 잡고 말에 박차를 가하며 달려오더니 말했다.

"너는 천수의 강백약을 보았느냐!"

조운이 창을 잡고 곧장 강유에게 달려들었다. 싸운 지 몇 합이 되지 않았는데 강유의 정력이 곱절로 늘어났다. 깜짝 놀란 조운은 속으로 생각했다.

'이곳에 이런 인물이 있을 줄 누가 생각이나 했겠는가!'

한창 싸우고 있을 때 두 갈래 길로 군사들이 협공해왔다. 바로 마준과 양건이 군사를 이끌고 되돌아온 것이었다. 머리와 꼬리가 서로 돌아볼 수 없게 된 조운은 군사들과 부딪쳐 한 갈래 길을 열어 패잔병을 이끌고 달아났고 강유는 그 뒤를 쫓았다. 다행히 장익과 고상이 군사들을 두 갈래로 이끌고 나와 조운을 지원하여 돌아갔다. 돌아와 공명을 만난 조운은 적의 계책에 빠진 것을 이야기했다. 공명이 놀라 물었다.

"그자가 누구길래 나의 교묘한 계책을 알아챘는가?"

한 남안 사람이 고했다.

"그 사람은 성이 강이고 이름이 유이며 자가 백약이라 하는데, 천수 기현 사람입니다. 모친을 모시는 데 지극히 효성스럽고 문무를 겸비했으며 지모와 용맹을 갖추고 있어 진정 당대의 영걸입니다."

조운이 또 강유의 창 쓰는 법이 여느 사람들과 크게 다르다며 칭찬했다. 공명이 말했다.

"내 천수를 취하고자 하는데 이런 인재가 있을 줄 생각지도 못했구나."

즉시 대군을 일으켜 앞으로 나아갔다.

한편 강유가 돌아와 마준을 만나 말했다.

"조운이 패해 달아났으니 틀림없이 공명이 직접 올 것입니다. 저들은 우리 군이 반드시 성안에 있으리라 짐작하고 있을 것이니 지금 본부의 군마를 네 갈래로 나누십시오. 제가 한 부대를 이끌고 성 동쪽에 매복해 있다가 저들 군사가 당도하면 즉시 차단하겠습니다. 태수께서는 양건, 윤상과 함께 각자 한 부대씩 거느리고 성 밖에 매복하십시오. 양서는 백성을 인솔하여 성 위에서 방어하도록 하십시오."

이렇게 군사 배치가 정해졌다.

한편 공명은 강유 때문에 염려되어 자신이 선봉대가 되어 천수군을 향해 전진했다. 성 근처에 다다라서 공명이 명령을 전달했다.

"무릇 성을 공격할 때는 처음 도착한 날 삼군을 격려하여 북치고 함성을 질러 기세를 올린 후 곧장 성으로 올라가야 한다. 만약 지체하여 오랜 시일이 지나면 예기가 모조리 부서져 속히 깨뜨리기 어려워진다."

이에 대군이 곧장 성 아래까지 전진했다. 그러나 성 위에 깃발들이 정연하게 꽂혀 있는 것을 보고는 감히 가볍게 공격하지 못했다. 한밤중이 될 때까지 기다리는데 별안간 사방에서 불길이 하늘 높이 치솟더니 함성이 땅을 진동시켰다. 그러나 어디에서 군사들이 오는지 알 수가 없었다. 성 위에서도 북치고 함성을 질러 기세를 올리며 호응하자 촉병들은 어지럽게 마구 뛰어다니며 도망쳤다. 공명은 급히 말에 올랐고 관흥과 장포 두 장수가 그를 보호하며 겹겹의 포위망을 뚫고 나갔다. 고개를 돌려보니 동쪽에서 군마가 몰려오는데 그 형세가 마치 긴 뱀과 같았다. 공명이 관흥을 시켜 살펴보게 하자 그가 돌아와 보고했다.

"강유의 군사들이었습니다."

공명이 탄식했다.

"군사는 숫자가 많은 것에 있지 않고 사람이 어떻게 활용하고 배치하느냐에 달려 있을 뿐이로다. 이 사람은 진정 장수의 재능을 갖추고 있도다!"

군사를 거두어 군영으로 돌아와서는 오랫동안 생각한 다음에 안정 출신 사람을 불러 물었다.

"강유의 모친은 지금 어디에 계시느냐?"

그가 대답했다.

"강유의 모친은 지금 기현²에 살고 있습니다."

공명이 위연을 불러 분부했다.

"그대는 한 부대를 거느리고 허장성세를 부려 기현을 빼앗는 척하시오. 만약 강유가 온다면 성으로 들여보내시오."

또 물었다.

"이 지역에서 중요한 곳은 어디인가?"

안정 출신 사람이 말했다.

"천수의 식량과 돈은 모두 상규[3]에 있습니다. 만약 상규를 쳐서 깨뜨린다면 군량 보급로는 저절로 끊어질 것입니다."

공명이 크게 기뻐하며 조운에게 한 부대를 거느리고 가서 상규를 공격하게 했다. 공명은 성에서 30리 떨어진 곳에 군영을 세웠다. 어느새 사람이 천수군으로 들어와 촉군이 세 갈래 길로 나누어 한 부대는 본영을 지키고 다른 한 부대는 상규를 취하며 또 다른 부대는 기성을 빼앗으러 간다고 보고했다. 그 소식을 들은 강유는 마준에게 간절하게 고했다.

"제 모친이 지금 기성에 계시는데 모친께서 잘못되시지나 않을까 걱정됩니다. 제가 한 부대를 거느리고 가서 기성을 구원하고 아울러 노모도 보호하겠습니다."

마준은 그 말을 따르기로 하고 즉시 강유에게 3000명의 군사를 이끌고 기성을 보호하도록 했다. 양건에게는 3000명을 이끌고 상규를 보호하게 했다.

한편 강유가 군사들을 이끌고 기성에 이르자 전면에 한 무리의 군사가 늘어섰다. 앞장선 촉 장수는 바로 위연이었다. 두 장수가 맞붙어 싸우는데 위연이 거짓으로 패한 척하고 달아났다. 성으로 들어간 강유는 성문을 닫고 군사들을 인솔하여 성을 지키면서 노모를 찾아뵙고는 싸우러 나오지 않았다. 조운 또한 양건이 상규성으로 들어가도록 내버려뒀다. 공명은 이에 사람을 시켜 남안군으로 가서 하후무를 군막 안으로 데려오게 했다. 공명이 말했다.

"너는 죽음이 두려운가?"

하후무가 황급히 무릎을 꿇고 엎드려 절을 올리며 목숨을 살려달라고 구걸했다. 공명이 말했다.

"지금 천수의 강유가 기성을 지키고 있으면서 사람을 시켜 편지를 보내왔는데 '그곳에 계신 부마를 살려주신다면 원컨대 항복하겠습니다'라고 했다. 내 지금 너의 목숨을 살려줄 테니 강유를 투항시킬 수 있겠느냐?"

하후무가 말했다.

"진정으로 설득하여 투항시키겠습니다."

공명은 이에 의복, 말과 안장을 주고 따르는 사람 없이 혼자 가게 했다.

하후무는 군영을 벗어나서 길을 찾아 달아나려 했으나 가는 경로를 알지 못했다. 한창 가고 있는데 달아나고 있는 몇 사람과 마주쳤다. 하후무가 묻자 그들이 대답했다.

"우리는 기현의 백성인데 지금 강유가 성지를 바치고 제갈량에게 항복하는 바람에 촉장 위연이 불을 지르고 재물을 약탈하여 집을 버리고 상규로 달아나고 있습니다."

하후무가 또 물었다.

"지금 천수성을 지키고 있는 자가 누구냐?"

토착민이 말했다.

"천수성 안에는 마태수가 계십니다."

그 말을 들은 하후무는 말고삐를 놓고 천수로 향해 달렸다. 또 남자아이의 손을 잡아끌고 여자아이를 안고 오는 백성을 보았는데 역시 똑같은 말을 했다. 하후무가 천수성에 이르러 문을 열라고 소리 지르자 성 위에 있던 사람이 그를 알아보고 황망히 성문을 열어 영접했다. 마준이 놀라 절을 올리며 물었다. 하후무는 강유의 일을 자세히 이야기했고 또 도중에 백성에게 들은 말도 전했다. 마준이 탄식했다.

"강유가 배반하고 촉에 투항할 줄이야 생각이나 했겠습니까!"

양서가 말했다.

"그는 도독을 구하려는 뜻이 있었으므로 거짓으로 항복했을 것입니다."

하후무가 말했다.

"지금 강유가 이미 항복했는데 무엇이 거짓이란 말인가?"

한창 어떻게 해야 할지 망설이고 있는데 때는 이미 초경이 되었고 촉병이 또 와서 성을 공격했다. 그때 불빛 속에서 창을 잡고 성 아래에서 말을 세우고 있는 강유가 보였다. 그가 크게 소리 질렀다.

"청컨대 하후도독께서는 대답해주시오!"

하후무가 마준 등과 함께 모두 성 위로 올라가니 무용을 뽐내고 위엄을 과시하는 강유가 보였다. 그가 또 고함을 질렀다.

"나는 도독을 위해 항복했는데 도독은 어찌하여 전에 했던 말을 어기시오?"

하후무가 말했다.

"네놈은 위의 은혜를 입었거늘 무슨 까닭으로 촉에 항복했느냐? 앞서 했다는 말이 무엇이냐?"

강유가 응답했다.

"그대가 편지를 써서 나더러 촉에 항복하라고 해놓고 어찌하여 그런 말을 하시오? 네가 빠져나오려고 나를 함정에 빠뜨린 것이로구나! 내 이제 촉에 항복한 데다 상장으로 벼슬이 올랐는데 어찌 위로 돌아갈 이유가 있겠느냐!"

말을 마치더니 군사들을 몰아 성을 공격했고 동틀 무렵에서야 물러갔다. 알고 보니 이는 공명의 계책으로 부하 졸개들 가운데 용모가 비슷한 자를 강유로 변장시킨 것이었다. 불빛 속에 있었기 때문에 진위를 가리지 못했다.

공명은 도리어 군사를 이끌고 기성을 공격하러 갔다. 성안에는 양식이 적어 군사들에게 먹일 것이 부족했다. 성 위에 있던 강유는 촉군이 크고 작은 수레로 군량과 마초를 운반해 위연의 군영으로 들어가는 것을 보았다. 강유는 3000명의 군사를 이끌고 성을 나가 즉시 군량을 강탈하러 갔다. 촉의 병사들은 군량과 마초를 모조리 버리고 길을 찾아 달아났다. 군량 수레를 빼앗은 강유가 성으로 들어가려는데 별안간 한 무리의 군사가 가는 길을 막아섰다. 앞장선 촉장은 장익이었다. 두 장수가 맞붙어 몇 합을 싸우지도 못했는데 왕평이 또 한 부대를 이끌고 와서는 양쪽으로 협공했다. 강유는 힘이 다해 더 이상 대적하지 못하고 길을 찾아 성으로 돌아갔다. 그러나 성 위에는 벌써 촉군의 깃발이 꽂혀 있었다. 알고 보니 이미 위연에게 습격당한 것이었다. 강유는 죽을힘을 다해 한 갈래 길을 찾고는 천수성으로 달아났는데 수하에는 10여 기만 남아 있었다. 또 장포와 마주쳐 한바탕 싸움을 벌이는 바람에 모조리 죽고 홀로 남게 된 강유는 필마단창으로 천수성 아래에 이르러 문을 열라고 소리쳤다. 성 위에 있던 군사들이 강유를 보고는 황급히 마준에게 보고했다. 마준이 말했다.

"이것은 강유가 나를 속여 성문을 열게 하려는 것이다."

성 위에서 화살을 퍼붓도록 명했다. 강유가 뒤돌아보니 촉병이 가까이 다가오고 있었다. 이에 즉시 나는 듯이 상규성으로 달려갔다. 성 위에 있던 양건이 강유를 보고는 욕설을 퍼부었다.

"나라를 배신한 역적 놈이 어찌 감히 나를 속여 성지를 빼앗으러 왔단 말이냐! 내 이미 네놈이 촉에 항복한 것을 알고 있다!"

그러고는 어지럽게 화살을 쏘아댔다. 해명할 길이 없는 강유는 하늘을 우러러 탄식하고 두 눈에 눈물을 흘리며 말을 돌려서 장안을 향해 달렸다. 몇 리를 못 갔을 때 앞쪽에 온통 거목으로 무성하게 들어찬 숲에 이르렀다. 그때 '와!' 하는 함성이 일어나더니 수천 명의 군사가 우르르 몰려나왔다. 앞장선 촉장은 관흥으로 강유가 가는 길을 막아섰다. 사람과 말이 모두 기진맥진해진 강유는 버텨낼 수 없어 고삐를 당겨 말 머리를 돌리고는 달아났다. 그때 별안간 작은 수레 하나가 산비탈 속에서 돌아 나왔다. 수레에 앉아 있는 사람은 머리에 관건을 쓰고 몸에는 학창의를 걸쳤으며 손에는 깃털 부채를 흔들고 있었는데 바로 공명이었다. 공명이 강유를 불렀다.

"백약, 이런 상황에 어찌하여 아직도 항복하지 않는가?"

강유는 한참 동안 곰곰이 생각했으나 앞에는 공명이 있고 뒤에는 관흥이 있는 데다, 도망칠 길도 없어 하는 수 없이 말에서 내려 투항했다. 공명이 황망히 수레에서 내려 맞이하며 강유의 손을 잡고 말했다.

"내 초려에서 나온 이래로 두루 현명한 자를 구해 평생 배운 바를 전수해 주고자 했으나 아직까지 그런 사람을 얻지 못해 한스러웠소. 이제 백약을 만났으니 내 바람이 이루어졌구려."

강유가 크게 기뻐하며 절을 올려 감사했다. ❶

공명은 즉시 강유와 함께 군영으로 돌아왔다. 그들은 중군 군막으로 들어가 군사 상황을 듣고는 천수와 상규를 빼앗을 계책을 상의했다. 강유가 말했다.

"천수성 안에는 윤상과 양서가 있는데 저와 교분이 두터우니, 밀서 두 통을 써서 성안으로 쏘아 보내고 그들로 하여금 내란을 일으키게 한다면 성을 손에 넣을 수 있을 것입니다."

공명은 그 말을 따르기로 했다. 강유는 두 통의 밀서를 써서 화살에 묶고는 말고삐를 놓고 곧장 성 아래까지 달려가 화살을 성안으로 쏘아 보냈다. 하급 무관이 그것을 주워 마준에게 바쳤다. 마준은 크게 의심이 들어 하후무와 대책을 상의했다.

"양서와 윤상이 강유와 연합하여 안에서 호응하고자 하니 도독께서는 어서 결정을 내리셔야 합니다."

하후무가 말했다.

"두 사람을 죽이시오."

이 소식을 알아낸 윤상이 이에 양서에게 일렀다.

"차라리 성을 바치고 촉에 항복하여 출세하는 것이 나을 듯하오."

그날 밤 하후무는 여러 차례 사람을 시켜 할 말이 있다고 전하며 양서와 윤상 두 사람을 청했다. 일이 다급해진 것을 헤아린 두 사람은 즉시 갑옷을 걸치고 말에 올라 각자 병기를 잡고는 본부 군사들을 이끌고 성문을 활짝 열어 촉병을 성안으로 끌어들였다. 놀란 하후무와 마준은 허둥대며 수백 명을 이끌고 서문을 나가 성을 버리고는 강호성[4]을 향해 달아났다. 양서와 윤상은 공명을 영접하고 성으로 들어갔다. 공명은 백성을 안정시킨 다음 상규를 취할 계책을 물었다. 양서가 말했다.

"그 성은 제 친아우인 양건이 지키고 있으니 원컨대 귀순토록 하겠습니다."

공명은 크게 기뻐했다. 양서는 그날로 상규로 가서 양건을 불러 성을 나와 공명에게 항복하게 했다. 공명은 그의 노고에 후한 상을 내리고 양서를 천수태수로 삼고 윤상을 기성현령으로, 양건을 상규현령으로 삼았다. 공명은 배치를 마친 다음 군사를 정돈하여 진군하려 했다. 장수들이 물었다.

"승상께서는 어찌하여 하후무를 사로잡으러 가지 않으십니까?"

공명이 말했다.

"내가 하후무를 놓아준 것은 오리 한 마리를 놓아준 것에 불과할 뿐이오. 지금 백약을 얻었으니 봉황을 얻은 것이오!"

공명은 세 성[5]을 손에 넣은 뒤에도 그 위엄과 명성을 크게 떨쳤다. 이에 원근의 주군들이 소문만 듣고도 항복해 왔다. 그는 군마를 정돈하고 한중의 군사를 모조리 일으켜 기산[6]을 향해 나아갔다. 군사들이 위수의 서쪽에 이르자 정탐꾼이 낙양으로 들어가 이 사실을 보고했다.❷

때는 위주 조예 태화 원년(227)[7]으로 조예는 어전에 올라 조회를 열고 있었다. 근신이 아뢰었다.

"하후 부마가 이미 세 개 군을 잃고 강중羌中(강인羌人의 거주지)으로 도망쳐 숨었다고 합니다. 지금 촉병이 이미 기산에 당도했고 선봉대는 위수의 서쪽에 이르렀다고 하니 속히 군대를 파견하여 적을 깨뜨리십시오."

깜짝 놀란 조예가 이에 군신들에게 물었다.

"누가 짐을 위해 촉병을 물리칠 수 있겠소?"

사도 왕랑이 반열에서 나와 아뢰었다.

"신이 살펴보건대 선제께서는 매번 대장군 조진을 임용하셨는데 그가 이르는 곳마다 반드시 승리를 거두었습니다. 폐하께서는 어찌하여 조진을 대도독으로 임명하여 촉군을 물리치지 않으십니까?"

조예가 조진을 불러들여 말했다.

"선제께서 짐을 경에게 부탁하셨소. 지금 촉군이 중원을 침입했는데 경은 어찌 차마 가만히 앉아서 보고만 있을 수 있소?"

조진이 아뢰었다.

"신이 재능이 모자라고 지혜가 뛰어나지 않아 그 직분을 감당할 수 없습니다."

왕랑이 말했다.

"장군은 사직지신社稷之臣이니 굳이 사양해서는 안 되오. 노신이 비록 우둔하나 원컨대 장군을 따라가겠습니다."

조진이 다시 아뢰었다.

"신이 크나큰 은혜를 입었거늘 어찌 감히 사양하겠습니까? 한 사람을 부장으로 임명해주시기 바랍니다."

조예가 말했다.

"경이 직접 천거해보시오."

조진은 이에 태원太原 양곡陽曲 사람을 보증했는데 성이 곽郭이고 이름이 회淮이며 자가 백제伯濟로 관직은 사정후射亭侯,[8] 옹주자사를 겸하고 있었다. 조예가 그 말을 따르기로 하고 즉시 조진을 대도독으로 삼고 절월節鉞을 하사했다. 또 곽회를 부도독으로 임명하고 왕랑을 군사로 삼았다. 왕랑은 이때 이미 76세였다. 동서 두 도읍(낙양과 장안)의 군마 20만 명을 선발하여 조진에게 넘겨줬다. 조진은 종제[9]인 조준曹遵에게 명하여 선봉으로 삼고 또 탕구장군[10] 주찬朱贊에게 명하여 부선봉으로 삼았다. 그해 11월 출병하자 위주 조예는 친히 서문 밖까지 나가 전송해주었다.

조진은 대군을 거느리고 장안에 당도하여 위하渭河 서쪽으로 건너가 군영을 세웠다. 조진은 왕랑, 곽회와 함께 촉군을 물리칠 계책을 의논했다. 왕랑이 말했다.

"내일 대오를 엄정히 하고 깃발을 크게 펼치시오. 이 늙은이가 직접 나가 몇 마디의 말로 제갈량을 가르쳐 두 손 맞잡고 인사하며 항복하게 만들겠소. 그럼 촉군이 싸우지도 않고 저절로 물러날 것이오."

조진이 크게 기뻐하며 그날 밤 명령을 전달하여, 내일 사경에 아침밥을 지어 먹고 날이 밝으면 대오를 가지런히 하고 인마는 위의를 갖추게 했다. 또한 깃발과 고각도 각기 순서에 따르도록 했다. 그러고는 즉시 사람을 시켜 먼저 전서를 보냈다.

이튿날 양군은 서로 기산 앞에 진을 펼쳤다. 촉군이 보니 위군이 대단히 웅장했는데 하후무와는 크게 달랐다. 삼군이 고각을 울리고 나자 사도 왕랑이 말을 타고 나왔다. 위쪽에 도독 조진이, 아래쪽에는 부도독 곽회의 두 선봉대가 진 대형의 양쪽 날개에 버티고 있었다. 척후병이 군사들 앞으로 나와 크게 소리 질렀다.

"그쪽 진영의 주장은 대답하시오!"

촉군의 문기가 열리면서 관흥과 장포가 좌우로 나뉘어 나오더니 양쪽에 말을 세웠다. 뒤이어 한 대오씩 날랜 장수들이 나뉘어 늘어섰다. 문기 그림자 중앙에 사륜거 한 량이 나타났는데 수레 위에는 공명이 단정히 앉아 있었다. 관건에 깃털 부채를 들고, 흰옷에 검은 띠를 두른 채 초연히 나왔다. 공명이 눈을 들어보니 위의 진 앞에 휘개[11] 세 개가 보였는데 깃발 위에 큼지막하게 이름이 적혀 있었다. 중앙에 수염이 하얗게 센 늙은이가 있었는데, 바로 군사인 사도 왕랑이었다. 공명이 속으로 생각했다.

'왕랑은 틀림없이 말로 설득하려 할 테니 내 변화에 따라 기회를 보면서 응수해야겠구나.'

공명은 즉시 수레를 진 밖으로 밀게 하고는 호위군 하급 무관에게 명을 전달하게 했다.

"한漢 승상께서 사도와 이야기를 하고자 하오."

왕랑이 말고삐를 놓고 달려나왔다. 공명은 수레 위에서 두 손을 맞잡고 인사했고 왕랑은 말 위에서 몸을 조금 숙여 답례를 했다. 왕랑이 말했다.

"공의 고명하신 이름을 오래전부터 들어왔는데 지금 만나게 되어 행운입니다. 공은 이미 천명을 알고, 당면한 정세를 이해하고 계실 텐데 무슨 까닭으로 명분 없는 군대를 일으켰습니까?"

공명이 말했다.

"내 조서를 받들어 역적을 토벌하는데 어찌하여 명분이 없다고 이르시오?"

왕랑이 말했다.

"천수天數(하늘의 운수)는 변하기 마련이고, 신기[12]가 바뀌어 덕 있는 사람에게 돌아가는 것은 자연의 이치요. 이전에 환제와 영제 이래로 황건이 반란을 일으켜 천하가 난폭하게 다투었소. 초평, 건안 시기에 이르러서는 동탁이 모반했고, 이각과 곽사가 그 뒤를 이어 제멋대로 포악한 짓을 했소. 원술은 수춘에서 분수에 넘치게 스스로 황제라 칭했고, 원소는 업鄴 땅에서 영웅을 자처했소. 유표는 형주를 점거했고, 여포는 서군徐郡[13]을 호랑이처럼 삼켰소. 도적들은 벌떼처럼 일어나고 간웅들은 매처럼 높이 올라 뛰어난 재능을 뽐냈으며 사직은 계란을 쌓아놓은 듯 위급했고 백성은 거꾸로 매달리는 위험한 상황에 처했소. 우리 태조 무황제께서는 천하를 깨끗이 청소하고 팔방의 황량하고 먼 지방을 석권하셨소. 그리하여 만백성이 온 힘을 다하고 사방에서 그 덕을 우러르니 권세로 취한 것이 아니라 실로 천명이 돌아온 것이었소. 세조[14] 문제文帝(조비)께서 신령스러운 문장과 성스러운 무예로 대통을 이어받았으니 천명에 순응하고 인심에 부합하며, 요임금이 순임금에게 자리를 선양한 법을 본받아 중원에 머물면서 만방을 다스리시니 어찌 하늘의 마음이며 사람의 바람이라 하지 않겠소? 지금 공께서는 탁월한 재능과 큰 포부를 품고 있으며 스스로를 관중과 악의에 비유하시면서 어찌하여 하늘의 이치를 거역하고 사람의 바람을 저버린 채 일을 행하려 하시오? 어찌 옛사람이 '천도를 따르는 자는 생존하고 천도를 거스르는 자는 멸망한다順天者昌, 逆天者亡'는 말을 듣지 못했소. 지금 우리 대위大魏에는 갑옷 입은 군사가 백만명이고 싸움에 능한 장수가 1000명이나 되오. 추측건대 썩은 풀에 매달린 반딧불이 어떻게 하늘 한가운데 떠 있는 밝은 달에 미칠 수 있겠소? 공께서 무기를 거꾸로 잡아끌고 갑옷을 떼어내 예로써 항복한다면 후작 지위를 잃지 않을 것이오. 나라는 안정되고 백성은 즐거워할 것이니 어찌 아름답지 않다고 하겠소!"

공명은 수레 위에서 껄껄 웃었다.

"나는 그대가 한나라 왕조의 원로 신하라 틀림없이 훌륭한 의론이 있을 것이라 여겼는데 이리도 저속한 언사를 내뱉을 줄 생각이나 했겠는가! 내게 할 말이 있으니 모든 군사는 조용히 듣거라. 옛날 환제와 영제 시기에 한나라의 통치가 쇠퇴해져 환관들의 재앙을 초래했고, 국란과 흉년으로 사방이 소란스러워졌다. 황건 이후에는 동탁, 이각과 곽사 등이 잇달아 일어나 한나라 황제를 위협하여 옮겨가게 했고, 백성을 잔인하고 흉포하게 다루었다. 묘당廟堂(조정)에서는 썩은 나무들이 관직을 차지했고 전폐殿陛(어전 앞의 돌계단) 사이에서는 금수 같은 자들이 녹봉을 먹었다. 이리 심보와 같이 탐욕스럽고 잔인하며 개의 행동처럼 하는 짓이 악랄하고 파렴치한 무리가 끊임없이 권력을 장악했으며, 알랑거리는 노비의 얼굴에 항상 무릎을 꿇는 시녀처럼 비굴하게 남에게 빌붙는 무리가 쉴 새 없이 잇달아 정권을 잡았다. 이로인해 사직은 폐허로 변했고 백성은 진창에 빠졌으며 숯불에 타게 되었다. 내평소에 너의 소행을 알고 있었다. 대대로 동해東海의 물가에 살면서 처음에 효렴으로 천거되어 출사했으니, 응당 군주를 보좌하고 국가 통치를 도우며 한나라를 안정시키고 유씨를 부흥시켜야 하거늘 도리어 역적을 도와 함께 찬탈을 꾀하려는 것을 어찌 짐작이나 할 수 있었겠는가! 그 죄악이 깊고 무거워 천지가 용서치 않으리라! 천하 사람들이 너의 고기를 먹고자 하고 있도다! 지금 다행히 하늘이 염한[15]을 끊지 않아 소열황제昭烈皇帝(유비)께서 서천에서 대통을 이으셨다. 내 이제 사군[16]의 성지를 받들어 군대를 일으켜 역적을 토벌하노라. 너는 이미 아첨하는 신하가 되었으니 몸을 깊숙이 감추고 얼굴도 내밀지 말고 은거나 하면서 의식이나 챙길 것이지, 어찌 감히 군대의 대오 앞에서 망령되이 하늘의 운수를 일컫는단 말이냐! 백발의 필부 놈아! 수염 희끗한 늙은 역적 놈아! 가까운 시일 내에 구천지하로 돌아가면 무슨 면목으로 스물네 분의 황제를 뵙겠느냐! 늙은 역적 놈은 속히 물러가라! 내 모반한 신하와 승부를 결정짓겠노라!"

이 말을 듣고 난 왕랑은 가슴에 노기가 가득 차 크게 외마디 소리를 지르더니 말 아래로 떨어져 땅바닥에 부딪쳐 죽고 말았다. 후세 사람이 공명을 찬탄한 시가 있다.

병마 거느리고 서진[17] 땅으로 나가
출중한 재능으로 만인을 대적하네
세 치의 혀 가볍게 놀려 유세하여
늙고 간사한 신하 꾸짖어 죽였도다
兵馬出西秦, 雄才敵萬人
輕搖三寸舌, 罵死老奸臣 ❸

공명은 깃털 부채로 조진을 가리키며 말했다.

"내 너를 핍박하지 않았다. 너는 군마를 정돈하여 내일 결전에 나서도록 하라."

말을 마치더니 군사를 돌렸다. 그리하여 양군이 모두 물러갔다. 조진은 왕랑의 시신을 관에 넣어 장안으로 보냈다. 부도독 곽회가 말했다.

"제갈량은 우리 군이 장례를 치를 것으로 헤아려 오늘밤 틀림없이 군영을 기습해올 것입니다. 군사를 네 갈래 길로 나누어, 두 갈래 길의 군사들은 산 후미진 오솔길로 빈틈을 이용하여 촉의 군영을 기습하고, 다른 두 갈래 길의 군사들은 우리 군영 밖에 매복시켜두었다가 좌우로 공격하는 것이 좋을 듯합니다."

조진이 크게 기뻐하며 말했다.

"그 계책이 내 생각과 같구나."

즉시 명을 전달하여 조준과 주찬 두 선봉을 불러 분부했다.

"자네 두 사람은 각기 군사 1만 명씩 거느리고 기산 뒤쪽으로 질러가게. 촉병이 우리 군영을 향해 오는 것이 보이면 그대들은 군사를 진격시켜 촉 군영을 기습하게. 만약 촉군이 움직이지 않는다면 즉시 군사를 철수시켜 돌아오되 함부로 진격해서는 아니 되네."

계책을 받은 두 사람은 군사를 이끌고 떠났다. 조진이 곽회에게 일렀다.

"우리 두 사람은 각기 한 갈래씩 군사를 이끌고 군영 밖에 매복한 뒤 군영 안에는 거짓으로 땔나무를 쌓아놓고 몇 명만 남겨둡시다. 만약 촉군이 이르거든 불을 놓아 신호로 삼읍시다."

장수들은 좌우로 나뉘어 각자 준비하러 갔다.

한편 군막으로 돌아온 공명은 먼저 조운과 위연을 불러 명을 듣게 했다. 공명이 말했다.

"그대 두 사람은 본부의 군사들을 이끌고 가서 위 군영을 기습하시오."

위연이 나서며 말했다.

"조진은 병법에 매우 밝은 자라 틀림없이 우리가 장례를 치르는 틈을 이용하여 급습해올 것이라고 헤아리고 있을 것입니다. 그가 어찌 방비를 하지 않겠습니까?"

공명이 웃으면서 말했다.

"조진이 우리가 군영을 급습할 것을 알게 하려는 것이오. 그는 반드시 기산 뒤쪽에 군사를 매복시키고 우리 군사가 지나가기를 기다렸다가 도리어 우리 군영을 습격하러 올 것이오. 그래서 내가 그대 두 사람에게 군사를 이끌고 산기슭 뒷길을 지나 멀리 군영을 세우게 하여 위병들이 우리 군영을 급습하러 오도록 하려는 것이오. 그대들은 불을 질러 신호를 보내거든 군사를 두 갈래 길로 나누시오. 문장文長(위연의 자)은 산 입구를 막고, 자룡은 군사를 이끌고 되돌아오시오. 되돌아오는 길에 반드시 위병과 마주칠 것이니 저들이 달아나 돌아가도록 놓아주고 그대들이 기세를 몰아 그들을 공격하면 저들은 반드시 자기편끼리 서로 공격할 것이오. 그렇게 되면 완승을 거둘 수 있을 것이오."

두 장수는 계책을 받은 뒤 군사를 거느리고 떠났다. 또 관흥과 장포를 불러 분부했다.

"너희는 각자 일군을 거느리고 기산의 주요 길목에 매복하고 있다가 위군을 보면 그냥 보내고 위군이 왔던 길로 위의 군영을 치러 가거라."

두 사람이 계책을 받아 군사를 이끌고 떠났다. 또 왕평, 마대, 장억, 장익 네 장수에게 군영 밖에 매복하고 있다가 사면으로 위군을 맞받아치라고 명했다. 공명은 이에 위장용으로 목책을 세우고는 그 한가운데에 땔나무를 쌓고 불을 질러 신호를 보낼 준비를 했다. 그러고는 여러 장수를 이끌고 군영 뒤로 물러나 동정을 살폈다.

한편 위의 선봉 조준과 주찬은 해질녘에 군영을 떠나 길게 줄지어 앞으로 전진했다. 이경 무렵에 멀리 바라보니 산 앞쪽에서 군사들이 움직이는 것이

어슴푸레하게 보였다. 조준은 혼자 생각했다.

'곽도독께서는 참으로 신묘한 지략과 교묘한 계책을 가지셨구나!'

즉시 군사들을 재촉해 급히 전진했다. 촉 군영에 당도했을 때는 삼경이 다 된 시각이었다. 조준이 먼저 군영으로 들이쳤으나 도리어 군영은 텅 비어 있었고 단 한 명의 군사도 보이지 않았다. 계책에 빠진 것을 알고는 급히 군사를 물려 돌아가려 했다. 그때 군영 안에서 불길이 일어났다. 그러자 주찬의 군사들이 몰려왔고 자기편끼리 서로 엉켜 사람과 말이 큰 혼란에 빠져들고 말았다. 조준과 주찬은 서로 말이 엎치락뒤치락한 다음에야 비로소 자기들끼리 서로 짓밟은 것을 알게 되었다. 급히 군사를 모으고 있을 때 별안간 사면에서 '와!' 하는 함성이 크게 진동하더니 왕평, 마대, 장억, 장익이 들이닥쳤다. 두 사람은 심복 군사 100여 기를 이끌고 큰길을 바라보며 달아났다. 그런데 난데없이 고각이 울리더니 한 무리의 군사가 길을 막아섰다. 앞장선 대장은 다름 아닌 상산 조자룡이었다. 조자룡이 크게 소리 질렀다.

"적장은 어디로 가느냐? 어서 죽음을 받아라!"

조준과 주찬 두 사람은 길을 찾아 달아났다. 그때 느닷없이 함성이 또 일어나더니 위연이 한 무리의 군사를 이끌고 들이닥쳤다. 둘은 대패하여 길을 찾아 자신들의 본영으로 돌아왔다. 그런데 군영을 지키던 군사들은 촉군이 군영을 기습하러 온 것으로 알고 황망히 불을 질러 신호를 보냈다. 그러자 왼쪽에서는 조진, 오른쪽에서는 곽회가 뛰쳐나오며 자기편끼리 서로 싸웠다. 배후에서 세 갈래 길로 촉군이 몰려오는데, 중앙에는 위연, 왼쪽에서는 관흥, 오른쪽에서는 장포가 한바탕 몰아쳤다. 위군은 패하여 10여 리를 달아났다. 위 장수들 중에 죽은 자가 셀 수 없이 많았다. 완승을 거둔 공명은 비로소 군사를 거두어들였다.

조진과 곽회는 패잔병을 수습해 군영으로 돌아와 상의했다.

"지금 우리 위군은 세력이 외롭게 되었소. 촉군의 세력은 거대하니 무슨 계책으로 물리쳐야 한단 말이오?"

곽회가 말했다.

"이기고 지는 것은 병가에서 흔히 있는 일이니 걱정하실 필요는 없습니다. 제게 한 가지 계책이 있는데 촉군이 머리와 꼬리를 돌아볼 수 없게 되어 반드시 스스로 달아나게 하겠습니다."

가련한 위의 장수 일을 이루기 어려우니
서쪽으로 가서 구원병을 찾고자 하는구나
可憐魏將難成事, 欲向西方索救兵

그 계책은 어떤 것일까?

제93회 강유를 얻은 제갈량

❶

강유는 제갈량의 계책에 빠지지 않았다

『삼국지』「촉서·강유전」에 "천수태수는 곧 촉한의 군대가 닥치려 하고 관할 여러 현이 호응한다는 소식을 듣고는 강유 등이 모두 다른 마음을 품고 있으리라 의심했다. 이에 한밤중에 도망쳐 상규上邽를 지켰다. 강유 등은 태수가 달아난 것을 알고 뒤쫓아갔지만 이미 늦은 뒤였다. 상규에 이르렀을 때 성문은 굳게 닫혀 있었다. 강유 등은 잇따라 기현으로 돌아왔지만 기현에서도 그들을 받아들이지 않았다. 이 때문에 강유 등은 함께 제갈량을 찾아갔다"고 기록되어 있다. 그러나 배송지 주 『위략』은 조금 다르게 기록하고 있는데 요약하면 다음과 같다.

"천수태수 마준은 강유와 여러 관원을 이끌고 우연히 옹주자사 곽회를 수행하여 서현西縣(간쑤성 톈수이天水 서남쪽)에서부터 낙문洛門(간쑤성 간구甘谷 서쪽)까지 순행했는데 제갈량이 이미 기산에 이르렀다는 소식을 듣고는 기현이 서쪽에 치우쳐 있으므로 동쪽 상규로 갔다. 강유가 기현으로 돌아가려 하자 마준은 강유 등에게 '경 등은 믿을 수 없소. 모두 적이오'라고 말하고는 각자 행동했다. 강유는 집이 기현이므로 기현으로 돌아왔고 기현의 관리와 백성은 그를 보고 크게 기뻐하며 제갈량과 만나게 했다. 강유는 돌아갈 수가 없어 촉으로 들어갔다. 위군은 기현을 공격하여 강유의 모친과 처자식을 잡았는데 강유가 본래 갈 뜻이 없었으므로 그 가족을 죽이지 않았다."

두 기록은 조금 다르지만 어쨌든 강유는 어쩔 수 없는 상황에서 스스로 제갈량에게 귀순한 것으로 보인다. 소설처럼 제갈량과 교전을 벌이거나 계책에 빠져 투항한 것은 아니었다.

❷

제갈량의 천수, 남안, 안정 세 군 점령 사건

소설에서는 제갈량이 교묘한 계책을 써서 세 군을 점령하는 것으로 이야기를 전개하는데 사실은 그렇지 않았다.

『삼국지』「위서·명제기」에 따르면 "태화 2년(228), 촉한 대장 제갈량이 국경을 침범하자 천수, 남안, 안정의 세 군의 관리와 백성이 배반하고 제갈량에게 호응했다"고 기록하고 있다. 또한 「촉서·제갈량전」 배송지 주 『위략』과 『자치통감』 권71 「위기 3」에 따르면 "처음에 위나라에서는 촉중에 오직 유비만 있다고 생각했다. 유비가 죽은 뒤 수년간 아무런 기척이 없었으므로 전혀 방비를 하지 않았다. 그런데 갑자기 제갈량이 출병했다는 소식을 듣자 조정과 백성이 두려워했다. 농우隴右와 기산祁山에서 특히 심했으므로 세 군이 동시에 제갈량에게 호응했다"고 기록하고 있다.

이 기록들에 따르면 세 개 군은 제갈량의 계책이 아닌 어떠한 전투도 없이 스스로 투항한 것이다.

❸

제갈량의 꾸지람과 호통에 왕랑이 죽었을까?

『삼국지』「위서·왕랑전」에 따르면 왕랑은 태화 2년(228)에 사망한 것으로 기록되어 있는데, 소설에서는 태화 원년(227)으로 이야기를 전개시키고 있다.

「위서·왕랑전」에 따르면 왕랑은 도겸의 밑에 있다가 조조에게 임명되었고 조비가 황제가 된 다음에는 사공으로 임명되었다. 또한 「위서·종요전」에 따르면 "종요는 당시 사도 화흠, 사공 왕랑과 함께 전대前代의 명신名臣이었다. 문제(조비)는 조회를 마친 다음 좌우에 '이 삼공은 바로 한 세대의 위인이니, 후세에는 아마도 이들을 이을 만한 인재가 나오기 어려울 것이오!'라고 말했다"고 기록하고 있다. 왕랑은 조조뿐만 아니라 조비가 상당히 존중했던 대명사大名士였다.

「촉서·제갈량전」 배송지 주『제갈량집』에 따르면 "이해(건흥 원년, 223)에 위나라 사도 화흠, 사공 왕랑, 상서령 진군, 태사령 허지許芝, 알자복야謁者僕射 제갈장諸葛璋이 각자 제갈량에게 서신을 보내 천명과 세상의 일을 설명하면서 촉나라가 번국藩國이 되기를 요구했지만 제갈량은 답장을 하지 않았다"고 기록하고 있으며, 또한 제갈량이 「정의正議」라는 제목의 글을 지어 반박했다고 기록되어 있다.

소설에서는 제갈량이 반박한 글을 근거로 왕랑을 꾸짖어 죽게 만들었다는 황당한 이야기를 만들어낸 듯하나, 왕랑은 전쟁에 참가한 적도 없고 제갈량의 호통에 죽을 사람도 아니었다.

맹달을 잡은 사마의

제갈량은 눈을 이용해서 강병을 격파하고,
사마의는 기한을 정해 맹달을 사로잡다

諸葛亮乘雪破羌兵,
司馬懿克日擒孟達

곽회가 조진에게 일렀다.

"서강[1] 사람들은 태조 때부터 매년 공물을 바쳤고 문황제께서도 그들에게 은혜를 베푸셨습니다. 우리가 지금 험준하고 다니기 어려운 길을 점거하는 한편 좁은 길로 사람을 보내 강인들 거주지로 들어가 구원을 요청하고 우호 관계를 맺어 화목하게 지내자고 한다면 강인들은 틀림없이 군대를 일으켜 촉군의 배후를 칠 것입니다. 그때 우리가 대군으로 공격하여 머리와 꼬리로 협공한다면 어찌 크게 이기지 못하겠습니까?"

조진은 그 말을 따르기로 하고 즉시 사람을 파견해 밤새 서강으로 달려가 서신을 전달하게 했다.❶

한편 서강 국왕 철리길徹里吉은 조조 때부터 해마다 공물을 바쳤다. 수하에 문관과 무관이 한 사람씩 있었는데, 문관은 아단雅丹 승상이고 무관은 월길越吉 원수였다. 이때 위 사신이 황금과 진주 그리고 서신을 가지고 서강국에 당도하여 먼저 아단 승상을 만나 예물을 선사하면서 구원을 요청하는 뜻을 구체적으로 밝혔다. 아단이 사자를 인도하여 국왕을 만나게 해주자 사신이 서찰과 예물을 바쳤다. 서신을 읽고 난 철리길은 대책을 상의했다. 아단이 말했다.

"우리는 위나라와 평소에 서로 왕래해오고 있습니다. 지금 조도독이 구원을 요청하니 잠시 화친을 허락하고 마땅히 윤허하셔야 합니다."

철리길은 그 말을 따르기로 하고 즉시 아단과 월길 원수에게 강병 15만 명을 일으키도록 명했다. 그들은 모두 활과 쇠뇌, 창과 칼, 질려,[2] 비추[3] 등의 무기를 사용하는 데 익숙했다. 또한 철판을 사용하여 못을 박아넣은 전차에 군량과 무기 같은 물품을 실었다. 낙타를 이용하여 끌기도 하고 혹은 노새와 말로도 끌게 했는데 '철거병鐵車兵'이라고 불렀다. 국왕과 하직한 두 사람은 군사를 통솔하여 곧장 서평관西平關[4]을 들이쳤다. 관을 지키던 촉장 한정韓禎[5]이 급히 사람을 보내 글로 공명에게 보고했다.

보고를 받은 공명이 장수들에게 물었다.

"누가 감히 가서 강병을 물리치겠소?"

장포와 관흥이 대답했다.

"저희가 가고자 합니다."

공명이 말했다.

"너희 두 사람이 가고자 하나 길이 익숙하지 않을 테니 어찌하겠나."

즉시 마대를 불러 말했다.

"그대는 본래 강인들의 성질을 잘 알고 있는 데다 그곳에 오래 살았으니 길을 안내해주시오."

바로 정예병 5만 명을 일으켜 관흥, 장포 등과 함께 군사를 이끌고 떠났다.

길을 떠난 지 며칠 만에 일찌감치 강병과 마주쳤다. 관흥이 먼저 100여 기를 이끌고 산비탈에 올라 살펴보니 강병들이 철거鐵車의 머리와 꼬리를 서로 연결하여 늘어세우고 곳곳에 방어용 울타리를 묶었는데, 수레 위에는 병기를 두루 배열시켜 마치 성지와 같은 형상이었다. 관흥이 한참 동안이나 살펴보아도 적들을 깨뜨릴 계책이 없자 군영으로 돌아와 장포, 마대와 함께 상의했다. 마대가 말했다.

"내일 진을 보고 허실을 살핀 다음에 별도로 계책을 상의하세."

이튿날 아침 군사를 세 갈래 길로 나누었다. 관흥이 가운데 있고, 장포는 왼쪽, 마대는 오른쪽에 위치했다. 세 갈래 군사들이 일제히 진격하기 시작했다. 강병의 진중에서는 월길 원수가 손에 철추를 걸고 허리에 보조궁[6]을 매달고는 말에 박차를 가하며 용기를 내어 달려나왔다. 관흥이 세 갈래 길의 군사들을 불러 진격하는데, 별안간 강병들이 양쪽으로 갈라지면서 중앙으로 철거를 내보냈다. 마치 밀물처럼 몰려오면서 활과 쇠뇌를 일제히 쏘아댔다. 촉군은 대패하여 마대와 장포 양군이 먼저 물러났다. 그러나 관흥의 일군은 강병들에게 한곳으로 몰렸고 곧장 서북쪽 모퉁이로 밀려 포위되고 말았다. 관흥은 포위된 한가운데서 좌충우돌했으나 벗어날 수가 없었다. 철거가 조밀하게 둘러싸는 모습이 마치 성지와 같았다. 촉병들은 서로 돌아볼 수 없는 처지가 되었고 이에 관흥은 산골짜기 속으로 길을 찾아 달아났다. 곧 날은 저물어가는데 한 무더기의 검은 깃발이 벌떼처럼 쇄도하는 것이 보였다. 한 강인 장수가 손에 철추를 들고는 크게 소리 질렀다.

"젊은 장수는 달아나지 마라! 내가 바로 월길 원수이니라!"

관흥이 급히 앞쪽으로 달아나며 온 힘을 다해 말고삐를 놓고 채찍질했으나 마침 계곡과 마주쳐 길이 끊어지고 말았다. 하는 수 없이 말 머리를 돌려 왔던 길로 달려가 월길과 싸웠다. 관흥은 끝내 간담이 서늘해져 막아낼 수 없게 되자 계곡을 향해 도망쳤다. 월길이 따라잡아 철추를 후려쳤는데 관흥이 급히 피했으나 말의 사타구니에 정통으로 맞고 말았다. 그 말이 계곡 한 가운데로 쓰러지면서 관흥도 같이 물속으로 떨어졌다. 그때 별안간 외마디 소리가 들리더니 등 뒤에서 월길이 말과 함께 아무런 이유도 없이 물속으로 떨어졌다. 관흥이 물속에서 발버둥치며 일어나 보니 언덕 위에서 한 대장이 강병을 물리치고 있었다. 관흥이 칼을 잡고 월길을 내리찍으려 하자 월길이 물에서 뛰어올라 달아났다. 관흥은 월길의 말을 잡아 언덕 위로 끌고 가서 안장과 고삐를 정돈한 후 칼을 움켜쥐고 말에 올랐다. 그 대장이 여전히 앞에서 강병을 쫓으며 죽이고 있는 것이 보였다. 관흥은 생각했다.

'저 사람이 내 목숨을 구해줬으니 마땅히 만나봐야겠구나.'

즉시 말에 박차를 가하고 그의 뒤를 쫓아갔다. 잠시 뒤에 가까이 다가가자 운무 속에서 어슴푸레하게 한 대장이 보였다. 얼굴은 짙은 자색의 대추 같고 눈썹은 누워 있는 누에 같았으며 녹색 전포에 황금색 갑옷을 걸치고 청룡도를 들고는 적토마를 탄 채 손으로 아름다운 턱수염을 움켜쥐고 있는데 분명 부친 관공이었다. 관흥은 깜짝 놀랐다. 그때 느닷없이 관공이 손으로 동남쪽을 가리키며 말했다.

"아들아, 속히 이 길로 가거라. 내 너를 보호해 군영으로 돌아가게 해주마."

말을 마치더니 눈앞에서 사라졌다. 관흥은 동남쪽을 향해 급히 달아났다. 한밤중에 이르렀을 때 별안간 한 무리의 군마가 당도했다. 바로 장포였다. 장포가 물었다.

"자네, 혹시 둘째 큰아버님을 뵙지 않았는가?"

관흥이 말했다.

"형님이 어떻게 그것을 아시오?"

장포가 말했다.

"내가 철거군에게 다급하게 쫓기고 있는데 별안간 둘째 큰아버님이 공중에서 내려오시더니 강병들을 놀라게 하여 물리치고 방향을 가리키며 '자네는 이 길로 가서 내 아들을 구하라'고 말씀하시기에 군사들을 이끌고 즉시 자네를 찾으러 온 것이네."

관흥 또한 있었던 일을 이야기하고 함께 기이하다고 여기며 찬탄했다. 두 사람은 함께 군영 안으로 돌아왔다. 마대가 맞이하며 두 사람에게 말했다.

"저 군사들을 물리칠 계책이 없네. 나는 목책을 지키고 있을 테니 자네 두 사람은 승상께 가서 보고하고 계책을 써서 저들을 격파하도록 하세."

이에 관흥과 장포 두 사람은 밤새 달려가 공명을 찾아뵙고 그 일을 상세하게 설명했다.

공명은 곧바로 조운과 위연에게 명하여 각기 한 부대를 거느리고 매복하게 했다. 그런 다음 3만 명의 군사를 점검하여 강유, 장익, 관흥, 장포를 데리고 친히 마대의 군영으로 와서 휴식을 취했다. 이튿날 높은 언덕에 올라 살펴보니 철거가 끊임없이 이어져 있고 인마들이 종횡으로 왕래하며 거침없이 내달리고 있었다. 공명이 말했다.

"저거야 깨뜨리기 어렵지 않지."

마대와 장익을 불러 이렇게 저렇게 하라고 분부했다. 두 사람이 떠나자 강유를 불러 말했다.

"백약은 저 철거를 깨뜨릴 방법을 알겠는가?"

강유가 말했다.

"강인들이야 오직 용기와 힘에만 의지하고 있는데 저들이 어찌 기묘한 계책을 알겠습니까?"

공명이 웃으면서 말했다.

"자네가 내 마음을 아는구먼. 지금 먹장구름이 잔뜩 끼어 있고 삭풍이 거세게 불고 있어 하늘에서 눈이 내릴 것이네. 그러면 내 계책을 펼칠 수 있을 게야."

바로 관흥과 장포 두 사람에게도 군사를 이끌고 매복하게 했고, 강유에게는 군사를 거느리고 출전하여 철거병이 오면 뒤로 물러나 즉시 달아나게 했다. 군영 입구에는 허위로 깃발을 세우고 군마는 두지 않았다. 그렇게 모든 준비를 마쳤다.

이때는 12월 겨울이라 과연 하늘에서 폭설이 내리기 시작했다. 강유는 군사를 이끌고 나갔고 월길도 철거병을 이끌고 나왔지만 강유가 바로 패하여 달아났다. 강병들이 뒤쫓아 군영 앞까지 이르자 강유가 군영 뒤로 달아났다. 강병들이 곧장 군영 밖까지 이르러 살펴보니 군영 안에서 거문고 타는 소리가 들렸고 사방에는 모두 헛되이 깃발만 꽂혀 있었다. 이에 급히 돌아가 월길에게 보고했다. 월길은 속으로 의심이 들어 감히 함부로 진격하지 못했다. 아단 승상이 말했다.

"이것은 제갈량의 간사한 계책으로 거짓으로 의병疑兵을 배치한 것뿐이오. 공격하는 것이 좋겠소."

월길이 군사를 이끌고 군영 앞에 이르자 공명이 거문고를 가지고 수레에 오른 뒤 몇 명의 기병만을 데리고 군영으로 들어가더니[7] 뒤쪽으로 달아나는 것이 보였다. 강병은 목책을 들이치며 곧장 뒤쫓아 산어귀를 지났는데 작은 수레가 숲속으로 들어가는 것이 흐릿하게 보였다. 아단이 월길에게 일렀다.

"이런 군사들이라면 매복이 있다 한들 두려워할 필요가 없소."

즉시 대군을 이끌고 추격했다. 그런데 또 강유의 군사들이 눈 덮인 땅에서 달아나는 것이 눈에 띄었다. 월길은 크게 노하여 군사들을 재촉해 급히 추격했다. 산길은 눈으로 가득 덮여 있었고 보이는 곳이 모두 평평해 보였다. 한창 추격하고 있는데 별안간 촉병들이 산 뒤에서 나타났다는 보고가 들어왔다. 아단이 말했다.

"설령 약간의 복병이 있다 하더라도 어찌 두려워할 만하겠는가!"

오직 병마들만 독촉하면서 앞으로 진격했다. 그때 별안간 와르르 산이 무너지고 땅이 꺼지는 것 같은 소리가 나더니 강병이 모조리 파놓은 함정 속으로 떨어지고 말았다. 뒤에서 한창 미끄러지며 급히 달려오던 철거들은 갑자기 멈출 수가 없어 한꺼번에 함정으로 떨어졌고 자기편 군사들을 짓눌러 버렸다. 뒤따르던 강병들이 급히 돌아가려고 할 때 왼쪽에서 관흥, 오른쪽에서 장포 양군이 들이치며 수많은 쇠뇌를 일제히 발사했고, 배후에서는 강유, 마대, 장익의 세 갈래 군사가 또 들이쳤다. 철거병들은 큰 혼란에 빠졌다. 월길 원수는 뒤쪽 산골짜기를 향해 달아나다 마침 관흥과 맞닥뜨렸다. 두 말이 엎치락뒤치락하자마자 단 1합 만에 호통 소리와 함께 월길 원수가 관흥의 칼에 찍혀 말 아래로 떨어져 죽고 말았다. 아단 승상은 일찌감치 마대에게 사로잡혀 본영으로 끌려갔다. 강병은 사방으로 뿔뿔이 흩어져 도망쳐 숨었다. 공명이 군막으로 들어가 군사 상황을 들으려 하는데 마대가 아단을 압송했다는 보고가 들어왔다. 공명은 큰 소리로 무사들을 꾸짖어 결박을 풀게 하고는 술을 내려 놀란 마음을 안정시키고 좋은 말로 위로해줬다. 아단은 그 덕에 깊이 감격했다. 공명이 말했다.

"우리 주공께서는 바로 대한의 황제이시다. 지금 내게 역적을 토벌하라고 명하셨는데 너희는 어떻게 도리어 역적을 도울 수 있단 말이냐? 내 이제 너를 놓아주어 돌아가게 해줄 터이니 네 주인에게 우리 나라와 너희는 바로 이웃 국가니 영원히 좋은 동맹을 맺고 역적의 말을 듣지 말라고 전해라."

즉시 사로잡은 강병과 수레, 말, 무기를 모조리 아단에게 돌려주고 자기 나라로 돌아가도록 풀어줬다. 모두 절하며 감사를 표하고 떠났다. 공명은 삼군을 이끌고 그날 밤으로 기산의 본영을 향해 떠났고 관흥과 장포에게 군사를 이끌고 먼저 출발하도록 명하는 한편 사람을 보내 표문을 가지고 승리 소식을 성도에 알리게 했다.

한편 조진은 여러 날 계속 강인의 소식을 기다리고 있는데 별안간 매복해 있던 군사가 와서 보고했다.

"촉군이 군영을 정리하고 길을 나섰습니다."

곽회가 크게 기뻐하며 말했다.

"이것은 강병의 공격 때문에 물러간 것입니다."

즉시 두 갈래 길로 나누어 추격에 나섰다. 앞쪽에 촉군들이 어지럽게 달아나자 위군들이 뒤따라 추격하며 들이쳤다. 선봉 조준이 한창 추격하고 있는데 별안간 둥둥둥 북소리가 크게 진동하더니 갑자기 군사들이 나타났다. 앞장선 대장은 바로 위연이었다. 위연이 크게 소리 질렀다.

"역적은 달아나지 마라!"

깜짝 놀란 조준은 말에 박차를 가하며 달려들어 맞붙었으나 3합도 못 되어 위연의 한칼에 말 아래로 떨어졌다. 부선봉 주찬도 군사를 이끌고 추격했으나 느닷없이 한 무리의 군사가 나타났는데 앞장선 대장은 조운이었다. 주찬은 어찌할 바를 몰라 당황하다가 조운의 한 창에 찔려 죽고 말았다. 두 갈래 길의 선봉을 모두 잃는 것을 본 조진과 곽회는 군사를 거두어 돌아가려 했다. 그러나 등 뒤에서 함성이 크게 진동하고 고각이 일제히 울리더니 관흥과 장포가 두 갈래 길로 들이닥쳤고 조진과 곽회를 에워싸며 한바탕 섬멸했다. 조진과 곽회 두 사람은 패잔병을 이끌고 길을 뚫어 달아났다. 완승을 거둔 촉군은 곧장 위수까지 추격했고 위 군영을 빼앗았다. 두 명의 선봉을 잃은 조진은 슬퍼해 마지않았으며 하는 수 없이 표문을 써서 조정에 설명하고 구원병을 파견해달라고 요청했다.❷

한편 위주 조예는 조회를 열고 있었는데 근신이 아뢰었다.

"대도독 조진이 여러 차례 촉에 패하고 두 명의 선봉을 잃은 데다 무수히 많은 강병이 죽어 그 형세가 심히 위급합니다. 지금 표문을 올려 구원을 요청하는데 청컨대 폐하께서는 헤아려 처분해주소서."

깜짝 놀란 조예가 급히 적군을 물리칠 계책을 물었다. 화흠이 아뢰었다.

"폐하께서 친히 군사를 인솔하고 정벌에 나서 제후들을 크게 모으셔야만 합니다. 그런 다음 사람들이 모두 전심전력으로 애써야 비로소 물리칠 수 있습니다. 그렇지 않으면 장안을 잃고 관중이 위태로워질 것입니다!"

태부 종요가 아뢰었다.

"무릇 장수된 자는 남보다 지혜가 뛰어나야 곧 남을 제어할 수 있습니다. 손자가 이르기를 '적을 알고 나를 알면 백 번 싸워 백 번 이긴다知彼知己, 百戰百勝'고 했습니다. 신이 헤아리건대 조진이 비록 오래도록 군사를 부렸을지라도 제갈량의 적수는 아닙니다. 신이 온 집안의 양민과 천민을 걸고 한 사람을 추천하겠습니다. 그 사람은 가히 촉병을 물리칠 수 있을 것입니다. 폐하께서 윤허하시겠습니까?"

조예가 말했다.

"경은 원로대신이오. 재능이 걸출한 인재가 대체 누구요? 그가 촉병을 물리칠 수 있다면 어서 불러와 짐의 걱정을 덜어주시오."

종요가 아뢰었다.

"얼마 전 제갈량이 군대를 동원하여 경계를 침범하고자 했으나 이 사람을 두려워했으므로 터무니없는 소문을 퍼뜨렸습니다. 폐하로 하여금 그를 의심하게 만들어 제거한 다음에야 비로소 감히 신속하게 대대적으로 진격해온 것입니다. 지금 만약 다시 그를 임용하신다면 제갈량은 스스로 물러갈 것입니다."

조예가 누구냐고 묻자 종요가 대답했다.

"표기대장군 사마의입니다."

조예가 탄식했다.

"그 일을 짐 또한 후회하고 있소. 지금 중달은 어디에 있소?"

종예가 말했다.

"근래에 듣자 하니 중달은 완성[8]에서 한가로이 지낸다고 합니다."

조예가 즉시 조서를 내려 사자에게 절節[9]을 지니고 사마의에게 가서 그의 관직을 회복시키고 평서도독平西都督을 더해준 다음 남양의 여러 갈래 군마를 일으켜 장안으로 가게 했다. 조예는 친히 군대를 인솔하여 정벌에 나서기로 하고 사마의에게 기한을 정해 장안에서 합류하자고 했다. 명을 받든 사자는 밤새 완성을 향해 달려갔다.

한편 공명은 출병한 이래로 연속해서 완승을 거두자 속으로 몹시 기뻐했다. 기산 군영 안에서 사람들을 모아놓고 공무를 논의하고 있는데 별안간 영안궁을 지키고 있는 이엄이 아들 이풍李豐을 보냈다는 보고가 들어왔다. 공명은 동오가 경계를 침범한 것으로 알고 속으로 몹시 놀라고 의아해하며 이풍을 군막으로 불러들여 오게 된 까닭을 물었다. 이풍이 말했다.

"특별히 희소식을 전하러 왔습니다."

공명이 말했다.

"무슨 기쁜 소식이라도 있느냐!"

이풍이 말했다.

"지난날 맹달이 위에 항복한 것은 어쩔 수 없어서 그런 것이었습니다. 그때 조비가 그의 재주를 아껴 때때로 준마, 황금과 진주를 하사하고 어가를 함께 타고 출입했습니다. 또한 산기상시[10]에 봉했고 신성[11]태수를 겸하게 하여 상용[12]과 금성[13] 등 여러 곳을 지키는 임무를 위임했습니다. 그러나 조비가 죽고 조예가 즉위하자 조정의 많은 사람이 그를 시기했습니다. 그러자 맹달은 밤낮으로 불안하여 항상 장수들에게 '나는 본래 촉 장수인데 상황 때문에 이곳에서 핍박받는다'고 했답니다. 지금 여러 차례 심복을 가친께 보내 편지를 전하면서 계속 승상께 대신 아뢰도록 했습니다. 이전에 다섯 갈래 길로 서천을 칠 때도 이런 뜻을 가지고 있었다고 합니다. 지금 신성에 있는데 승상께서 위를 친다는 것을 알고는 금성,[14] 신성, 상용 세 곳의 군마를 일으켜 그곳에서 봉기하여 곧장 낙양을 취하고자 하니, 승상께서 장안을 취하신다면 양경兩京(낙양과 장안)을 모두 평정할 수 있다고 했습니다. 그래서 이번에 제가 맹달이 보낸 사람과 아울러 그동안 여러 차례 보냈던 서신을 승상께 바치러 왔습니다."

공명이 크게 기뻐하며 이풍 등에게 후한 상을 내렸다. 그때 별안간 정탐꾼이 보고했다.

"위주 조예의 어가가 장안으로 행차하는 한편 조서를 내려 사마의를 복직시키고 평서도독의 관직을 더해주어 완성의 군사들을 일으켜 장안에서 합류하기로 했다고 합니다."

공명은 깜짝 놀랐다. 참군 마속이 말했다.

"헤아리건대 조예가 어찌 말할 만한 가치가 있겠습니까! 만약 장안으로 온다면 바로 그를 사로잡으면 됩니다. 승상께서는 무슨 까닭으로 그렇게 놀라십니까?"

공명이 말했다.

"내 어찌 조예를 두려워하겠는가? 우려하는 자는 오직 사마의 한 사람뿐이네. 지금 맹달이 큰일을 일으키려 하는데 만약 사마의와 마주친다면 일은 틀림없이 실패할 것이네. 맹달은 사마의의 적수가 되지 못하니 반드시 사로잡힐 것일세. 맹달이 죽는다면 중원은 얻기 힘들 것이네."

마속이 말했다.

"어찌하여 급히 서신을 쓰셔서 맹달로 하여금 방비하게 하지 않으십니까?"

공명은 그 말에 따라 즉시 편지를 써서 맹달이 보낸 심복에게 주어 밤새 달려가 보고하게 했다.

한편 신성에 있던 맹달은 심복이 돌아와 보고하기만을 기다렸다. 어느 날 심복이 도착하여 공명의 회신을 바쳤다. 맹달이 그 편지를 뜯어보니 내용은 대략 다음과 같았다.

"근래에 그대의 서신을 받아보고 공의 충성스럽고 의로운 마음을 족히 알 수 있었소. 옛 벗을 잊지 않고 있어 내 몹시 기쁘고 안심이 되오. 만약 큰일을 이룬다면 공은 한나라 왕조 중흥의 으뜸가는 공신이 될 것이오. 그러나 비밀리에 진행해야지 경솔하게 남에게 부탁해서는 안 되오. 신중해야 하오! 경계해야 하오! 근래에 듣자 하니 조예가 다시 사마의에게 조서를 내려 완성과 낙양의 군대를 일으킨다고 하니 만약 공이 거사를 일으킨다는 소식을 듣게 된다면 틀림없이 먼저 그대를 칠 것이오. 만전을 기해 방비해주시오. 예사롭게 보지 말기 바라오."

편지를 읽고 난 맹달이 웃으면서 말했다.

"사람들이 공명은 지나치게 걱정이 많다고 하더니 지금 이 편지를 보니 알 만하구나."

이에 답서를 써서 심복을 시켜 공명에게 전하도록 했다. 공명이 군막으로 불러들이자 그가 답서를 바쳤다. 공명이 뜯어보니 내용은 다음과 같았다.

"승상의 가르침을 받자와 어찌 감히 조금이라도 태만히 하겠습니까. 삼가 사마의의 일을 이르신다면 걱정할 필요가 없습니다. 완성은 낙양으로부터 대략 800리 떨어져 있고 신성으로부터는 1200리나 됩니다. 사마의가 제 거사를 듣는다 해도 위주에게 표문을 올려야 합니다. 오고 가는 데만 한 달이 걸리니 그 사이에 제 성지는 이미 견고해진 후일 것이고 장수와 삼군이 모두 외지고 험준한 곳에 위치하고 있을 것입니다. 사마의가 즉시 온다 한들 제가 무엇을 두려워하겠습니까? 승상께서는 마음을 놓으시고 오직 승전보만 들으소서!"

편지를 읽고 난 공명은 땅바닥에 편지를 던져버리고는 발을 동동 굴렀다.

"맹달이 틀림없이 사마의의 손에 죽게 생겼구나!"

마속이 물었다.

"그게 무슨 뜻입니까?"

공명이 말했다.

"병법에 이르기를 '준비가 없는 곳을 공격하고 상대가 생각지 못한 군사 행동을 개시하라攻其不備, 出其不意'[15]고 했네. 어찌 한 달이란 기간을 헤아리지 않겠는가? 조예가 이미 사마의에게 위임했으니 적의 침략을 만나면 즉시 제거해야지 무슨 신하가 상황을 보고하기를 기다리겠는가? 만약 맹달이 배반한 것을 알게 된다면 열흘도 못 되어 군사들이 반드시 닥칠 것인데 그가 어찌 대처할 수 있겠느냐?"

장수들이 모두 탄복했다. 공명이 급히 맹달의 심복에게 돌아가 알리게 했다.

"만약 거사하지 않았다면 일을 같이하는 자라도 절대로 알게 하지 말라고 전하라. 알게 되면 반드시 패할 것이다."

그 사람이 작별을 고하고 신성으로 돌아갔다.

한편 완성에서 한가하게 지내고 있던 사마의는 위군이 여러 차례 촉에 패했다는 소식을 듣고는 하늘을 우러러 길게 탄식했다. 사마의의 맏아들 사마사司馬師는 자가 자원子元이었고, 둘째 아들 사마소司馬昭는 자가 자상子尙[16]이었다. 이 두 사람은 평소에 큰 뜻을 품고 있었으며 병서에도 정통했다. 그날 사마의의 곁에서 시립하고 있다가 그가 길게 탄식하는 것을 보고는 물었다.

"아버님께서는 무슨 일로 그렇게 길게 탄식하십니까?"

사마의가 말했다.

"너희가 어찌 큰일을 알겠느냐?"

사마사가 말했다.

"혹여 위주께서 아버님을 등용하지 않아 탄식하시는 것은 아닙니까?"

사마소가 웃으면서 말했다.

"조만간 틀림없이 황제께서 아버님을 부르실 것입니다."

말을 마치기도 전에 별안간 천자의 사자가 부절을 가지고 당도했다는 보고가 들어왔다. 조서를 듣고 난 사마의는 즉시 완성의 모든 군마를 이동시켰다. 그때 또 느닷없이 금성[17]태수 신의申儀의 집안사람이 기밀 사항이 있어 뵙기를 청한다는 보고가 들어왔다. 사마의가 밀실로 불러들여 물었다. 그러자 그 사람은 맹달이 배반하려는 일을 상세히 이야기했다. 게다가 맹달의 심복인 이보李輔와 생질인 등현鄧賢의 고발장도 내놓았다. 그 말을 듣고 난 사마의는 손을 이마에 대면서 말했다.

"이것은 황상의 더할 수 없이 크나큰 복이로다! 제갈량의 군대가 기산에 머물면서 우리 군을 무찌르니 안팎의 사람들의 간담이 서늘해졌다. 지금 천자께서 어쩔 수 없이 장안으로 행차하시면서 나를 단시간 내에 쓰지 않으셨다면 맹달이 일거에 양경을 깨뜨렸을 것이다! 이 역적 놈은 필시 제갈량과 공모했을 터이니, 내 먼저 그놈을 사로잡는다면 제갈량은 틀림없이 마음이 오싹하여 스스로 군대를 물릴 것이다."

맏아들 사마사가 말했다.

"아버님, 급히 표문을 써서 천자께 아뢰시지요."

사마의가 말했다.

"성지를 기다리고 있다가는 왕복하는 데 한 달이나 걸려 손을 쓸 수 없게 될 것이다."

즉시 명령을 전달하여 인마를 출발시키면서 하루에 이틀 치 길을 가게 했고 지체하는 자는 즉시 베어버리겠다고 했다. 다른 한편으로는 참군 양기梁畿[18]에게 격문을 주어 밤새 신성으로 달려가 맹달 등에게 진군을 준비해 정벌에 나서게 하며 맹달이 의심하지 않게 했다. 양기가 먼저 떠나고 사마의가 뒤따라 진군했다.

이틀째 되는 날, 산비탈 아래에서 한 부대가 나왔는데 바로 우장군 서황이었다. 서황이 말에서 내려 사마의에게 말했다.

"천자의 어가가 장안에 당도하여 친히 촉군을 막으려 하시는데 지금 도독께서는 어디로 가십니까?"

사마의가 목소리를 낮춰 말했다.

"지금 맹달이 모반하여 내 그놈을 사로잡으러 가는 길이오."

서황이 말했다.

"내가 선봉이 되겠소."

사마의가 크게 기뻐하며 군사를 한데 모았다. 서황이 선봉대가 되고 사마의가 중군이 되었으며 두 아들이 뒤를 맡았다. 다시 이틀을 행군했는데 선봉대의 정찰 기병이 맹달의 심복을 사로잡아 공명의 회신을 수색해 찾아냈다. 이에 심복을 사마의에게 끌고 왔다. 사마의가 말했다.

"내 너를 죽이지 않을 터이니 처음부터 자세히 말해보거라."

그 심복은 어쩔 수 없이 공명과 맹달이 편지를 주고받은 일을 낱낱이 고했다. 사마의는 공명의 회신을 보고 깜짝 놀랐다.

"세상에 능력 있는 자들의 보는 눈은 모두 같구나. 내 기밀이 먼저 공명에게 간파되었다. 다행히 천자께서 복이 있어 이 소식을 얻게 되었으니 맹달은 이제 어떤 것도 할 수 없게 되었구나."

즉시 군사들을 재촉해 밤새 앞으로 나아갔다.

한편 신성에 있던 맹달은 금성태수 신의와 상용태수 신탐申耽과 함께 기한을 정해 거사하기로 약속했다. 그러나 신탐과 신의 두 사람은 거짓으로 승낙하는 체하고 매일 군마를 조련해 위군이 당도하면 즉시 안에서 호응하기로 했다. 그들은 맹달에게 군용 기구와 군량, 마초가 완비되지 않아 감히 약속한 날짜에 군대를 일으키지 못하겠다고 보고했다. 맹달은 그 말을 믿고 의심하지 않았다. 그때 별안간 참군 양기가 당도했다는 보고가 들어왔고, 맹달이 그를 성안으로 맞아들였다. 양기가 사마의의 군령을 전달했다.

"사마도독께서 지금 천자의 조서를 받들어 여러 갈래 길의 군사들을 일으켜 촉군을 물리치려 하시오. 태수께서는 본부 군마를 집합시키고 파견 명령을 기다리십시오."

맹달이 물었다.

"도독께서는 언제 출발하시오?"

양기가 말했다.

"지금쯤이면 대략 완성을 떠나 장안으로 가고 계실 것입니다."

맹달은 속으로 기뻐하며 말했다.

'큰일이 이루어지는구나!'

즉시 주연을 베풀어 양기를 대접하고 성 밖까지 나가 전송하고는 신탐과 신의에게 알려 내일 거사할 것이니 대한大漢 깃발로 바꿔 달고 여러 갈래의 군마를 출정시켜 곧장 낙양을 취하자고 했다. 그때 별안간 보고가 들어왔다.

"성 밖에서 먼지가 하늘로 치솟고 있는데 어느 곳의 군사들이 오는 것인지 모르겠습니다."

맹달이 성에 올라 살펴보니 한 무리의 군사가 '우장군 서황'이라고 적힌 깃발을 흔들며 빠르게 성 아래로 달려왔다. 깜짝 놀란 맹달은 급히 조교를 끌어올리게 했다. 서황은 말에 걸터앉은 채 멈추지 않고 곧장 해자 가까이 달려왔다. 그가 소리 높여 고함을 질렀다.

"역적 맹달은 어서 빨리 항복하라!"

크게 노한 맹달이 급히 시위를 당겨 화살을 쏘았다. 서황의 이마에 화살이 정통으로 꽂혔고 위 장수들이 그를 구출했다. 성 위에서 어지럽게 화살을 쏘아대자 위군은 그제야 물러갔다. 맹달이 막 성문을 열어젖히고 추격하려는데 사방에서 깃발이 해를 가리며 사마의의 군사들이 당도했다. 맹달은 하늘을 우러러 길게 탄식했다.

"과연 공명의 헤아림에서 벗어나지 않는구나!"

이에 성문을 닫고 단단히 지키기만 했다.

한편 맹달이 쏜 화살에 이마를 맞은 서황은 군사들에게 구출되어 군영으로 돌아왔다. 화살촉을 뽑고 의원을 불러 치료했으나 그날 밤 죽고 말았다. 이때 그의 나이 59세였다. 사마의는 사람을 시켜 영구를 낙양으로 보내 장사 지내게 했다.❸

이튿날 맹달이 성에 올라 두루 살펴보니 위병들이 사면을 철통같이 에워싸고 있었다. 맹달은 걸으나 앉으나 불안했고 놀랍고 의심스러워 결정을 내리지 못하고 있는데 별안간 양쪽 길로 군사가 몰려왔다. 깃발에는 '신탐' '신의'라고 크게 적혀 있었다. 구원병이 당도한 것으로 여긴 맹달은 서둘러 본부의 군사들을 이끌고 성문을 활짝 열며 나갔다. 그러자 신탐과 신의가 크게 소리 질렀다.

"역적은 달아나지 마라! 어서 죽음을 받거라!"

상황이 변한 것을 본 맹달이 말을 돌려 성안으로 달아나려 하는데 성 위에서 화살을 어지럽게 쏘아댔다. 이보와 등현 두 사람이 성 위에서 욕설을 퍼부었다.

"우리가 이미 성지를 바쳤노라!"

맹달은 길을 찾아 달아났고 신탐이 뒤를 쫓았다. 사람과 말이 모두 기진맥진해진 맹달은 미처 손쓸 겨를도 없이 신탐의 창에 찔려 말 아래로 떨어졌고 그 수급은 효수되었다. 나머지 군사는 모두 항복했다. 이보와 등현은 성문을 활짝 열어 사마의를 맞이하며 성으로 들어갔다. 백성을 어루만지고 군사들을 위로한 다음 즉시 사람을 위주 조예에게 보내 아뢰었다. 조예는 크게 기뻐하며 맹달의 수급을 낙양성으로 보내 백성이 볼 수 있도록 했다. 신탐과 신의의 관직을 더해주고는 사마의를 따라 진군하도록 했고, 이보와 등현에게 명하여 신성과 상용을 지키게 했다.❹

한편 사마의는 군사를 이끌고 장안성 밖에 당도하여 군영을 세우고 성으로 들어가 위주를 알현했다. 조예가 크게 기뻐하며 말했다.

"짐이 한때 밝지 못하여 반간계의 계책에 잘못 빠졌으니 후회해도 이미 늦었구려. 이번에 맹달이 모반을 일으켰는데 경 등이 그를 제압하지 않았다면 양경은 끝장났을 것이오!"

사마의가 아뢰었다.

"신이 신의가 밀고한 모반의 정황을 듣고 표문을 올려 폐하께 아뢰려고 했으나 표문이 오고 가는 사이에 지체될까 두려워 폐하의 성지聖旨(황제의 명령)를 기다리지 않고 밤새 달려갔습니다. 만약 폐하께 보고드리고 성지를 기다렸다면 제갈량의 계책에 빠졌을 것입니다."

말을 마치더니 공명이 맹달에게 회신한 밀서를 바쳤다. 밀서를 보고 난 조예가 크게 기뻐하며 말했다.

"경의 학식은 손무나 오기보다 뛰어나구려!"

황금 월부鉞斧(원형 날의 큰 도끼) 한 쌍을 하사하고 이후에 중요한 일이 발생하면 상황을 보고할 필요 없이 상황에 따라 처리하도록 재량권을 위임했다. 그러고는 바로 사마의에게 관을 나가 촉을 깨뜨리라 명했다. 사마의가 아뢰었다.

"신이 대장 한 명을 천거하고자 하는데 선봉으로 삼을 만합니다."

조예가 말했다.

"경은 누구를 추천하려고 하오?"

사마의가 말했다.

"우장군[19] 장합이 이 소임을 감당할 만합니다."

조예가 웃으면서 말했다.

"짐도 마침 그를 쓰려고 했소."

즉시 명하여 장합을 선봉대 선두로 삼고는 사마의를 따라 장안을 떠나서 촉군을 깨뜨리게 했다.

이미 지혜를 쓸 수 있는 뛰어난 모신 있는데

또 맹장 청해 위세 부리는 것 돕게 하는구나

旣有謀臣能用智, 又求猛將助施威

승부는 어떻게 될 것인가?

제94회 맹달을 잡은 사마의

❶

곽회와 강족

『삼국지』「위서·곽회전」에 강족과 곽회에 관한 내용이 다음과 같이 기록되어 있다.

"안정군安定郡의 강족羌族 대수大帥 벽제辟蹏가 반란을 일으켰으므로 곽회가 토벌하고 투항시켰다. 매번 강인羌人과 호인胡人이 투항하면 곽회는 항상 먼저 사람을 보내 그들의 친속과 동네, 남녀의 수와 나이의 많고 적음을 심문하도록 했다. 만날 때 한두 마디 말로 그들의 내부 사정을 알아내고 주도면밀하게 심문하자 귀항하는 자가 모두 그를 현명하기가 귀신과 같다고 칭했다."

조진이 서강과 연합하여 촉한과 교전을 벌였다는 역사 기록은 없다.

❷

조진은 패하지 않았다

『삼국지』「위서·조진전」에 따르면 "제갈량이 기산을 포위하자 남안, 천수, 안정 등 삼군이 반란을 일으켜 제갈량에게 호응했다. 명제가 조진을 파견해 각 군을 통솔하여 미현郿縣(치소는 산시陝西성 메이현眉縣)에 주둔하도록 하고 장합을 보내 제갈량의 부하 장수 마속을 공격하게 하니 그들을 대패시켰다"고 기록하고 있고, 『삼국지』

「위서·명제기」에서는 "대장군 조진을 파견하여 관우關右(함곡관 혹은 동관의 서쪽 지구)의 각 군대를 통솔하고 동시에 군대를 진격시켰다. 우장군 장합은 가정街亭에서 제갈량을 공격하여 크게 격파시켰다. 제갈량은 패하여 달아났고 세 군은 평정되었다"고 기록하고 있다. 또한 배송지 주 『위서』에는 "보병과 기병 5만 명을 동원하여 제갈량을 막아냈다"고 기록하고 있어, 조진은 결코 제갈량에게 패하지 않았다.

조준曹遵과 주찬朱贊

『삼국지』「위서·조진전」은 조준과 주찬에 대해 "조진은 어려서 종족인 조준, 동향 사람 주찬과 함께 태조를 섬겼다. 조준과 주찬은 일찍 죽었으므로 조진은 그들을 연민하여 자신의 식읍을 떼어 두 사람의 아들들에게 나누어줄 것을 요청했다"고 간단하게 기록하고 있다. 어쨌든 조준과 주찬이 위연과 조운에게 죽임을 당한 것은 아니다.

❸

서황은 정말 맹달이 쏜 화살에 맞아 죽었을까?

『삼국지』「위서·서황전」에 따르면 "서황은 병이 위중했을 때 당시 입던 복장으로 염해달라고 유언했다. 태화 원년(227)에 사망했다"고 기록하고 있다. 맹달이 위를 배반한 사건은 서황이 사망한 해였다. 이듬해(228) 1월, 16일 동안 성을 공격한 끝에 사마의는 맹달을 죽이게 된다. 결국 서황은 맹달 모반 사건 이전에 병들어 죽었다.

「위서·서황전」에 따르면 "서황은 성격이 검소하고 소박했으며 신중했다. 군사를 인솔할 때도 항상 먼 곳까지 정찰을 보내고 초병을 배치했으며, 먼저 승리할 수 없을 형세를 생각한 연후에 적과 교전을 벌였다. 패병을 추격하여 승리를 쟁취하느라 병사들은 밥 먹을 시간조차도 없었다"고 기록하고 있는데, 이를 통해 서황의 일면을 엿볼 수 있다.

❹

맹달 반기 사건

『삼국지』「촉서·비시전費詩傳」에 다음과 같은 기록이 있다.

"제갈량이 장완과 비시에게 말했다.

'내가 성도로 돌아간 뒤에 응당 자도子度(맹달의 자)에게 편지를 써서 알게 해야 합니다.'

비시가 진언했다.

'맹달은 소인입니다. 예전에 진위장군振威將軍(유장. 조조가 진위장군으로 임명했었다)을 섬기면서 충성하지 않았고, 이후에는 또 선주를 배반했으니 이런 일을 되풀이하는 사람인데 어떻게 편지를 쓸 만한 가치가 있겠습니까!'

제갈량은 묵묵히 대답하지 않았다. 그는 맹달을 유인하여 외부의 원조로 삼으려고 했으므로 결국 맹달에게 편지를 보냈다. 맹달은 제갈량의 편지를 받은 다음 여러 차례 사람을 보내 제갈량과 왕래하며 연락했고 위나라에 배반하려 한다고 말했다. 위나라는 사마선왕司馬宣王(사마의)을 파견해 맹달을 토벌하도록 했고 바로 맹달을 참살하고 절멸시켰다. 제갈량도 맹달이 귀순할 성의가 없다고 여겼기 때문에 군사를 보내 그를 원조하지 않았다."

결국 맹달의 반란 사건은 제갈량의 충동질이 원인이었으며, 맹달은 제갈량에게 배신당했던 것이다.

『삼국지』「위서·명제기」에 "태화 2년(228) 봄 정월, 사마선왕은 신성新城을 쳐부수고 맹달을 참수하여 그의 머리를 역참거마驛站車馬를 통해 낙양으로 보내왔다"고 기록하고 있고, 배송지 주『위략』에는 "맹달을 포위한 지 16일 만에 그를 패배시키고, 그 머리를 낙양의 번화한 큰길에서 불태웠다"고 기록하고 있다. 또한『진서』「선제기宣帝紀」와『자치통감』권70「위기 2」의 기록에 따르면 "사마의가 8일 만에 성 아래에 당도했다"고 했다.

제 95 회

공성계에 속은 사마의

마속은 간언을 거부하다가 가정을 잃고,
무후는 거문고를 타면서 중달을 물리치다

馬謖拒諫失街亭,
武侯彈琴退仲達

위주 조예는 장합을 선봉으로 삼고 사마의와 함께 진군하여 정벌에 나서게 하는 한편, 신비와 손례係禮에게 군사 5만 명을 이끌고 조진을 돕게 했다. 두 사람은 조서를 받들고 떠났다.

한편 사마의는 군사 20만 명을 이끌고 관을 나가 군영을 세운 뒤 선봉 장합을 군막으로 청해 말했다.

"제갈량은 평생 언행이 신중하여 감히 경솔하게 일을 처리하지 않소. 만약 내가 군사를 부렸다면 먼저 자오곡에서 곧장 장안을 취해 벌써 많은 시간을 벌었을 것이오. 그에게 꾀가 없는 것이 아니라 다만 실수가 있을까 염려되어 위험을 무릅쓰려 하지 않은 것뿐이오. 이제 틀림없이 군사를 야곡으로 보내 미성[1]을 취하러 올 것이오. 미성을 취하고 나면 반드시 군사를 두 갈래 길로 나누어 일군은 기곡[2]을 취하려 할 것이오. 내 이미 격문을 보내 자단子丹(조진의 자)에게 미성을 막아 지키되 만약 적군이 오면 나가 싸워서는 안 된다고 했고, 손례와 신비에게는 기곡의 길목을 차단하고 있다가 만약 적군이 오면 기병奇兵(기습 부대)을 보내 치라고 했소."

장합이 말했다.

"지금 장군께서는 어디로 군사를 진격시키려 하십니까?"

사마의가 말했다.

"내 평소에 진령 서쪽에 한 갈래 길이 난 것을 알고 있는데 지명이 가정³이오. 그 옆에 열류성⁴이라는 성이 하나 있는데 이 두 곳은 모두 한중의 중요한 요충지요. 제갈량은 자단을 속여 방비가 없게 한 다음에 이쪽으로 진격할 것이오. 내가 그대와 함께 곧장 가정을 빼앗으면 양평관은 멀지 않소. 제갈량은 만약 우리가 가정의 중요한 길목을 차단하고 군량 수송로를 끊을 것을 알면 농서⁵ 일대를 편안히 지킬 수 없어 틀림없이 그날 밤 한중으로 달아날 것이오. 저들이 돌아가려고 움직이면 내 군사를 거느리고 오솔길에서 칠테니 완승을 거둘 수 있을 것이오. 그러나 돌아가지 않는다면 좁은 길마다 모조리 보루를 쌓아 차단하고 군사들로 하여금 지키게 할 것이오. 한 달간 식량이 없으면 촉군은 모두 굶어 죽을 것이니 제갈량은 반드시 내게 사로잡히게 될 것이오."

장합은 크게 깨닫고 땅바닥에 무릎을 꿇고 엎드려 절을 올리며 말했다.

"도독의 계책은 참으로 신통하고 묘합니다!"

사마의가 말했다.

"비록 그렇다 하더라도 제갈량은 맹달과는 비할 사람이 아니오. 장군이 선봉이 되었으니 함부로 진격해서는 안 되오. 장수들에게 전달하여 산을 따라 서쪽 길로 멀리 정찰병을 내보내 복병이 없는 것을 살펴본 다음에 비로소 전진해야 하오. 만약 소홀히 했다가는 틀림없이 제갈량의 계책에 떨어질 것이오."

계책을 받은 장합이 군사를 이끌고 나아갔다.

한편 공명은 기산 군영 안에 머물고 있었는데 별안간 신성의 정탐꾼이 당도했다는 보고가 들어왔다. 공명이 급히 그를 불러들여 물었다. 정탐꾼이 고했다.

"사마의가 갑절의 길을 행군하여 8일 만에 신성에 당도했습니다. 이 때문에 맹달은 미처 손쓸 겨를이 없었고, 또 신탐, 신의, 이보, 등현 등이 안에서 호응하는 바람에 혼란한 군중 속에서 살해되고 말았습니다. 지금 사마의는 군사를 철수시킨 뒤 장안으로 가서 위주를 만나고, 장합과 함께 군사를 이끌고 관을 나와 우리 군대를 막으러 오고 있다고 합니다."

깜짝 놀란 공명이 말했다.

"맹달은 일을 처리하는 데 세밀하지 못했으니 죽는 것이야 당연하다. 지금 사마의가 관을 나왔다고 하니 틀림없이 가정을 취하여 우리 요충지로 가는 길을 끊으려 할 것이다."

그러고는 바로 물었다.

"누가 감히 군사를 이끌고 가서 가정을 지키겠는가?"

말이 미처 끝나기도 전에 참군 마속이 말했다.

"제가 가겠습니다."

공명이 말했다.

"가정은 비록 작은 곳이나 책임에 관련되어서는 몹시 중한 곳이라, 만일 잃게 된다면 우리 대군은 모두 끝장이네. 자네가 비록 모략에 정통하다 할지라도 그곳은 성곽도 없고 또 험준하여 다니기 어려운 데다 도로도 없어 지극히 지키기 어렵다네."

마속이 말했다.

"제가 어려서부터 병서를 숙독하여 자못 병법을 알고 있는데, 어찌 가정하나를 지킬 수 없겠습니까?"

공명이 말했다.

"사마의는 평범한 무리가 아닐세. 더욱이 선봉인 장합은 위의 명장으로, 자네가 그를 대적할 수 없을 것 같아 염려되네."

마속이 말했다.

"사마의, 장합은 말할 것도 없고 조예가 직접 온다고 해도 무엇을 두려워하 겠습니까! 만약 일이 잘못되기라도 한다면 제 온 집안을 참수시키십시오."

공명이 말했다.

"군중에서 농담으로 말하는 것은 없는 법이라네."

마속이 말했다.

"원컨대 군령장을 쓰겠습니다."

공명은 그 말을 따르기로 했다. 마속은 즉시 군령장을 써서 바쳤다. 공명 이 말했다.

"내 자네에게 2만5000명의 정예병과 상장 한 사람을 선발하여 자네를 돕 게 하겠네."

즉시 왕평을 불러 분부했다.

"내 평소에 자네가 언행이 신중하다는 것을 알고 있으므로 특별히 이런 중임을 부탁하는 것이네. 자네는 신중하고 조심해야 하네. 반드시 중요한 길 에 군영을 세워 적병들이 슬그머니 통과할 수 없게 해야 하네. 군영을 세운 다음에는 즉시 사면팔방으로 도착하는 곳과 통하는 도로의 지리 형세도를 그려서 내게 보여주게. 무릇 일은 상의해서 적절하게 행동하되 경솔하게 해 서는 아니 되네. 아무런 위태로움 없이 지켜낸다면 장안을 취하는 데 으뜸가 는 공로가 될 것이네. 조심하게! 부디 명심하게!"

두 사람은 하직을 고한 후 군사를 이끌고 떠났다.

공명은 깊이 생각하다가 두 사람이 실수할까 염려되어 또 고상을 불렀다.

"가정 동북쪽에 열류성이라는 성이 하나 있는데 산속 후미지고 좁은 길에 군사를 주둔시키고 군영을 꾸릴 만하네. 자네에게 군사 1만 명을 줄 터이니 그 성으로 가서 주둔하게. 가정이 위급해지면 군사를 이끌고 가서 구원하게."

고상이 군사를 이끌고 떠났다. 공명이 다시 생각해보니, 고상이 장합의 적수가 못 된다고 여기고는 반드시 대장이 가정 오른쪽[6]에 주둔하고 있어야 비로소 막을 수 있으리라 판단했다. 이에 즉시 위연을 불러 본부 군사들을 이끌고 가정의 뒤쪽으로 가서 주둔하게 했다. 위연이 말했다.

"저는 선봉대라 이치상 앞장서서 적을 깨뜨려야 합당하거늘, 무슨 까닭으로 저를 편안하고 한가로운 곳에 배치하십니까?"

공명이 말했다.

"선봉이 되어 적을 깨뜨리는 것은 편장偏將(가장 직급이 낮은 잡호장군雜號將軍)이나 비장裨將(부장副將)이 할 일이오. 지금 그대에게 가정을 돕게 하는 것은 양평관의 군사와 주요 도로를 맡아 한중의 목구멍을 지키게 하는 것이오. 이는 막중한 소임이거늘 어찌하여 편안하고 한가하다고 하시오? 그대는 그곳을 등한시하다 큰일을 그르치지 말고 부디 조심해야 한다는 점을 마음에 두셔야 하오!"

위연이 크게 기뻐하며 군사를 이끌고 떠났다. 그제야 안심한 공명은 조운과 등지를 불러 분부했다.

"지금 사마의가 출병했으니 지난날과는 다르오. 그대 두 사람은 각자 일군을 거느리고 기산을 나가 허장성세로 적을 현혹시키는 의병이 되어주시오.

만약 위군을 만나면 싸우거나 혹은 싸우지 않으면서 그들의 마음을 놀라게 하시오. 내 직접 대군을 통솔하여 야곡으로부터 곧장 미성을 취할 테니 미성을 얻기만 한다면 장안을 깨뜨릴 수 있을 것이오."

두 사람이 명을 받들고 떠났다. 공명은 강유를 선봉으로 세워 야곡으로 출병했다.

한편 마속과 왕평 두 사람은 군사들이 가정에 이르자 그곳의 지세를 살폈다. 마속이 웃으면서 말했다.

"승상께서는 무슨 까닭으로 그토록 신경을 쓰시는가? 여기 산 후미진 곳을 헤아려보건대 위군이 어찌 감히 오겠는가!"

왕평이 말했다.

"비록 위군이 감히 오지 못한다 하더라도 다섯 갈래 길이 만나는 중심 지점인 이곳에 군영을 세우는 것이 좋겠소. 군사들에게 나무를 베어 울타리를 만들고 오래 버틸 계책을 도모해야겠소."

마속이 말했다.

"길 한가운데가 어찌 군영을 세울 만한 곳이겠소? 이곳 옆에 있는 산은 사면이 모두 연결되어 있지 않은 데다 숲이 지극히 넓으니 바로 하늘이 내려준 험준한 곳이오. 산 위에 군사를 주둔시키는 것이 좋겠소."

왕평이 말했다.

"참군께서는 틀렸소. 만약 길 가운데에 군사를 주둔시키고 성벽을 쌓는다면 적병이 설령 10만 명이 있을지라도 통과할 수 없을 것이오. 지금 이 중요한 길목을 버리고 군사를 산 위에 주둔시켰다가 만일 위군이 몰려와서 사면을 포위한다면 무슨 계책으로 보전할 수 있겠소?"

마속이 껄껄 웃었다.

"그것은 참으로 부녀자 같은 소견이오! 병법에 이르기를 '높은 곳에 의지해 아래를 내려다보면 그 형세는 대나무를 쪼개는 것과 같다憑高視下, 勢如破竹'고 했소. 만약 위군이 온다면 내 갑옷 쪼가리 하나도 돌아가지 못하게 하겠소!"

왕평이 말했다.

"내 여러 차례 승상을 따르며 진을 경험했고 이르는 곳마다 승상께서 성의를 다해 가르쳐주셨소. 지금 이 산을 살펴보건대 지극히 위험하고 나갈 길이 없는 곳으로, 만약 위군이 물을 긷는 길을 끊는다면 군사들은 싸우지도 못하고 자중지란에 빠질 것이오."

마속이 말했다.

"그대는 함부로 말하지 마시오! 손자가 이르기를 '사지에 몰아넣어야만 비로소 살아나 승리할 수 있다置之死地而後生'고 했소. 만약 위군이 우리의 물을 퍼 올리는 길을 끊는다면 촉병이 어찌 죽을힘을 다해 싸우지 않겠소? 한 명이 백 명을 감당할 것이오. 내 평소에 병서를 읽어 승상께서도 많은 일을 오히려 내게 물으시는데, 그대가 어찌하여 막는단 말이오!"

왕평이 말했다.

"만약 참군께서 산 위에 군영을 세우겠다면 군사를 나누어 내게 주시오. 산 서쪽 아래에 작은 군영 하나를 세워 기각지세7를 이루게 할 것이니 만일 위군이 이르면 서로 호응할 수 있을 것이오."

마속은 따르지 않았다. 그때 별안간 산속에 사는 백성이 나는 듯이 달려와 위군이 이미 당도했다고 보고했다. 왕평이 작별하고 가려고 하자 마속이 말했다.

"그대가 이미 내 명을 듣지 않으니 그대에게 5000명을 주겠소. 가서 군영을 세우시오. 내 위군을 깨뜨리고 나면 승상 면전에서 그대에게 공을 나누어주지 않을 것이오!"

왕평은 군사를 이끌고 산에서 10리 떨어진 곳에 군영을 세운 뒤 도본을 그렸다. 그러고는 사람을 시켜 밤새 달려가 공명에게 아뢰고 마속이 산 위에 군영을 세운 일을 구체적으로 설명하게 했다.

한편 성안에 있던 사마의는 둘째 아들 사마소를 시켜 앞쪽의 상황을 정찰하도록 했다. 만약 가정에 지키는 군사가 있으면 즉시 군사 행동을 멈추고 움직이지 말라고 했다. 명령을 받든 사마소가 두루 정탐하고는 돌아와 부친에게 말했다.

"가정을 지키는 군사들이 있습니다."

사마의가 탄식했다.

"제갈량은 참으로 신인이로다. 내가 미치지 못하는구나!"

그러자 사마소가 웃으면서 말했다.

"아버님께서는 무슨 까닭으로 스스로 기개를 떨어뜨리십니까? 이 아들이 헤아려보건대 가정은 빼앗기 쉽습니다."

사마의가 물었다.

"너는 어찌하여 감히 그런 큰소리를 치느냐?"

사마소가 말했다.

"이 아들이 직접 정찰해보니 길 가운데에 목책이 없고 군사들이 모두 산 위에 주둔하고 있어 깨뜨릴 수 있다는 것을 알았습니다."

사마의가 크게 기뻐하며 말했다.

"만약 군사들이 산 위에 있다면 이것은 바로 하늘이 내게 공을 이루도록 한 것이로다!"

즉시 의복을 갈아입고 100여 기를 이끌며 직접 살펴보았다. 그날 밤은 날씨가 개어 달이 밝았는데 곧장 산 아래에 이르러 주변을 두루 정찰해보고는 비로소 돌아갔다. 마속은 산 위에서 그것을 보고는 껄껄 웃었다.

"저놈들이 만약 목숨이 붙어 있다면 산을 에워싸러 오지는 않을 것이다!"

그러고는 장수들에게 명령을 전달했다.

"만약 적군이 오면 산꼭대기에서 붉은 깃발을 흔들 것이니 즉시 사면으로 모조리 내려가도록 하라."

한편 군영으로 돌아온 사마의는 사람을 시켜 어떤 장수가 군사를 이끌고 가정을 지키고 있는지 알아보게 했다. 돌아와 보고했다.

"바로 마량의 아우인 마속입니다."

사마의가 웃으면서 말했다.

"쓸데없이 헛된 명성만 있을 뿐 그저 그런 재능과 지혜만 있는 자로구나! 공명이 저런 인물을 썼으니 어떻게 일을 그르치지 않겠느냐!"

또 물었다.

"가정 주변에 다른 군사들은 없느냐?"

정찰 기병이 보고했다.

"산에서 10리 떨어진 곳에 왕평이 군영을 꾸렸습니다."

사마의는 이에 장합에게 한 부대를 이끌고 왕평이 올 길을 막게 했다. 또 신탐과 신의에게 두 갈래 길로 군사들을 이끌고 산을 에워싼 다음 먼저 물을 긷는 길을 끊고, 촉군이 스스로 혼란에 빠지기를 기다렸다가 기세를 몰아 공격하게 했다. 그날 밤 군사 배치를 마쳤다.

이튿날, 날이 밝자 장합이 군사들을 이끌고 먼저 산 배후로 갔다. 사마의는 대군을 휘몰아 한꺼번에 떼를 지어 진격했고 산의 사면을 에워쌌다. 마속이 산 위에서 보니 위군이 온 산과 벌판에 가득했는데 깃발 배치와 대오가 매우 엄정했다. 그 광경을 본 촉병들은 모두 간담이 서늘해져 감히 산을 내려가지 못했다. 마속이 붉은 깃발을 흔들었으나 군사들은 서로 밀칠 뿐 어느 한 사람도 움직이려 하지 않았다. 크게 노한 마속이 직접 장수 두 명을 죽여버렸다. 군사들은 놀라고 두려웠지만 어쩔 수 없이 산을 내려가 위군과 부딪치는 수밖에 없었다. 그러나 위군은 위엄 있게 정돈하며 움직이지 않았다. 촉군은 다시 산 위로 물러났다. 상황이 심상치 않은 것을 본 마속은 군사들에게 군영 문을 단단히 지키게 하면서 밖에서 지원해주기만을 기다렸다.

한편 위군이 당도한 것을 본 왕평은 군사를 이끌고 싸우러 오다가 마침 장합과 마주쳤다. 수십여 합을 싸웠으나 왕평은 힘이 다하고 세력이 고립되어 물러갈 수밖에 없었다. 위군이 진시辰時부터 포위하기 시작해 술시戌時에 이르자 산 위의 물이 사라지게 되었고 군사들은 밥을 먹을 수도 없어 군영 안이 크게 어지러워졌다. 소란을 피우다 한밤중이 되자 산 남쪽의 촉병들이 군영 문을 활짝 열어 산을 내려가더니 위에 항복해버렸다. 마속은 허락하지 않았으나 막을 수가 없었다. 사마의가 또 사람을 시켜 산을 따라 불을 지르게 하자 산 위에 있던 촉병들은 더욱 어지러워졌다. 지킬 수 없다고 판단한 마속은 하는 수 없이 패잔병을 몰고 산을 내려가 서쪽으로 달아났다. 사마의는 큰길을 열어 마속이 지나가게 해주었다. 그러나 등 뒤에서 장합이 군사를 이끌고 추격했다. 30여 리를 뒤쫓고 있는데 앞쪽에서 고각이 일제히 울리더니 한 무리의 군사가 나타났다. 마속을 지나가게 놓아 보내고 장합을 가로막는데, 장합이 보니 바로 위연이었다. 위연이 칼을 휘두르며 말고삐를 놓고 곧장 장합에게 달려들었다. 장합은 군사를 돌려 달아났다. 위연이 군사를 몰아 추격해서는 다시 가정을 빼앗았다. 50여 리를 뒤쫓고 있는데 한바탕 함성이 일어나더니 양쪽에 복병들이 일제히 쏟아져 나왔다. 왼쪽에서는 사마의, 오른쪽에서는 사마소가 도리어 위연의 배후로 질러가 그를 한가운데로 몰아넣었다. 도망치던 장합도 되돌아오더니 세 갈래 길의 군사가 한곳에 모여들었다. 위연은 좌충우돌했지만 빠져나올 수 없었고 군사 태반이 꺾이고 말았다. 한창 위급한 상황에서 별안간 한 무리의 군사가 들이쳤다. 바로 왕평이었다. 위연이 크게 기뻐하며 말했다.

"내가 살 수 있겠구나!"

두 장수가 군사들을 한곳에 합쳐 한바탕 크게 무찌르자 위군이 비로소 물러갔다. 황급히 군영으로 돌아갔을 때는 위군들이 이미 군영을 차지한 후라 위군 깃발로 가득했다. 신탐과 신의가 군영 안에서 몰려나왔다. 왕평과 위연은 곧장 열류성으로 달아나 고상에게로 갔다. 이때 고상은 가정을 잃었다는 소식을 듣고는 열류성의 군사를 모조리 일으켜 구원하러 달려오다가 마침 위연과 왕평 두 사람과 마주쳤다. 두 사람은 있었던 일을 하소연했다. 고상이 말했다.

"차라리 오늘밤 위 군영을 급습하여 다시 가정을 회복하는 것이 나을 듯하오."

세 사람은 산비탈 아래서 상의하고 결정했다. 날이 어두워지기를 기다렸다가 군사를 세 갈래 길로 나누었다. 위연이 군사를 이끌고 먼저 전진하여 가정에 이르렀으나 한 사람도 보이지 않자 속으로 의심이 들어 감히 전진하지 못하고 잠시 길목에 군사들을 매복시키고 기다렸다. 그때 고상의 군사들이 당도했고 두 사람은 모두 위군이 어디에 있는지 모르겠다는 말만 했다. 분명하지 않아 혼란스러워하고 있는데 왕평의 군사마저 보이지 않았다. 그때 별안간 '쾅!' 하는 포성이 울리며 불빛이 하늘로 치솟더니 둥둥둥 북소리가 땅을 진동했다. 위군이 일제히 쏟아져 나오면서 위연과 고상을 에워싸며 가운데로 몰아넣었다. 두 사람은 죽을힘을 다해 부딪쳤으나 벗어날 수가 없었다. 그때 느닷없이 산비탈 뒤쪽에서 우레와 같은 함성이 일어나더니 한 무리의 군사가 치고 들어왔다. 바로 왕평의 군사로 고상과 위연 두 사람을 구출하여 곧장 열류성으로 달려갔다. 성 아래에 당도했을 때 어느새 성 부근에서 한 부대가 치고 오는데 깃발에는 '위도독 곽회'라는 글씨가 크게 적혀 있었다. 알고 보니 곽회가 조진과 상의하여 사마의가 모든 공을 차지할까 염려되어 군사를 나누어 가정을 취하러 온 것이었다. 사마의와 장합이 공을 이루었다는 소식을 듣고는 즉시 군사를 이끌고 열류성을 습격하러 오고 있었다. 곽회는 마침 세 장수와 맞닥뜨리자 한바탕 크게 무찔렀다. 촉병 중 다친 자가 무수히 많았다. 위연은 양평관을 잃을까 걱정되어 황급히 왕평, 고상과 함께 양평관으로 향했다.❶

한편 곽회가 군마를 수습하고 좌우에 일렀다.

"내가 비록 가정을 얻지는 못했을지라도 열류성을 빼앗았으니 이 또한 큰 공이다."

군사를 이끌고 곧장 성 아래로 가서 성문을 열라고 소리 질렀다. 그러자 성 위에서 '쾅!' 하는 포성이 울리더니 깃발들이 모두 세워졌는데 맨 앞에 있던 커다란 깃발에 '평서도독 사마의'라는 글자가 큼지막하게 적혀 있었다. 사마의가 현공판을 받쳐 세우고 가슴을 보호하는 호심목護心木 난간에 기대어 껄껄 웃었다.

"곽백제郭伯濟(곽회의 자)는 어찌 그리도 늦게 오셨소?"

곽회가 깜짝 놀랐다.

"중달의 뛰어난 임기응변에 내가 미치지 못하겠소!"❷

마침내 성으로 들어갔다. 상견을 마치자 사마의가 말했다.

"이제 가정을 잃었으니 제갈량은 틀림없이 달아날 것이오. 공은 속히 자단
子丹(조진의 자)과 함께 밤새 그를 추격하시오."

곽회는 그 말을 따르기로 하고 성을 떠났다. 사마의가 장합을 불러 말했다.

"자단과 백제는 내가 큰 공을 모조리 차지할까 걱정되어 이 성지를 빼앗
으러 온 것이오. 내가 혼자 공을 이루려고 한 것이 아니라 뜻밖에 운이 좋았
을 뿐이오. 위연, 왕평, 마속, 고상 등의 무리는 필시 양평관을 지키러 갔을
것이오. 내가 만약 가서 관을 취한다면 제갈량은 틀림없이 뒤따라 불시에 습
격할 것이니 그의 계책에 빠질 게 분명하오. 병법에 이르기를 '돌아가는 군
대는 기습하지 말고, 궁지에 몰린 도둑은 쫓지 말라歸師勿掩, 窮寇莫追'⁸고 했
소. 그대는 기곡으로 질러가 군사를 물리시오. 나는 직접 군사를 이끌고 야
곡⁹의 적병을 맡겠소. 적들이 만약 패하여 달아난다면 저지하지 마시오. 중
도에서 그들의 길을 끊어버리면 촉군의 군수 물자를 모조리 손에 넣을 수
있을 것이오."

계책을 받은 장합이 군사의 절반을 이끌고 떠났다. 사마의는 명령을 하달
했다.

"곧장 야곡을 취한 다음에 서성西城¹⁰으로 진격할 것이다. 서성은 비록 산
후미진 곳의 작은 현이지만 촉군이 군량을 저장해둔 곳이며, 또 천수, 남안,
안정 세 군으로 통하는 길이 합쳐진 곳이다. 만약 이 성을 손에 넣는다면 세
군을 회복할 수 있을 것이다."

이에 사마의는 신탐과 신의를 남겨두어 열류성을 지키게 하고는 직접 대
군을 거느리고 야곡¹¹을 향해 진군했다.

한편 공명은 마속 등에게 가정을 지키라고 보낸 다음에도 망설이며 마음을 놓지 못하고 있었다. 그때 별안간 왕평이 사람을 시켜 도본을 보내왔다는 보고가 들어왔다. 공명이 불러들이자 좌우에서 도본을 올렸다. 공명이 즉시 뜯어서 긴 탁자 위에 펼쳐놓고 살펴보다가 탁자를 치며 깜짝 놀랐다.

"마속이 무지하여 우리 군을 함정에 빠뜨렸구나!"

좌우에서 물었다.

"승상께서는 무슨 까닭으로 그렇게 놀라십니까?"

공명이 말했다.

"이 도본을 살펴보니 중요한 길목은 내버려두고 산을 차지해서 군영으로 삼았소. 만일 위군이 대규모로 몰려와 사면으로 포위하고 물을 긷는 길을 끊는다면 이틀이 못 되어 우리 군은 저절로 혼란에 빠질 것이오. 만약 가정을 잃게 된다면 어떻게 돌아갈 수 있단 말이오?"

장사 양의楊儀가 나서며 말했다.

"제가 비록 재주는 없으나 원컨대 마유상馬幼常(마속의 자)을 대신하고 그를 돌려보내도록 하겠습니다."

공명이 양의에게 군영 꾸리는 법을 일일이 분부했다. 양의가 막 떠나려 하는데 별안간 보마報馬(소식을 보고하는 기병)가 당도하여 보고했다.

"가정과 열류성을 모조리 잃었습니다!"

공명은 발을 동동 구르며 길게 탄식했다.

"대사가 끝장나고 말았구나! 이것은 나의 잘못이로다!"

급히 관흥과 장포를 불러 분부했다.

"너희 두 사람은 각자 3000명의 정예병을 이끌고 무공산[12] 오솔길로 가도록 하라. 만일 위군과 마주치면 대대적으로 공격하지 말고 단지 북을 두드리고 함성을 지르며 기세만 올린 다음 허장성세로 적을 현혹시키는 의병으로 그들을 놀라게 하라. 저들이 스스로 달아나도 또한 뒤를 쫓아서는 안 된다. 적들이 모조리 물러갈 때를 기다렸다가 즉시 양평관으로 가거라."

또 장익에게 먼저 군사를 이끌고 가서 검각[13]을 수리하여 돌아갈 길을 준비하도록 했다. 다시 비밀리에 명령을 전달하여 대군이 은밀하게 행장을 수습하여 길을 떠날 준비를 하게 했다. 그리고 마대와 강유에게 뒤를 끊도록 명하면서 먼저 산골짜기 속에 매복해 있다가 모든 군사가 퇴각하기를 기다린 다음 수습하도록 했다. 다시 길을 나누어 천수, 남안, 안정 세 군으로 심복을 보내 관리와 군민을 모두 한중으로 들어가게 했다. 또 심복을 시켜 기현으로 가서 강유의 노모를 모시고 한중으로 들어가게 했다.❸

공명은 배치가 끝나자 먼저 5000명의 군사를 이끌고 서성현[14]으로 물러가서 군량과 마초를 운반했다. 그때 별안간 연달아 10여 차례나 급보가 날아들었다.

"사마의가 대군 15만 명을 이끌고 서성을 향해 벌떼처럼 몰려오고 있습니다!"

이때 공명 주변에 대장은 한 사람도 없고 단지 일반 문관들만 있었는데 그나마 데리고 있던 5000명의 군사들 중에서도 이미 절반은 앞서 식량과 마초를 운반하러 갔고 겨우 2500명의 군사들만 성안에 남아 있었다. 그 소식을 들은 관원들은 얼굴이 새파랗게 질렸다. 공명이 성에 올라 바라보니 과연 먼지가 하늘로 치솟으며 위군이 두 갈래 길로 나누어 서성현[15]을 향해 쇄도하고 있었다. 공명이 명령을 전달했다.

"깃발들을 모조리 숨기고, 모든 군사는 각자 성포[16]를 지키되 만일 제멋대로 출입하거나 큰 소리로 떠드는 자가 있다면 그 자리에서 목을 치겠노라!

네 개의 성문을 활짝 열고 각 성문마다 20명씩 군사를 배치하여 백성으로 꾸민 다음 길거리에 물을 뿌리고 청소를 하게 하라. 만일 위군이 당도하더라도 제멋대로 움직여서는 안 된다. 내게 계책이 있느니라."

공명은 이에 학창의를 걸치고 관건을 쓰고는 거문고를 든 동자 두 명을 데리고 성 위의 적루 앞에 가서 난간에 기대앉았다. 그는 향을 피우고는 거문고를 뜯었다.

한편 사마의의 선봉대가 성 아래까지 와서 정찰하다가 그런 광경을 보자 모두 감히 전진하지 못하고 급히 사마의에게 보고했다. 사마의는 웃으면서 그 말을 믿지 않았다. 그가 즉시 삼군을 멈추게 한 다음 직접 나는 듯이 말을 몰고 와서는 멀리 바라봤다. 과연 공명이 성루 위에 앉아 얼굴 가득 웃음을 머금고 향을 피워놓고는 거문고를 뜯고 있었다. 왼쪽에 있는 한 동자는 손으로 보검을 받쳐 들고 있었고, 오른쪽에 있는 동자는 손에 사슴 꼬리로 만든 먼지떨이를 잡고 있었다. 성문 안팎에는 20여 명의 백성이 머리를 숙이고 물을 뿌리며 청소를 하고 있었는데 곁에 사람이 없는 것처럼 태연하게 행동했다. 그 광경을 보고 난 사마의는 크게 의심이 들어 즉시 중군으로 와서는 후군을 전군으로 삼고 전군을 후군으로 삼아 북쪽 산길로 물러났다. 둘째 아들 사마소가 말했다.

"혹시 제갈량이 군사가 없어 일부러 저런 상황을 보이는 것은 아닐까요? 아버님께서는 어찌하여 바로 군사를 물리셨습니까?"

사마의가 말했다.

"제갈량은 평생 신중하고 조심하여 일찍이 위험한 짓을 한 적이 없는 사람이다. 지금 성문을 활짝 열어놓은 것은 틀림없이 매복이 있다는 뜻이다. 우리 군사들이 만약 진격했다면 그의 계책에 빠졌을 것이다. 너희가 어찌 알겠느냐? 속히 물러나야 한다."

그리하여 두 갈래 길의 군사가 모조리 물러갔다. 위군이 멀리 물러간 것을 본 공명은 손뼉을 치며 웃었다. 관원들 가운데 놀라지 않는 자가 없었다. 그들이 공명에게 물었다.

"사마의는 위의 명장인데 지금 15만 명의 정예병을 통솔하여 이곳까지 이르고는 승상을 보자마자 바로 서둘러 물러갔습니다. 이는 무엇 때문입니까?"

공명이 말했다.

"이 사람은 내가 평생 신중하고 조심하여 반드시 모험을 하지 않으리라 헤아리고 있소. 이런 광경을 보고는 복병이 있을까 의심하여 군사를 물린 것이오. 내가 위험한 행동을 하려 한 것은 아니었소. 어쩔 수 없이 그 계책을 쓴 것이오. 이 사람은 틀림없이 군사를 이끌고 산 북쪽 오솔길로 갈 것이오. 내이미 관흥과 장포 두 사람을 보내 그곳에서 기다리게 했소."

모두가 놀라며 탄복했다.

"승상의 신묘한 계책은 신령과 귀신도 예측하지 못할 것입니다. 저희는 틀림없이 성을 버리고 달아나라 말했을 것입니다."

공명이 말했다.

"우리 군사는 2500명에 불과하니 만약 성을 버리고 달아났다면 틀림없이 멀리 도망치지 못했을 것이오. 그럼 바로 사마의에게 사로잡히지 않았겠소?"

후세 사람이 찬탄한 시가 있다.

세 척 길이 옥 거문고로 강력한 군대 이겼으니

제갈량이 서성에서 적들을 물리쳤을 때로구나

십오만 명의 위나라 대군 말 머리 돌렸던 곳을

토착민들 지금까지도 그곳 가리키며 의심하네

瑤琴三尺勝雄師, 諸葛西城退敵時

十五萬人回馬處, 土人指點到今疑 ❹

말을 마치더니 손뼉을 치며 껄껄 웃었다.

"내가 만약 사마의였다면 틀림없이 바로 물러가지는 않았을 것이다."

그러고는 즉시 명령을 하달하여 서성의 백성에게 군사들을 따라 한중으로 들어가게 했다. 그는 사마의가 반드시 다시 올 것이라 여겼다. 이에 공명은 서성을 떠나 한중을 향해 달아났다. 천수, 남안, 안정 세 군의 관리와 군민이 끊임없이 뒤따랐다.

한편 사마의는 무공산[17] 오솔길로 달아나고 있었다. 그때 별안간 산비탈 뒤쪽에서 함성이 하늘에 맞닿을 정도로 울렸고 북소리가 땅을 진동했다. 사마의가 두 아들을 돌아보며 말했다.

"내가 만약 달아나지 않았다면 틀림없이 제갈량의 계책에 걸려들었을 것이다."

큰길로 한 부대가 몰려오는데 깃발에 '우호위사右護衛使 호익장군虎翼將軍 장포'라는 글자가 크게 적혀 있었다. 위군은 모두 갑옷을 버리고 창을 내던지며 달아났다. 일정一程[18]도 달아나지 못했는데 산골짜기 안에서 함성이 땅을 진동하며 고각이 요란하게 울리더니 앞쪽에 '좌호위사左護衛使 용양장군龍驤將軍 관흥'이라고 적힌 커다란 깃발 하나가 나타났다. 산골짜기에서 동시에 소리가 일어나는데 얼마나 많은 촉군이 있는지 알 수가 없는 데다 더욱이 위군은 속으로 의심하고 있었던 터라 감히 오래 서 있지 못했다. 이에 물자를 실은 수레를 모조리 버리고 달아나는 수밖에 없었다. 관흥과 장포 두 사람은 모두 군령을 준수하며 감히 뒤쫓아 기습하지 않고 대량의 군용 기구와 군량, 마초를 얻은 뒤 돌아갔다. 산골짜기 안이 온통 촉군으로 가득한 것을 본 사마의는 감히 큰길로 나가지 못하고 즉시 가정으로 돌아갔다.

이때 조진은 공명이 군사를 물렸다는 소식을 듣고는 급히 군사를 이끌고 추격에 나섰다. 그러나 산 뒤에서 '쾅!' 하는 포성이 울리더니 촉군이 온 산과 들판을 가득 메우며 몰려왔는데 앞장선 대장은 바로 강유와 마대였다. 깜짝 놀란 조진이 급히 군사를 물리려 하는데 선봉인 진조陳造가 이미 마대에게 죽임을 당하고 말았다. 조진은 군사를 이끌고 쥐새끼처럼 허둥지둥 도망쳐 돌아갔다. 촉군들은 밤새 달아나 모두 한중으로 돌아갔다.

한편 조운과 등지는 기곡의 길에 군사들을 매복시키고 있었다. 공명이 회군 명령을 전달했다는 소식을 듣고는 조운이 등지에게 일렀다.

"위군이 우리 군사가 물러가는 것을 알면 틀림없이 추격해올 것이오. 내가 먼저 일군을 거느리고 뒤쪽에 매복해 있을 테니 공은 군사를 이끌고 내 깃발을 들어올리며 천천히 물러나시오. 내가 한 걸음씩 호송하리다."

한편 곽회는 군사를 거느리고 다시 기곡으로 돌아가는 도중에 선봉인 소옹蘇顒을 불러 분부했다.

"촉장 조운의 용맹을 대적할 자가 없으니 자네는 조심해서 방비해야 하네. 만약 저들이 물러가면 반드시 계책이 있을 걸세."

소옹이 흔쾌히 말했다.

"도독께서 만약 호응해주신다면 제가 조운을 사로잡겠습니다."

즉시 선봉대 3000명을 이끌고 기곡으로 달려 들어갔다. 촉군을 거의 따라잡았을 때 산비탈 뒤에서 붉은 바탕에 흰 글씨로 '조운'이라 적혀 있는 깃발이 갑자기 나타났다. 소옹은 급히 군사를 거두어 퇴각했다. 몇 리를 가지 못했는데 함성이 크게 진동하더니 한 무리의 군사가 돌진해왔다. 앞장선 대장이 창을 잡고 말에 박차를 가해 달려오며 크게 호통을 쳤다.

"네놈은 조자룡을 알아보지 못하느냐!"

소옹은 깜짝 놀랐다.

"어떻게 이곳에 조운이 또 있단 말이냐?"

미처 손쓸 겨를도 없이 조운의 창에 찔려 말 아래로 떨어져 죽고 말았다. 남은 군사는 뿔뿔이 흩어졌다. 조운이 구불구불 굽어진 길을 따라 전진하고 있는데 배후에서 또 한 부대가 당도했다. 바로 곽회의 부하 장수 만정萬政이었다. 위군의 추격이 급한 것을 본 조운은 말을 멈춰 세우고 창을 잡고는 길목에 서서 적장과 맞붙어 싸우기를 기다렸다. 촉군은 이미 30여 리를 달아난 뒤였다. 조운을 알아본 만정은 감히 전진하지 못했다. 조운이 해질 무렵까지 기다렸다가 비로소 말을 돌려 천천히 물러갔다. 곽회의 군사가 당도하자 만정은 조운의 출중한 용맹이 예전과 다름 없었기 때문에 감히 가까이 접근하지 못했다고 했다. 곽회가 명령을 전달하여 군사들에게 급히 뒤쫓게 하자 만정이 수백 기의 장사를 거느리고 추격에 나섰다. 한 커다란 숲에 이르렀을 때 별안간 등 뒤에서 호통 소리가 들렸다.

"조자룡이 여기 있다!"

호통 소리에 놀라 위병 100여 명이 말에서 떨어졌다. 나머지도 모두 고개를 넘어 달아났다. 만정이 마지못해 달려와 대적했으나 조운이 쏜 화살이 투구에 달린 명주실로 짠 장신구에 맞자 깜짝 놀라며 계곡으로 떨어지고 말았다. 조운이 창으로 가리키며 말했다.

"내 너의 목숨을 살려줄 터이니 돌아가서 곽회더러 빨리 추격해오라고 해라!"

만정은 목숨을 다해 도망쳤다. 조운이 수레와 병장기, 인마를 호송하며 한중을 향하니 길을 따라가면서 잃어버린 것이 하나도 없었다. 조진과 곽회는 다시 세 군을 빼앗아 자신들의 공로로 삼았다.

한편 사마의는 군사를 나누어 전진하고 있었다. 이때 촉군은 모조리 한중으로 돌아간 뒤였다. 사마의가 일군을 거느리고 다시 서성[19]에 당도하여 남아 있는 거주민과 산 후미진 곳에 숨어 사는 자들에게 물어보았다. 모두 공명에게는 단지 2500명의 군사만이 성안에 있었으며 또한 무장도 없이 몇 명의 문관만 있었고 별도로 매복해 있던 군사들도 없었다고 말했다. 무공산의 한 백성이 고했다.

"관흥과 장포에게는 단지 각각 3000명의 군사들만 있었습니다. 그들은 산을 돌며 함성을 지르고 북을 두드리면서 기세를 올려 쫓는 척하며 놀라게 했을 뿐입니다. 또한 별도의 군사들이 없었기에 감히 교전을 벌이지도 못했습니다."

사마의는 후회해도 이미 엎질러진 물이라 하늘을 우러러 탄식했다.

"내가 공명보다 못하구나!"

즉시 관원과 백성을 위로한 뒤 군사들을 이끌고 장안으로 돌아와 위주를 알현했다. 조예가 말했다.

"농서 지방의 각 군을 다시 얻은 것은 모두 경의 공이오."

사마의가 아뢰었다.

"촉군이 모두 한중에 있는데 모조리 섬멸하지 못했습니다. 신께 대군을 주신다면 협력하여 서천을 거두고 폐하께 보답하겠습니다."

조예가 크게 기뻐하며 사마의에게 즉시 군사를 일으키게 했다. 그때 별안간 반열 속에서 한 사람이 나서면서 아뢰었다.

"신에게 한 가지 계책이 있는데 족히 촉을 평정하고 오를 항복시킬 수 있나이다."

촉중의 장수와 재상이 비로소 귀국했는데
위 땅의 군신들이 다시 계책을 뽐내는구나
蜀中將相方歸國, 魏地君臣又逞謀

계책을 바친 자는 누구일까?❺

제95회 공성계에 속은 사마의

❶

마속을 격파한 것은 사마의가 아닌 장합이었다

『삼국지』「위서·장합전」은 다음과 같이 기록하고 있다.

"제갈량이 기산에서 출병하자 명제는 장합에게 특진特進(전한 말에 설치되었고 열후 중에서 특수한 지위에 있는 자에게 수여했으며 지위는 삼공 아래였다)의 지위를 더해주고 그를 파견하여 각 군을 통솔한 뒤 가정街亭에서 제갈량의 장수 마속을 막게 했다. 마속은 남산南山에 의지했으므로 성을 지켜내지 못했다. 장합은 그들이 물을 긷는 도로를 끊고 공격하여 마속을 대패시켰다. 남안군, 천수군, 안정군이 배반하여 제갈량에게 호응했지만 장합은 모두 격파하고 평정시켰다. 명제가 조서를 내렸다.

'도적 제갈량이 파巴와 촉蜀 사졸들을 인솔하여 포효하는 맹호같이 용맹한 우리 군대와 맞닥뜨렸다. 장합 장군은 견고한 갑옷을 걸치고 예리한 무기를 손에 쥔 채 이르는 곳마다 승리를 거두고 평정했으므로 짐은 심히 그대를 칭찬하노라. 1000호를 더하여 이전 것과 합쳐 4300호가 되게 하라.'"

마속과의 대결에서 승리한 사람은 사마의가 아니라 장합이었다. 사마의는 참전하지도 않았다.

❷
열류성列柳城은 곽회가 격파했다

『삼국지』「위서·곽회전」에 따르면 "태화 2년(228), 촉나라 승상 제갈량이 기산으로 출병하여 장군 마속을 가정까지 파견하고 고상을 열류성에 주둔시켰다. 장합은 마속을 공격했고 곽회는 고상의 진영을 공격하여 모두 격파시켰다"고 기록하고 있다. 열류성은 사마의가 아닌 곽회가 공격해 깨뜨렸고 사마의는 이 전쟁에 참여하지도 않았다.

❸
강유의 노모는 돌아가지 못했다

『진서』「오행지五行志 중」에 따르면 강유는 위 명제 태화 연간에 촉으로 들어갔을 때 모친과 헤어졌다. 위나라 사람이 그의 모친에게 편지를 쓰게 하여 그를 돌아오도록 불렀으나 돌아가지 않은 것으로 기록되어 있다.

❹
제갈량의 공성계

사마의의 대군을 속인 제갈량의 공성계空城計(비어 있는 성으로 적군을 유인해 혼란에 빠뜨리는 계책)는 당연히 허구다. 이와 비슷한 계책을 사용한 사례가 『삼국지』에 기록되어 있지만 제갈량은 아니었다.

이 전쟁에 사마의는 참가하지도 않았다. 『삼국지』「위서·명제기」에 따르면 이때 위나라는 조진과 장합을 파견했고, "우장군 장합은 가정에서 제갈량을 공격하여 크게 격파시켰다"고 기록하고 있다. 또한 『삼국지』「위서·조휴전」에는 "태화 2년(228), 명제는 군사를 두 길로 나누어 오나라를 정벌했는데 사마선왕司馬宣王(사마의)을 파견해 한수를 따라 남하하게 했다"고 기록하고 있다. 이를 통해 사마의가 제갈량과의 전투 장소에 있지 않았음을 알 수 있다.

역사 기록에 따르면 두 사람은 교전을 벌이지도 않았다. 또한 제갈량은 장합에게 격파되어 물러난 것이지 공성계를 써서 무사히 철군할 수 있었던 것은 아니었다.

공성계의 진짜 주인공

『삼국지』「위서·문빙전」 배송지 주『위략』에 따르면 "일찍이 손권이 수만 병력을 이끌고 갑자기 당도했다. 마침 폭우가 내려 성의 목책이 붕괴되었는데 백성은 들판으로 흩어져 보수할 수가 없었다. 문빙은 손권이 도착했다는 것을 들었지만 어떻게 대처해야 할지 몰랐다. 유일하게 생각해낸 것이 성안에 숨어 있으면 손권이 의심할 것이라는 것뿐이었다. 그래서 성안에 있는 사람들에게 보이지 않게 숨어 있으라고 명한 뒤, 자신도 집 안에 들어가 누워 일어나지 않았다. 손권은 과연 의심을 품고 부하들에게 '북방은 이 사람을 충신이라고 여겼기에 이 군을 맡긴 것으로, 지금 내가 왔는데도 움직이지 않으니 이것은 비밀스러운 계획이 있는 것이 아니면 반드시 외부의 구원이 있을 것이다'라고 말하고는 결국 감히 공격하지 못하고 떠났다"고 기록하고 있다. 따라서 공성계의 진짜 주인공은 제갈량이 아닌 문빙이었다.

그러나 본전本傳인 「위서·문빙전」은 『위략』과는 상반되게 기록하고 있다. 「위서·문빙전」에 따르면 "손권이 5만의 군사를 이끌고 친히 석양石陽(현 명칭으로 문빙이 담당했던 강하江夏태수의 치소였다)에서 문빙을 포위하여 형세가 매우 위급했다. 문빙은 견고하게 지키면서 움직이지 않았으므로 손권은 20여 일을 주둔하고는 포위를 풀고 물러났다"고 기록하고 있다.

❺
제갈량의 제1차 기산 출병

제갈량의 기산 출병은 실제 역사와 많이 다르다. 역사는 다음과 같이 기록하고 있다.

『삼국지』「촉서·제갈량전」에는 "남안, 천수, 안정 세 군이 조위曹魏를 배반하고 제갈량에게 호응하자 관중 지구가 크게 진동했다. 위 명제는 서쪽으로 향해 장안을 지키고 장합에게 명하여 제갈량을 막도록 했다. 제갈량은 마속에게 각 군을 통솔하고 선봉이 되어 가정에서 장합과 교전하게 했다. 마속은 제갈량의 군사 배치를 어기고 잘못을 범하여 장합으로부터 대패했다. 제갈량은 서현西縣의 1000여 호를 이전시키고 한중으로 돌아와 마속을 죽인 뒤 병사들에게 사죄했다"고 기록되어 있다. 「위서·명제기」에 따르면 "대장군 조진을 파견하여 관우關右(함곡관 혹은 동관의 서쪽 지구)의 각 군대를 통솔하고 이와 동시에 군대를 진격시켰다. 우장군 장합은 가정에서 제갈량을 공격하여 크게 격파시켰다. 이에 제갈량은 패하여 달아났고 세 군은 평정되었다"고 기록하고 있다.

여기서 제1차 기산 출병의 시기는 건흥建興 6년(228) 봄이었다. 소설과 크게 다른 점은 제갈량과 사마의의 대결이 아닌 조진과 장합의 대결이었고, 제갈량이 공성계를 사용하여 물러난 것이 아니라 장합에게 격퇴당해 철군했다는 사실이다.

『삼국지』「위서·명제기」 배송지 주 『위서』는 다음과 같이 기록하고 있다.

"황제(조예)가 말하기를 '제갈량은 산을 막아 견고하게 지키다가 지금 스스로 왔으니 이는 병서에서 말하는 적을 끌어들이는 술수와 합치되오. 제갈량은 삼군(천수, 남안, 안정)을 탐하여 전진할 줄만 알지 물러날 줄은 모르고 있으니 이때를 이용한다면 그를 격파하는 것은 필연적이오'라고 했다. 이에 병마를 배치하여 보병과 기병 5만 명으로 제갈량을 막았다."

읍참마속

공명은 눈물을 훔치며 마속을 참하고,
주방은 머리카락을 잘라 조휴를 속이다

孔明揮淚斬馬謖,
周魴斷髮賺曹休

계책을 바친 자는 바로 상서尚書[1] 손자孫資였다. 조예가 물었다.

"경에게 무슨 묘한 계책이라도 있소?"

손자가 아뢰었다.

"옛날에 태조 무황제께서 장로를 거두셨을 때 위태로웠으나 나중에 일을 성취하셨습니다. 항상 군신에게 말씀하시기를 '남정[2]의 땅은 참으로 천연의 감옥이로다.[3] 그 가운데서도 야곡의 길은 500리에 걸쳐 바위 동굴이라 무력을 사용할 수 없는 땅이로다'라고 하셨습니다. 지금 만약 천하의 병사를 일으켜 촉을 정벌한다면 동오가 또 침입할 것입니다. 차라리 지금 있는 군사들 중에 대장을 임명하여 험준한 곳을 점거하고 지키게 하면서 정기를 기르고 예기를 축적하는 것이 나을 듯합니다. 그리하면 몇 년이 지나지 않아 중원은 날로 강성해질 것이고 오와 촉 두 나라는 반드시 서로 해치게 될 것입니다. 그때 그들을 도모한다면 어찌 승산이 없겠습니까? 폐하께서는 깊이 헤아리소서."

조예가 이에 사마의에게 물었다.

"이 의론은 어떠하오?"

사마의가 아뢰었다.

"손상서[4]의 말이 지극히 타당합니다."

조예는 그 말을 따르기로 하고 사마의에게 장수들을 선발해 험준한 요충지를 나누어 지키도록 명하고는 곽회와 장합을 남겨두어 장안을 지키게 했다. 크게 삼군을 포상하고 어가는 낙양으로 돌아갔다.

한편 한중으로 돌아온 공명이 군사들을 하나하나 조사하여 점검해보니 조운과 등지가 보이지 않았다. 이에 속으로 몹시 걱정이 되어, 관흥과 장포에게 각기 일군을 이끌고 지원하게 했다. 두 사람이 막 출발하려고 하는데 별안간 조운과 등지가 당도했는데 군사나 말 하나도 죽지 않았을뿐더러 물자를 실은 수레 등 기구 또한 잃어버린 것이 없다고 보고했다. 공명은 크게 기뻐하며 친히 장수들을 거느리고 나가 맞이했다. 조운이 황망히 말에서 내려 땅바닥에 엎드려 말했다.

"패전한 장수를 어찌하여 승상께서 수고롭게 멀리 나와서 맞이하십니까?"

공명이 급히 부축해 일으키며 손을 잡고 말했다.

"내가 현명하고 어리석은 자를 알아보지 못해 이 지경에 이른 것이오! 곳곳에서 군사와 장수들이 패전하고 손실을 입었는데 오직 자룡만이 사람 하나, 말 한 필도 잃지 않았으니 어찌된 일이오?"

등지가 고했다.

"저는 군사를 이끌고 먼저 오고 있었을 뿐입니다. 자룡이 홀로 뒤를 끊으면서 장수들을 베고 공을 세우자 적들이 놀라 두려워했는데 이 때문에 군용 물자를 잃어버리지 않았습니다."

공명이 말했다.

"진정한 장군이로다!"

즉시 황금 50근을 가져다 조운에게 증정했고, 또 비단 1만 필을 조운의 사졸들에게 상으로 내렸다. 그러나 조운은 사양했다.

"삼군이 한 치의 보잘것없는 공도 세우지 못했으니 저희 모두가 죄를 지은 것입니다. 그런데도 도리어 상을 받게 된다면 이것은 승상의 상벌이 분명하지 못한 것이 됩니다. 청컨대 잠시 창고에 맡겨두었다가 올겨울에 군사들에게 하사하셔도 늦지 않을 것입니다."

공명이 감탄했다.

"선제께서 살아 계셨을 때 항상 자룡의 덕을 칭송하시더니 이제 보니 과연 그렇구려!"

그리하여 조운을 더더욱 존경하게 되었다.❶

그때 별안간 마속, 왕평, 위연, 고상이 당도했다는 보고가 들어왔다. 공명은 먼저 왕평을 군막으로 들이고는 꾸짖었다.

"내가 자네에게 마속과 함께 가정을 지키라고 명했거늘 어찌하여 그에게 충고하지 않고 일을 그르치고 말았는가?"

왕평이 말했다.

"저는 길 가운데에 토성을 쌓고 군영을 꾸려 지켜야 한다며 거듭 만류했습니다. 그러나 참군께서 크게 성내며 따르지 않아 제가 홀로 5000명의 군사를 이끌고 산에서 10리 떨어진 곳에 군영을 세웠습니다. 갑자기 위군이 몰려오더니 산 사면을 에워싸기에 제가 군사를 이끌고 10여 차례나 부딪쳤으나 뚫고 들어갈 수 없었습니다. 이튿날, 흙이 무너지고 기와가 깨지듯 여지없이 무너져 항복하는 자가 무수히 많았습니다. 저는 고립무원의 군대가 되어 위문장魏文長(위연의 자)에게 구원을 요청하러 갔습니다. 그러나 도중에 또 산골짜기 안에서 위군으로부터 공격을 당해 곤경에 처했습니다. 제가 죽을힘을 다해 빠져나왔으나 군영에 돌아와보니 어느 결에 위군들에게 점령당하고 말았습니다. 곧바로 열류성으로 가다가 길에서 고상을 만났고, 즉시 군사를 세 갈래로 나누어 위 군영을 습격하여 가정을 탈환하고자 했습니다. 가정으로 가는 길에 매복해 있는 군사가 없어 의심이 들었는데, 높은 곳에 올라 바라보니 위연과 고상이 위군에게 포위된 후였습니다. 저는 즉시 겹겹의 포위를 뚫고 들어가 두 장수를 구출하고 참군과 함께 한곳에 합류했습니다. 양평관을 잃을까 두려워 급히 돌아가서 지켰습니다. 제가 충고하지 않은 것이 아닙니다. 승상께서 믿지 않으신다면 각 부대의 장교들에게 물어보십시오."❷

공명은 고함을 질러 물리치고 다시 마속을 군막으로 불러들였다. 마속은 스스로 결박한 채 군막 앞에서 무릎을 꿇었다. 공명이 안색을 바꾸며 말했다.

"너는 어려서부터 병서를 충분히 읽어 전법戰法을 터득했다. 내 여러 차례 가정은 우리 근본이라고 신신당부하고 훈계했다. 또한 너는 온 가족의 목숨을 담보로 이 막중한 소임을 맡았다. 네가 만약 일찌감치 왕평의 말을 들었더라면 어찌 이런 재앙이 있었겠느냐? 지금 군사들은 패하고 장수들은 꺾였으며, 영토를 잃고 성이 함락되었으니 모두 너의 잘못이다! 만약 군법에 따라 공개적으로 죄를 다스리지 않는다면 무엇으로 군사들을 복종시키겠느냐? 너는 지금 군법을 범했으니 원망하지 말거라. 네가 죽은 다음에도 네 처자식은 내가 달마다 녹미(녹봉으로 주는 쌀)를 지급할 터이니 너는 염려할 필요가 없느니라."

좌우에게 끌어내어 목을 치라고 호통을 쳤다. 마속이 울면서 말했다.

"승상께서는 저를 아들같이 보살펴주셨고 저는 승상을 아버님처럼 모셨습니다. 제 죽을죄는 실로 피하기 어려우니, 원컨대 승상께서 순임금이 곤鯀을 죽이고 우禹를 등용했던 의리[5]를 생각해주십시오. 비록 죽어서 구천에 간다 하더라도 여한이 없을 것입니다!"

말을 마치고는 통곡했다. 공명이 눈물을 훔치며 말했다.

"내 너와의 의리는 형제와 같으니 너의 아들은 곧 나의 아들이다. 여러 말로 부탁할 필요 없다."

좌우에서 마속을 원문 밖으로 끌어내 목을 치려 했다. 참군 장완이 성도로부터 당도했는데 무사들이 마속의 목을 치려 하는 것을 보고는 깜짝 놀라 소리 높여 외쳤다.

"잠시만 기다리거라!"

곧장 군막으로 들어가더니 공명을 만나 말했다.

"옛날에 초나라 왕이 성득신을 죽이자 진 문공이 기뻐했습니다.[6] 지금 천하가 아직 평정되지 않았는데 지모 있는 신하를 죽이려 하니 어찌 애석한 일이 아니겠습니까?"

공명이 눈물을 흘리며 대답했다.

"옛날에 손무가 천하에서 상대를 제압하고 승리할 수 있었던 것은 군법을 분명하게 썼기 때문이오. 지금 사방이 나뉘어 다투고 있소. 이제야 비로소 전쟁이 시작되었는데 만약 군법을 폐한다면 무엇으로 역적을 토벌하겠소? 그를 참하는 것은 합당한 일이오."

잠시 후 무사들이 마속의 수급을 계단 아래에 바쳤다. 공명은 통곡해 마지않았다. 장완이 물었다.

"지금 유상幼常(마속의 자)이 죄를 지어 이미 군법을 바르게 따랐는데 승상께서는 무슨 까닭으로 곡을 하시오?"

공명이 말했다.

"나는 마속을 위해 우는 것이 아니오. 선제께서 백제성에서 붕어하실 때 일찍이 내게 '마속은 말을 과장하여 실제 능력을 뛰어넘으니 크게 등용해서는 안 된다'고 당부하셨소. 지금 과연 그 말씀대로 되었소. 내가 밝지 못한 것이 깊이 한스럽고 선제의 말씀을 다시 생각했기 때문에 이렇게 통곡하는 것일 뿐이오!"

대소 장병들 중에 눈물을 흘리지 않는 자가 없었다. 마속이 죽었을 때 그의 나이는 39세로 때는 건흥 6년(228) 5월이었다. 후세 사람이 지은 시가 있다.

가정을 지키지 못한 죄는 가볍지 않으니
마속의 헛된 병법의 담론을 한탄하도다
원문에서 참수하여 군법 엄격하게 하고
눈물 닦으며 선제의 밝음을 생각하도다
失守街亭罪不輕, 堪嗟馬謖枉談兵
轅門斬首嚴軍法, 拭淚猶思先帝明 ❸

한편 마속을 참수한 공명은 그의 수급을 각 군영에 두루 보이게 하고는 시신에 꿰매어 붙이고 관을 갖춰 장사 지냈으며 손수 제문을 써서 제사를 지내주었다. 마속의 처자식을 각별히 중시하여 위로하고 달마다 녹미를 지급했다. 그런 다음 공명은 직접 표문을 지어 장완을 보내 후주께 아뢰게 하고는 스스로 승상에서 직위를 낮춰주기를 청했다. 성도로 돌아간 장완은 후주를 알현하고 공명의 표문을 바쳤다. 후주가 뜯어보니 표문의 내용은 다음과 같았다.

"신은 본래 평범한 재주를 가진 사람으로 차지해서는 아니 되는 직위에 앉아 직접 백모白旄와 황월黃鉞을 잡고 삼군을 지휘했습니다. 규정을 훈시하고 법령을 밝히지 못했고, 일에 임해서는 신중하고 조심하지 않아 가정에서는 명령을 어기는 과실이 있었고 기곡에서는 경계하지 않아 실수가 발생했습니다. 이 모든 허물은 인재를 선임하는 데 서투른 신에게 있습니다. 신 밝지 못하여 사람을 알아보지 못했고 상황을 고려하는 데 항상 어두웠습니다.『춘추』에서 전쟁에 패배했을 때는 총책임자를 처벌해야 한다고 했으니[7] 신의 직무로는 응당 패전의 책임을 감당해야 합니다. 청컨대 신은 스스로 세 등급의 직급을 낮추고자 하니 그 과실을 처벌하소서. 신 부끄러움을 이길 수 없어 무릎 꿇고 엎드려 절을 올리니 폐하의 명을 기다리겠습니다!"

표문을 읽고 난 후주가 말했다.

"이기고 지는 것은 병가에 흔히 있는 일이거늘 승상께서는 어찌하여 이런 말씀을 하시는가?"

시중 비의가 아뢰었다.

"신이 듣건대 나라를 다스리는 자는 반드시 법 받들기를 중히 여긴다고 했습니다. 법이 만일 실행되지 않는다면 무엇으로 사람들을 복종시키겠습니까? 승상이 전쟁에서 패하여 스스로 관직을 강등시키는 것은 마땅한 일입니다."

후주는 그 말을 따르기로 하고 이에 조서를 내려 공명의 직위를 우장군으로 강등하고 승상의 일을 대리하게 했으며 이전처럼 군마를 총감독하게 했다. 즉시 비의에게 명하여 조서를 가지고 한중으로 가서 전달하도록 했다. 공명이 조서를 받들었다. 공명의 지위가 강등되자 비의는 그가 부끄러워 얼굴을 붉힐까 걱정되어 이에 축하했다.

"촉중의 백성은 승상께서 처음에 네 개 현[8]을 점령한 것을 알고서 몹시 기쁘게 생각했었습니다."

공명이 안색을 바꾸며 말했다.

"무슨 말씀이오! 얻었다가 다시 잃었으니 얻지 못한 것과 마찬가지요. 공께서 그것으로 나를 축하하니 실로 부끄러워 얼굴이 붉어질 따름이오."

비의가 또 말했다.

"근래에 승상께서 강유를 얻었다는 소식을 듣고는 천자께서 몹시 기뻐하셨습니다."

공명이 성내며 말했다.

"군사가 패하여 회군한 데다 한 치의 땅도 빼앗지 못했으니 이것은 나의 커다란 죄요. 강유 한 사람을 얻었다고 해서 위나라에 무슨 손실이 있겠소?"

비의가 다시 말했다.

"승상께서는 현재 강력한 군대 10만 명을 통솔하고 계십니다. 다시 위를 토벌할 수 있지 않겠습니까?"

공명이 말했다.

"이전에 대군이 기산과 기곡에 주둔했을 때 우리 군사가 적병보다 많았으나 적을 깨뜨리지 못하고 도리어 적에게 격파되었소. 이러한 문제는 병사의 많고 적음에 있는 것이 아니라 주장主將에 달려 있을 뿐이오. 지금 병사를 줄이고 장수 인원을 축소하며, 엄격하고 명확한 형벌로 다스리고, 착오와 과실을 반성하여 앞으로는 임기응변을 보다 염두에 둘 것이오. 그렇게 하지 않는다면 비록 군사가 많은들 무엇에 쓰겠소? 지금부터 나라의 앞날을 생각하는 사람들이 나의 허물을 빈번히 책망하고 단점을 꾸짖는다면 일을 이루고 역적을 멸할 수 있으며 발돋움한 채 기다리면 공적을 곧 쌓을 수 있을 것이오."

비의와 장수들은 그 의론에 감격했고 이에 비의는 성도로 돌아갔다.

공명은 한중에 머물면서 군사들을 아끼고, 백성을 사랑하며, 병사들을 격려했다. 이와 동시에 군사와 병법을 강습했고, 성을 공격하고 물을 건너는 기구들을 제조하며 군량과 마초를 축적하고, 전투용 뗏목을 준비시켜 훗날을 도모했다. 정탐꾼이 이 사실을 탐지하고는 낙양으로 들어가 보고했다.❹

이 소식을 들은 조예는 즉시 사마의를 불러 서천을 거두어들일 계책을 상의했다. 사마의가 말했다.

"촉은 아직 공격해서는 안 됩니다. 지금은 날씨가 몹시 더워 틀림없이 나오지 않을 것입니다. 우리 군이 그곳으로 깊이 들어간다 해도 저들은 험준한 요충지를 지키고 있을 것이니 급히 점령하기가 어렵습니다."

조예가 말했다.

"만일 촉군이 다시 침입해온다면 어찌해야 좋겠소?"

사마의가 말했다.

"신이 이미 계산하여 결론을 내렸습니다. 이번에 제갈량은 틀림없이 한신이 은밀하게 진창을 지나간 계책⁹을 본받으려 할 것입니다. 신이 한 사람을 천거하고자 하니 진창의 길목으로 보내 성을 쌓고 방비하게 한다면 만에 하나의 실수도 없을 것입니다. 이 사람은 신장이 9척으로 팔이 원숭이처럼 길어 활을 잘 쏘고 지략도 출중합니다. 이 사람이 제갈량을 충분히 감당할 수 있을 것입니다."

조예가 크게 기뻐하며 물었다.

"이 사람은 어떤 사람이오?"

사마의가 아뢰었다.

"태원 사람으로 성이 학郝이고 이름이 소昭이며 자가 백도伯道라 하는데, 지금은 잡호장군雜號將軍으로 있으면서 하서[10]를 지키고 있습니다."

조예는 그 말을 따르기로 했다. 이에 학소에게 진서장군鎭西將軍의 관직을 더해주고 진창의 길목을 지키도록 명하고는 사자를 파견해 조서를 가지고 가서 일을 마무리하도록 했다.

이때 별안간 양주사마 대도독[11] 조휴가 표문을 올렸다. 동오의 파양[12]태수인 주방周魴이 자신의 군을 바치고 항복하고자 하면서 은밀하게 사람을 보내 일곱 가지 계책을 진술했는데 동오를 깨뜨릴 수 있으니 서둘러 출병하여 취하라는 것이었다. 조예는 그 표문을 어상[13] 위에 펼쳐놓고 사마의와 함께 살펴봤다. 사마의가 아뢰었다.

"이는 지극히 이치에 맞는 말이니 오는 멸망할 것입니다! 신이 원컨대 일군을 이끌고 가서 조휴를 돕겠습니다."

그때 느닷없이 반열 속에서 한 사람이 나서며 말했다.

"오나라 사람의 말은 변덕스럽고 일관되지 않으니 깊이 믿을 수 없습니다. 주방은 지모가 있는 인사이니 틀림없이 항복하려는 것이 아니라, 일부러 군사를 유인하려는 간사한 계책일 것입니다."

사람들이 보니 바로 건위장군[14] 가규賈逵였다. 사마의가 말했다.

"그 말 또한 듣지 않을 수 없으나 기회가 왔을 때 놓쳐서는 안 됩니다."

위주가 말했다.

"중달이 가규와 함께 조휴를 도와주시오."

두 사람은 명을 받들고 떠났다. 이에 조휴는 대군을 이끌고 곧장 환성[15]을 취하러 가고, 가규는 전장군 만총과 동완[16]태수 호질胡質을 데리고 양성陽城[17]을 취하러 곧장 동관[18]으로 향했으며, 사마의는 본부의 군사들을 이끌고 강릉을 취하러 떠났다.

한편 오주 손권은 무창의 동관[19]에서 관원들을 모아놓고 상의했다.

"지금 파양태수 주방이 비밀리에 표문을 올려 위 양주도독 조휴가 침입할 뜻을 품고 있다고 말했소. 지금 주방이 거짓으로 간계를 펼쳐서 은밀하게 일곱 가지 계책을 진술하여 위군을 우리 요충지로 깊이 끌어들이겠다고 하니 복병을 두어 그를 사로잡을 수 있을 것이오. 지금 위군이 세 갈래 길로 나누어 오고 있는데 여러 경께서 무슨 고견이라도 있으시오?"

고옹이 나서며 말했다.

"이런 막중한 소임은 육백언이 아니면 감당하기 어렵습니다."

손권이 크게 기뻐하며 육손을 불러 보국대장군輔國大將軍, 평북도원수平北都元帥[20]로 봉하고, 어림군 대병을 통솔하여 왕사[21]의 직무를 대행하게 했으며, 백모와 황월을 수여하여 문무백관이 모두 그의 명을 듣도록 약속했다. 손권은 친히 육손을 위해 채찍을 쥐여주었다. 명을 받은 육손은 은혜에 감사하며 이에 두 사람을 추천하여 좌우도독으로 삼고는 군사를 나누어 세 갈래의 적군을 대적하겠다고 했다. 손권이 어떤 사람이냐고 묻자 육손이 말했다.

"분위장군奮威將軍[22] 주환朱桓과 수남장군[23] 전종全琮으로 두 사람을 보좌로 삼을 만합니다."

손권은 그 말에 따라 즉시 명하여 주환을 좌도독으로, 전종을 우도독으로 삼도록 했다. 그리하여 육손은 강남 81주와 아울러 형호[24]의 무리 70여만 명을 통솔하여 주환을 왼쪽에, 전종을 오른쪽에 두고, 자신은 중앙에 배치하여 세 갈래 길로 진군했다. 주환이 계책을 바쳤다.

"조휴는 인척 관계로 임명된 자이기에 지혜와 용기가 있는 장수는 아닙니다. 지금 주방이 유인하는 말을 듣고서 요충지로 깊이 들어오고 있으니 원수께서 군사로 친다면 조휴는 반드시 패할 것입니다. 패한 다음에는 틀림없이 두 갈래 길로 달아날 것인데, 왼쪽은 협석이고 오른쪽은 바로 괘차[25]입니다. 이 두 길은 모두 후미지고 좁은 산길로 가장 험준한 곳입니다. 제가 원컨대 전자황全子璜(전종의 자)과 함께 각자 일군을 이끌고 산세가 험준한 곳에 매복해 있겠습니다. 그곳에서 미리 단단한 나무와 큰 돌로 길을 차단하면 조휴를 사로잡을 수 있을 것입니다. 그를 사로잡는다면 즉시 신속하게 전진하여 수춘壽春을 손바닥에 침을 뱉기만 해도 얻을 수 있게 되고 허창과 낙양까지 엿볼 수 있게 됩니다. 이것은 만세가 지나도 만나기 어려운 좋은 기회입니다."

육손이 말했다.

"그것은 좋은 계책이 아니오. 내게 신통한 방법이 있소."

주환은 이에 불만을 품고 물러갔다. 육손은 제갈근 등에게 강릉을 지키도록 하고는 사마의를 대적하게 했다.

한편 조휴의 군사들이 환성에 다다르자 주방이 나와 맞이했고 곧장 조휴의 군막으로 갔다. 조휴가 물었다.

"근래에 족하의 서신을 받았는데 그대가 진술한 일곱 가지 계책이 상당히 이치에 맞아 천자께 아뢰고 대군을 일으켜 세 갈래 길로 진군해온 것이오. 만약 강동의 땅을 얻을 수 있다면 족하의 공이 작지 않을 것이오. 족하의 지모가 뛰어나 말씀하신 것이 사실이 아닐까 염려스럽다고 말하는 사람도 있었소. 그러나 내 헤아리건대 족하는 틀림없이 나를 속이지 않을 것이오."

주방이 통곡하며 급히 수행원이 차고 있던 패검을 뽑아 스스로 목을 베려 했다. 조휴가 급히 제지했다. 주방이 검을 잡고 말했다.

"제가 일곱 가지 계책을 말씀드리면서 심장과 간을 뽑어낼 수 없는 것이 한스럽습니다. 지금 도리어 의심을 받게 생겼으니 필시 동오 사람들이 반간계를 쓴 것입니다. 그 말을 들으신다면 저는 틀림없이 죽게 될 것입니다. 저의 충심은 오로지 하늘만이 아실 것입니다!"

말을 마치더니 또 자결하려 했다. 깜짝 놀란 조휴가 황망히 껴안으며 말했다.

"내가 농담 한마디 했을 뿐인데 족하는 무슨 까닭으로 이러시오!"

주방은 이에 검으로 머리카락을 자르고는 땅바닥에 내던지며 말했다.

"나는 충심으로 공을 대하는데 공께서는 나를 조롱하니 내 부모님께서 남겨주신 머리카락을 잘라 이 마음을 표하겠소!"

조휴는 이에 그를 깊이 믿고 주연을 베풀어 대접했다.❺ 술자리가 파하자 주방은 작별을 고하고 떠났다. 그때 느닷없이 건위장군 가규가 찾아왔다는 보고가 들어왔다. 조휴가 그를 안으로 들이고는 물었다.

"그대는 여기에 무엇을 하러 오셨소?"

가규가 말했다.

"제가 헤아리건대 동오의 군사들은 틀림없이 모두 환성에 주둔해 있을 것입니다. 도독께서는 가볍게 진격해서는 안 됩니다. 제가 양쪽으로 협공하기를 기다렸다가 도독께서 공격하신다면 적병을 깨뜨릴 수 있을 것입니다."

조휴가 노했다.

"그대가 나의 공을 빼앗으려 하는가?"

가규가 말했다.

"듣자 하니 주방이 머리카락을 잘라 맹세했다고 하던데 이는 속임수입니다. 옛날에 요리가 자기 팔을 잘라 경기를 찔러 죽인 일[26]도 있으니 너무 깊이 믿어서는 안 됩니다."

조휴가 크게 화를 냈다.

"내가 군사를 진격시키고자 하는데 네가 어찌 그런 말을 내뱉어 군심을 태만하게 만든단 말이냐!"

좌우에 끌어내어 목을 치라고 호통을 쳤다. 장수들이 고했다.

"아직 군사를 진격시키지도 않았는데 먼저 대장을 참수한다면 군에 이롭지 않습니다. 잠시 용서해주십시오."

조휴는 그 말을 따르기로 했다. 가규의 군사들을 군영 안에 남겨 다른 곳에 동원시키기로 하고, 자신이 직접 일군을 이끌고 동관을 취하러 갔다. 이때 주방은 가규가 병권을 삭탈당했다는 소식을 듣고는 남몰래 기뻐했다.

"조휴가 만약 가규의 말을 들었다면 동오는 패했을 것이다! 지금 하늘이 내게 공을 이루게 하는구나!"

즉시 환성으로 은밀하게 사람을 보내 육손에게 알렸다. 육손은 장수들을 불러 명령했다.

"앞쪽의 석정²⁷은 비록 산길이지만 족히 매복할 만하오. 미리 가서 석정의 넓은 곳을 점거하고 진을 펼쳐 위군을 기다려야 하오."

즉시 서성에게 선봉이 되어 군사를 이끌고 전진하도록 했다.

한편 조휴는 주방에게 명하여 군사를 이끌고 전진하게 했다. 한창 가고 있는데 조휴가 물었다.

"앞으로 가면 어디요?"

주방이 말했다.

"앞쪽은 석정이라고 하는데 군사를 주둔시킬 만한 곳입니다."

조휴는 그 말에 따라 즉시 대군을 인솔하여 수레와 병장기 등의 기구를 모조리 석정으로 가지고 가서 주둔했다. 이튿날 정찰 기병이 보고했다.

"앞쪽에 오병이 얼마나 있는지 알 수 없으나 산어귀를 차지하고 있습니다."

조휴가 깜짝 놀라 말했다.

"주방은 군사가 없다고 말했는데 어찌하여 준비가 있는 것이냐?"

급히 그 까닭을 물어보고자 주방을 찾았다. 그러나 주방이 수십 명을 이끌고 떠났는데 어디로 갔는지 알 수 없다는 보고가 들려왔다. 조휴는 크게 뉘우쳤다.

"내가 적의 계책에 빠졌구나! 비록 그렇다 하더라도 두려워할 필요는 없다!"

즉시 대장 장보張普를 선봉으로 삼아 수천 명을 이끌고 가서 동오 군사들과 교전을 벌이라고 명했다. 양쪽 진이 원형으로 펼쳐지자 장보가 말을 몰고 나가며 욕설을 퍼부었다.

"적장은 어서 항복하라!"

서성이 말을 몰고 나와 맞섰다. 싸운 지 몇 합이 못 되어 장보는 대적해내지 못하고 고삐를 당겨 군사들을 거두어 돌아와서는 조휴를 만나 서성의 용맹을 감당할 수 없다고 말했다. 조휴가 말했다.

"내가 기병奇兵을 써서 이기겠다."

장보에게 군사 2만 명을 이끌고 석정의 남쪽에 매복하게 했고, 또 설교薛喬에게 군사 2만 명을 이끌고 석정의 북쪽에 매복하도록 했다.

"내일 내가 직접 1000명을 이끌고 가서 싸움을 걸다가 거짓으로 패한 척하고 북쪽 산 앞으로 유인하겠다. 그때 포 쏘는 것을 신호로 하여 삼면으로 협공한다면 반드시 대승을 거둘 것이다."

계책을 받은 두 장수는 밤이 되자 각자 2만 명의 군사를 이끌고 매복하러

갔다. ❻

한편 육손은 주환과 전종을 불러 분부했다.

"그대 두 사람은 각자 3만 명의 군사를 이끌고 석정 산길을 따라 조휴의 군영 뒤쪽으로 질러가서 불을 질러 신호를 보내시오. 나는 직접 대군을 인솔하여 가운데 길로 전진하겠소. 그럼 조휴를 사로잡을 수 있을 것이오."

그날 해질 무렵 계책을 받은 두 장수가 군사를 이끌고 나아갔다. 이경쯤에 주환이 한 부대를 거느리고 위 군영 뒤쪽으로 질러가다가 장보의 복병과 맞닥뜨렸다. 장보가 오의 군사들인지 모르고 다가와 물으려 할 때 주환이 장보를 한칼에 베어 말 아래로 떨어뜨렸다. 위군은 이내 달아났다. 주환은 후군에 불을 지르게 했다. 전종도 한 부대를 이끌고 위 군영 뒤쪽으로 질러가서 설교의 진 속으로 뚫고 들어가더니 한바탕 크게 무찔렀다. 설교는 패하여 달아났고 위군은 큰 손실을 입은 채 본영으로 도망쳤다. 뒤쪽에서 주환과 전종이 두 갈래 길로 들이쳤다. 조휴의 군영은 큰 혼란에 빠져 자기편끼리 서로 짓밟았다. 조휴는 당황하며 말에 올라 협석 길을 향해 달아났다. 서성이 대부대의 군마를 이끌고 큰길로 달려오며 들이치자, 죽은 위병은 헤아릴 수 없을 정도로 많았고 목숨을 건진 자들은 모조리 갑옷을 버리고 달아났다. 깜짝 놀란 조휴가 협석 길 가운데서 필사적으로 힘을 내어 달아나는데, 별안간 한 무리의 군사가 좁은 길에서 돌격해 나왔다. 앞장선 대장은 바로 가규였다. 조휴는 놀라고 당황하여 어찌할 바를 모르다가 조금 안정이 되자 스스로 부끄러워하며 말했다.

"내가 공의 말을 듣지 않았다가 이런 패배를 당했구려!"

가규가 말했다.

"도독께서는 속히 이 길을 빠져나가십시오. 만일 오군이 나무와 돌로 막아 길을 끊어버리면 우리 모두가 위태로워질 것입니다."

이에 조휴는 빠르게 말을 몰고 나갔고 가규는 그 뒤를 끊었다. 가규가 무성한 숲속 험준한 오솔길에 깃발들을 많이 꽂아 허장성세로 적을 현혹시키는 의병으로 꾸몄다. 서성이 추격해 이르렀는데 산비탈 아래에 깃발 모서리가 보이자 매복이 있을까 의심하여 감히 더 이상 뒤쫓지 못하고 군사를 거두어 돌아갔다. 이 때문에 조휴를 구할 수 있었다. 사마의는 조휴가 패했다는 소식을 듣고는 역시 군대를 이끌고 퇴각했다.❼

한편 육손이 승전보를 기다리고 있었는데 잠시 후 서성, 주환, 전종이 당도했다. 노획한 수레와 무기, 소와 말, 버새, 군수 물자, 군용 기구가 부지기수였으며 항복한 병사도 수만 명에 이르렀다. 육손은 크게 기뻐하며 즉시 태수 주방을 비롯한 장수들과 함께 회군하여 오로 돌아갔다. 오주 손권은 문무 관원들을 이끌고 무창성을 나가 영접했으며 육손을 어개²⁸로 씌워주고 들어왔다. 모든 장수의 관직을 올려주고 상을 내렸다.❽

주방의 머리카락이 없는 것을 본 손권은 그를 위로하며 말했다.

"경이 머리카락을 잘라 이런 큰일을 이루었으니 그 공적과 명성을 마땅히 죽백에 기록할 것이오."

즉시 주방을 관내후로 봉하고 크게 잔치를 열어 군사들을 위로하고 경축했다. 육손이 아뢰었다.

"지금 조휴가 대패하여 위는 이미 간담이 서늘해졌을 것입니다. 즉시 국서를 써서 사신을 서천으로 파견하여 제갈량에게 군사를 진격시켜서 위를 공격하라고 하십시오."

손권은 그 말에 따라 즉시 사자에게 국서를 주고는 서천으로 보냈다.

동쪽 나라에서 계책을 펼쳤다는 이유로

서천에서 또 군대를 출동시키게 되네

只因東國能施計, 致令西川又動兵

공명이 다시 위를 정벌하러 나선다면 승부는 어떻게 될 것인가?❾

제96회 읍참마속

❶

조운은 기곡에서 패했다

『삼국지』「촉서·조운전」에 따르면 "제갈량은 조운과 등지에게 앞으로 가서 막도록 명하고, 자신은 기산을 공격했다. 조운과 등지의 병력은 약하고 적군은 강대했기 때문에 기곡에서 패하고 말았다. 그러나 병력을 수습해 굳게 지켰으므로 참패에 이르지는 않았다. 군대를 철수시킨 뒤에 진군장군鎭軍將軍으로 강등되었다"고 기록되어 있다. 조운은 상을 받기는커녕 싸움에서 패했고 그나마 대패하지 않아 강등되는 선에서 끝난 것이 다행인 상황이었다.

❷

왕평이 정말 꾸지람을 들었을까?

『삼국지』「촉서·왕평전」은 다음과 같이 기록하고 있다.

"건흥 6년(228), 마속의 부하는 모두 흩어지고 오직 왕평이 이끄는 1000여 명만 남았는데 왕평의 군사들은 북을 울리며 홀로 굳게 지켰다. 위나라 장수 장합은 복병이 있을까 의심하여 감히 앞으로 다가오지 못했다. 이에 왕평은 각 군영의 흩어졌던 병사들을 천천히 거두고 장사들을 인솔하며 철수했다.

승상 제갈량은 마속과 장군 장휴張休, 이성李盛을 죽이고 장군 황습黃襲 등의 병권을 빼앗았다. 오직 왕평만이 특별히 표창을 받고 참군參軍으로 더해져 임명되었다. 또 왕평에게 오부五部(제갈량이 남중을 평정한 뒤에 청강인靑羌人 1만여 명을 다섯 개 부대로 조직했는데 오부라 했다)의 병마를 통솔하고 제갈량 대본영의 공무를 겸해서 관할하게 했으며, 토구장군討寇將軍(군대를 통솔하여 출정했고, 잡호장군 5품)으로 승진시키고 정후로 봉했다."

이 전쟁에서 왕평은 유일하게 처벌받지 않고 오히려 진급한 사람이었다.

❸

읍참마속泣斬馬謖(눈물을 흘리며 마속을 참하다)의 진실

유명한 고사이기도 한 '읍참마속'의 진실에 대한 논란이 있다.

『삼국지』「촉서·제갈량전」에 "마속은 제갈량의 군사 배치를 어기고 잘못을 범하여 장합에게 대패했다. 제갈량은 서현의 1000여 호를 이전시키고 한중으로 돌아와 마속을 죽임으로써 병사들에게 사죄했다"고 기록되어 있다. 「촉서·왕평전」에는 "승상 제갈량은 마속과 장군 장휴, 이성을 죽이고 장군 황습 등의 병권을 빼앗았다"고 기록하여 마속은 확실히 제갈량에 의해 죽임을 당한 것을 알 수 있다.

그러나 「촉서·마량전」에 따르면 "장합에게 격파되어 병사들이 뿔뿔이 흩어졌다. 제갈량은 군사를 진격시켜 의지할 곳이 없었으므로 군대를 물려 한중으로 돌아왔다. 마속이 옥에 갇혔다가 죽었으므로 제갈량이 눈물을 흘렸다. 이때 마속은 39세였다"고 했고, 『자치통감』 권71 「위기 3」에서는 "마속을 체포하여 옥에 가두고, 그를 죽였다"고 하여 마속이 옥중에서 죽은 것으로 기록하고 있다. 하지만 「촉서·상랑전」에 "상랑은 평소에 마속과 관계가 매우 좋았으므로 마속이 도망친 뒤에 그 정황을 알면서도 신고하지 않았다. 이로 인해 제갈량이 상랑을 원망하며 관직을 빼앗고 성도로 돌아가게 했다"고 하여 오히려 죽지 않고 도망친 것으로 기록되어 있다.

같은 역사 기록이지만 마속의 죽음에 대한 의견은 다양하다. 그러나 여러 정황으로 볼 때 마속이 제갈량에게 죽임을 당한 것은 확실한 듯하다.

『삼국지』「촉서·마량전」배송지 주『양양기』에 마속이 죽기 전 제갈량에게 보낸 편지가 소개되어 있다.

"마속은 죽을 무렵, 제갈량에게 서신을 보내 말했다.

'명공께서는 이 마속을 자식처럼 여기셨고 이 마속도 명공을 아버지처럼 여겼습니다. 원컨대 곤鯀을 죽이되 우禹를 살려 치수를 성공시킨(곤은 치수에 공적이 없어 피살되었지만 그 아들인 우가 치수에 성공했다. 한 사람이 죄를 지었다고 친속을 연좌시킬 수 없음을 비유한 것이다) 의리를 깊이 살피시어 이 일 때문에 평생의 교분을 저버리는 일이 없기를 바랍니다. 이 마속이 비록 죽어 황양黃壤(저승)에 가더라도 한이 없을 것입니다.'

당시 10만의 무리가 그를 위해 눈물을 흘렸다."

❹

『삼국지』「촉서·제갈량전」배송지 주에 곽충郭沖이 말한 네 번째 일이 다음과 같이 기록되어 있다.

"제갈량이 기산으로 출병하자 농서와 남안 두 개 군이 이때 호응하여 투항했다. 천수를 포위하고 기성冀城을 함락시켜 강유를 포로로 잡고, 미혼 남녀 수천 명을 내몰고 약탈하면서 촉으로 돌아왔다. 사람들이 모두 제갈량을 축하하자 그는 정색하며 괴로워하는 얼굴로 사죄했다.

'천하에 한나라 백성이 아닌 자가 없는데 국가의 위력이 미치지 못해 백성이 승냥이와 이리의 주둥이에 고생하고 있소. 한 사람이 죽어도 모두 이 제갈량의 죄인데 이것으로 서로 축하한다면 부끄럽지 않을 수 없소.'

이에 촉인들은 제갈량이 위를 병탄할 뜻이 있으며 단지 영토를 확장할 뜻이 아님을 알게 되었다.

[배송지가] 비평하니, '제갈량이 위를 병탄할 뜻을 품은 지 오래되었으나 이때서야 비로소 사람들이 알게 된 것은 아니다. 더욱이 당시 출병하여 아무런 성과가 없었고 상처를 입어 돌아온 자가 많았으며, 세 군이 항복했지만 소유하지는 못했다. 강

유는 천수天水의 필부일 뿐인데 그를 얻었다고 해서 위나라에 무슨 손실이 있겠는가? 서현西縣의 1000가구를 빼앗았다 하더라도 가정에서의 손실을 보충하지는 못하니 이것을 어찌 공적으로 여겨 촉인들이 서로 축하한단 말인가?'"

❺

『삼국지』「오서·주방전」은 다음과 같이 기록하고 있다.

"주방이 처음 비밀 계책을 세웠을 때 낭관郞官이 조서를 받들고 와서 그에게 각종 사정을 따져 묻는 일이 빈번하게 일어났다. 주방은 이에 부군部郡(관직 명칭으로 각 주자사 아래에 부군종사部郡從事가 있었는데 줄여서 부군이라 했고, 각 군에 파견되어 감찰을 담당했다)의 문하門下(아문衙門, 사무소)로 가서 머리카락을 잘라 사죄했는데, 조휴는 이 소식을 듣고 다시는 의심하거나 염려하지 않았다."

❻

서성이 이 전투에 참여했을까?

『삼국지』「오서·서성전」에 따르면 "서성은 황무黃武 연간에 사망했다"고 기록하고 있다. 황무 연간은 222년에서 228년까지다. 이 전투는 황무 7년(228) 8월의 일로, 서성이 단순히 사망했다고만 기록한 것을 보면 전사가 아닌 병사로 판단된다. 황무 연간의 마지막 해 가을에 이 전투가 벌어졌고 전투에 참가한 다음에 서성이 병사했다고 하기에는 무리가 있다. 아마도 서성은 그 전에 사망한 것으로 추정된다.

❼

가규와 조휴는 사이가 좋지 않았다

소설에서도 비슷하게 묘사되었지만 역사는 가규와 조휴가 서로 사이가 좋지 않았다고 기록하고 있다.

『삼국지』「위서·가규전」에 따르면 "가규가 협석夾石을 점거하고 조휴에게 병사와 군량을 공급했으므로 조휴의 군대는 다시 분발해 일어섰다. 당초 가규는 조휴와 화목하게 지내지 못했다. 황초 연간에 문제가 가규에게 부절을 주려고 하자 조휴가 말했다.

'가규는 성품이 강직하여 평소 장수들을 경시하므로 도독을 맡길 수 없습니다.'

문제는 즉시 그 생각을 단념했다. 조휴가 협석에서 패했을 때, 만약 가규가 없었더라면 조휴의 군대는 구제할 방법이 없었을 것이다'라고 기록하고 있다.

❽

육손의 활약

『삼국지』「오서·육손전」은 육손의 활약을 다음과 같이 기록하고 있다.

"황무 7년(228), 손권이 파양鄱陽태수 주방에게 위나라 대사마 조휴를 속이도록 하자 조휴는 과연 병사들을 이끌고 환현皖縣으로 진입했다. 손권은 즉시 육손을 불러 황월을 수여하고 대도독으로 임명하여 조휴와 맞서 싸우게 했다. 조휴는 꾐에 빠진 것을 알아차렸지만 자신의 병마가 정예하고 많음에 의지하여 마침내 육손과 교전을 벌였다. 육손은 중군을 통솔하고 주환朱桓과 전종全琮에게 좌우 양 날개를 인솔하도록 하여 세 갈래 길로 함께 진격하여 조휴의 복병과 과감하게 부딪쳤고, 패해서 달아나는 조휴의 병사들을 곧장 협석까지 추격했다. 여기서 죽이거나 사로잡은 자가 1만여 명이며 소, 말, 나귀, 노새가 끄는 수레 1만 승과 군수 물자를 거의 노획했다. 조휴는 돌아간 뒤 등에 종기가 생겨 죽었다."

육손에 대한 손권의 예우

『삼국지』「오서·육손전」은 이때 육손에 대한 손권의 대우가 상당했던 것으로 기록하고 있다.

"육손이 부대를 정돈하여 무창武昌을 지났는데 손권이 좌우 시종에게 명령하여 자신이 사용하는 산개로 육손을 가리도록 하고 궁전 대문을 드나들게 했다. 육손에게 하사한 물건은 모두 자신이 사용하는 상등의 진귀한 물품이어서 당시에 육손과 견줄 만한 이가 없었다."

❾

위의 동오 정벌과 패배

태화 2년(228) 봄, 제갈량의 1차 기산 정벌을 패퇴시킨 이후 위는 가을에 동오 정벌에 나선다. 당시의 상황을 살펴보면 다음과 같다.

『삼국지』 「오서·오주전」에서는 "황무 7년(228) 5월 파양태수 주방이 거짓으로 오를 배반하여 위 장수 조휴를 유인했다. 8월에 손권이 환구晥口에 이르러 장군 육손에게 각 장수를 감독하게 하여 석정石亭에서 조휴를 크게 깨뜨렸다"고 기록하고 있고, 「위서·조휴전」에서는 "태화 2년(228), 명제는 군사를 두 갈래 길로 나누어 동오를 정벌하고자 사마선왕을 파견하여 한수를 따라 남하하도록 했고, 조휴는 각 군을 통솔하여 심양尋陽(현 명칭, 치소는 지금의 후베이성 황메이黃梅 서남쪽)으로 진군하게 했다. 적장이 거짓으로 항복했으므로 조휴는 적진 깊숙이 들어갔는데 전세가 불리해지자 물러나 석정에서 야영했다. 밤에 부대가 어수선해지고 사졸들이 혼란스러워져 꽤 많은 병기와 군용 물자를 내버렸다. 조휴는 상서를 올려 명제에게 죄를 청했으나 명제는 오히려 둔기교위屯騎校尉(도성의 숙위병 관장) 양기楊暨를 파견하여 위로하고 전보다 더 두텁게 예우하며 상을 내렸다. 조휴는 이 일로 인해 등에 악성 종기가 갑자기 생겨 세상을 떠났다"고 했다. 역사는 조휴가 그해 10월 4일에 사망했다고 기록하고 있다.

이 전쟁에서 양측 군세에 관한 기록이 있는데, 「오서·주환전」에서는 "조휴는 보병과 기병 10만 명을 이끌고 환성晥城에 이르러 주방을 맞이하려고 했다. 그때 육손이 원수가 되었고 전종全琮과 주환朱桓이 좌우독左右督을 맡아 각각 3만 명의 인마를 통솔하여 조휴를 공격했다"고 기록하고 있다.

후출사표

무후는 위나라를 토벌하고자 다시 표문을 올리고,
강유는 조병을 깨뜨리고자 거짓으로 문서를 바치다

討魏國武侯再上表,
破曹兵姜維詐獻書

촉한 건흥建興 6년(228) 가을 9월, 위나라 도독 조휴는 동오 육손에게 대패하여 수레, 무기와 마필, 군수 물자와 군용 기구를 모조리 잃어버렸다. 조휴는 부끄럽고 황송한 마음이 깊어졌고 노기와 우울함이 병이 되어 낙양에 당도한 뒤에 등창이 터져 죽고 말았다. 위주 조예는 칙령을 내려 후하게 장사 지내주었다. 사마의가 군사를 이끌고 돌아오자 장수들이 맞아들이며 물었다.

"조도독의 군사가 패한 것은 원수와도 관련이 있는데 무슨 까닭으로 이렇게 급히 돌아오셨습니까?"

사마의가 말했다.

"내가 헤아리건대 제갈량이 우리 군대가 패한 것을 알면 틀림없이 빈틈을 노려 장안을 취하러 올 것이오. 만일 농서 지방이 위태로워진다면 누가 가서 구원하겠소? 내 그래서 돌아온 것뿐이오."

사람들은 사마의가 겁낸다고 여기고는 비웃으며 물러갔다.

한편 동오는 촉중으로 사신을 파견하여 서신을 전달하면서 위나라 정벌을 청했다. 아울러 조휴를 대파시킨 일을 이야기했는데, 첫째로는 자신의 위풍을 드러내고, 둘째로는 서로 화친하여 좋은 관계를 유지하자는 것이었다. 후주는 크게 기뻐하며 사람을 시켜 서신을 가지고 한중으로 가서 공명에게 알리게 했다. 이때 공명의 군대는 막강해졌는데 군량과 마초도 충분했고 필요한 물자가 모두 완비되어 막 출병하려고 했다. 이런 사실을 듣고는 즉시 연회를 열어 장수를 모두 모아놓고 출병을 협의했다. 그때 갑자기 동북쪽 모퉁이로부터 한바탕 강풍이 불더니 뜰 앞의 소나무가 바람에 부러졌다. 모두 크게 놀랐다. 공명이 점을 치더니 소리쳤다.

"이 바람은 대장 한 명을 잃는 것을 예시하는 것이로다!"

장수들이 믿지 않았다. 한창 술을 마시고 있는데 별안간 진남장군[1] 조운의 맏아들 조통趙統과 둘째 아들 조광趙廣이 승상을 찾아뵈러 왔다는 보고가 들어왔다. 공명이 깜짝 놀라 술잔을 땅바닥에 내던지며 말했다.

"자룡이 죽었구나!"

두 아들이 들어와 절을 올리며 소리 내어 울었다.

"저희 부친께서 지난밤 삼경에 병이 위중하여 돌아가셨습니다."

공명이 발을 동동 구르며 통곡했다.

"자룡이 세상을 떠났으니 나라에는 기둥 하나를 잃은 것이고 내게는 팔 하나를 잘라낸 것이로다!"

장수들 중에 눈물을 닦아내지 않는 자가 없었다. 공명은 두 아들에게 성도로 들어가 후주를 뵙고 부고를 알리게 했다. 조운이 죽었다는 소식을 들은 후주는 대성통곡했다.

"짐이 옛날 어렸을 적에 자룡이 아니었다면 혼란에 빠진 군중 속에서 죽었을 것이다!"

즉시 조서를 내려 대장군으로 추증하고 시호를 순평후順平侯라 했으며 칙

명을 내려 성도 금병산² 동쪽에 장사 지내게 했다. 또한 사당을 건립하고 사계절 내내 제사를 지내게 했다. 후세 사람이 지은 시가 있다.

상산 땅에 호랑이 같은 장수 있으니
지혜와 용맹 모두 관우 장비에 필적했네
한수에서는 걸출한 공훈을 세우더니
당양 땅에서는 그 이름 드날렸다네

두 번이나 나이 어린 군주 구했고
오직 일념으로 선황제께 보답했도다
충성과 굳은 절개 청사에 기록하니
응당 백세에 걸쳐 그 향기 전하리라
常山有虎將, 智勇匹關張
漢水功勳在, 當陽姓字彰
兩番扶幼主, 一念答先皇
靑史書忠烈, 應流百世芳 ❶

한편 후주는 조운의 지난날 공적을 생각하며 추도와 안장의 의식을 매우 후하게 지냈고, 조통을 호분중랑으로 봉하고 조광을 아문장으로 삼아 부친의 무덤을 지키게 했다. 두 사람은 은혜에 감사하며 떠났다. ❷

그때 별안간 근신이 아뢰었다.

"제갈승상께서 군마 배치를 끝내고 수일 내에 위를 정벌하러 출병한다 합니다."

후주가 조정에 있는 신하에게 물으니 대부분이 가볍게 움직여서는 안 된다고 말했다. 후주는 의심하며 결정을 내리지 못했다. 그때 느닷없이 승상이 양의를 시켜 출사표를 바쳤다고 아뢰었다. 후주가 불러들여 만나자 양의가 표문을 올렸다. 후주가 바로 표문을 뜯어 어안御案(황제 전용 탁자)에 펼쳐 살펴보니 다음과 같았다.

"선제께서는 한나라와 역적 위가 양립할 수 없음을 염려하시고, 왕업을 이루려면 구석진 조그만 영토에서 일시적인 안일을 탐해서는 안 된다고 말씀하시고는 신에게 역적 토벌을 부탁하셨습니다. 선제께서는 밝은 안목으로 신의 재주를 헤아리시어, 제가 역적을 토벌하기에는 재주가 모자라고 적이 강하다는 것을 이미 알고 계셨습니다. 그러나 역적을 토벌하지 않으면 왕업 또한 망할 것입니다. 앉아서 망하기를 기다리는 것보다는 그들을 토벌하는 것이 낫지 않겠습니까? 그렇기 때문에 선제께서는 신에게 부탁하시면서 의심하지 않으셨습니다. 신은 명을 받은 날부터 잠자리에 들어도 뒤척이며 잠을 이루지 못했고, 음식을 먹어도 맛을 몰랐으며, 오직 북쪽을 정벌하려 했기에 불모의 땅으로 깊이 들어가 이틀에 한 번씩 밥을 먹으며 지극히 고생스럽고 분주했습니다. 그래서 먼저 남쪽으로 들어가 5월에 노수를 건넜는데, 이는 신이 스스로를 아끼지 않은 것이 아닙니다. 다만 왕업을 돌아보니 촉도蜀都의 조그만 영토 한구석에서 일시적인 안일을 탐해서는 안 된다고 여겼으므로 위험을 무릅쓰고 선제께서 남기신 뜻을 받든 것이었습니다. 그러나 논하기 좋아하는 자들은 마땅한 계책이 아니라고 생각했습니다. 지금 역적은 마침 서쪽에서 지쳐 있고 또한 동쪽에서도 힘을 썼습니다. 병법에서 '승로乘勞(적이 피로한 시기를 이용)하라'고 했으니 지금이 바로 진공할 때입니다. 그 사정을 말씀드리자면 다음과 같습니다.

고제(한고조 유방)께서는 해와 달을 가까이하듯 밝으셨고 모신들의 책략은 연못같이 깊었으나 그럼에도 위험을 무릅쓰고 상처를 입으며 위태로움을 넘긴 다음에야 안정시킬 수 있었습니다. 지금 폐하께서는 고제에 미치지 못하시고 모신들도 장량과 진평만 못한데 원대한 책략으로 승리를 거두고 앉아서 천하를 안정시키고자 하니, 이것이 신이 첫 번째로 이해하지 못하는 바입니다. 유요劉繇와 왕랑王朗은 각자 주군州郡을 차지하고 있으면서 안위를 논하고 계책을 말하다 툭하면 성인의 말씀을 끌어들였으나 많은 사람이 뱃속에 의심을 품고 각종 책망으로 가슴을 막았으며 금년에도 싸우지 않고 내년에도 정벌하지 않다가 손권[3]이 안심하고 날로 강대해져 마침내 강동을 합병하게 만들었으니, 이것이 신이 두 번째로 이해하지 못하는 바입니다. 조조의 지모는 남들보다 출중하며 군사를 부리는 것이 손무와 오기를 방불케 했었습니다. 그러나 남양에서 곤경에 처했고[4] 오소烏巢에서 위험에 빠졌으며[5] 기련[6]에서 위태로워졌고 여양黎陽에서는 쫓기며 핍박을 받았으며[7] 북산北山[8]에서는 거의 패망하다시피 했고 동관潼關에서는 하마터면 죽을 뻔했지만[9] 그런 후에야 잠시 표면적으로 안정될 수 있었습니다. 하물며 신은 재주가 미약한데 위태롭지 않게 천하를 평정하고자 하시니, 이것이 신이 이해하지 못하는 세 번째입니다. 조조는 창패昌霸[10]를 다섯 번이나 공격했으나 함락시키지 못했고, 네 번이나 소호巢湖를 건넜으나 성공하지 못했으며[11] 이복李服[12]을 임용했으나 그는 도리어 조조를 도모하려 했으며 하후연에게 위임했으나 그는 패하고 죽었습니다. 선제께서는 매번 조조를 유능한 사람이라고 칭찬하셨으나 오히려 이런 실패가 있었습니다. 하물며 신은 우둔하고 재능이 뒤떨어지는데 어찌 반드시 승리를 거둘 수 있겠습니까? 이것이 신이 네 번째로 이해하지 못하는 바입니다. 신이 한중에 이른 지 겨우 1년이 지났을 뿐인데 조운,[13] 양군陽群, 마옥馬玉, 염지閻芝, 정립丁立, 백수白壽, 유합劉

슴, 등동鄧銅 등과 곡장과 둔장[14] 70여 명, 돌장, 무전,[15] 종, 수, 청강[16] 산기, 무기[17] 1000여 명을 잃었습니다. 이들은 수십 년 동안 사방에서 규합한 정예병들로 한 주에서 얻을 수 있는 사람들이 아닌데, 다시 수년이 지난다면 3분의 2가 줄어들 것이니 무엇으로 적을 도모할 수 있겠습니까? 이것이 신이 다섯 번째로 이해하지 못하는 바입니다. 지금 백성은 곤궁하고 군사들은 지쳐 있습니다. 그러나 대업을 그만둘 수도 없음은 곧 주둔하여 지키는 것이나 토벌하러 출병하는 것이나 수고로움과 비용이 서로 같기 때문입니다. 그런데도 도모하려는 뜻은 없고 한 주의 땅으로 역적과 장기간 대치하려 하시니, 이것이 신이 여섯 번째로 이해하지 못하는 바입니다.

무릇 천하의 일이라는 것은 단정하기 어렵습니다. 옛날 선제께서 초楚 땅에서[18] 패하셨을 때 조조는 손뼉을 치며 천하가 이미 평정되었다고 말했습니다. 그러나 나중에 선제께서 동쪽으로 오, 월과 연계하여 동맹을 맺고 서쪽으로 파와 촉을 취한 뒤 군대를 일으켜 북쪽으로 정벌에 나서니 하후연의 목까지 베게 되었습니다. 이는 조조가 실책하여 한나라의 사업이 장차 이루어지려 한 것이었습니다. 그 후에 오가 맹약을 어겨 관우가 참패했으며 선제께서는 자귀에서 발을 헛디뎌 넘어지는 실수가 있었고[19] 조비가 황제라 칭하게 되었습니다. 모든 일은 이와 같아서 예견하기 어렵습니다. 신은 나라를 위하여 죽을 때까지 몸과 마음을 다 바쳐 평생토록 그만두지 않고 싸울 것이지만 성공과 실패, 순조로움과 난관은 신의 능력으로는 예측할 수 있는 것이 아닙니다."

표문을 읽고 난 후주는 대단히 기뻐하며 즉시 칙령을 내려 공명에게 출병하라 했다. 명령을 받든 공명은 30만 명의 정예병을 일으키고 위연을 선봉대를 총감독하는 선두로 삼아 진창 길 어귀로 즉시 달려가게 했다.

어느새 정탐꾼이 낙양으로 들어가 이 사실을 보고했다. 사마의는 위주에게 아뢴 다음 문무관원을 모두 모아놓고 상의했다. 대장군 조진이 반열에서 나와 아뢰었다.

"신이 지난번 농서를 지킬 때 공적이 미약하고 죄가 커서 부끄럽고 황송함을 감당하지 못했습니다. 지금 대군을 이끌고 가서 제갈량을 사로잡겠습니다. 신이 근래에 대장 한 명을 얻었는데 60근이나 나가는 대도를 사용하고 천리를 달리는 정완마征骦馬를 타며 2석의 철태궁20을 당기고 세 개의 유성추를 숨기고 있어 던지면 백발백중으로 맞추는데 만 명도 당해낼 수 없는 용맹을 지녔습니다. 그는 농서 적도狄道 사람으로 성이 왕王이고 이름이 쌍雙이며 자가 자전子全이라 합니다. 신은 이 사람을 선봉으로 천거합니다."

조예가 크게 기뻐하며 즉시 왕쌍을 어전 위로 불러 살펴보니 신장이 9척에다 얼굴은 검고 누런 눈동자에 범의 등과 곰의 허리를 가지고 있었다. 조예가 웃으면서 말했다.

"짐이 이런 대장을 얻었으니 무엇을 근심하리오!"

즉시 비단 전포와 황금 갑옷을 하사하고는 호위장군, 전부대선봉前部大先鋒으로 봉했고 조진을 대도독으로 삼았다. 조진은 은혜에 감사하며 조정을 나가 즉시 15만 명의 정예병을 이끌고 곽회, 장합과 합류하여 길을 나눈 뒤 협곡의 입구를 지키기로 했다.

한편 촉군의 선봉대가 진창까지 정찰하고 돌아와 공명에게 보고했다.

"진창의 입구에 이미 성을 쌓았으며 안은 대장 학소郝昭가 지키고 있습니다. 도랑을 깊이 파고 보루를 높이 쌓았으며 녹각을 두루 배치하여 대단히 철저하고 빈틈이 없습니다. 차라리 이 성을 버리고 태백령21의 험준한 산길을 따라 기산으로 나가는 편이 나을 듯합니다."[22]

공명이 말했다.

"진창의 정북쪽[23]은 바로 가정이다. 이 성을 반드시 수중에 넣어야 비로소 군사를 진격시킬 수 있다."

그러고는 위연에게 명하여 군사를 이끌고 성 아래로 가서 사면으로 공격하게 했다. 여러 날 계속 공격했으나 깨뜨릴 수 없자 위연이 다시 공명에게 와서 성을 깨뜨리기 어렵다고 보고했다. 공명이 벌컥 성을 내더니 위연을 참하려 했다. 그때 갑자기 군막 안에서 한 사람이 말했다.

"제가 승상을 따른 지 여러 해가 지났건만 재주가 없어 아직까지 충정을 바치지 못했습니다. 원컨대 진창성으로 가서 학소를 설득하여 화살 한 대 쓰지 않고도 항복하게 하겠습니다."

모두 보니 바로 부곡 근상斬祥이었다. 공명이 말했다.

"자네는 어떤 말로 그를 설득하려는가?"

근상이 말했다.

"학소는 저와 같은 농서隴西[24] 사람으로 어려서부터 친분이 있습니다. 제가 지금 그에게 직접 가서 이해득실로 설득한다면 틀림없이 항복할 것입니다."

공명이 즉시 앞으로 나아가게 했다. 근상이 빠르게 말을 몰아 성 아래에 이르러 소리 질렀다.

"학백도郝伯道(학소의 자)의 오랜 친구인 근상이 만나러 왔소."

성 위에 있던 사람이 학소에게 보고했다. 학소는 성문을 열어 들이게 하고는 성으로 올라 근상을 만났다. 학소가 물었다.

"친구는 무슨 일로 이곳에 왔소?"

근상이 말했다.

"나는 서촉 공명의 군막에서 군사 전략에 참여하여 협조하고 있는데 귀빈의 예로 대접받고 있다네. 특별히 내게 공을 만나 말을 전하게 했네."

학소가 갑자기 화를 내며 안색을 바꾸더니 말했다.

"제갈량은 바로 우리 나라의 원수요! 나는 위를 섬기고 그대는 촉을 섬겨 각자 그 주인이 다르니 옛날에는 형제였으나 지금은 원수가 되었소! 다시 여러 말 할 필요 없으니 즉시 성을 나가시오!"

근상이 다시 입을 열려고 했으나 학소는 이미 나가 적루로 올라가버린 후였다. 위군이 말에 올라 급히 재촉하더니 성 밖으로 쫓아냈다. 근상이 고개를 돌려보니 학소가 호심목 난간에 기대어 있었다. 근상이 고삐를 당겨 말을 세우고는 말채찍으로 가리키며 말했다.

"백도 아우님은 어찌하여 그렇게 박정한가?"

학소가 말했다.

"위나라의 법도는 형도 아는 바요. 나는 나라의 은혜를 입었으니 죽음만이 있을 뿐이오. 형은 여러 말 할 것 없이 어서 돌아가 제갈량에게 빨리 성을 공격하라 하시오. 나는 두렵지 않소!"

근상은 돌아가 공명에게 고했다.

"제가 입을 열기도 전에 학소가 먼저 막아버렸습니다."

공명이 말했다.

"자네는 다시 가서 그를 만나 이해관계로 설득해보게."

근상이 다시 성 아래로 와서 학소에게 만나기를 청했다. 학소가 적루 위로 나오자 근상이 말고삐를 당겨 세우고는 소리 높여 외쳤다.

"백도 아우님은 나의 충언을 듣게나. 자네가 외로운 성 하나를 지키면서 어떻게 수십만 대군을 막을 수 있겠는가? 지금 서둘러 항복하지 않으면 나중에 후회해도 소용없네! 게다가 대한을 따르지 않고 간사한 위를 섬기고 있으니 어찌 천명을 모르고 맑음과 혼탁함도 분별하지 못하는가? 원컨대 백도는 생각 좀 해보게!"

학소는 벌컥 성을 내며 활을 집어 화살을 얹고는 근상을 가리키며 소리질렀다.

"내가 전에 이미 말을 다 했으니 다시는 떠들지 마라! 속히 물러가라! 내 너에게 쏘지는 않을 것이다!"❸

근상은 돌아와 공명을 만나서 학소의 그런 행동을 자세하게 보고했다. 공명이 크게 노했다.

"필부 놈이 무례하기 짝이 없구나! 내게 성을 공격할 기구가 없을 것이라 깔보는 것이냐?"

즉시 토착민을 불러 물었다.

"진창성 안에 인마가 어느 정도 있느냐?"

토착민이 고했다.

"확실한 숫자는 모르겠으나 대략 3000명 정도 있습니다."

공명이 웃으면서 말했다.

"이런 작은 성으로 어찌 나를 막을 수 있단 말이냐! 구원병이 당도하기 전에 급히 공격하라!"

이에 군중에서 100대의 운제²⁵를 세웠는데 한 대에 10여 명이 설 수 있었다. 나무판으로 주위를 막고 보호했다. 군사들은 각자 짧은 사다리와 부드러운 밧줄을 지니고 군중의 북 두드리는 소리를 들으며 일제히 성에 오르기 시작했다. 학소는 적루 위에서 촉병이 운제를 세우고 사면으로 몰려오는 것을 보고는 즉시 3000명의 군사들에게 각자 불화살을 잡게 하고 그들을 사면으로 나누어 배치시키고는, 운제가 성에 가까이 오기를 기다렸다가 일제히 쏘게 했다. 공명은 성안에 준비가 없을 줄 알고 운제를 대규모로 제작하여 삼군에게 북을 두드리고 함성을 질러 기세를 올리며 전진하게 했다. 그러나 뜻하지 않게 성 위에서 불화살을 일제히 발사하는 바람에 운제는 모조리 불에 타버렸고 사다리 위에 있던 많은 군사가 불에 타 죽었다. 성 위에서 화살이 비 오듯 쏟아지자 촉군들이 모두 물러갔다. 공명은 크게 노했다.

"네놈이 나의 운제를 불태웠으니 이번에는 '충거'[26] 방법을 쓰겠다!"

이에 그날 밤으로 충거를 배치했다. 이튿날 또 사면으로 북을 두드리고 함성을 지르며 기세를 한껏 올려 전진했다. 학소가 급히 돌을 운반하게 하여 끌로 구멍을 파고 칡넝쿨을 이어 구멍에 꿰어 묶고는 내려치게 하니 충거가 모조리 박살나고 말았다. 공명은 또 사람을 시켜 흙을 날라 성의 해자를 메우게 하고 요화를 시켜 3000명의 초궐군鍬钁軍(땅굴만 전문적으로 파는 공병)을 이끌어 야간에 삽과 곡괭이로 땅굴을 파서 몰래 성안으로 잠입하게 했다. 그러자 학소는 또 성안에 이중으로 해자를 파서 그들을 가로막아버렸다. 이렇게 밤낮으로 공격한 지 20여 일이 지났으나 성을 깨뜨릴 방법이 없었다.❹

공명이 군영 안에서 풀이 죽어 있는데 별안간 보고가 들어왔다.

"동쪽에서 구원병이 당도했는데 깃발에 '위 선봉대장 왕쌍'이라고 적혀 있습니다."

공명이 물었다.

"누가 그들과 맞서겠소?"

위연이 나서며 말했다.

"바라건대 제가 가겠습니다."

공명이 말했다.

"그대는 선봉대장이니 함부로 나가서는 안 되오."

또 물었다.

"누가 감히 저들과 맞서겠소!"

비장 사웅謝雄이 응답하며 싸우러 나가고자 했다. 공명이 그에게 3000명의 군사를 내어주며 가게 했다. 공명이 또 물었다.

"누가 감히 다시 싸우러 나가겠소?"

비장 공기龔起가 대답하며 가고자 했다. 공명은 또 그에게 3000명을 주었다. 그러고는 공명은 성안에 있던 학소가 군사를 이끌고 돌격해 나올까 염려되어 이에 인마를 20리나 후퇴시켜 군영을 세웠다.

한편 사웅은 군사를 이끌고 앞으로 나아가다 왕쌍과 마주쳤는데 3합을 싸우지도 못하고 왕쌍의 한칼에 두 동강으로 쪼개져 죽고 말았다. 촉군은 패하여 달아났고 왕쌍은 뒤따라 추격해왔다. 공기가 맞서 싸웠으나 두 말이 엎치락뒤치락하자마자 3합 만에 역시 왕쌍에게 죽임을 당했다. 패잔병이 돌아와 보고했다. 공명은 깜짝 놀라 급히 요화, 왕평, 장억 세 사람을 보내 맞서게 했다. 양쪽 진이 원형으로 펼쳐지자 장억이 말을 몰고 나갔고, 왕평과 요화는 진 대형의 양쪽 날개를 지켰다. 왕쌍이 말고삐를 놓고 달려와 장억과 뒤섞여 몇 합을 싸웠으나 승부를 가리지 못했다. 왕쌍이 거짓으로 패한 척하며 달아나자 장억이 뒤따라 추격했다. 장억이 계책에 빠진 것을 본 왕평이 급히 소리 질렀다.

"추격하지 마시오!"

장억이 급히 말 머리를 돌리려 할 때 어느새 왕쌍의 유성추가 날아와 장억의 등을 정통으로 때렸다. 장억이 말안장에 바짝 엎드려 달아나자 왕쌍이 말 머리를 돌려 뒤쫓았다. 왕평과 요화가 저지하여 장억을 구출해 진으로 돌아왔다. 왕쌍이 군사를 몰아 한바탕 크게 무찌르자 촉병 중에 죽고 다친 자가 매우 많았다. 장억은 몇 차례나 피를 토하고는 돌아와 공명을 뵙고 말했다.

"왕쌍은 무예가 뛰어나고 용맹하여 대적할 수 없습니다. 지금 2만 명의 군사가 진창성 밖에 군영을 세웠는데 사방에 목책을 둘러싸고 있으며 여러 겹의 성을 쌓고 참호를 깊이 파내어 매우 엄중하게 방어하고 있습니다."

공명은 두 장수를 잃은 데다 장억마저 다치자 즉시 강유를 불러 말했다.

"진창 길목으로는 갈 수가 없으니 달리 무슨 계책이라도 있느냐?"

강유가 말했다.

"진창의 성지는 견고하고 학소가 매우 엄밀하게 지키고 있는 데다, 또 왕쌍의 도움까지 받고 있어 실로 취할 수가 없습니다. 차라리 대장 한 사람으로 하여금 산을 의지하고 물 가까이에 군영을 세워 단단히 지키게 하고, 다시 훌륭한 장수를 시켜 중요한 길을 지키게 하면서 가정으로부터의 공격을 방어하는 것이 좋을 듯합니다. 승상께서는 대군을 통솔하여 기산을 급습하러 가십시오. 제가 이러이러하게 계책을 쓴다면 조진을 사로잡을 수 있을 것입니다."

공명은 그의 말에 따라 즉시 왕평, 이회에게 두 갈래로 군사를 이끌고 가정의 오솔길을 지키도록 했고, 위연에게는 일군을 거느리고 진창의 입구를 지키게 했다. 마대를 선봉으로 삼고 관흥과 장포를 전후구응사前後救應使로 삼았으며 오솔길로 야곡을 나가[27] 기산을 향해 진군시켰다.❺

한편 조진은 지난번 사마의에게 공로를 빼앗겼다고 생각하여 낙양에 당도하자마자 곽회와 손례를 동서로 파견하여 지키게 했고,[28] 또 진창이 급박하다는 보고를 듣고는 왕쌍을 보내 구원하게 했다. 왕쌍이 적장을 베어 죽이고 공을 세웠다는 소식을 듣고는 크게 기뻐하며 이에 중호군[29] 대장 비요費耀[30]에게 선봉대를 잠시 총지휘하게 하고 장수들에게는 각자 협곡의 입구를 지키게 했다. 그때 별안간 산골짜기 안에서 정탐꾼을 잡아 끌고 왔다는 보고가 들어왔다. 조진이 압송해 들이라고 하자 그자가 군막 앞에 무릎을 꿇으며 고했다.

"소인은 첩자가 아니라 군사 기밀이 있어 도독을 찾아뵈러 온 것입니다. 잘못하여 길에 매복해 있던 군사들에게 잡혀온 것이니 좌우를 물리쳐주십시오."

조진이 이에 그 결박을 풀어주게 하고는 좌우를 잠시 물렸다. 그자가 말했다.

"소인은 바로 강백약의 심복입니다. 본관[31]의 명을 받들어 밀서를 가지고 왔습니다."

조진이 말했다.

"편지는 어디에 있느냐?"

그 사람이 살갗에 달라붙은 옷 속에서 편지를 꺼내 바쳤다. 조진이 뜯어보니 내용은 다음과 같았다.

"죄지은 장수 강유가 백번 절을 올리며 조진 대도독 휘하에 이 서신을 바칩니다. 제가 생각건대 대대로 위의 녹을 받아먹고 분에 넘치게 국경과 가까운 성을 지키며 적절치 않게 두터운 은혜를 입었으나 보답할 방법이 없었습니다. 지난번 잘못하여 제갈량의 계책에 빠졌으니 높은 낭떠러지 속으로 떨어지게 되었습니다. 고국을 그리워함에 어느 날이고 잊겠습니까! 지금 다행히 촉군이 서쪽으로 나오고 있는데 제갈량이 심히 의심하지 않고 있습니다. 도독께서 친히 대군을 거느리고 오신다고 하니 만일 적과 마주치게 된다면 거짓으로 패한 척 하십시오. 제가 뒤에서 불을 질러 신호를 보내고 먼저 촉군의 군량과 마초를 불태울 터이니 그때 도독께서 대군을 돌려 급습하신다면 제갈량을 사로잡을 수 있을 것입니다. 이는 감히 공을 세워 나라에 보답하고자 하는 것이 아니라 진실로 이전의 죄를 스스로 속죄하고자 함입니다. 세밀하게 살펴주시고 속히 명령을 내려주소서."

편지를 읽고 난 조진이 크게 기뻐하며 말했다.

"하늘이 내게 공을 이루도록 하는구나!"

즉시 편지를 가지고 온 자에게 후한 상을 내리고는 바로 돌아가 약속한 기한에 합류하도록 했다. 조진이 비요를 불러 상의했다.

"지금 강유가 몰래 밀서를 바쳤는데 나보고 이러이러하게 했소."

비요가 말했다.

"제갈량은 지모가 뛰어나고 강유도 지혜가 많으니 혹여 제갈량이 시켜 그 속에 속임수가 있는 것은 아닌지 걱정됩니다."

조진이 말했다.

"그는 원래 위나라 사람이며 어쩔 수 없이 촉에 항복한 것인데 또 무엇을 의심하시오?"

비요가 말했다.

"도독께서는 함부로 가셔서는 아니 됩니다. 본영을 지키고만 계십시오. 제 가 한 부대를 거느리고 가서 강유와 호응하겠습니다. 만일 공을 이룬다면 모 조리 도독께 돌릴 것이고, 간사한 계책이 있기라도 한다면 제가 스스로 감당하겠습니다."

조진이 크게 기뻐하며 즉시 비요에게 5만 명을 이끌고 야곡[32]을 향해 진군하게 했다. 2~3정[33]쯤 가다가 군마를 주둔시키고 사람을 시켜 정찰했는데, 신시申時 무렵에 정탐꾼이 돌아와 보고했다.

"야곡 길[34]로 촉군이 오고 있습니다."

비요가 황급히 군사를 재촉해 나아갔다. 촉군은 교전을 벌이기도 전에 먼저 물러갔고 비요가 군사를 이끌고 추격하자 촉군이 다시 왔다. 비요가 진을 벌이려 하자 촉군은 또 물러갔다. 이렇게 세 차례나 이어지며 시간을 끌더니 이튿날 신시가 되었다. 위군은 하루 밤낮 동안 감히 쉬지도 못하고 촉군이 공격해올까 두려워하기만 했다. 이제 막 군대를 주둔시키고 밥을 지어 먹으려 하는데 별안간 사방에서 함성이 크게 진동하더니 고각이 일제히 울리고 촉군이 온 산과 벌판을 가득 채우며 몰려왔다. 문기가 열리는 곳에서 갑자기 바퀴 네 개 달린 한 대의 수레가 나타났다. 단정히 앉아 있던 공명이 사람을 시켜 위군 주장에게 묻는 말에 답하라고 청했다. 비요가 말을 타고 달려나와 멀리서 공명을 보더니 속으로 몰래 기뻐하며 좌우를 돌아보며 말했다.

"만일 촉군이 들이치면 즉시 뒤로 물러나 달아나라. 그러다 산 뒤쪽에 불이 일어나는 것이 보이면 몸을 돌려 싸워라. 자연히 군사들이 와서 호응해줄 것이다."

분부를 마치더니 말에 박차를 가해 달려나오며 외쳤다.

"지난번에 패한 장수가 어찌하여 감히 또 왔단 말이냐!"

공명이 말했다.

"너는 조진을 불러 대답하게 하라!"

비요가 욕을 했다.

"조도독께서는 금지옥엽이신데 어찌 역적을 만나려 하시겠느냐!"

공명이 벌컥 성을 내며 깃털 부채를 한 번 흔들자 왼쪽에서 마대, 오른쪽에서는 장익의 군사들이 두 갈래로 돌격해 나왔다. 위군은 즉시 물러갔다. 30리도 가지 못했는데 멀리 촉군 배후에 불길이 일어나는 것이 보이더니 함성이 끊이지 않고 들려왔다. 불길을 신호로 여긴 비요는 즉시 몸을 돌려 쳐들어갔다. 그러자 촉군이 일제히 퇴각했다. 비요는 칼을 들고 앞에 서서 함성 소리가 일어나는 곳을 향하여 추격했다. 막 불길이 일어난 곳에 가까워지려는데 산길 속에서 고각이 하늘을 진동할 정도로 요란하게 울리고 함성이 땅을 뒤흔들더니 양군이 돌격해 나왔다. 왼쪽은 관흥, 오른쪽은 장포였다. 산 위에서는 화살과 돌이 빗발치듯 쏟아져 내렸다. 결국 위군은 대패했다. 계책에 빠진 것을 안 비요는 급히 군사를 물려 산골짜기를 향해 달아났으나 사람과 말이 이미 모두 지쳐버리고 말았다. 등 뒤에서 관흥이 신예 부대를 이끌고 쫓아오니 위병은 오합지졸이 되어 계곡에 떨어져 죽은 자가 부지기수였다. 목숨을 건지기 위해 달아나던 비요는 산비탈 입구에서 한 무리의 군사와 마주쳤는데 다름 아닌 강유였다. 비요가 욕설을 퍼부었다.

"역적 놈이 신의가 없구나! 내 불행하게도 너의 간사한 계책에 걸려들었구나!"

강유가 웃으면서 말했다.

"내가 조진을 사로잡으려고 했는데 잘못하여 너를 속였구나! 속히 말에서 내려 항복하라!"

비요는 쏜살같이 말을 달려 길을 찾고는 산골짜기로 도망쳤다. 그때 별안간 골짜기 입구에서 불이 하늘로 솟구쳤고 등 뒤에서는 추격병이 또 쫓아왔다. 비요는 스스로 목을 베어 자살했고 나머지 군사는 모두 항복했다. 공명은 그날 밤으로 군사들을 곧장 기산 앞으로 나가게 하여 군영을 세웠다. 군마를 거둔 뒤 강유에게 후한 상을 내렸다. 강유가 말했다.

"제가 조진을 죽이지 못한 것이 한스럽습니다!"

공명 또한 말했다.

"큰 계책을 작은 일에 사용하고 말았으니 애석하구나."

한편 조진은 비요가 죽었다는 소식을 듣고는 후회해 마지않았고 즉시 곽회와 더불어 촉군을 격퇴시킬 계책을 상의했다. 이에 손례와 신비는 밤새 표문을 지어 위주에게 아뢰었는데 촉군이 또 기산으로 나왔으며 조진이 패전하여 군사와 장수 할 것 없이 모두 죽거나 다쳐 형세가 지극히 위급하게 되었다고 구체적으로 말했다. 깜짝 놀란 조예는 즉시 사마의를 궁 안으로 불러들여 말했다.

"조진이 병졸과 장수를 많이 잃었고 촉병이 또 기산을 나왔다고 하오. 경은 그들을 물리칠 무슨 계책이라도 있소?"

사마의가 말했다.

"신에게 이미 제갈량을 물리칠 계책이 있습니다. 위군이 무력을 과시하고 위풍을 뽐낼 필요도 없이 촉군이 스스로 달아날 것입니다."

이미 자단에게 이길 책략이 없음을 보고는
전적으로 중달의 좋은 계책에만 의지한다
已見子丹無勝術, 全憑仲達有良謀

그 계책은 과연 어떤 것일까?

제97회 후출사표

❶

조운의 시호

『삼국지』「촉서·조운전」에 따르면 "건흥 7년(229), 조운이 죽자 시호를 순평후順平侯로 추증했다"고 기록하고 있다. 소설에서는 '대장군으로 추증하고 시호를 순평후順平侯라 했다'고 했는데, 조운은 대장군에 임명된 적이 없다. 또한 「촉서·후주전」에 따르면 조운에게 시호를 추증한 해는 경요景耀 4년(261)의 일로 조운이 사망한지 32년 후의 일이며 2년 후에 촉한은 멸망한다.

❷

조운의 아들들

조운이 병사한 이후 그 자식들에 대한 내용은 『삼국지』「촉서·조운전」에 다음과 같이 기록되어 있다. "조운의 아들 조통趙統이 작위를 이었으며 관직은 호분중랑독虎賁中郞督(호분중랑을 통솔하며 황제를 호위하는 관직) 영군領軍(중령군中領軍)을 대리했다. 작은아들 조광趙廣은 아문장에 임명되어 강유를 따라 답중沓中(간쑤성 저우취舟曲 서북쪽)으로 출정했다가 전사했다."

❸

학소는 누구인가?

『삼국지』「위서·명제기」 배송지 주 『위략』은 학소라는 인물을 간략하게 소개했다.

"학소는 자가 백도伯道로 태원 사람이다. 사람됨이 우람하고 힘찼으며 어려서 군에 들어와 부곡독部曲督(위의 표기장군 아래에 설치된 속관)이 되었다. 여러 차례 전공이 있어 잡호장군이 되었고 하서河西에 주둔해 10여 년간 지켰는데 소수 민족들이 두려워하며 복종했다."

❹

진창성은 학소가 축조한 성이다

『삼국지』「위서·명제기」 배송지 주 『위략』과 『자치통감』 권71 「위기 3」에 따르면 "장군 학소를 시켜 진창성陳倉城을 쌓도록 했다. 제갈량이 이르러 학소를 포위했으나 점령할 수 없었다. 밤낮으로 20여 일을 공격했으나 제갈량은 계책이 없었고 위나라의 구원병이 당도하자 군대를 이끌고 물러갔다"고 기록하고 있다.

제갈량이 학소의 동향 사람인 근상靳祥을 보내 학소를 설득하려 했으며, 운제와 충거를 사용하고 땅굴을 파고 불화살로 저지당했다는 소설의 내용은 모두 역사적 사실로 기록되어 있다. 또한 학소는 단지 1000여 명의 군사로 제갈량의 수만 대군을 막아냈다고 역사는 기록하고 있다.

❺

조진의 선견지명

소설 제96회에서는 사마의가 학소를 천거하여 진창을 지키게 했다고 했는데, 사실 진창을 방비하게 한 것은 조진의 선견지명이었다.

『삼국지』「위서·조진전」에 "조진은 제갈량이 기산祁山에서 패했으므로 이후에는 반드시 진창陳倉을 거쳐 출병할 것으로 여겼다. 이에 장군 학소郝昭와 왕생王生을 파견하여 진창을 지키면서 성벽을 수축하게 했다. 이듬해 봄에 제갈량이 과연 진창을

포위했으나 위나라가 진창을 이미 방비하고 있었으므로 이길 수가 없었다"고 기록
되어 있다.

   소설에서는 사마의와 제갈량의 지략 대결을 부각시키고자 조진을 형편없는 장수
로 묘사했는데 사실 조진은 지모를 갖춘 장수로 결코 만만한 상대는 아니었다.

황제에 오른 손권

왕쌍은 한군을 추격하다가 죽임을 당하고,
무후는 진창을 기습하여 승리를 쟁취하다

追漢軍王雙受誅,
襲陳倉武侯取勝

사마의가 아뢰었다.

"신이 일찍이 폐하께 공명은 반드시 진창으로 나올 것이라고 아뢰었고 그래서 학소로 하여금 지키도록 했는데 지금 과연 그렇게 되었습니다. 저들이 진창으로 침입해온 이유는 군량을 운반하기가 몹시 쉽기 때문입니다. 지금 다행히 학소와 왕쌍이 지키고 있어 감히 이 길로는 군량을 운반할 수 없을 것입니다. 나머지 작은 길로는 운반하기가 매우 어렵습니다. 신이 헤아리건 대 촉병은 군량을 한 달 치만 운반해왔을 것이므로 저들에게는 급히 싸우는 것이 이로울 것입니다. 그렇기에 우리 군은 오래도록 지키기만 하면 됩니다. 폐하께서는 조서를 내리시어 조진에게 여러 갈래의 요충지를 단단히 지키게 하고 나가서 싸우지 말라고 하소서. 그리하면 한 달도 못 되어 촉군은 스스로 달아날 것입니다. 그때 빈틈을 타서 공격한다면 제갈량을 잡을 수 있을 것입니다."

조예가 즐거워하며 말했다.

"경에게 이미 선견지명이 있는데 어찌하여 직접 일군을 거느리고 가서 그들을 기습하지 아니하오?"

사마의가 말했다.

"신이 몸을 아끼고 목숨을 중히 여겨서가 아니라 병사들을 남겨두어 동오의 육손을 방어하고자 할 따름입니다. 손권은 오래지 않아 틀림없이 본분을 뛰어넘어 자신을 황제라 칭할 것이니, 만일 그렇게 된다면 폐하께서 자신들을 정벌할까 두려워 먼저 침입해올 것입니다. 신이 이 때문에 군사를 남겨두어 그들을 기다리는 것입니다."

한창 말하고 있는데 별안간 근신이 아뢰었다.

"조도독이 군사 상황을 보고해왔습니다."

사마의가 말했다.

"폐하께서는 즉시 사람을 시켜 조진에게 경고하고 타일러 깨우치도록 하시되 촉병을 추격할 때는 반드시 그 허실을 살펴야 하고 깊이 들어가서는 안 되며 그렇지 않으면 제갈량의 계책에 걸려들 것이라고 하십시오."

조예가 즉시 조서를 내리고 태상경[1] 한기韓曁에게 부절을 가지고 가서 조진을 경고하여 깨우치게 했다.

"절대로 싸워서는 아니 되고 신중하게 지키는 데 힘쓰도록 하라. 촉병이 물러가기를 기다렸다가 그때 공격하라."

사마의가 성 밖에서 한기를 전송하며 당부했다.

"나는 이번 공적을 자단에게 양보하려 하오. 공이 자단을 만나면 이것이 내 뜻이라는 것은 말씀하지 마시고 천자께서 조서를 내리시며 지키는 것을 상책으로 삼으라고만 말씀하셨다고 전해주시오. 그리고 촉군을 추격하는 일에는 세심한 사람을 써야지 성급하고 충동적인 자를 써서는 안 된다고 전해주시오."

한기가 작별하고 떠났다. 한편 조진이 중군 군막에 들어가 군사 상황을 상의하고 있는데 느닷없이 천자가 파견한 태상경 한기가 부절을 가지고 왔다는 보고가 들어왔다. 조진이 군영에서 나와 한기를 맞아들이고 조서를 받고서 물러나 곽회, 손례와 협의했다. 곽회가 웃으며 말했다.

"이것은 사마중달의 의견입니다."

조진이 말했다.

"이 견해는 어떠하오?"

곽회가 말했다.

"이것은 제갈량이 군사 부리는 법을 잘 알고 있는 자의 말입니다. 후에 촉군을 막을 자는 반드시 중달일 것입니다."

조진이 말했다.

"만일 촉군이 물러가지 않는다면 어떻게 해야 하오?"

곽회가 말했다.

"은밀히 왕쌍에게 사람을 보내 군사를 이끌고 오솔길을 순찰하게 한다면 저들은 군량을 운반하지 못할 것입니다. 그들이 군량이 떨어져 군사를 물릴 때를 기다렸다가 기세를 몰아 추격한다면 완승을 거둘 수 있을 것입니다."

손례가 말했다.

"제가 기산으로 가서 군량을 운반하는 병사로 가장해 수레에 전부 마른 장작과 띠를 싣고 유황과 염초를 쏟아부은 뒤에 사람을 시켜 농서에서 군량을 운반해오고 있다고 허위 사실을 퍼뜨리겠습니다. 만약 촉군이 식량이 없다면 틀림없이 빼앗으러 올 것입니다. 그들이 접근하기를 기다렸다가 안에서 수레에 불을 지르고 밖에서 복병이 공격한다면 승리할 수 있을 것입니다."

조진이 기뻐하며 말했다.

"그 계책이 대단히 기묘하구려!"

조진이 즉시 손례에게 군사를 이끌고 계책에 따라 움직이도록 명했다. 그리고 사람을 보내 왕쌍에게 군사를 이끌고 오솔길에서 순찰을 돌라는 지시를 전하고 곽회에게는 군사를 이끌고 기곡과 가정을 지휘하면서 군마들로 하여금 여러 갈래 길의 요충지를 지키게 했다. 조진은 또 장료의 아들 장호張虎를 선봉으로 삼고 악진의 아들 악침樂綝을 부선봉으로 삼아 군사지휘부가 있는 군영을 함께 지키게 하고 출전을 허락하지 않았다. ❶

한편 기산 군영에 있던 공명은 매일 병사들을 시켜 싸움을 걸게 했으나 위군은 단단히 지키기만 하고 싸우러 나오지 않았다. 공명이 강유 등을 불러 상의했다.

"위군이 결연히 지키기만 하고 나오지 않는 것은 우리 군중에 군량이 없다는 사실을 헤아린 것이오. 지금 진창으로의 운송은 막혀 있고 나머지 오솔길은 산을 넘고 물을 건너 운반해야 하기에 어렵고 곤란하오. 내 계산으로는 군대를 따라온 군량과 마초는 한 달을 쓰기에도 부족하니 어찌하면 좋겠소?"

한참 주저하며 망설이고 있는데 별안간 보고가 들어왔다.

"농서의 위군이 식량을 실은 수천 대의 수레를 기산 서쪽으로 운반해오고 있는데 식량을 운송하는 관리는 손례라고 합니다."

공명이 말했다.

"그자는 어떤 사람인가?"

위나라 사람이 고했다.

"이 사람은 위주를 따라 일찍이 대석산²에 사냥을 간 적이 있었습니다. 그때 갑자기 사나운 호랑이 한 마리가 나타나 곧장 어가 앞으로 달려들었는데 손례가 말에서 내려 검을 뽑아 그 호랑이를 베어버렸습니다. 이때 상장군³으

로 봉해졌고 지금은 조진의 심복입니다."❷

공명이 웃으면서 말했다.

"위나라 장수가 우리에게 군량이 부족한 것을 헤아리고는 이런 계책을 쓴 것이오. 수레에 실려 있는 것은 필시 띠 같은 인화 물질일 것이오. 내 평생 동안 화공을 주로 썼는데 저들이 어찌 그런 계책으로 나를 유인하려 한단 말이오? 만약 우리 군이 군량 실은 수레를 습격하러 간다면 반드시 그들이 우리 군영을 습격할 것이오. 상대방의 계책을 미리 알아채고 그것을 역이용하는 장계취계를 써야겠소."

즉시 마대를 불러 분부했다.

"자네는 군사 3000명을 이끌고 위군이 군량을 저장해둔 곳으로 가되 군영으로 들어가지는 말고 바람이 부는 쪽으로 불을 지르게. 만약 수레와 병장기에 불이 붙으면 위군들은 틀림없이 달려와 우리 군영을 포위할 걸세."

그리고 마충과 장억에게는 각자 5000명을 이끌고 바깥에서 에워싸고 안팎으로 위군을 협공하게 했다. 세 사람이 계책을 받고 떠났다. 또한 관흥과 장포를 불러 분부했다.

"위군의 군사지휘부가 있는 군영에는 사방으로 통하는 길이 있다. 오늘 밤 서쪽 산에서 불길이 일어나는 것이 보이면 위군은 반드시 우리 군영을 급습하러 올 것이다. 자네 두 사람은 위의 군영 좌우에 매복해 있다가 군사들이 군영에서 나가기를 기다려 즉시 급습하라."

다시 오반과 오의를 불러 분부했다.

"그대 두 사람은 각자 일군을 거느리고 군영 밖에 매복하라. 위군이 오거든 그들의 퇴로를 차단하라."

배치를 마친 공명은 기산으로 올라 높은 곳에 기대어 앉았다. 촉군이 군량을 급습하러 온다는 것을 탐지한 위병은 황급히 손례에게 보고했다. 손례는 사람을 시켜 급히 조진에게 보고했다. 조진은 군사지휘부가 있는 본영으로 사람을 보내 장호와 악침에게 분부했다.

"오늘 밤 산 서쪽에서 불길이 일어나는 것이 보이면 촉병들이 반드시 구원하러 올 것이다. 그때 군사를 내어 이렇게 저렇게 하라."

계책을 받은 두 장수는 사람을 시켜 누각에 올라 불길이 일어나는 신호를 살펴보게 했다.

한편 손례는 산 서쪽에 군사들을 매복시켜놓고 촉군이 오기만을 기다렸다. 이날 밤 이경에 마대가 3000명의 군사를 이끌고 오고 있었다. 군사들은 모두 나무 막대기를 입에 물고 말들은 모조리 주둥이를 졸라맨 채 곧장 산 서쪽에 이르렀다. 그곳은 겹겹이 쌓인 허다한 수레와 병장기로 둘러싸여 군영을 이루고 있었는데, 수레와 병장기에는 헛되이 깃발만 꽂혀 있었다. 마침 서남풍이 불어오자 마대는 군사들에게 곧장 군영 남쪽으로 가서 불을 지르게 했다. 수레와 병장기에 모조리 불이 붙어 순식간에 불길이 하늘로 치솟았다. 손례는 촉군이 위의 군영 안에 당도하여 불을 지른 것으로 알고는 급히 군사를 이끌고 일제히 들이쳤다. 그때 등 뒤에서 고각이 요란하게 울리더니 양쪽 길로 군사들이 돌격해왔다. 마충과 장억의 군대가 위군을 둘러싸 한가운데로 몰아넣었다. 손례는 깜짝 놀랐다. 또 위군 속에서 함성이 일어나더니 한 무리의 군사가 불빛 곁에서 쏟아져 나왔는데 바로 마대의 군대였다. 안팎으로 협공을 당한 위군은 대패하고 말았다. 불길은 거세고 바람은 몰아쳤으며 인마들은 혼란에 빠져 마구 뛰어다녔다. 죽은 자의 수를 헤아릴 수 없을 정도였다. 손례는 다친 군사들을 이끌고 연기를 뚫고 화염을 무릅쓰며 달아났다.

한편 군영 안에 있던 장호는 멀리 불빛이 오르는 것을 보고는 군영 문을 활짝 열고 악침과 함께 인마를 모조리 이끌고 촉의 군영으로 몰려갔다. 그러나 군영 안에는 한 사람도 보이지 않았다. 급히 군사를 거두고 돌아가려는데 오반과 오의의 군사가 양쪽 길로 쏟아져 나와 돌아갈 길을 끊어버리고 말았다. 장호와 악침 두 장수는 급히 겹겹의 포위망을 뚫고 본영으로 돌아갔다. 그러나 토성 위에서 화살이 메뚜기떼처럼 날아왔다. 알고 보니 관흥과 장포가 군영을 습격한 것이었다. 위군은 대패했고 모두 조진의 군영으로 달려갔다. 막 군영으로 들어가려 하는데 한 무리의 패잔병이 나는 듯이 달려왔다. 바로 손례였다. 즉시 함께 군영으로 들어가 조진에게 각자 계책에 빠진 일을 설명했다. 조진은 그 말을 들은 후 본영을 신중하게 지키기만 하고 나가 싸우지 않았다.

승리를 거둔 촉군은 돌아와 공명을 만났다. 공명은 사람을 시켜 위연에게 은밀히 계책을 전하는 한편 군영을 철수해 일제히 떠나게 했다. 양의가 말했다.

"지금 이미 대승을 거두어 위군의 날카로운 기세를 꺾었는데 무슨 까닭으로 도리어 군사를 거두려 하십니까?"

공명이 말했다.

"우리 군사들은 양식이 없으니 급히 싸우는 것이 이롭네. 그런데 지금 저들이 단단히 지키면서 나오지 않고 있으니 우리가 해를 입게 될 것이네. 저들은 지금 잠시 패했으나 중원에서 틀림없이 군사를 증원해줄 것이네. 만약 가볍게 무장한 기병으로 우리 군량 보급로를 기습한다면 그때는 돌아갈 수 없게 될 것이네. 지금 위군이 막 패하여 감히 촉군을 똑바로 쳐다보지 못하고 있으니 불시에 행동을 취하여 기회를 틈타 즉시 물러가야 하네. 다만 걱정되는 것은 위연의 일군이 진창 길목에서 왕쌍을 저지하고 있어 급히 빠져 나올 수 없는 것이네. 그래서 내 이미 사람을 시켜 은밀한 계책을 주어 왕쌍을 베어 죽이고 위군이 감히 추격해오지 못하게 했네. 지금 후군 부대가 먼저 떠날 것이네."

그날 밤 공명은 징 울리는 자만 군영 안에 남겨두고 징을 울려 시각을 알리게 했다. 하룻밤 사이에 군사는 전부 물러가고 빈 군영만 남아 있었다.

한편 조진이 군영 안에서 침울해하고 있는데 별안간 좌장군 장합이 군사를 이끌고 당도했다는 보고가 들어왔다. 장합이 말에서 내려 군막으로 들어가 조진에게 일렀다.

"이 장합이 성지를 받들어 특별히 파견되어 명령을 기다리러 왔소."

조진이 말했다.

"중달은 만나보셨소?"

장합이 말했다.

"중달이 분부하기를 '우리 군이 승리를 거두면 촉군은 반드시 바로 떠나지 않을 것이나, 우리 군이 패하게 된다면 촉군은 틀림없이 즉시 떠날 것'이라고 했소. 지금 우리 군이 싸움에 패배한 뒤에 도독께서는 촉군의 소식을 정탐해보셨소?"

조진이 말했다.

"아직 하지 않았소."

이에 즉시 사람을 시켜 알아보게 했더니 과연 군영은 텅 비어 있고 수십 개의 깃발만 꽂혀 있을 뿐 군사들은 떠난 지 이미 이틀이나 지난 뒤였다. 조진은 후회했으나 어쩔 수 없었다. ❸

한편 비밀 계책을 받은 위연은 그날 밤 이경에 군영을 뽑아 급히 한중으로 돌아갔다. 정탐꾼이 즉시 왕쌍에게 이 사실을 보고했다. 왕쌍은 군마를 대대적으로 몰아 힘을 다해 뒤를 추격했다. 20여 리를 추격하여 거의 따라 잡았을 때 위연의 깃발이 눈에 들어오자 왕쌍이 크게 소리 질렀다.

"위연은 달아나지 마라!"

촉군은 고개를 돌리지도 않았다. 왕쌍은 말을 박차며 뒤를 쫓았다. 그때 등 뒤에서 위병이 소리를 질렀다.

"성 밖 군영 안에서 불길이 일어나고 있습니다. 적의 간계에 빠진 듯합니다."

왕쌍이 급히 고삐를 당겨 말을 돌리자 불빛이 하늘로 솟구치는 게 보였다. 왕쌍은 황급히 군을 물리라 명했다. 산비탈 왼쪽에 이르렀을 때 별안간 한 기의 말이 숲속에서 쏜살같이 뛰어나오며 호통을 쳤다.

"위연이 여기 있노라!"

깜짝 놀란 왕쌍은 미처 손쓸 겨를도 없이 위연의 칼에 찍혀 말 아래로 떨어졌다. 위군은 매복이 있을까 의심하여 사방으로 흩어져 달아났다. 하지만 이때 위연의 수하에는 30여 명의 기병만이 있을 뿐이었다. 위연은 한중을 향해 천천히 나아갔다. 후세 사람이 이에 대해 찬탄한 시가 있다.

공명의 교묘한 꾀 손빈과 방연[4] 능가하니
장성[5]과 같이 한 곳 촉을 밝게 비추었네
진퇴의 용병술 귀신도 예측할 수 없으니
진창의 길 어귀에서 왕쌍을 베어 죽였네
孔明妙算勝孫龐, 耿若長星照一方
進退行兵神莫測, 陳倉道口斬王雙 ❹

알고 보니 공명의 은밀한 계책을 받은 위연이 미리 30여 명의 기병을 남겨 두어 왕쌍의 군영 곁에 매복시켰다가 왕쌍이 군사를 일으켜 촉군을 추격하기를 기다려 군영에 불을 지르게 했던 것이다. 그리고 왕쌍이 군영으로 돌아오기를 기다렸다가 방심한 틈을 타서 뛰쳐나가 그를 베어 죽였다. 왕쌍을 죽인 위연은 군사를 이끌고 한중으로 돌아가 공명에게 인마를 인계했다. 공명이 연회를 크게 베풀었음은 말할 필요도 없다.

한편 장합은 촉군을 추격했으나 따라잡을 수가 없어 군영으로 되돌아왔다. 그때 별안간 진창성의 학소가 사람을 보내 왕쌍이 죽임을 당했다고 서면으로 보고했다. 그 소식을 들은 조진은 상심해 마지않았고 이 때문에 근심하다가 병이 들었다. 결국 그는 낙양으로 돌아갔고 곽회, 손례, 장합에게 장안의 여러 길을 지키게 했다.❺

한편 손권이 조회를 열고 있는데 정탐꾼이 와서 보고했다.

"촉의 제갈승상이 두 번째 출병을 했고, 위나라 도독 조진은 군사들을 잃고 장수도 죽었습니다."

이에 군신들은 모두 오왕에게 군대를 동원하여 위를 쳐서 중원을 도모하자고 권했다. 손권은 망설이며 결정을 내리지 못했다. 장소가 아뢰었다.

"근래에 듣자 하니 무창⁶ 동쪽 산에 봉황이 날아들어 춤을 췄는데 자태가 비범했고, 장강에도 황룡이 여러 차례 출현했다고 합니다. 주공의 덕행은 당唐과 우虞에 견줄 만하고 영명함으로는 주 문왕과 주 무왕을 같이 논할 수 있으니 즉시 황제의 자리에 오르신 다음에 군대를 일으키십시오."

관원들이 응답했다.

"자포子布(장소의 자)의 말이 옳습니다."

마침내 4월 병인丙寅일로 날을 잡아 무창의 남쪽 교외에 단을 쌓았다. 이날 군신들은 손권에게 단에 올라 황제의 자리에 오르도록 청했고, 황무黃武 8년(229)을 황룡黃龍 원년7으로 고쳤다. 부친 손견의 시호를 무열황제武烈皇帝로 높였고, 모친을 무열황후武烈皇后로 삼았으며 형인 손책을 장사환왕長沙桓王으로 삼았다. 아들 손등孫登을 황태자로 세웠다. 또한 제갈근의 맏아들 제갈각諸葛恪을 태자좌보太子左輔로 삼았고 장소의 둘째 아들 장휴張休를 태자 우필太子右弼로 삼았다.

제갈각은 자가 원손元遜으로 키가 7척에다 지극히 총명하며 질문에 대답을 잘하여 손권이 그를 대단히 아꼈다. 여섯 살 때 동오에서 열린 연회에 부친을 따라 참석했다. 손권은 제갈근의 얼굴이 긴 것을 보고는 나귀 한 마리를 끌고 오도록 하더니 분필로 나귀 얼굴에 '제갈자유諸葛子瑜(제갈근의 자)'라고 적었다. 사람들 모두가 한바탕 크게 웃었다. 그러자 제갈각이 총총거리며 앞으로 나가더니 분필을 집어 그 글자 아래에 두 글자를 더해 '제갈자유지려諸葛子瑜之驢(제갈자유의 나귀)'라고 적었다. 자리를 가득 채운 사람들 가운데 놀라지 않는 자가 없었다. 손권은 크게 기뻐하며 즉시 그 나귀를 제갈각에게 하사했다. 또 하루는 손권이 관료들을 모아놓고 주연을 베풀면서 제갈각에게 잔을 들어 사람들에게 술을 따라주라고 명했다. 순배가 장소 앞에 이르렀는데 그가 마시기를 거절하며 말했다.

"이는 늙은이를 대접하는 예가 아니니라."

그러자 손권이 제갈각에게 일렀다.

"네가 자포가 억지로라도 술을 마시게 할 수 있겠느냐?"

명을 받든 제갈각이 장소에게 일렀다.

"옛날에 강상보姜尙父(강태공)는 나이 아흔에 모와 월8을 들고도 일찍이 늙었다고 말한 적이 없습니다. 현재 전쟁터에 임할 때는 선생을 뒤에 계시게 하고 술을 마실 때는 선생을 앞에 계시도록 모시는데 어찌하여 노인을 섬기지 않는다고 말씀하십니까?"

장소는 대답할 말이 없어 억지로 술을 마시는 수밖에 없었다. 손권은 이 때문에 그를 더욱 사랑하게 되었고 그래서 태자를 보좌하라고 명했다. 장소는 오왕을 보좌하고 그 지위가 삼공의 위에 있으므로 그 아들 장휴를 태자 우필로 삼았다. 또 고옹을 승상으로 삼고, 육손을 상장군[9]으로 삼아 태자를 보좌하고 무창을 지키게 했다. 손권은 다시 건업으로 돌아왔다.

군신들이 함께 위를 칠 계책을 의논했다. 장소가 아뢰었다.

"폐하께서는 이제 보위에 오르셨으니 군대를 움직여서는 안 됩니다. 마땅히 문을 제창하시고 무를 멈추시며 학교를 증설하여 민심을 안정시키셔야 합니다. 사신을 서천으로 보내 촉과 동맹을 맺고 천하를 함께 나누자고 하면서 천천히 도모하셔야 합니다."

손권은 그 말에 따라 즉시 사신에게 밤낮을 달려 서천으로 가 후주를 만나게 했다. 예를 마친 사신은 오게 된 이유를 상세히 아뢰었다. 그 말을 들은 후주는 즉시 군신들과 상의했다. 신하 대부분은 손권이 예법의 규범을 거역하고 제멋대로 황제에 올라 반역을 했으니 그와의 동맹 관계를 마땅히 끊어야 한다고 했다. 장완이 말했다.

"사람을 시켜 승상께 물어보십시오."

후주는 즉시 한중으로 사신을 보내 공명에게 물었다. 공명이 사신에게 말했다.

"사람을 시켜 예물을 가지고 오로 가 축하하면서 육손에게 군사를 일으켜 위를 치라고 하시오. 위는 틀림없이 사마의에게 명하여 오를 저지할 것이오. 사마의가 만약 동오를 막는다면 나는 다시 기산을 나가 장안을 도모할 수 있을 것이오."

후주는 그 말에 따라 즉시 태위[10] 진진陳震에게 명하여 명마와 옥대, 황금과 진주, 보배를 들고 오로 들어가 경하하도록 했다. 동오에 당도한 진진이 손권을 알현하고 국서를 올렸다. 손권은 크게 기뻐하며 주연을 베풀어 진진을 대접한 후 촉으로 돌려보냈다.❻

손권은 육손을 불러들여 서촉에게 군사를 일으켜 위를 정벌하기로 약속한 일을 설명했다. 육손이 말했다.

"이것은 공명이 사마의를 두려워하여 꾸민 꾀입니다. 허나 이미 동맹 관계를 맺었으니 따르지 않을 수는 없습니다. 지금 군대를 일으키는 기세를 보여 멀리 서촉과 호응하는 척하소서. 공명이 위를 공격하여 다급해지기를 기다렸다가 우리는 그 틈을 이용해 중원을 취하면 좋을 듯합니다."

즉시 명령을 하달하여 형양荊襄[11] 각처에서 인마를 훈련시키고 날을 잡아 군사를 일으키기로 했다.

한편 진진은 한중으로 돌아와 공명에게 보고했다. 공명은 아직은 진창으로 가볍게 진격할 수 없다고 염려하며 먼저 사람을 시켜 정탐하게 했다. 정탐꾼이 돌아와 보고했다.

"진창성의 학소가 병이 위중하다고 합니다."

공명이 말했다.

"큰일이 이루어지는구나."

즉시 위연과 강유를 불러 분부했다.

"그대들은 군사 5000명을 이끌고 밤새 진창성 아래로 달려가 불길이 일어나는 것이 보이면 협력하여 성을 공격하라."

두 사람이 굳게 믿지 못하고 다시 고했다.

"어느 날 출병해야 합니까?"

공명이 말했다.

"사흘 안에 모두 완비해야 한다. 내게 작별을 고할 필요는 없으니 즉시 출발하라."

두 사람은 계책을 받고 떠났다. 또한 공명은 관흥과 장포를 불러 귓속말로 이렇게 저렇게 하라고 지시했다. 두 사람도 비밀 계책을 받고 떠났다.

한편 곽회는 학소의 병이 위중하다는 소식을 듣고는 장합과 이에 대해 상의했다.

"학소의 병이 중하다고 하니 그대는 속히 가서 그를 대신하시오. 내 표문을 올려 조정에 아뢰고 따로 가부를 결정하리다."

장합은 3000명의 군사를 이끌고 급히 학소를 대신하러 갔다. 그날 밤 학소는 병이 위중하여 한창 신음하고 있는데 별안간 촉군이 성 아래에 이르렀다는 보고가 들어왔다. 학소는 급히 사람을 시켜 성에 올라 지키게 했다. 그때 각 성문에서 불길이 일어나더니 성안이 크게 혼란스러워졌다. 그 소식을 들은 학소는 놀라 죽고 말았다. 촉병이 우르르 성안으로 몰려들어왔다.❼

한편 위연과 강유가 군사를 이끌고 진창성 아래에 당도하여 살펴보니 한 폭의 깃발도 보이지 않았고 게다가 시각을 알리는 사람조차 없었다. 두 사람이 놀랍고 의심스러워 감히 성을 공격하지 못하고 있을 때 별안간 성 위에서 '쾅!' 하는 포성이 들리더니 사면에 깃발이 일제히 세워졌다. 관건을 쓰고 깃털 부채를 들고는 학창의에 도사들이 입는 도포를 걸친 한 사람이 나타나더니 크게 소리 질렀다.

"그대 두 사람은 늦게 왔구먼!"

두 사람이 보니 다름 아닌 공명이었다. 둘은 황망히 말에서 내려 땅바닥에 무릎을 꿇고 엎드려 절을 올리며 말했다.

"승상께서는 참으로 귀신같은 계책을 쓰십니다!"

공명이 성으로 들어오게 하여 두 사람에게 일렀다.

"내가 알아보니 학소의 병이 위중하다고 해서 그대들에게 사흘 내에 군사를 이끌고 가 성을 빼앗으라고 했는데, 이것은 바로 사람들의 마음을 안정시키기 위함이었소. 그리고 나는 도리어 관흥과 장포에게 군사를 점검한다는 구실로 몰래 한중을 빠져나가게 했소. 나도 즉시 군사들 속에 몸을 숨기고 밤새도록 평소보다 갑절로 빨리 달려 성 아래에 이르렀는데, 이는 저들이 병력을 이동시킬 수 없도록 하기 위함이었소. 그리고 일찌감치 정탐꾼을 시켜 성안에 불을 지르고 함성을 지르게 하여 위군들이 놀라 의심하며 불안하게 만든 것이오. 병사들은 주장이 없으면 반드시 저절로 혼란에 빠지는 법이오. 이 때문에 성을 빼앗는 게 손바닥 뒤집듯이 쉬웠던 것이오. 병법에 이르기를 '상대방이 방심한 틈을 타 허를 찔러 공격하라'고 했는데 바로 이것을 이른 말이오."

위연과 강유는 탄복했다. 공명은 학소의 죽음을 가엾게 여겨 처자식에게 영구를 모시고 위나라로 돌아가게 해주었고 그의 충성심을 드날리게 했다.

공명은 위연과 강유에게 일렀다.

"그대 두 사람은 갑옷을 벗지 말고 그대로 군사를 이끌고 가 산관[12]을 습격하시오. 관을 지키는 자는 우리 군사가 이르렀다는 것을 알면 틀림없이 놀라 달아날 것이오. 만약 조금이라도 지체한다면 즉시 위군이 관에 이를 것이고 그러면 공격하기 어렵게 될 것이오."

위연과 강유는 명령을 받고 군사를 이끌고 가 즉시 산관에 이르렀다. 과연 관을 지키는 자가 모두 달아났다. 두 사람이 관에 올라 갑옷을 벗으려 하는데 멀리 관 밖에서 먼지를 크게 일으키며 위군이 달려오고 있었다. 두 사람은 서로 일렀다.

"승상의 신묘한 예측은 헤아릴 수가 없구나!"

급히 누각에 올라 살펴보니 바로 위나라 장수 장합이었다. 이에 두 사람은 군사들을 나누어 험로를 지켰다. 장합은 촉병이 요충지를 지키고 있는 것을 보고는 결국 군사들을 물렸다. 위연이 뒤따라 추격하며 한바탕 무찌르자 무수히 많은 위군이 죽었고 장합은 대패하여 달아났다. 위연은 관으로 돌아와 사람을 시켜 공명에게 보고했다. 공명은 직접 군사를 이끌고 진창 야곡을 나가 건위[13]를 빼앗았다. 뒤쪽으로는 촉병이 연이어 진군했다. 후주가 또 대장 진식陳式을 보내 돕도록 명했다. 공명은 대군을 몰아 다시 기산을 나가 군영을 꾸렸다. 공명은 장수들을 모아놓고 말했다.

"내가 두 번이나 기산을 나갔으나 이득을 보지 못했소. 지금 또 이곳에 이르렀는데 위군은 반드시 옛날에 싸웠던 곳에 의지하여 나와 대적할 것이오. 저들은 내가 옹[14]과 미郿 두 곳을 빼앗을 것이라 의심하여 틀림없이 군사들로 막고 지킬 것이오. 내가 살펴보건대 음평과 무도[15] 두 군이 우리 한과 이어져 있어 만약 이 성[16]을 손에 넣는다면 위군의 세력을 둘로 나눌 수 있을 것이오. 누가 감히 그곳을 취하겠소?"

강유가 말했다.

"제가 가겠습니다."

왕평 또한 응답했다.

"저 또한 가고자 합니다."

공명은 크게 기뻐하며 즉시 강유에게 군사 1만 명을 이끌고 무도를 취하게 하고 왕평에게도 군사 1만 명을 이끌고 가서 음평을 치게 했다. 두 사람은 군사를 거느리고 떠났다.

한편 장안으로 돌아온 장합은 곽회와 손례를 만나 말했다.

"진창은 이미 잃었고 학소도 죽었으며 산관 또한 촉군에게 빼앗겼소. 지금 공명이 다시 기산을 나와 길을 나누어 진격해오고 있소."

곽회가 깜짝 놀랐다.

"만약 그렇다면 틀림없이 옹현과 미현을 취하려 할 것이오!"

이에 장합을 남겨두어 장안을 지키게 하고 손례에게 옹성을 보전하도록 했다. 곽회 자신은 군사를 이끌고 미성으로 밤새 달려가 방어하는 한편 표문을 낙양으로 보내 급보를 알렸다.

한편 위주 조예가 조회를 열고 있는데 근신이 아뢰었다.

"진창성을 이미 잃었고 학소도 죽었으며 제갈량이 또 기산으로 나왔고 산관 또한 촉군에게 빼앗겼다고 합니다."

조예는 깜짝 놀랐다. 그때 별안간 만총이 표문을 올리며 아뢰었다.

"동오의 손권이 제멋대로 황제라 칭하고 촉과 동맹을 맺었다고 합니다. 지금 육손이 무창에서 인마를 훈련시키고 있는데 동원 명령을 내리기만을 기다리고 있다고 합니다. 조만간에 틀림없이 침입해올 것입니다."

양쪽에서 위급하다는 소식을 들은 조예는 어찌할 바를 몰라 갈팡질팡하면서 몹시 당황해했다. 이때 조진은 병이 아직 완쾌되지 않은 터라 즉시 사마의를 불러 상의했다. 사마의가 아뢰었다.

"신의 어리석은 생각으로 헤아리건대 동오는 틀림없이 군대를 일으키지 않을 것입니다."

조예가 말했다.

"경이 그것을 어떻게 아시오?"

사마의가 말했다.

"공명은 일찍이 효정獍亭에서의 원수를 갚고자 하기에 오를 삼키려 하지 않는 것이 아닙니다. 다만 저들이 중원의 허점을 노려 공격할까 두려워 잠시 동오와 동맹을 체결한 것입니다. 육손 또한 공명의 뜻을 알고 있으므로 거짓으로 군대를 일으키는 형세를 보여주면서 그에게 호응하는 척하지만 실제로는 앉아서 공명의 성패를 구경할 따름입니다. 그러니 폐하께서는 오는 방비할 필요가 없고 단지 촉만 방어하셔야 합니다."

조예가 말했다.

"경은 참으로 고견을 가지고 계시오!"

즉시 사마의를 대도독으로 삼아 농서의 여러 갈래 군마를 총지휘하게 하고 근신에게 명하여 조진이 가지고 있는 군사를 총지휘하는 장군 인장을 가져오게 했다. 사마의가 말했다.

"신이 직접 가서 가져오겠습니다."

즉시 황제에게 하직을 고하고 조정을 나가 곧장 조진의 부중으로 갔다. 먼저 사람을 시켜 부중으로 들어가 자신이 왔음을 알리게 한 후 그제야 들어가 만났다. 병문안을 마치자 사마의가 말했다.

"동오와 서촉이 합류하여 군대를 일으켜 침입하기로 했고 지금 공명이 또 기산을 나와 군영을 세웠다고 하는데 명공께서는 그것을 알고 계십니까?"

조진이 놀라 의아해하며 말했다.

"집안사람들이 내 병이 중한 것을 알고 내게 알리지 않은 듯하오. 나라가 이토록 위급한데 어찌 중달을 도독으로 봉하여 촉군을 물리치려 하지 않소?"

사마의가 말했다.

"저는 재주가 보잘것없고 지혜가 얕아 그 직책을 감당할 수 없습니다."

조진이 말했다.

"인장을 가져다 중달에게 드리거라."

사마의가 말했다.

"도독께서는 염려하지 마십시오. 저는 원컨대 팔 하나의 힘이라도 돕고자 할 뿐이지 감히 이 인장만은 받을 수 없습니다."

조진이 벌떡 일어나며 말했다.

"만약 중달이 이 소임을 맡지 않는다면 중원은 틀림없이 위태로워질 것이오! 내 아픈 몸으로라도 황제를 알현하여 보증하리다!"

사마의가 말했다.

"천자께서 이미 은명[17]을 내리셨으나 제가 감히 받지 못할 따름입니다."

조진이 크게 기뻐하며 말했다.

"중달이 이제 그 소임을 맡았다니 촉군을 물리칠 수 있을 것이오."

사마의는 조진이 두 번 세 번 인장을 양보하는 것을 보고는 결국 받았다. 궁으로 들어가 위주에게 하직을 고하고는 공명과 결전을 벌이러 군대를 이끌고 장안으로 향했다.

옛 도독의 인장을 새로운 도독이 가져갔으나

두 갈래 군사들은 오직 한 갈래만 오게 되네

舊帥印爲新帥取, 兩路兵惟一路來

승부는 어떻게 될 것인가?

제98회 황제에 오른 손권

장료와 악진의 아들

장호와 악침에 관한 기록은 상세하지 않다. 『삼국지』「위서·장료전」에 따르면 "장호는 편장군에 임명되었고 사망했다. 장호의 아들 장통張統이 작위를 계승했다"고 했고, 『삼국지』「위서·악진전」에 따르면 "아들 악침이 작위를 계승했다. 악침은 과감하고 강인하여 부친의 풍모가 있었으며 관직은 양주자사에까지 이르렀다"고 기록하고 있다.

손례가 호랑이와 맞섰던 일

『삼국지』「위서·손례전」에 따르면 "명제(조예)가 대석산大石山에서 사냥할 때 타고 있던 수레로 호랑이가 달려들었다. 손례가 즉시 채찍을 내던지고 말에서 내려 검으로 호랑이를 찍어 죽이려고 했지만, 황제는 손례에게 다시 말에 오르라고 명을 내렸다"고 기록하고 있다.

❸

촉군이 물러날 것이라고 예상한 사람은 사마의가 아니라 장합이었다.

『삼국지』「위서·장합전」에서 다음과 같이 기록하고 있다.

"제갈량은 다시 출병하여 진창을 급히 공격했다. 명제는 역마驛馬(역참에서 공급하는 말로 공무를 전달하는 사람이나 왕래하는 관원이 사용함)를 파견하여 장합을 도성으로 불러오도록 명을 전달했다. 그리고 친히 하남성河南城(지금의 허난성 뤄양洛陽 왕성 공원 일대)으로 행차하여 주연을 배풀어 장합을 전송하며 남북군南北軍(금위군) 3만 명과 무위武威, 호분虎賁(황제 근위부대 소속)을 나누어 파견해 장합을 보호하게 했다. 명제가 장합에게 물었다.

'장군이 서둘러 도착해도 제갈량이 이미 진창을 공격해 손에 넣지 않겠소?'

장합은 고립무원의 제갈량 군대가 깊숙이 들어온 데다 군량이 없어 오랜 기간 공격할 수 없을 것임을 알고는 대답했다.

'신이 도착하기도 전에 제갈량은 이미 회군했을 것입니다. 손가락을 꼽아 계산해 보면 제갈량의 군량으로는 열흘도 버틸 수 없습니다.'

장합은 밤낮으로 진군하여 남정南鄭에 이르렀으나 제갈량은 이미 물러났다."

❹

왕쌍에 관한 기록은 상세하지 않다. 다만 『삼국지』「촉서·제갈량전」과 「촉서·후주전」에 "위나라 장수 왕쌍이 기병을 이끌고 제갈량을 뒤쫓아왔는데 제갈량은 그와 교전을 벌여 격파하고 왕쌍을 베어 죽였다"고만 기록하고 있다. 왕쌍을 죽인 장수가 위연인지는 정확하게 알 수 없다.

그런데 역사에는 또 한 명의 왕쌍이 등장한다. 「오서·주환전朱桓傳」에 따르면 황무 원년(222)에 오나라 장수 주환이 유수에서 조인과 전투를 벌일 때 왕쌍을 사로잡아 무창으로 보냈다는 기록이 있다. 왕쌍이 죽임을 당한 때가 228년이니 6년 전에 오나라에 포로로 잡혔던 것이다. 왕쌍이 두 명인지 아니면 이후에 위나라로 송환되어 다시 장수로 임용된 것인지는 확실하지 않다. 그렇지만 「촉서·제갈량전」「촉서·

후주전」과 『자치통감』에 왕쌍의 죽음이 기록된 것을 봐서는 결코 하급 장수가 아니라 상당한 위치에 있었던 장수가 분명하다.

❺
제갈량의 제2차 기산 출병

건흥 6년(228), 겨울(12월)에 제갈량은 제2차 기산 출병에 나선다.

『삼국지』「촉서·제갈량전」에 따르면 "겨울에 제갈량은 또 산관散關으로 출병하여 진창을 포위했으나 조진이 막았고 제갈량은 양식이 다 떨어져 철군해 돌아왔다"고 했고, 「위서·명제기」에는 "제갈량이 진창을 포위했으므로 조진은 장군 비요費曜 등을 파견하여 가서 그를 막아내게 했다"고 기록하고 있다.

2차 기산 출병이라고는 하지만 실제로 기산을 나가지는 못했기 때문에 사실상 기산 출병이라는 말은 맞지 않다. 유일하게 얻은 소득은 왕쌍을 죽인 것에 불과한 전쟁이었다.

❻
오와 촉한이 천하를 분할하다

229년 4월 손권이 황제를 칭하고 두 달 뒤인 6월에 오와 촉한은 동맹을 맺고 천하를 분할한다.

『삼국지』「오서·오주전」에 따르면 "촉한은 위위衛尉 진진陳震을 파견하여 손권이 황제에 오른 것을 축하했다. 손권은 진진과 협의하여 위나라 영토를 분할하는 일을 협상하여 예주, 청주, 서주, 유주는 오에 속하게 하고 연주, 기주, 병주, 양주涼州 네 개 주는 촉한에 귀속시켰다. 사주司州의 토지는 함곡관을 경계로 구분하여 나누기로 했다"고 기록하고 있고, 「촉서·진진전」에는 "손권은 진진과 함께 제단으로 올라가 삽혈하여 맹세하고 양국이 천하를 고르게 나누기로 약정했다"고 기록하고 있다.

이 맹약은 오와 촉이 위나라 영토를 미리 분할한 것으로 위를 멸망시킨 다음에 양국이 각기 점유할 토지를 설정한 것이었다. 그러나 여기에서 양주와 형주의 분할에 대해서는 언급하지 않았는데, 양주와 형주는 위나라가 일부분을 점유하고 있었고 나머지 부분은 오나라가 점유하고 있었다.

사주司州는 위가 황제를 선양받고 설치한 것으로 낙양 지역을 말하며 관할 구역은 원래 사례부司隸部의 하동, 하남, 하내, 홍농 및 기주의 평양平陽 다섯 개 군을 말한다. 사주의 치소는 허난성 뤄양洛陽 동쪽이다.

함곡관은 두 곳을 말하는데, 하나는 진秦 시기에 설치된 허난성 링바오靈寶 동북쪽을 말하고, 다른 하나는 한 무제 때 설치된 허난성 신안新安 동북쪽을 말한다. 여기서는 한 시기에 설치된 것을 말한다.

❼

학소는 낙양에서 죽었다

『삼국지』「위서·명제기」 배송지 주『위략』의 기록에 따르면 "학소가 잘 지켜내 열후에 봉해졌고, 돌아오자 황제가 위로했다"고 하고 "크게 쓰고자 했으나 병들어 죽었다"고 기록하고 있어 학소는 진창에서 죽은 것이 아니라 제갈량이 물러난 이후 낙양으로 돌아와 병사했음을 알 수 있다.

두 모사의 대결

제갈량은 위병을 크게 깨뜨리고,
사마의는 서촉을 침입해 들어가다

諸葛亮大破魏兵,
司馬懿入寇西蜀

촉한 건흥 7년(229) 4월, 공명의 군대는 기산에서 군영을 셋으로 나누고 위군이 오기만을 기다렸다.

한편 사마의가 군사를 이끌고 장안에 당도하자 장합이 그를 맞이하며 그동안 있었던 일을 자세히 설명했다. 사마의는 장합을 선봉으로 삼고 대릉戴陵을 부장으로 삼아 군사 10만 명을 이끌고 기산에 당도하여 위수 남쪽에 군영을 세웠다. 곽회와 손례가 군영으로 들어와 사마의를 알현했다. 사마의가 물었다.

"그대들은 일찍이 촉군과 대치한 적이 있소?"

두 사람이 대답했다.

"아직 없습니다."

사마의가 말했다.

"촉군은 천 리 길을 왔으니 속전이 이로울 것이오. 그런데 지금 여기까지 와서 싸우지 않는 것은 틀림없이 다른 계책이 있다는 말이오. 농서의 여러 갈래 길에서 소식은 없었소?"

곽회가 말했다.

"정탐꾼이 탐지한 바에 따르면 각 군이 대단히 주의를 기울여 밤낮으로 방비하고 있어 별다른 일은 없다고 합니다. 다만 무도와 음평 두 곳에서는 아직 보고가 들어오지 않았습니다."

사마의가 말했다.

"내가 직접 사람을 보내 공명과 교전을 벌이겠소. 그대 두 사람은 급히 오솔길로 가서 두 군을 구원하도록 하시오. 촉군의 뒤를 기습한다면 저들은 반드시 저절로 혼란에 빠지게 될 것이오."

계책을 받은 두 사람은 군사 5000명을 이끌고 무도와 음평을 구하고 촉병의 뒤를 기습하러 농서의 오솔길로 갔다. 가는 길에서 곽회가 손례에게 일렀다.

"중달은 공명에 비하여 어떠하오?"

손례가 말했다.

"공명이 중달보다 많이 낫지요."

곽회가 말했다.

"공명이 비록 낫다고는 하지만 이번 계책으로 중달이 남보다 뛰어난 지혜가 있음이 드러날 것이오. 촉군이 두 군을 공격하고 있는데 우리가 뒤로 질러가면 저들이 어찌 혼란에 빠지지 않겠소?"

한창 이야기하고 있는 사이에 별안간 정찰 기병이 달려와 보고했다.

"음평은 이미 왕평에게 격파되었고 무도도 강유에게 함락되었습니다. 앞쪽 멀지 않은 곳에 촉병이 있습니다."❶

손례가 말했다.

"촉군이 이미 성지를 깨뜨렸다면 어떻게 바깥에 군사를 배치한단 말이오?

필시 속임수가 있을 것이니 차라리 속히 물러가는 것이 나을 듯하오."

곽회가 그 말을 따르기로 했다. 막 명령을 전달하여 군사를 물리려 하는데 별안간 '쾅!' 하는 포성이 울리더니 산 뒤쪽에서 한 무리의 군마가 쏜살같이 나타났다. 깃발에는 '한 승상 제갈량'이라고 큼지막하게 적혀 있었고 중앙에 있는 한 량의 사륜거에 공명이 단정히 앉아 있었다. 왼쪽에는 관흥, 오른쪽에는 장포가 있었다. 그들을 본 손례와 곽회 두 사람은 깜짝 놀랐다. 공명이 껄껄 웃으면서 말했다.

"곽회와 손례는 달아나지 마라! 사마의의 계책으로 어찌 나를 속일 수 있단 말이냐? 그자가 사람을 시켜 앞에서 매일 교전을 벌이게 하고는 너희를 시켜 우리 군의 배후를 기습하게 했구나. 내 이미 무도와 음평을 차지했는데, 너희 두 사람은 항복하지 않고 나와 결전을 벌이겠다는 것이냐?"

그 말을 들은 곽회와 손례는 크게 당황했다. 그때 별안간 배후에서 하늘에 닿을 듯이 함성이 울리더니 왕평과 강유가 군사를 이끌고 몰려왔다. 관흥과 장포 두 장수 또한 군사를 이끌고 앞쪽에서 쳐들어왔다. 양쪽으로 협공당하자 위군은 대패했고 곽회와 손례 두 사람은 말을 버리고 산으로 기어올라 달아났다. 그 모습을 멀리 바라보던 장포가 쏜살같이 말을 몰아 뒤를 쫓았는데 뜻하지 않게 계곡 속으로 떨어지고 말았다. 후군이 급히 구출했으나 머리가 이미 깨진 상태였다. 공명은 사람을 시켜 장포를 성도로 보내 다친 곳을 치료하게 했다.

한편 탈출한 곽회와 손례는 돌아와 사마의를 만나 말했다.

"무도와 음평 두 군은 이미 함락되었습니다. 공명이 중요한 길목에 매복해 있다가 앞뒤로 공격하는 바람에 대패했고 말을 버리고 걸어서야 비로소 도망쳐 돌아올 수 있었습니다."

사마의가 말했다.

"그대들의 죄가 아니라 공명의 지혜가 나보다 앞선 것이오. 다시 군사를 이끌고 옹, 미 두 성을 지키도록 하고 절대로 나가 싸워서는 안 되오. 내게 적을 깨뜨릴 계책이 있소."

두 사람은 작별을 고하고 떠났다. 사마의는 장합과 대릉을 불러 분부했다.

"지금 공명이 무도와 음평을 손에 넣었으니 틀림없이 백성을 위로하여 안심시키느라 군영 안에 없을 것이오. 그대 두 사람은 각자 1만 명의 정예병을 이끌고 오늘 밤 출발하여 촉군 군영 뒤쪽으로 질러가서 일제히 용감하게 들이치시오. 나는 군사를 이끌고 앞에서 진을 치고 있다가 촉군의 형세가 어지러워질 때 대대적으로 병마를 몰아 공격하겠소. 양군이 협력한다면 촉의 군영을 빼앗을 수 있을 것이오. 만약 이곳 산세를 손에 넣기만 한다면 적을 깨뜨리는 것이 무에 어렵겠소?"

계책을 받은 두 사람은 군사를 이끌고 떠났다. 대릉이 왼쪽, 장합이 오른쪽에 있으면서 각자 오솔길로 진군하여 촉군 배후로 깊이 들어갔다. 삼경 무렵에 큰길로 나와 양군이 만나게 되자 한데 합치고는 촉군 배후로 들이쳤다. 30리도 채 가지 못하고 전군의 진격이 막혔다. 장합과 대릉 두 사람이 말고삐를 놓고 달려가 살펴보니 수백 량의 풀단이 실린 수레가 길을 가로막고 있었다. 장합이 말했다.

"이는 필시 적들이 준비해놓은 것이오. 급히 길을 찾아 돌아가야 하오."

명령을 전달하여 군사를 물리려 하는데 산 가득히 불빛이 일제히 밝혀지더니 고각이 크게 진동하며 복병이 사방에서 쏟아져 나와 두 사람을 에워쌌다. 공명이 기산 위에서 크게 소리 질렀다.

"대릉과 장합은 내 말을 듣도록 하라. 사마의는 내가 백성을 위로하느라 무도와 음평으로 가서 군영 안에 없을 것이라 헤아리고는 너희 두 사람을 시켜 군영을 급습하게 했으나 도리어 나의 계책에 걸려들고 말았구나. 너희 두 사람은 이름 없는 하급 장수에 불과하므로 내 죽이지 않을 터이니 어서 말에서 내려 항복하라!"

장합이 크게 노하여 공명을 가리키며 욕설을 퍼부었다.

"네놈은 촌놈 주제에 우리 대국의 경계를 침범해놓고 어찌 그런 말을 내 뱉는단 말이냐! 내가 만일 네놈을 잡는다면 갈가리 찢어 죽이겠노라!"

말을 마치더니 말고삐를 놓고 창을 잡고는 산 위로 달려왔다. 산 위에서 화살과 돌이 비 오듯 쏟아졌다. 장합은 산에 오를 수 없게 되자 말을 박차고 창을 춤추듯 휘두르며 겹겹의 포위망을 뚫고 나갔다. 어느 누구도 그를 감당할 수가 없었다. 촉병들은 대릉을 한가운데 몰아넣어 곤경에 빠뜨렸다. 장합이 돌아갈 길을 뚫고 나왔으나 대릉이 보이지 않자 즉시 용감하게 몸을 돌려 다시 겹겹의 포위망을 뚫고 들어가 대릉을 구출한 뒤 돌아갔다. 산 위에서 만군 속에 있는 장합이 이리저리 충돌하면서도 용맹이 배가되는 것을 본 공명이 좌우에 일렀다.

"일찍이 장익덕이 장합과 크게 싸우자 사람들이 모두 놀라 두려워했다고 들었다. 내 오늘 그를 보고서야 비로소 그 용맹을 알게 되었노라. 만약 이자를 살려두었다가는 틀림없이 촉중의 해가 될 것이다. 내 저자를 제거해야겠구나."

공명은 마침내 군사를 거두어 군영으로 돌아갔다.

한편 사마의는 군사를 이끌고 진세를 펼치고는 촉군이 혼란해지기를 기다렸다가 일제히 공격하려고 했다. 그때 별안간 장합과 대릉이 매우 난처해하며 달려와 고했다.

"공명이 미리 방비하고 있었기 때문에 대패하고 돌아왔습니다."

사마의가 깜짝 놀랐다.

"공명은 참으로 신인神人이로다! 차라리 물러가는 것이 나을 듯하다."

즉시 명령을 내려 대군을 전부 본영으로 돌아가게 하고는 단단히 지키면서 나오지 않았다.

한편 대승을 거둔 공명은 노획한 군용 기구와 마필이 그 수를 헤아릴 수 없을 정도로 많았다. 대군을 이끌고 군영으로 돌아온 공명은 매일 위연을 시켜 싸움을 걸게 했으나 위병은 나오지 않았다. 그러한 상황이 보름이나 이어졌지만 단 한 번도 교전을 벌이지 못했다. 공명이 군막 안에서 깊이 생각하고 있는데 느닷없이 천자가 시중 비의를 파견하여 조서를 보냈다는 보고가 들어왔다. 공명이 군영 안으로 맞아들여 향을 피워 예를 마치자 비의가 조서를 펼쳐 낭독했다. 그 내용은 다음과 같다.

"가정에서의 실패는 그 과실이 마속에게 있건만, 잘못의 책임을 그대가 감당하여 스스로 관직을 몹시 낮추었노라. 그대의 뜻을 거스르기 어려웠기에 하자는 대로 순순히 따라주었다. 지난해에는 군사의 위용을 과시하여 왕쌍을 베어 전공을 세웠고, 금년에는 정벌에 나서 곽회를 도망치게 했으며, 저[1]와 강을 항복시켜 합류시키고 두 군을 부흥시켰으며, 흉악하고 포악한 무리에게 위력과 기세를 떨쳤으니 그 공로가 명백하도다. 바야흐로 지금 천하가 어수선하고 원흉을 효수하지 못한 터에 막중한 임무를 담당하고 국가를 다스릴 중요한 위치에 있는 그대가 오래도록 스스로의 직위를 제한하고 깎아내린다면 위대한 공업을 한층 더 발전시킬 수 없을 것이다. 이제 다시 그대를 승상으로 삼노니 그대는 사양하지 마라!"

조서를 듣고 난 공명이 비의에게 일렀다.

"내가 국가의 대사를 이루지 못했는데 어찌 다시 승상의 직위를 맡을 수 있겠소?"

단호히 거절하고 받지 않았다. 비의가 말했다.

"승상께서 이 직분을 받지 않으신다면 천자의 뜻을 위배하는 것이고, 또한 장병들의 마음을 소홀히 하는 것입니다. 일단 당분간 받아들이십시오."

공명이 그제야 삼가 절을 올리고 받아들였다. 비의가 작별하고 떠났다.

공명은 사마의가 나오지 않자 한 가지 계책을 생각해내고는 각처에 명령을 전달하여 군영을 정리해 떠나게 했다. 정탐꾼이 이 사실을 사마의에게 보고하고 공명이 군사를 물렸다고 말했다. 그러자 사마의가 말했다.

"공명에게 필시 큰 계책이 있는 것 같으니 가볍게 움직여서는 안 된다."

장합이 말했다.

"이것은 틀림없이 군량이 다 떨어져 돌아가는 것일 텐데 어찌하여 뒤를 쫓지 않습니까?"

사마의가 말했다.

"내가 헤아리건대 공명은 지난해에 수확을 크게 거두었고 지금은 또 밀이 익을 시기라 군량과 마초가 풍족할 것이오. 비록 군량을 운반하기 어렵다 하더라도 반년은 버틸 수 있을 텐데 어찌 바로 달아나려 하겠소? 그는 내가 연일 싸우러 나오지 않는 것을 보고는 이런 계책으로 유인하는 것이오. 사람을 멀리 내보내 정탐시키는 것이 좋겠소."

군사가 탐지하고는 돌아와 보고했다.

"공명이 이곳으로부터 30리 떨어진 곳에 군영을 세웠습니다."

사마의가 말했다.

"예상대로 공명은 달아난 것이 아니다. 울타리 목책을 단단히 지키면서 가볍게 나아가서는 안 된다."

열흘을 멈추어 있는데 소식도 전혀 없고 싸우러 오는 촉장도 보이지 않았다. 사마의가 다시 사람을 보내 정탐을 시켰는데 그가 돌아와 보고했다.

"촉군은 이미 군영을 정리해 떠났습니다."

그 말을 믿지 못한 사마의는 의복을 갈아입고 군중에 섞여 직접 가서 살펴보았다. 과연 촉군이 또 30리를 물러나 군영을 세우고 있는 것이 보였다. 군영으로 돌아온 사마의가 장합에게 일렀다.

"이것은 공명의 계책이오. 추격해서는 안 되오."

또 열흘을 멈추고 움직이지 않자 사마의가 다시 사람을 보내 정탐하게 했다. 정탐꾼이 돌아와 보고했다.

"촉군이 또 30리를 물러나 군영을 세우고 있습니다."

장합이 말했다.

"공명이 완병지계²를 써서 점차 한중으로 물러가는 것인데 도독께서는 무슨 까닭으로 의심을 품고 서둘러 추격하지 않습니까? 원컨대 제가 가서 일전을 벌이겠습니다!"

사마의가 말했다.

"공명은 간계가 지극히 뛰어난 자라 만일 실수가 생긴다면 우리 군의 예기를 잃게 될 것이오. 가볍게 나아가서는 안 되오."

장합이 말했다.

"제가 가서 패한다면 군령을 달게 받겠습니다."

사마의가 말했다.

"그대가 이미 가고자 하니 군사를 두 갈래로 나누겠소. 그대가 한 갈래 군사를 이끌고 먼저 가되 있는 힘을 다해 싸워야 하오. 나는 뒤따라 호응하면서 복병을 방비하리다. 그대는 내일 먼저 진격하되 중도에 이르거든 주둔시켜 모레 벌어질 교전에서 군사들의 힘이 부족하지 않도록 하시오."

즉시 군사를 나누었다. 이튿날 장합과 대릉은 부장 수십 명과 정예병 3만 명을 거느리고 용감하게 앞으로 나아가 중간에 이르러 군영을 세웠다. 사마의는 군마들을 남겨두어 군영을 지키도록 하고 5000명의 정예병만 이끌고 뒤따라 진군했다.

당초에 공명은 은밀히 사람을 시켜 정탐하게 했는데 위군이 중도에서 쉬고 있는 것을 알게 되었다. 그날 밤 공명은 장수들을 불러놓고 상의했다.

"지금 위군이 추격해오고 있는데 그들은 틀림없이 죽기 살기로 싸울 것이오. 그대들은 한 사람이 열 사람을 상대해야만 하고 나는 복병으로 그 뒤를 차단하려 하는데 지략과 용기를 겸비한 장수가 아니고서는 이 소임을 감당할 수 없을 것이오."

말을 마치고는 위연을 쳐다봤다. 위연은 머리를 숙인 채 말이 없었다. 왕평이 나서며 말했다.

"제가 원컨대 그 소임을 맡겠습니다."

공명이 말했다.

"만약 실수가 있으면 어떻게 하겠느냐?"

왕평이 말했다.

"원컨대 군령에 따르겠습니다."

공명이 탄식했다.

"왕평은 자신을 희생하며 직접 화살과 돌을 무릅쓰려 하니 참으로 충신이로다! 비록 그렇다 하더라도 위군이 군사를 두 갈래로 나누어 앞뒤로 오면 내 복병이 가운데서 끊어질 텐데 어찌하겠나. 왕평이 설령 지혜와 용맹을 갖췄다 하더라도 한쪽만 감당할 수 있을 텐데 어찌 몸을 두 곳으로 나눌 수 있겠는가? 다른 한 장수와 함께 가야만 할 텐데, 군중에 목숨을 돌보지 않고 앞장설 사람이 또 없다니 어찌한단 말인가!"

말을 마치기도 전에 한 장수가 나오며 말했다.

"원컨대 제가 가겠습니다!"

공명이 보니 바로 장익이었다. 공명이 말했다.

"장합은 위의 명장으로 만 명도 당해낼 수 없는 용맹이 있어 그대는 적수가 아니다."

장익이 말했다.

"만약 일을 망치는 실수가 있다면 원컨대 휘하에 머리를 바치겠습니다."

공명이 말했다.

"그대가 이미 가겠다고 했으니 왕평과 함께 각자 1만 명의 정예병을 이끌고 산골짜기 속에 매복해 있거라. 그리고 그대들은 위병이 추격해오기를 기다려 모두 지나가도록 내버려두었다가 각자 복병을 이끌고 그들의 뒤를 들이쳐라. 만약 사마의가 뒤따라 추격해오면 군사를 양 방면으로 나누어, 장익은 일군을 이끌고 후미 부대를 맡고 왕평은 일군을 이끌고 그 선두 부대를 차단하라. 양군은 죽을힘을 다해 싸워야 한다. 나는 별도의 계책으로 돕겠다."

계책을 받은 두 사람은 군사를 이끌고 떠났다. 공명은 또 강유와 요화를 불러 분부했다.

"그대 두 사람에게 비단 주머니 하나를 줄 것이니 3000명의 정예병을 이끌고 가 깃발을 내리고 북소리를 멈추고 앞산 위에 매복하라. 만일 위병이 왕평과 장익을 에워싸 대단히 위급한 상황이 되어도 가서 구할 필요는 없고 비단 주머니를 열어보면 스스로 위기에서 벗어날 계책이 있을 것이다."

두 사람 또한 계책을 받들고 군사를 이끌고 떠났다. 공명이 다시 오반, 오의, 마충, 장억 네 장수에게 귓속말로 분부했다.

"내일 위군이 이르게 되면 그 예기가 한창일 것이니 즉시 맞서서는 안 되고 싸우면서 달아나라. 관흥이 군사를 이끌고 와서 기세를 북돋아주기를 기다렸다가 그대들도 즉시 군사를 돌려 추격해 들이치면 나도 군사로 호응하겠다."

계책을 받은 네 장수가 군사를 이끌고 떠났다. 공명이 또 관흥을 불러 분부했다.

"자네는 정예병 5000명을 이끌고 산골짜기에 매복해 있다가 산 위에 붉은 깃발이 흔들리는 것이 보이면 군사를 이끌고 돌진하도록 하라."

관흥도 계책을 받고는 군사를 이끌고 떠났다.

한편 장합과 대릉은 군사를 이끌고 비바람이 몰아치듯 쏜살같이 내달려왔다. 마충, 장억, 오의, 오반 네 장수가 말을 몰아 나가 맞붙어 싸웠다. 장합이 크게 노하여 군사를 몰아 추격하며 들이쳤다. 촉군은 잠시 싸웠다가 이내 달아났고 위군은 대략 20여 리를 추격했다. 때는 6월이라 날씨가 대단히 무더웠고 사람과 말이 물을 쏟듯 땀을 흘렸다. 50여 리를 넘게 달려가자 위군은 모두 숨이 차서 헐떡거렸다. 이때 공명이 산 위에서 붉은 깃발을 한 번 흔들자 관흥이 군사를 이끌고 돌격했고 마충 등 네 장수도 일제히 군사를 이끌고 되돌아와 들이쳤다. 장합과 대릉은 죽을힘을 다해 싸우면서 물러나지 않았다. 그때 별안간 함성이 크게 진동하더니 양쪽 길로 군사들이 돌격해 오는데 바로 왕평과 장익이었다. 각자 용기를 내어 추격하며 들이쳐 위군의 퇴로를 차단했다. 장합이 군사들에게 크게 소리 질렀다.

"너희가 여기까지 와서 목숨을 걸고 싸우지 않는다면 다시 어느 때를 기다린단 말이냐!"

위군들이 필사적으로 부딪쳤으나 빠져나갈 수가 없었다. 이때 갑자기 배후에서 고각이 요란하게 울리더니 사마의가 정예병을 이끌고 쇄도해왔다. 그는 장수들을 지휘하며 왕평과 장익을 에워싸 한가운데로 몰아넣었다. 그러자 장익이 크게 외쳤다.

"승상께서는 참으로 신인이시다! 이미 계산하여 판단하고 계시니 필시 좋은 계책이 있을 것이다. 우리는 마땅히 죽을힘을 다해 싸워야 한다!"

즉시 군사를 두 갈래로 나누어 왕평은 일군을 이끌고 장합과 대릉을 차단했으며 장익은 일군을 이끌고 사마의를 맡았다. 양편 군사들이 죽기 살기로 싸우며 '죽여라!'라고 외치는 소리가 끊이지 않았고 그 소리가 하늘에까지 닿았다. 강유와 요화가 산 위에서 살펴보니 위군의 세력은 커지고 촉군은 힘이 떨어져 점점 감당해내지 못하고 있었다. 강유가 요화에게 일렀다.

"상황이 이토록 위급하니 비단 주머니를 열어 계책을 봐야겠소."

두 사람이 뜯어보니 안에 다음과 같은 글이 적혀 있었다.

"만약 사마의의 군사들이 왕평과 장익을 포위하여 위급한 지경에 이르면 그대 두 사람은 군사를 두 갈래로 나누어 사마의의 군영을 기습하라. 그들은 반드시 급히 물러갈 것이니 그대들은 그 어지러운 틈을 이용해 공격하라. 군영을 비록 얻지 못한다 할지라도 완승은 거둘 수 있을 것이다."

두 사람은 크게 기뻐하며 즉시 군사를 두 길로 나누어 곧장 사마의의 군영을 기습하러 갔다.

알고 보니 사마의 또한 공명의 계책에 걸려들까 걱정되어 길을 따라 멈추지 않고 사람을 시켜 소식을 전하게 했다. 사마의가 한창 싸움을 독촉하고 있는데 별안간 유성마³가 나는 듯이 달려와 촉병이 두 갈래 길로 본영을 빼앗으러 가고 있다고 보고했다. 사마의는 몹시 놀라 낯빛이 변한 채 장수들에게 일렀다.

"내가 공명에게 계책이 있을 것이라 헤아렸는데 그대들이 믿지 않아 마지 못해 쫓아왔더니 대사를 그르치게 생겼구나!"

군사들을 이끌고 급히 돌아가려 하는데 군사들은 마음이 놀라고 불안해져 어지럽게 달아났다. 장익이 뒤를 따라가며 들이쳤고 위군은 대패하고 말았다. 장합과 대릉도 형세가 위태로워진 것을 보고는 산의 후미진 오솔길을 향해 달아났고 촉병은 대승을 거두었다. 또한 배후에 있던 관흥이 군사를 이끌고 여러 갈래 길을 지원해줬다. 싸움에서 한바탕 크게 패한 사마의가 군영으로 돌아왔을 때는 촉군이 이미 물러난 뒤였다. 패잔병을 수습한 사마의가 장수들을 호되게 꾸짖었다.

"너희가 병법을 알지도 못하면서 혈기왕성한 용맹만 믿고 억지로 나가 싸우려고 하더니 이렇게 패하고 말았다. 이후로는 절대로 함부로 행동하는 것을 허락하지 않을 것이며 따르지 않는 자가 있다면 군법에 따라 처결하겠다!"

모두 부끄러워하며 물러갔다. 이번 싸움에서 죽은 위나라 군사는 무수히 많았고 잃어버린 마필과 군용 기구도 그 수를 헤아릴 수 없을 정도였다.

한편 승리한 군마들을 거두어 군영으로 돌아온 공명은 또 군사를 일으켜 진군하려 했다. 그런데 별안간 성도로부터 사람이 와서 장포가 죽었다는 소식을 전했다. 그 소식을 들은 공명은 목놓아 울다가 입으로 피를 토해내더니 땅바닥에 쓰러져 혼절하고 말았다. 사람들이 소생시켰으나 공명은 이때부터 병을 얻어 침상에 누운 채 일어나지 못했다. 이에 장수들 중에 감격하지 않는 자가 없었다. 후세 사람이 탄식한 시가 있다.

강하고 용맹스러운 장포 공을 세우려 했지만
가련하게도 천하는 영웅 도우려 하지 않았네
제갈 무후는 서쪽 바람[4]을 향해 눈물을 뿌리니
온 힘을 다해 도와줄 사람 없음을 걱정함이라
悍勇張苞欲建功, 可憐天不助英雄
武侯淚向西風灑, 爲念無人佐鞠躬 ❷

열흘이 지나자 공명은 동궐董厥과 번건樊建 등을 군막으로 불러들여 분부했다.

"내 스스로 정신이 몽롱하게 느껴져 일을 처리할 수 없소. 차라리 잠시 한중으로 돌아가 병을 치료하고 다시 좋은 계책을 도모하는 것이 나을 듯하오. 사마의가 알게 되면 반드시 공격해올 것이니 그대들은 절대로 누설하지 마시오."

즉시 명령을 전달하여 그날 밤 은밀하게 군영을 정리하고 모두 한중으로 돌아갔다. 공명이 떠난 지 닷새가 지나서야 사마의는 비로소 그 사실을 알았고 이에 길게 탄식하며 말했다.

"공명은 참으로 신출귀몰한 계책을 지녔구나. 내 도저히 미칠 수가 없구나!"

이에 사마의도 장수들을 군영 안에 남겨두고 군사를 나누어 협곡의 입구를 지키게 하고는 회군하여 돌아갔다.

한편 공명은 대군을 한중에 주둔시키고 병을 치료하러 성도로 돌아갔다. 문무 관료들이 성을 나가 영접했고 승상을 모시고 부중으로 들어갔다. 후주가 어가를 타고 와서 문병하고 어의에게 명해 치료하게 하니 병이 차츰차츰 나아졌다. ❸

건흥 8년(230) 7월, 위나라 도독 조진이 병세가 호전되자 표문을 올려 아뢰었다.

"촉군이 여러 차례 경계를 침범하고 누차에 걸쳐 중원을 범하고 있으니 철저히 토벌하지 않으면 반드시 후환이 될 것입니다. 지금은 때가 가을이라 서늘하고 인마도 편안하고 한가로우니 바로 정벌에 나서야 할 시기입니다. 신이 원컨대 사마의와 함께 대군을 통솔하여 곧장 한중으로 간사한 무리를 소멸시키고 변경을 깨끗이 하겠습니다."

위주가 크게 기뻐하며 시중 유엽劉曄에게 물었다.

"자단이 짐에게 촉을 정벌하라고 권하는데 어떻게 하면 좋겠소?"

유엽이 아뢰었다.

"대장군의 말이 맞습니다. 만일 지금 토벌하지 않는다면 나중에 반드시 커다란 우환거리가 될 것이니 폐하께서는 즉시 그에 따라 실행하소서."

조예가 고개를 끄덕였다. 유엽이 궁에서 나와 집으로 돌아가자 대신들이 찾아와서 물었다.

"들자 하니 천자께서 공께 군대를 일으켜 촉을 정벌할 계책을 의논하셨다고 하던데 그 일은 어떻게 되었소?"

유엽이 대답했다.

"그런 일 없었소. 촉은 산천이 험준하여 쉽게 도모할 수 있는 곳이 아니오. 쓸데없이 군마의 수고로움만 더할 뿐 나라에는 아무런 이득이 없소."

관원들은 잠자코 듣고 있다가 돌아갔다. 양기楊曁가 궁으로 들어와 아뢰었다.

"어제 듣자 하니 유엽이 폐하께 촉을 정벌하라고 권했다 하던데 오늘 신하들과 의논해보니 또 정벌해서는 안 된다고 말했다고 하니, 이는 폐하를 기만하는 것입니다. 폐하께서는 어찌하여 부르셔서 그에게 묻지 않으십니까?"

조예가 즉시 유엽을 궁으로 불러들여 물었다.

"경은 짐에게 촉을 정벌하라고 권하더니 지금은 또 안 된다고 말했다고 하는데 왜 그러는 것이오?"

유엽이 말했다.

"신이 세밀하게 살펴보니 촉을 쳐서는 안 됩니다."

조예가 껄껄 웃었다. 잠시 후 안에 있던 양기가 나가자 유엽이 아뢰었다.

"신이 어제 폐하께 촉을 정벌하라고 권한 것은 나라의 대사인데 어찌 다른 사람에게 함부로 누설하겠습니까? 무릇 용병은 변화무쌍하기에 적을 속이고 현혹시키는 방법을 운용해야 합니다.[5] 그러하니 일을 일으키기 전에는 절대로 그것을 비밀에 부쳐야 합니다."

조예가 크게 깨달았다.

"경의 말이 옳소."

이때부터 조예는 유엽을 더욱 존중했다. 열흘이 못 되어 사마의가 조정에 들어오자 위주는 조진이 표문을 올린 일을 하나하나 자세히 이야기했다. 사마의가 아뢰었다.

"신이 헤아리건대 동오는 감히 군사를 움직이지 못할 것이니 이 기회를 이용해 지금 촉을 정벌해야 합니다."

조예는 즉시 조진을 대사마 겸 정서대도독征西大都督으로 임명하고 사마의를 대장군 겸 정서부도독, 유엽을 군사로 삼았다. 세 사람은 위주에게 하직한 후 40만 대군을 이끌고 전진하여 장안에 이르렀고 한중을 취하고자 곧장 검각으로 달려갔다.[6] 나머지 곽회와 손례 등은 각자 길을 잡아 나아갔다.

한중 사람이 성도로 들어와 이 사실을 보고했다. 이때 공명은 병세가 호전된 지 오래되어 매일 인마를 조련하며 팔진법을 익히고 배우게 했다. 모두 숙련되자 공명은 중원을 취할 생각을 하고 있었다. 그때 마침 이러한 소식을 듣게 되자 즉시 장억과 왕평을 불러 분부했다.

"그대 두 사람은 먼저 군사 1000명을 이끌고 가서 진창의 고도古道를 지키고 위군을 맡으라. 나는 대군을 거느리고 즉시 호응하러 가겠다."

두 사람이 고했다.

"사람들이 보고하기를 위군이 40만 명인데 80만 명인 체한다고 합니다. 그 세력이 매우 거대하다고 하던데 어떻게 1000명의 군사만으로 협곡의 입구를 지키러 가라고 하십니까? 만일 위군이 대대적으로 몰려오기라도 한다면 무엇으로 그들을 막는단 말씀이십니까!"

공명이 말했다.

"내가 군사를 많이 주고 싶으나 사졸들이 고생할까 걱정될 뿐이네."

장억과 양평은 서로 얼굴만 쳐다볼 뿐 아무 말도 못하고 감히 떠나지를 못했다. 공명이 말했다.

"만약 실수가 있을지라도 그대들의 죄가 아니네. 여러 말 필요 없이 서둘러 가게나."

두 사람이 다시 간청했다.

"승상께서 아무개 두 사람을 죽이려 하신다면 이 자리에서 바로 죽기를 청할 뿐 감히 가지는 못하겠습니다."

공명이 웃으면서 말했다.

"어찌하여 그토록 어리석은가! 내가 그대들을 보내려 하는 것은 생각이 있어서 그렇다네. 어젯밤 천문을 살펴보니 필성이 태음 분야로 운행했으니7 이번 달 안으로 틀림없이 큰비가 끊임없이 세차게 내릴 것이네. 위병이 비록 40만 명이 있다 한들 어찌 감히 산세가 험준한 곳으로 깊이 들어올 수 있겠는가? 이 때문에 많은 군사를 쓸 필요도 없고 결코 해를 입지도 않을 것이네. 나는 대군을 모두 한중에 한 달간 편안하게 지내게 하면서 위병이 물러가기를 기다렸다가 그때 대군으로 기습할 것이네. 쉬면서 힘을 비축한 후에 피로한 적과 맞서 싸운다면 우리 10만 명의 군사들로 위병 40만 명을 이길 수 있을 것이네."

그 말을 들은 두 사람은 비로소 크게 기뻐하며 하직하고 떠났다. 이어서 공명이 대군을 통솔하여 한중을 나갔다. 또한 명령을 전달하여 각처의 협곡 입구에 한 달간 사람과 말이 사용할 마른 장작과 건초, 밀가루나 쌀 같은 식량을 충분히 준비해놓고 가을비에 대비하도록 했다. 대군에게는 출정 기한을 한 달 늦추고 미리 의복과 식량을 지급한 뒤 출정을 기다리게 했다.

한편 조진과 사마의는 대군을 통솔하여 곧장 진창성에 이르렀다. 그러나 성 안에는 단 한 채의 집도 보이지 않았다. 토착민을 찾아 물어보니 공명이 돌아갈 때 모두 불을 질러 태워버렸다고 말했다. 조진은 바로 진창길로 진군하려 했으나 사마의가 말했다.

"함부로 진격해서는 안 되오. 내가 밤에 천문을 살펴보니 필성이 태음 분야로 운행했으니 이번 달 안에 반드시 큰비가 내릴 것이오. 요충지로 깊이 들어갔을 때, 늘 이기기만 한다면 좋겠지만 만약 실수라도 생긴다면 사람과 말이 고통스러울 뿐만 아니라 물러나기도 어렵게 될 것이오. 잠시 성안에 임시 초막을 지어 주둔하면서 장마에 대비해야 하오."

조진이 그 말을 따랐다. 그 후 보름도 못 되어 하늘에서 큰비가 내리는데 그칠 줄을 모르고 쏟아졌다. 진창성 밖의 평지는 수심이 3척이나 되어 군용기구는 모두 비에 젖었으며 사람들은 잠을 못 자고 밤낮으로 불안에 떨었다. 비가 30일간 끊임없이 내리자 건초가 없어 말들이 무수히 죽었고 군사들의 원성도 끊이질 않았다. 이런 소식이 낙양에 전해지자 위주는 단을 설치하고 날이 맑아지기를 기원했으나 소용이 없었다. 황문시랑黃門侍郎[8] 왕숙王肅이 상소를 올렸다.

"옛사람의 저술에 이르기를 '양식이 부족할 때 천 리 길 밖에서 운반해오면 사병들은 굶주린 기색에서 벗어나기 어렵고, 땔나무를 구하고 풀을 베어낸 다음에 다시 밥을 지으면 군사들은 배불리 먹을 수 없다'[9]고 했습니다. 이는 평평한 대로에서 행군할 때 그렇다는 것입니다. 하물며 험준하고 다니기 어려운 길로 깊숙이 들어가 길을 뚫어 전진해야 한다면 그 수고로움은 필시 백배에 상당할 것입니다. 지금은 더욱이 장마까지 더해져 산비탈은 높고 가파르며 반들반들하고 군사들은 비좁은 곳에서 몸을 제대로 펴지도 못하는 상황에 군량은 먼 곳으로부터 운반해 이어지기 어려우니, 실로 행군에서 매우 꺼리는 바입니다. 듣자 하니 조진은 출발한 지 이미 한 달이 넘었으나 이제 겨우 야곡 중간에 이르렀으며 병사들이 모두 도로 건설 작업에만 내몰리고 있다고 하니, 이는 저들이 쉬면서 힘을 비축하고 우리 군사들이 피로해지기를 기다리는 것으로 병가에서 기피하는 바입니다. 이전 왕조의 일을 말씀드리자면 주 무왕께서 주를 정벌할 때도 함곡관을 나갔다가 다시 돌아오셨으며,[10] 무제와 문제께서도 손권을 정벌하러 나섰다가 장강까지 이르렀음에도 건너지 않으셨으니, 이야말로 천명을 따르고 시기를 알아 임기응변에 정통한 것 아니겠습니까? 원컨대 폐하께서는 장맛비의 곤란함과 고생스러움을 생각하시어 병사들을 쉬게 해주시고, 훗날 이용할 만한 틈이 생기면 그 시기를 이용하여 그들을 부리십시오. 이것이 이른바 '백성이 기쁘게 곤란을 극복하면 죽음을 잊는다'[11]는 것입니다."

표문을 읽은 위주가 망설이고 있는데 양부楊阜와 화흠이 또 상소를 올려 간언했다. 위주는 즉시 조서를 내리고 사자를 파견하여 조진과 사마의를 조정으로 돌아오도록 했다.❹

한편 조진은 사마의와 상의했다.

"지금 장마가 30일이나 지속되고 있는 데다 군사들에게는 싸울 마음이 없어지고 각자 돌아갈 생각만 하고 있으니 이를 어떻게 막을 수 있겠소?"

사마의가 말했다.

"잠시 돌아가는 것이 좋을 듯하오."

조진이 말했다.

"만일 공명이 추격해오기라도 한다면 어떻게 물리칠 수 있겠소?"

사마의가 말했다.

"먼저 두 갈래의 군사들을 매복시켜 뒤를 끊는다면 회군할 수 있을 것이오."

한창 상의하고 있는데 별안간 명을 받든 사자가 와서 그들을 소환하는 조서를 전했다. 두 사람은 즉시 대군의 전대를 후대로 하고 후대를 전대로 하여 서서히 물러갔다.

한편 공명은 한 달간의 가을비가 조만간 그칠 것이라 계산하고 하늘이 아직 개지 않은 때에 직접 일군을 거느리고 성고[12]에 주둔했다. 또 명령을 전달하여 대군을 적파赤坡[13]에 모아 주둔시켰다. 공명은 중군 군막으로 들어가 군사 상황을 듣고는 장수들에게 말했다.

"내가 헤아리건대 위군은 반드시 달아날 것이오. 위주가 틀림없이 조서를 내려 조진과 사마의에게 회군을 명했을 것이오. 만약 지금 그를 추격한다면 필시 준비가 있을 것이니, 그들이 가도록 잠시 내버려뒀다가 다시 좋은 계책을 마련하는 것이 나을 듯하오."

그때 별안간 왕평이 사람을 시켜 위군이 이미 돌아갔다고 보고했다. 공명은 보고하러 온 사람에게 분부하여 왕평에게 전하도록 했다.

"추격하되 급습해서는 아니 된다. 내게 위군을 깨뜨릴 계책이 있느니라."

위군이 설령 매복에 능하다 할지라도
한나라 승상 원래 쫓을 생각이 없다네
魏兵縱使能埋伏, 漢相原來不肯追

공명은 어떻게 위군을 깨뜨릴까?

제99회 두 모사의 대결

❶

음평과 무도는 진식陳式에게 점령당했다

『삼국지』「촉서·제갈량전」에 따르면 "건흥 7년(229), 제갈량은 진식을 보내 무도와 음평을 공격했다. 위나라 옹주자사 곽회가 군사를 이끌고 진식을 공격하려 하자 제갈량이 몸소 출병하여 건위建威까지 나아가니 곽회는 패주하여 옹주로 돌아갔고 마침내 두 군이 평정되었다"고 기록하고 있다. 이처럼 음평과 무도는 강유와 왕평이 아닌 진식에 의해 평정되었다.

❷

장포와 관흥이 정말 용감하게 맹활약했을까?

소설에서는 관우와 장비 사후에 그 아들인 장포와 관흥이 여러 전쟁에 참여하면서 용맹을 떨치는 활약상이 상당히 많이 나온다. 과연 이들이 실제로 어떤 활약을 펼쳤는지 알기 위해서는 역사 기록을 살펴볼 필요가 있다.

우선 장포에 대한 기록을 살펴보면, 『삼국지』「촉서·장비전」은 "맏아들 장포는 일찍 죽었으므로 둘째 아들 장소張紹가 작위를 계승했는데, 관직이 시중, 상서복야尙書僕射에까지 이르렀다"고 기록하고 있다. 둘째 아들이 작위를 계승했다는 의미는 장비가 죽었을 당시에 맏아들인 장포는 이미 죽었다는 뜻이다. 결국 장포는 부친인 장비보다 일찍 죽었다고 할 수 있다. 당연히 유비와 동오 정벌에 나서고 제갈량과 북벌에 참여하여 활약하는 것 자체가 말도 안 된다. 둘째 아들 장소의 관직 또한 문관이지 전쟁에 나서는 무관이 아니었다.

다음으로 관흥에 관한 기록을 보면, 「촉서·관우전」은 "아들 관흥이 작위를 계승했다. 관흥의 자는 안국安國으로 어릴 때부터 명성이 있었으므로 승상 제갈량은 그의 재능을 매우 경이롭게 여겼고 지극히 신임했다. 약관(20세)의 나이에 시중, 중감군中監軍이 되었지만 몇 년 뒤에 세상을 떠났다"고 기록하고 있다. 이 기록에 따르면 관흥도 결코 전쟁에 나가 활약을 떨쳤다고는 말하기 어렵다. 20대 초반에 사망한 것으로 판단되며 그가 전쟁에서 활약했다는 역사 기록도 없다.

결국 장포와 관흥은 전쟁터에서 어떠한 활약도 없이 일찍 사망했으며 그들과 관련된 전쟁 기록 또한 찾아볼 수 없다. 따라서 장포와 관흥에 관련된 소설의 내용은 모두 허구다.

❸
제갈량의 제3차 기산 출병

일반적으로 말하는 3차 기산 출병은 건흥 7년(229) 봄에 진식이 무도와 음평을 점령하고 제갈량이 직접 출병하여 건위까지 나갔다가 회군한 사건이다. 기산으로 출병하지 않았기 때문에 기산 출병이라 말하는 것은 맞지 않다.

또한, 소설 속의 사마의가 군을 지휘하고 제갈량이 강유와 요화에게 계책이 들어 있는 비단 주머니를 주어 사마의 본영을 공격했다는 이야기는 역사 기록에 없는 허구다. 이때 싸움의 주인공은 사마의와 제갈량이 아닌 진식과 제갈량 그리고 곽회였다.

❹

당시 상황을 역사는 다음과 같이 기록하고 있다.

『삼국지』「위서·명제기」는 "태화太和 4년(230) 9월, 폭우가 내려 이수伊水, 낙수洛水, 황하黃河, 한수漢水가 범람했기 때문에 조서를 내려 조진 등에게 회군하도록 했다"고 기록하고 있고, 『삼국지』「촉서·후주전」은 "건흥 8년(230), 위나라는 사마의를 파견해 서성西城에서부터, 장합에게는 자오子午, 조진에게는 야곡斜谷에서부터 한중을 공격하라고 했다. 승상 제갈량은 성고와 적판에서 기다리고 있었는데 큰비로 도로가 끊겨 조진 등은 모두 돌아갔다"고 기록하고 있다.

제갈량과 사마의의
진법 대결

촉한의 군사는 군영을 급습하여 조진을 깨뜨리고,
무후는 진법을 다투어 중달을 욕보이다

漢兵劫寨破曹真,
武侯鬪陣辱仲達

위군을 추격하지 않는다는 말을 들은 장수들이 모두 군막으로 들어와 공명에게 고했다.

"위군이 내리는 비로 고통받아 더 이상 주둔하지 못하고 돌아가는 것이니 기세를 몰아 추격하기 좋은 기회입니다. 승상께서는 어찌하여 추격하지 않으십니까?"

공명이 말했다.

"사마의는 용병술이 뛰어난 자라 군사를 물리면서 틀림없이 매복을 두었을 것이오. 우리가 추격에 나선다면 그의 계책에 바로 걸려드는 것이오. 차라리 그가 멀리 가도록 내버려두고 우리는 군사를 나누어 곧장 야곡을 나가 기산을 취하여 위군이 방비하지 못하게 하는 것이 나을 듯하오."

장수들이 말했다.

"장안을 취하려면 다른 길도 있는데, 승상께서는 기산만 취하려 하시니 무엇 때문입니까?"

공명이 말했다.

"기산은 바로 장안의 머리이고, 농서의 각 군에서 군사들이 온다면 반드시 이 땅을 경유해야 하오. 더욱이 앞으로는 위수 가에 인접해 있고 뒤로는 야곡에 의지하고[1] 있으며 왼쪽으로 나갔다가 오른쪽으로 들어올 수 있어 가히 매복할 수 있으니 바로 무력을 사용할 만한 곳이오. 그래서 내가 먼저 이곳을 취하여 지리적 이점을 얻으려는 것이오."

장수들이 모두 우러러 탄복했다. 공명은 위연, 장억, 두경, 진식에게 기곡[2]으로 나가게 하고, 마대, 왕평, 장익, 마충은 야곡으로 나가게 하여 기산에서 합류하도록 했다. 배치를 끝낸 공명은 직접 대군을 거느리고 관흥과 요화를 선봉으로 삼아 뒤따라 진군했다.

한편 조진과 사마의 두 사람은 뒤에서 군마를 감독하며 일군을 진창의 옛길로 보내 정탐하게 했는데 돌아와 촉병이 따라오지 않는다고 보고했다. 다시 열흘을 행군하고 뒤쪽의 복병이 모두 돌아와서는 촉병에 아무런 기별도 없다고 했다. 조진이 말했다.

"가을비가 그치지 않아 잔도棧道가 끊어졌을 텐데 촉군이 어찌 우리가 군사를 물리는 것을 알겠소?"

사마의가 말했다.

"촉병은 뒤따라 나올 것이오."

조진이 말했다.

"어찌 그것을 아시오?"

사마의가 말했다.

"여러 날 계속 날씨가 청명한데도 촉군이 쫓아오지 않는 이유는 우리가 복병을 둔 것을 짐작하고는 멀리 가도록 내버려두어, 우리가 모두 지나가기를 기다리는 것이오. 그들은 기산을 빼앗을 것이오."

조진은 믿지 않았다. 사마의가 말했다.

"자단은 어찌하여 믿지 않으시오? 내가 헤아리건대 공명은 틀림없이 야곡과 기곡으로 나올 것이오. 나와 자단이 각기 골짜기 입구를 지키면서 열흘을 기다려봅시다. 만약 촉군이 오지 않는다면 내 얼굴에 붉은 분을 칠하고 여자 옷을 입고 군영으로 가서 죄를 인정하리다."

조진이 말했다.

"만약 촉군이 오면 나도 원컨대 천자께서 하사하신 옥대 하나와 어마御馬(제왕이 상으로 하사한 말) 한 필을 그대에게 드리겠소."

즉시 군사를 두 갈래 길로 나누어, 조진은 기산의 서쪽인 야곡 입구³에 주둔했고 사마의는 기산의 동쪽인 기곡 입구⁴에 주둔했다. 각자 군영을 세웠다.

사마의는 먼저 군사들을 산골짜기에 매복시키고 나머지 군마는 각기 중요한 길목에 군영을 세우게 했다. 그는 의복을 갈아입고 군사들 속에 섞여 들어가 각 군영을 두루 살펴보았다. 한 군영에 이르렀는데 편장 한 명이 하늘을 우러러 원망했다.

"큰비가 내려 오랜 시간 동안 젖어 있었는데 돌아가려 하지 않고, 지금 또 이곳에서 주둔하고는 억지스레 내기나 하고 있으니 관군들만 고통스러운 것이 아닌가!"

그 말을 들은 사마의가 군영으로 돌아와 모든 장수를 군막으로 불러 모으고는 그 편장을 끌어냈다. 사마의가 큰 소리로 꾸짖었다.

"조정에서 1000일 동안 군사를 기르는 것은 한때에 쓰기 위함이다. 너는 어찌 감히 원망하는 말을 내뱉어 군심을 태만하게 만든단 말이냐!"

편장은 시인하지 않았다. 사마의가 그의 동료들을 불러내 대질시키자 그는 잡아뗄 수가 없었다. 사마의가 말했다.

"내가 내기를 하는 것이 아니라 촉군을 이겨 너희 각자가 공을 세울 수 있도록 하여 조정으로 돌아가고자 하는 것이다. 네가 함부로 원망하는 말을 하여 죄를 자초하고 말았다!"

무사들에게 호령하여 그를 끌어내 참수했다. 잠시 뒤에 수급을 휘하에 보여주었고 장수들은 소름이 끼쳤다. 사마의가 말했다.

"그대들은 마음을 다해 촉군을 방비해야 한다. 우리 중군에서 포 소리가 들리면 모두 사면으로 진격하라."

장수들은 명령을 받고 물러갔다.

한편 위연, 장억, 진식, 두경 네 장수는 2만 명을 이끌고 기곡을 취하러 나아갔다. 한참 가고 있는데 별안간 참모 등지가 왔다는 보고가 들어왔다. 네 장수가 그 까닭을 묻자 등지가 말했다.

"승상께서 명을 내리셨는데, 만약 기곡을 나가면 위군의 매복을 조심해서 방비해야 하니 함부로 전진해서는 안 된다고 하셨소."

진식이 말했다.

"승상께서는 군사를 부리는 데 어찌 이토록 의심이 많으신가? 내가 짐작하건대 위군이 큰비를 만나 갑옷이 모두 훼손되어 틀림없이 급히 돌아갔을 텐데 어찌 또 매복을 한단 말인가? 지금 우리 군사들이 서둘러 갑절의 길을 간다면 대승을 거둘 수 있을 텐데 어째서 또 전진하지 말라는 것이오?"

등지가 말했다.

"승상의 계책은 적중하지 않은 적이 없고 꾀는 성공하지 못한 적이 없는데 그대는 어찌 명을 어기려 하시오?"

진식이 웃으면서 말했다.

"승상께서 참으로 지모가 많았다면 가정을 잃는 지경에 이르지는 않았을 것이오!"

위연은 공명이 지난날 자신의 계책을 듣지 않은 것을 떠올리고는 역시 웃으면서 말했다.

"승상께서 내 말을 들어 곧장 자오곡으로 나갔다면 지금쯤 장안은 말할 필요도 없고 낙양까지 모두 손에 넣었을 것이오! 지금도 고집부리고 기산으로 나가려 하는데 이에 무슨 이득이 있단 말인가? 군사를 진격시키라 명하고는 다시 전진하지 말라고 하니 어찌 그 호령이 분명하지 못하단 말인가!"

진식이 말했다.

"내게 군사 5000명이 있으니 곧장 기곡을 나가 먼저 기산에 당도하여 군영을 세우고 승상이 부끄러워하는지 그렇지 않은지 봐야겠소!"

등지가 두 번 세 번 말렸으나 진식은 듣지 않고 곧장 자신의 군사 5000명을 이끌고 기곡으로 나가버렸다. 등지는 하는 수 없이 나는 듯이 달려가 공명에게 보고했다.

한편 진식이 군사를 이끌고 몇 리 가지도 못했을 때 별안간 '쾅!' 하는 포성이 들리더니 사면으로 복병들이 쏟아져 나왔다. 진식이 급히 물러나려 했으나 위군이 골짜기 입구를 가득 채우며 철통같이 에워쌌다. 진식은 좌충우돌했으나 빠져나올 수가 없었다. 그때 느닷없이 함성이 크게 진동하더니 한 무리의 군사가 포위망을 뚫고 들어왔는데 바로 위연이었다. 진식을 구출하여 골짜기 안으로 돌아왔으나 5000명의 군사 중에 400~500명만 남았고, 이들마저 상처를 입은 상태였다. 등 뒤에서 위군이 쫓아왔으나 두경, 장억이 군사를 이끌고 호응한 덕분에 위군은 그제야 물러갔다. 진식과 위연 두 사람은 비로소 공명의 귀신같은 선견지명을 믿게 되었지만 후회해도 소용없었다.

한편 돌아가 공명을 만난 등지는 위연과 진식이 그토록 무례하더라고 말했다. 공명이 웃으면서 말했다.

"위연은 본래 배반할 용모가 있어 내 그가 항상 불평하는 뜻이 있다는 것을 알고 있네. 그 용맹이 아까워 쓰는 것뿐이지 훗날 반드시 큰 화를 입힐 걸세."

한창 말하고 있는데 유성마가 당도하여 진식이 군사 4000여 명을 잃고 부상당한 인마 400~500명만을 겨우 데리고 골짜기 안에 주둔해 있다고 보고했다. 공명은 등지에게 명하여 다시 기곡으로 가서 진식을 위로하고 그가 변고를 일으키는 것을 방비하게 하는 한편, 마대와 왕평을 불러 분부했다.

"야곡에 만일 지키는 위병이 있으면 그대 두 사람은 본부 군사들을 이끌고 산마루를 넘어 밤에는 행군하고 낮에는 숨어 있으면서 속히 기산의 왼쪽으로 나가[5] 불을 질러 신호를 보내도록 하라."

또 마충과 장익을 불러 분부했다.

"그대들 또한 산 후미진 오솔길을 통해 낮에는 숨고 밤에는 행군하면서 곧장 기산의 오른쪽[6]으로 나가 불을 질러 신호를 보내도록 하라. 그리고 마대, 왕평과 합류한 다음에 함께 조진의 군영을 급습하라. 내가 직접 골짜기 안에서부터 치고 나가 삼면으로 공격한다면 위군을 깨뜨릴 수 있을 것이다."

네 사람은 명을 받아 제각기 군사를 이끌고 떠났다. 공명은 또 관흥과 요화를 불러 이렇게 저렇게 하라고 분부했다. 두 사람은 은밀한 계책을 받아 군사를 이끌고 떠났다. 공명은 직접 정예병을 이끌고 갑절로 길을 재촉해 행군했다. 한창 행군하던 도중에 공명은 또 오반과 오의를 불러 은밀한 계책을 전했고 두 사람 역시 군사를 이끌고 먼저 떠났다.

한편 조진은 속으로 촉군이 올 것이라고 믿지 않았기 때문에 방비에 태만

했고 군사들을 마음대로 쉬게 했다. 단지 열흘 동안 아무 일이 없기만을 기다리면서 사마의를 난처하게 만들려고만 했다. 7일째 되는 날 별안간 골짜기 안에 소수의 촉병이 나타났다는 보고가 들어왔다. 조진이 부장 진량秦良에게 군사 5000명을 이끌고 정찰을 시켜 촉군이 마음대로 경계에 접근하지 못하도록 했다. 명령을 받은 진량이 군사를 이끌고 막 골짜기 안에 당도하여 정찰하는데 촉병이 물러가는 것이 보였다. 진량이 급히 군사를 이끌고 뒤를 쫓아 50~60리를 달렸으나 촉병은 보이지 않았다. 속으로 의심이 들었지만 군사들을 말에서 내려 쉬게 했다. 그때 별안간 정찰 기병이 달려와 보고했다.

"앞쪽에 촉군이 매복해 있습니다."

진량이 말에 올라 살펴보는데 산속에서 먼지가 크게 이는 것이 보여 급히 군사들에게 방어를 명했다. 잠시 후 사방에서 함성이 크게 진동하더니 앞쪽에서는 오반과 오의가 군사를 이끌고 몰려나왔고 뒤에서는 관흥과 요화가 군사를 이끌고 돌격해왔다. 좌우는 모두 산이라 달아날 길이 없었다. 산 위에서 촉병이 크게 소리 질렀다.

"말에서 내려 투항하는 자는 살려주겠다!"

위군의 태반이 항복했다. 진량은 죽을 각오로 싸웠으나 요화가 한칼에 베어 말 아래로 떨어뜨렸다. 공명이 항복한 군졸들을 후군에 감금시키고 위병의 갑옷을 촉병 5000명에게 갈아입혀 위병으로 꾸미고는 관흥, 요화, 오반, 오의 네 장수에게 그들을 이끌고 곧장 조진의 군영으로 달려가도록 명했다. 먼저 보마를 시켜 조진의 군영으로 들어가 보고하도록 했다.

"약간의 촉병이 있었으나 모조리 쫓아버렸습니다."

조진은 크게 기뻐했다. 이때 별안간 사마도독이 보낸 심복이 왔다는 보고가 들어오자 조진이 불러들여 물었다. 그 사람이 고했다.

"지금 도독께서는 매복계를 써서 촉병 4000여 명을 죽였습니다. 사마도독께서 장군께 안부 인사를 전하시며 내기는 생각하지 마시고 주의를 기울여 방비하는 데 힘쓰라고 말씀하셨습니다."

조진이 말했다.

"내가 있는 이곳에 촉병이라고는 한 명도 없다."

조진이 바로 사마의의 심복을 돌려보냈다. 그때 또 느닷없이 진량이 군사를 이끌고 돌아온다는 보고가 들어왔다. 조진은 직접 그를 맞이하고자 군막을 나갔다. 그때 앞뒤 두 곳에서 불길이 일어난다는 보고가 들어왔다. 조진이 급히 군영 뒤로 돌아가 살펴보려는데 관흥, 요화, 오반, 오의 네 장수가 촉군을 지휘하며 바로 군영 앞으로 돌격해 들어왔고, 마대와 왕평은 뒤로 돌격해왔으며, 마충과 장익 또한 군사를 이끌고 쳐들어왔다. 위군은 어찌할 바를 몰라 당황하다 각자 목숨을 건지고자 달아났다. 장수들이 조진을 보호하며 동쪽으로 달아났고, 배후에서 촉병들이 그들을 추격했다. 조진이 한창 달아나고 있는데 별안간 함성이 크게 진동하더니 한 무리의 군마가 달려왔다. 조진은 담이 떨리고 심장이 놀라 벌벌 떨며 바라보았다. 다름 아닌 사마의였다. 사마의가 한바탕 크게 싸우자 촉병들이 비로소 물러갔다. 조진은 위기에서 벗어날 수 있었으나 부끄럽고 창피하여 몸 둘 바를 몰랐다. 사마의가 말했다.

"제갈량이 기산의 지세를 빼앗아 우리는 이곳에 오래 머물 수 없으니 위수 가로 가서 군영을 세우고 다시 좋은 계책을 세워야겠소."

조진이 말했다.

"중달은 내가 이렇게 크게 패할 줄 어찌 아셨소?"

사마의가 말했다.

"심부름 갔던 심복이 돌아와 자단께서 촉병이라고는 한 명도 없다고 말씀하셨다고 하기에 공명이 은밀히 군영을 급습하러 올 것이라 짐작해 호응하러 온 것이오. 과연 그의 계책에 당하고 마셨소. 내기한 일은 절대로 말씀하지 마시고 마음을 합쳐 나라에 보답합시다."

조진은 몹시 부끄럽고 황송해하며 화내다 병이 되었고 침상에 누워 일어나지 못했다. 군사들을 위수 가에 주둔시켰으나 사마의는 군심이 어지러워질까 걱정되어 감히 조진에게 군사를 이끌라고 하지 못했다.

한편 공명은 병마를 대대적으로 몰아 다시 기산을 나갔다. 군사들을 위로하고 난 뒤 위연, 진식, 두경, 장억 네 장수가 군막으로 들어와 무릎을 꿇고 엎드려 절을 올리며 죄를 청했다. 공명이 말했다.

"누가 군사들을 잃게 했느냐?"

위연이 말했다.

"진식이 명령을 듣지 않고 골짜기 입구7로 들어갔기 때문에 이렇게 대패하고 말았습니다."

진식이 말했다.

"이 일은 위연이 저보고 가라고 해서 생긴 일입니다."

공명이 말했다.

"위연은 너를 구해줬는데 너는 도리어 그를 끌어들인단 말이냐! 이미 명령을 어겼으니 교묘한 말로 떠들 필요 없다!"

즉시 무사들에게 끌어내 진식의 목을 치게 했다. 잠시 후 장수들이 볼 수 있도록 군막 앞에 진식의 머리가 걸렸다. 이때 공명이 위연을 죽이지 않은 이유는 그를 남겨두어 나중에 쓰고자 함이었다.❶

진식을 참수한 공명이 군사를 진격시킬 일을 의논하고 있는데, 별안간 정탐꾼이 조진이 병으로 누워 일어나지 못하고 현재 군영 안에서 치료받고 있다고 보고했다. 공명이 크게 기뻐하며 장수들에게 일렀다.

"만약 조진의 병이 경미하다면 틀림없이 즉시 장안으로 돌아갔을 것이오. 지금 위군이 물러가지 않는 이유는 필시 병이 위중하여 군중에 머물러 있으면서 군사들의 마음을 안심시키고 있기 때문이오. 내 편지 한 통을 써서 항복한 진량의 병사를 통해 조진에게 전하겠소. 조진이 그것을 읽는다면 반드시 죽을 것이오!"

즉시 항복한 병사들을 군막 안으로 불러 물었다.

"너희는 위나라 군사다. 부모와 처자식이 대부분 중원에 있을 테니 촉중에 오래 머무르는 것은 마땅치 않다. 이제 너희를 풀어줘 집으로 돌아가게 해줄 것이다."

군사들이 눈물을 흘리며 절을 올리고 감사했다. 공명이 말했다.

"조자단과 내가 약속한 것이 있는데, 내 편지 한 통을 써서 줄 테니 너희가 돌아가 자단에게 편지를 전해주면 반드시 큰 상을 내리겠다."

편지를 수령한 위군은 본영으로 돌아갔고 공명의 서신을 조진에게 올렸다. 조진은 병을 무릅쓰고 자리에서 일어나 편지를 뜯어보았다. 편지 내용은 다음과 같았다.

"한승상, 무향후 제갈량이 대사마 조자단 앞으로 글을 보내노라. 삼가 이르기를, 무릇 장수된 자는 떠날 수 있어야 하고 나아갈 수 있어야 하며 부드러울 줄 알아야 하고 강건할 줄 알아야 하며, 전진할 수 있어야 하고 물러날 수 있어야 하며 약할 수 있어야 하고 강할 수 있어야 한다. 산악과 같이 움직이지 않고 음양과 같이 예측하기 어려워야 하며, 천지처럼 무궁해야 하고 태창太倉(도성의 곡물을 저장하는 큰 창고)처럼 충실해야 하며, 사해와 같이 한없이 넓고 아득해야 하고 삼광三光(해, 달, 별)처럼 광채가 눈부셔야 한다. 천문의 가뭄과 장마를 예견하고 미리 지리의 편안함을 알아야 하며, 진세의 기회를 살피고 적의 장단점을 가늠해야 한다. 슬프구나, 너같이 배우지 못한 후배가 위로는 천제天帝를 거역하고 나라를 찬탈한 역적을 도와 낙양에서 황제라 일컫게 하더니, 야곡에서는 패잔병이 되어 달아나고 진창에서는 장마를 만났구나. 수륙으로 곤란에 빠져 인마는 제멋대로 미쳐 날뛰고 내던져진 병기와 갑옷이 교외를 채웠으며 버려진 칼과 창이 땅에 가득하도다. 도독은 심장이 무너지고 담이 찢어졌으며 장군은 쥐새끼처럼 허둥지둥 도망치고 이리처럼 분주했도다! 관중의 노인장들을 뵐 면목이 없을 것이니 무슨 낯으로 승상부의 대청으로 들어가겠는가! 사관은 붓을 쥐어 기록하고 백성은 한목소리로 퍼뜨릴 것이니, 중달은 진陣 소리만 들어도 경계하고 두려워하며 자단은 소문만 들어도 안절부절못하도다! 우리 군사는 강하고 말들은 건장하며 대장은 호랑이처럼 분발하고 용처럼 공중으로 솟구치니, 진천8을 쓸어 평평한 땅으로 만들고 위국을 일소하여 황량한 들판으로 만들겠노라!"

글을 읽고 난 조진은 가슴이 증오로 가득 차더니 그날 밤 군중에서 죽고 말았다. 사마의는 영구를 병거兵車(고대 작전에 사용하던 수레)에 싣고 낙양으로 보내 장사 지내게 했다. ❷

조진이 죽었다는 소식을 들은 위주는 즉시 조서를 내려 사마의에게 출전하도록 재촉했다. 사마의는 하루 먼저 전서戰書를 보낸 뒤 대군을 거느리고 공명과 맞붙어 싸우고자 왔다. 공명은 장수들에게 일렀다.

"조진은 필시 죽었을 것이오."

그러고는 즉시 '내일 싸우자'고 회답했고 사자는 돌아갔다. 공명은 그날 밤 강유에게 비밀 계책을 주면서 이렇게 저렇게 하라고 분부했다. 또 관흥을 불러 이리이리하라고 분부했다.

이튿날 공명은 기산의 군사를 모두 일으켜 위수 가로 나아갔다. 한쪽은 강이고 다른 쪽은 산이며 중앙은 평야로 싸우기 좋은 장소였다. 양군이 서로 대치하자 진의 양쪽 날개에 궁노수를 배치하여 중앙 부대의 진격을 돕게 했다. 북이 세 번 울리자 위 진영의 문기가 열리는 곳에 사마의가 말을 달려 나오고 장수들이 뒤따라 나왔다. 공명은 네 바퀴의 수레에 단정히 앉아 깃털 부채로 부채질을 하고 있었다. 사마의가 말했다.

"우리 주상께서는 요임금이 순임금에게 선양한 것을 본받으시어 2대째 내려오셨으며 중원에 계시면서 덕성으로 사람들을 복종시키셨다. 너희 촉과 오두 나라를 용납한 것은 관대하게 자애를 베푸시고 어질고 너그러우시어 백성을 상하게 할까 걱정하시기 때문이다. 너는 남양 땅의 일개 논밭이나 갈던 농부 주제에 하늘의 운수도 알지 못하고 포악하게 침범하려 하니 이치상 전멸시키는 것이 마땅하도다! 마음속으로 반성하고 과실을 바로잡고자 한다면 당장 돌아가 각자 경계를 지키면서 솥발처럼 세 세력이 정립하는 형세를 이루어 백성이 진창과 숯불 속에 빠지는 상황을 면하고 너희 모두 목숨을 보전하라!"

공명이 웃으면서 말했다.

"나는 선제로부터 어린 황태자를 부탁받아 막중한 소임을 지녔는데 어찌 마음을 다하고 있는 힘을 다해 역적을 토벌하지 않겠느냐! 너희 조씨는 오래지 않아 한에 의해 멸망할 것이다. 네 할아비와 아비 모두가 한나라 신하로 대대로 한나라의 녹을 먹었거늘 은혜를 갚을 생각은 하지 않고 도리어 찬역을 도우니 어찌 스스로 부끄러워하지 않는단 말이냐?"

사마의가 온 얼굴에 부끄러운 빛을 띠고는 말했다.

"내 너와 자웅을 겨뤄보겠노라! 네가 만약 승리할 수 있다면 내 맹세코 대장 노릇을 하지 않겠노라! 그러나 네가 만약 진다면 당장 고향으로 돌아가라. 내 결코 해치지는 않겠다!"

공명이 말했다.

"장수와 장수로 싸워보겠느냐? 군사로 싸우겠느냐? 아니면 진법으로 싸우겠느냐?"

사마의가 말했다.

"먼저 진법으로 싸워보자."

공명이 말했다.

"먼저 내가 볼 수 있도록 진을 쳐보거라."

사마의가 중군 장막으로 들어가 손에 누런 깃발을 들고 흔들자 좌우 군사들이 움직이더니 한 진을 이루었다. 그러고는 다시 말에 올라 진을 나와 물었다.

"너는 나의 진을 알겠느냐?"

공명이 웃으면서 말했다.

"우리 군중에 있는 말장末將(지위가 낮은 장수)도 그런 진은 펼칠 수 있느니라. 이것은 바로 '혼원일기진混元一氣陣'이니라."

사마의가 말했다.

"너도 진을 펼쳐보아라."

공명이 진으로 들어가더니 깃털 부채를 한 번 흔들고 다시 진 앞으로 나와 물었다.

"너는 나의 진을 알겠느냐?"

사마의가 말했다.

"'팔괘진八卦陣'을 어떻게 모른단 말이냐!"

공명이 말했다.

"알고 있다면 감히 나의 진을 깨뜨릴 수 있겠느냐?"

사마의가 말했다.

"이미 알고 있는데 어떻게 깨뜨리지 못하겠느냐!"

공명이 말했다.

"마음대로 와서 깨뜨려보거라."

사마의는 본진으로 돌아가더니 대릉, 장호, 악침 세 장수를 불러놓고 분부했다.

"공명이 펼친 진은 휴休, 생生, 상傷, 두杜, 경景, 사死, 경驚, 개開라는 팔문八門으로 되어 있다. 그대 세 사람은 동쪽 '생문生門'으로 치고 들어가 서남쪽 '휴문休門'으로 뚫고 나와 다시 북쪽 '개문開門'으로 뚫고 들어가면 이 진을 깨뜨릴 수 있을 것이다. 그대들은 염두에 두고 조심하도록 하라!"

이에 대릉은 가운데, 장호는 앞에, 악침은 뒤에 있으면서 각자 30기를 이끌고 '생문'으로 치고 들어갔다. 양편 군사들은 함성을 지르며 기세를 도왔다. 세 사람이 촉의 진으로 치고 들어갔으나 진이 성처럼 이어져 있어 뚫고 나갈 수가 없었다. 세 사람은 황급히 기병들을 이끌고 진의 최전방을 돌아 지나가 서남쪽으로 부딪쳐 갔으나 도리어 촉병들이 화살을 쏘아대자 뚫고 나가지 못했다. 진 안은 겹쳐지고 가는 곳마다 문이 있어 어디가 동서남북인지 어찌 분간할 수 있겠는가? 세 장수는 서로 돌봐줄 수 없게 되자 오로지 어지럽게 부딪치기만 했고, 근심을 일으키는 연기 같은 운무의 아득함과 참담한 안개의 자욱함만이 눈에 들어왔다. 함성이 일어나는 곳마다 위군은 한 명씩 결박당하여 중군으로 보내졌다. 공명이 군막 안에 앉아 있는데 좌우에서 장호, 대릉, 악침과 90명의 군사가 모조리 결박당한 채 군막 안으로 끌려왔다. 공명이 웃으면서 말했다.

"내가 설령 너희를 붙잡았더라도 무엇이 그리 놀라운 일이겠느냐! 내 너희를 돌아가도록 놓아줄 터이니 사마의에게 병서를 다시 읽고 전략을 거듭 살핀 다음에 그때 자웅을 결정해도 늦지 않을 거라고 전해라. 너희의 목숨은 이미 살려주었으니 병기와 전마는 놓고 가는 것이 마땅하니라."

즉시 그들의 갑옷을 벗기고 얼굴에 먹을 칠한 다음 걸어서 진을 나가게 했다. 그 광경을 본 사마의는 크게 노하여 장수들을 돌아보며 말했다.

"이토록 예기가 꺾였는데 무슨 면목으로 중원으로 돌아가 대신들을 본단 말이냐!"

사마의는 즉시 삼군을 지휘하여 죽을힘을 다해 진을 빼앗으려 했다. 사마의가 직접 손에 검을 뽑아 들고 100여 명의 날랜 장수를 이끌고 재촉하며 돌격했다. 양군이 막 부딪치려 하는데 별안간 진 뒤쪽에서 고각이 일제히 울리고 함성이 크게 진동하더니 한 무리의 군사가 서남쪽으로부터[9] 돌격해왔다. 다름 아닌 관흥이었다. 사마의는 후군을 나누어 막게 하고는 다시 군사들을 재촉하며 앞으로 나아가 교전을 벌였다. 그때 또 느닷없이 위병들이 크게 어지러워졌는데, 알고 보니 강유가 한 무리의 군사를 이끌고 쳐들어온 것이었다. 촉병이 세 갈래 길로 협공해왔다. 깜짝 놀란 사마의는 황급히 군사를 뒤로 물렀다. 촉군은 그들을 에워싸고 몰아쳤고 사마의는 삼군을 이끌고 남쪽[10]을 바라보며 목숨을 건지기 위해 뚫고 나갔다. 위병 열 명 중 예닐곱 명은 부상을 당했다. 사마의는 위수 가 남쪽 기슭[11]으로 물러가 군영을 세우고는 단단히 지키면서 싸우러 나오지 않았다.

공명은 승리를 거둔 군사들을 이끌고 기산으로 돌아갔다. 영안성永安城 이엄이 도위 구안苟安을 파견하여 보내온 군량미가 군중에 당도해 인계했다. 그런데 구안은 술을 좋아하여 길에서 소홀히 하다 열흘이나 기한을 넘기고 말았다. 공명이 크게 노했다.

"우리 군중에서는 군량을 큰일로 여기기 때문에 사흘의 기한을 어기면 즉시 참수를 한다! 너는 지금 열흘이나 어겼으니 무슨 할 말이 있겠느냐?"

끌어내 목을 치라고 호령했다. 그러자 장사 양의楊儀가 말했다.

"구안은 바로 이엄이 쓰는 사람인 데다 돈과 양식이 대부분 서천에서 나오기 때문에 만일 이 사람을 죽인다면 이후에는 감히 군량을 운반할 사람이 없을 것입니다."

공명은 이에 무사들을 큰 소리로 꾸짖어 결박을 풀고 곤장 80대를 때린 후 풀어주었다. 책망을 받은 구안은 속으로 원한을 품어 그날 밤 측근 5~6기를 데리고 곧장 위 군영으로 달아나 투항해버렸다. 사마의가 불러들이자 구안은 절을 올리며 있었던 일을 하소연했다. 사마의가 말했다.

"비록 그렇다 하더라도 공명은 꾀가 많은 자라 네 말을 믿기 어렵다. 네가 나를 위해 한 가지 큰 공을 세울 수 있다면 내 그때는 천자께 아뢰어 너를 상장이 되도록 보장하겠다."

구안이 말했다.

"어떤 일이든지 즉시 온 힘을 다하겠습니다."

사마의가 말했다.

"너는 성도로 돌아가 공명이 원망의 뜻이 있어 조만간 황제가 되려 한다고 소문을 퍼뜨리거라. 네 군주가 공명을 불러들이기만 하면 그것이 바로 너의 공이니라."

구안은 승낙하고 곧장 성도로 돌아가 환관들을 만나 터무니없는 소문을 퍼뜨렸다. 공명이 자신이 세운 큰 공에 의지하여 조만간 반드시 찬탈할 것이라는 것이었다. 그 말을 들은 환관들은 깜짝 놀라 즉시 내전으로 가 황제에게 상세히 아뢰었다. 후주도 놀라고 의아해하며 말했다.

"그렇다면 어찌하면 좋은가?"

환관이 말했다.

"조서를 내려 성도로 불러들이신 다음에 그의 병권을 삭탈하고 반역을 피하셔야 합니다."

후주가 공명에게 회군하여 조정으로 돌아오라고 조서를 내리려 했다. 그러자 장완이 반열에서 나와 아뢰었다.

"승상이 출병한 이래로 여러 차례 큰 공을 세웠는데 무슨 까닭으로 돌아오라고 하십니까?"

후주가 말했다.

"짐에게 기밀의 일이 있어 반드시 승상과 만나 의논해야 하오."

그러고는 즉시 사자를 파견하여 조서를 가지고 밤새 달려가 공명을 불러들였다. ❸

명령을 받든 사자가 기산 본영에 당도하자 공명이 맞아들였고 조서를 받아 읽고 하늘을 우러러 탄식했다.

"주상께서 나이가 어리시니 틀림없이 곁에 간신이 있구나! 내 공을 세우고자 하는데 무슨 까닭으로 돌아오라 하는가? 내가 돌아가지 않는다면 주상을 업신여기는 것이 되고, 명령을 받들어 물러간다면 뒷날 다시는 이런 기회를 얻기 어려울 것이로다."

강유가 물었다.

"만약 대군이 물러간다면 사마의가 기세를 몰아 들이칠 것인데 어떻게 해야 합니까?"

공명이 말했다.

"우리가 지금 군대를 물린다면 다섯 갈래 길로 나누어 물러가야 한다. 오늘 먼저 이 군영을 물리고 가령 군영 안의 군사가 1000명이면 2000개의 아궁이를 파야 하고 내일은 3000개의 아궁이를 파야 하며 모레는 4000개의 아궁이를 파야 한다. 매일 군대를 물리면서 아궁이를 점점 더 많이 파면서 가야 한다."

장의가 말했다.

"옛날 손빈이 방연을 사로잡을 때 군사는 늘리면서 아궁이는 줄이는 법[12]을 사용하여 승리를 거두었는데, 지금 승상께서는 군사를 물리면서 무슨 까닭으로 아궁이를 늘리십니까?"

공명이 말했다.

"사마의는 군사를 부리는 데 능숙하니 우리 군사들이 물러간 것을 알면 틀림없이 추격해올 것이다. 그러나 속으로는 우리가 복병을 두었을까 의심하여 우리가 세웠던 군영 안의 아궁이 숫자를 세어볼 것이다. 날마다 아궁이 숫자가 늘어나는 것을 보면 우리 군사들이 물러나는 것인지 물러나지 않는 것인지 알 수가 없어 의심하여 감히 추격하지 못할 것이다. 그리되면 우리는 천천히 물러가면서도 병사를 잃는 근심이 없을 것이다."

마침내 공명이 퇴군 명령을 전달했다.

한편 사마의는 구안의 계책이 잘 실행될 것이라 헤아리고는 촉군이 퇴군하기를 기다렸다가 일제히 들이치려 하고 있었다. 한참 망설이고 있는데 별안간 인마가 모두 떠나 촉의 군영이 비어 있다는 보고가 들어왔다. 사마의는 공명이 꾀가 많음을 우려해 함부로 추격에 나서지 못하고 직접 100여 명의 기병을 이끌고 가서 촉 군영 안을 살펴보았다. 그리고 군사들에게 아궁이 숫자를 세어보게 하고는 본영으로 돌아갔다. 이튿날 또 군사들을 시켜 전날 촉병이 머물렀던 군영으로 가서 아궁이 숫자를 철저히 세어보게 했다. 군사들이 돌아와 보고했다.

"군영 안의 아궁이 숫자가 전날에 비해 조금 늘어났습니다."

사마의가 장수들에게 일렀다.

"나는 공명이 꾀가 많은 자로 알고 있는데 과연 지금 아궁이가 늘어나는 걸 보니 군사가 늘어나고 있소. 우리가 만약 추격에 나섰다가는 분명 그의 계책에 걸려들 것이오. 차라리 잠시 물러났다가 다시 좋은 방도를 강구하는 것이 좋겠소."

이에 사마의는 군사를 물리고 추격하지 않았고, 공명은 단 한 명의 군사도 잃지 않은 채 성도로 돌아갔다. 이후에 천구川口의 토착민이 사마의에게 와서 공명이 퇴군할 때 군사가 늘어나는 것은 보지 못했고 단지 아궁이만 증가하는 것을 보았다고 말했다. 사마의가 하늘을 우러러 탄식했다.

"공명이 우후의 방법[13]을 본받아 나를 속였구나! 그의 모략은 내가 미칠 수가 없구나!"

결국 사마의는 대군을 이끌고 낙양으로 돌아갔다.

바둑은 적수를 만나면 서로 굴복시키기가 어렵고
장수는 훌륭한 인재 만나면 감히 교만하지 못하네
棋逢敵手難相勝, 將遇良才不敢驕

성도로 돌아간 공명은 어떻게 될 것인가?❹

제100회 제갈량과 사마의의 진법 대결

❶

진식陳式은 누구인가?

소설에서는 진식을 형편없는 장수로 묘사하고 있는데, 사실은 그렇지 않다.

『삼국지』 「촉서·후주전」과 「촉서·제갈량전」에 따르면 "건흥 7년(229), 제갈량은 진식을 보내 무도와 음평을 공격하게 했다"고 기록하고 있다.

또한 「촉서·선주전」에는 "장무章武 2년(222) 봄 정월, 선주는 군사들을 인솔하여 자귀로 돌아오고 장군 오반과 진식은 수군을 이끌고 이릉에 주둔했으며……"라고 했고, 「위서·서황전」에는 "태조는 업성鄴城으로 돌아왔지만 서황과 하후연을 남겨 양평에서 유비를 저지하도록 했다. 유비는 진식 등 10여 개 군영의 병마를 파견하여 마명각도馬鳴閣道(파촉巴蜀에서 한중으로 들어가는 잔도棧道)를 끊었다"는 기록이 있다.

이러한 역사 기록을 살펴보면 진식은 유비 때부터 활약한 장수라 할 수 있다.

진식은 정사 『삼국지』를 편찬한 진수陳壽의 부친이기도 하다. 『진서』 「진수전」에 따르면 "진수의 부친(진식)은 마속의 참군이었는데 마속이 제갈량에게 주살당하자 진수의 부친 또한 곤형髡刑(고대에 죄인의 머리카락을 밀어버리는 형벌로 일종의 치욕을 주는 형벌이다. 주로 하, 상, 주와 후한 시기까지 유행했다)에 처해졌으며, 제갈첨諸葛瞻(제갈량의 아들) 또한 진수를 경시했다. 진수가 제갈량 전기를 지었는데 제갈량은 계책을 세우는 것이 장점이 아니었기에 적을 대응하는 재주가 없었다고 했다"고 기록하고 있다.

진식이 제갈량의 계책을 어기고 제멋대로 하다가 참수당했다는 소설의 이야기는 허구라 할 수 있으며, 진식이 제갈량에 의해 죽임을 당했다는 역사 기록도 없다.

❷

조진은 누구이며, 과연 멍청한 장수였을까?

『삼국지』「위서·조진전」 배송지 주 『위략』에 따르면 "조진은 본래 진秦씨였는데 조씨에게 양육되었다. 일설에 따르면 조진의 부친인 진백남秦伯南은 일찍이 태조와 친하게 지냈다. 흥평興平(194~195) 말기에 원술의 무리와 태조가 서로 공격했는데 태조가 출병했다가 도적에게 쫓겨 진씨 집으로 도망쳤고 진백남이 문을 열어 받아들였다. 도적이 태조의 행방을 묻자 진백남은 '내가 조조다'라고 대답하여 살해되었다. 이 때문에 태조는 그 공로를 생각하여 성씨를 조씨로 바꿨다"고 기록하고 있다. 그러나 『위서』에서는 "소邵는 충직하고 진실했으며 재능과 지혜가 있어 태조의 신임을 받았다. 초평(190~193) 연간에 태조가 의병을 일으키자 소는 무리를 모집하여 태조를 수행하며 교전을 벌였다. 당시 예주자사 황완黃琬이 태조를 해치려 하자 태조는 피했으나 소 홀로 해를 입었다"고 기록하고 있다. 배송지는 "조진의 부친 이름은 소邵다. 소릉후邵陵侯에 봉해졌으니 만약 이 책이 잘못된 것이 아니라면 논할 수 없다"고 평했다.

「조진전」 본문에 따르면 "태조는 조진이 어려서 고아가 된 것을 가엾게 여겨 자신의 여러 아들과 똑같이 양육했고 문제와 함께 기거하도록 했다. 조진은 매번 출정하여 행군하면 병사들과 함께 동고동락했다. 군의 비용으로 상을 주는 것이 부족할 때는 항상 자기 재산으로 병사들에게 상을 주었으므로 모두 그에게 쓰이기를 원했다. 조진의 병이 깊어 낙양으로 돌아오자, 명제는 친히 그의 관서로 행차하여 병세를 살폈다"고 기록하고 있다. 또한 조진이 사망한 뒤에 명제는 조서를 내렸는데 "대사마(당시 조진의 관직)는 충성과 절개를 몸소 이행했으며 이조二祖(조조와 조비)를 보좌했다.

안으로는 황친의 총애와 신임에 의지하지 않았고 밖으로는 평범한 선비들에게도 오만하지 않았다"고 했다.

소설의 내용처럼 조진은 결코 속이 좁고 사마의보다 훨씬 뒤떨어진 사람이 아니었다. 조진은 조조가 아끼던 맹장이었고 전쟁에 나가 많은 공적을 세웠으며, 게다가 인망이 있고 겸손하며 조예로부터 특별 대우를 받은 인물이었다.

소설에서는 조진이 제갈량의 조롱하는 편지를 받고 증오하다 죽었다고 했지만 이는 사실이 아니며, 이듬해인 태화 5년(231) 3월에 낙양에서 병사한다.

❸

구안苟安은 존재하지 않는 허구의 인물이다. 그러므로 사마의가 구안을 이용해 제갈량을 철군시키게 한다는 내용 자체도 지어낸 이야기다. 이때는 양군이 교전을 벌이지도 않았고 큰비로 인해 위군이 스스로 물러갔다고 역사는 기록하고 있다.

❹

제갈량의 제4차 기산 출병

소설에서는 네 번째 기산 출병이라고 하지만, 사실은 위나라가 촉한을 공격한 것이지 제갈량이 출병한 것은 아니었다. 또한 당시에는 특별한 교전 없이 위군이 철군했다. 결국 소설에서의 4차 기산 출병도 역사적 사실과는 매우 다르다.

『삼국지』「촉서·후주전」에 "건흥 8년(230), 위나라는 사마의를 파견해 서성西城에서부터, 장합에게는 자오, 조진에게는 야곡에서부터 한중을 공격하고자 했다. 승상 제갈량은 성고와 적판에서 기다리고 있었는데 큰비로 도로가 끊겨 조진 등은 모두 돌아갔다'고 했고, 「위서·명제기」에는 "태화 4년(230) 9월, 폭우가 내려 이수, 낙수, 황하, 한수가 범람했기 때문에 조서를 내려 조진 등에게 회군하도록 했다"고 기록하고 있다.

또한 「위서·조진전」에는 "때마침 큰비가 30여 일 동안 연이어 내리고 잔도가 끊어진 곳도 있어 명제는 조진에게 조서를 내려 군사를 이끌고 돌아오도록 했다"고 기록하고 있고, 『자치통감』 권71 「위기 3」에는 "제갈량은 위군이 공격해온다는 소식을 듣고는 이에 성고와 적판에 주둔하면서 위군을 기다렸다. 또 강주江州도독 이엄에게 군사 2만 명을 인솔하여 한중으로 급히 달려오게 했다"고 기록하고 있다.

이와 같은 기록에 의하면 제갈량이 출병한 것이 아니라 위가 촉한을 공격한 것이며 큰비로 인해 위군이 철군했음을 알 수 있다. 또한 사마의와 제갈량의 진법 대결이나 구안을 이용한 계책 같은 것은 없었다.

제81회 저승으로 간 장비

1 오류. 『삼국지』 「촉서·조운전」 배송지 주 『운별전』에 따르면 "하河(황하)와 위潤(위하) 상류에 주둔하여 흉악한 역적을 토벌"이라고 기록되어 있다.

2 오계五谿: 오계五溪. 위안장沅江강의 지류로 후난성 서부 지역을 흐르는 강이다. 『후한서』 「마원전」 이현 주석에 따르면 "역원酈元의 『수경주水經注』 「원수沅水」에 이르기를 '무릉武陵에 오계가 있었는데 웅계雄溪, 만계楠溪, 유계酉溪, 무계潕溪, 진계辰溪 모두 만이蠻夷의 거주지였으므로 오계만五溪蠻이라 했다'고 했고, 모두 반호槃瓠의 자손"이라고 기록하고 있다.

3 오류. 『삼국지』 「촉서·장비전」에 따르면 "거기장군이 되었다가 사례교위를 겸했으며 승진하여 서향후에 봉해졌다"고 기록하고 있다. 목은 주의 장관인데 낭중은 현이다. 낭중목은 삭제해야 맞다.

4 오류. 동오는 익주의 동쪽에 있다.

5 균형鈞衡: 국가 정무의 중임을 비유하는 것으로 재상의 직분을 가리킨다.

6 육사六師: 주周나라 천자가 통솔했던 육군의 사師. 1만2500명을 사로 조직했다. 일반적으로 천자의 군대를 가리킨다.

7 성가聖駕: 황제나 황후가 조정에 나올 때 타는 수레로 황제나 황후를 가리키기도 한다. 대부분 풍자나 비유에 사용된다.

8 오류. 낭주閬州는 당나라 때 지명이다. 후한 삼국 시기에는 '낭중'이었다.

9 강주江州: 현 명칭으로 본래는 파국巴國의 도읍이었고 전국시대 진 혜왕이 현을 설치했다. 익주 파군에 속했으며 치소는 충칭重慶 자링강嘉陵江 북쪽 기슭이었다.

10 오류. 『삼국지』 「촉서·진복전」에 따르면 "진복을 초빙하여 종사제주從事祭酒로 삼았다"고 기록하고 있다.

11 만승萬乘: 주周나라의 제도로 천자의 지방은 천리로 출병 때 1만 승(네 마리의 말이 끄는 수

레를 1승이라고 함)의 수레를 낼 수 있었고, 제후의 지방은 백리로 출병 때 1000승의 수레를 낼 수 있었으므로 만승은 천자를 가리킨다.

12 오류. 『삼국지』 「촉서·양희전」의 『계한보신찬季漢輔臣贊』에 따르면 "의양義陽의 부융傅肜"이라고 기록하고 있다.

13 오류. 후한 삼국 시기에 중호군中護軍, 교위 등의 관직은 있었지만 중군호위中軍護尉란 관직은 없었다.

14 『삼국지』 「촉서·종예전」에 따르면 "요화의 본래 이름은 요순廖淳"이라고 기록하고 있다.

15 합후合後: 군직 명칭. '선봉'의 상대적 개념으로 후군을 말한다. 또한 후원 혹은 뒤를 끊고 엄호하다는 뜻도 있다.

16 오류. 『삼국지』 「촉서·장비전」에 따르면 범강范彊으로 기록하고 있다. 강疆과 강彊의 글자 오류다.

17 오류. 장비가 태어난 연도가 상세하지 않으므로 55세에 사망했다는 것도 근거가 없다.

18 중주中州: 황하 유역을 가리키며 당시에는 위가 통치했던 중심 지구였다. 즉 중원이다.

19 오류. 오반이 아문장에 임명되었다는 역사 기록은 없다. 『삼국지』 「촉서·양희전」의 『계한보신찬』에 따르면 "선주 때 영군領軍(관직 명칭으로 한 헌제 건안 연간에 조조가 설치했는데 금위군을 통솔했으며 승상부에 속했다. 촉한에도 설치되었다)에 임명되었다"고 기록하고 있다.

20 오류. 『삼국지』 「촉서·장비전」에 따르면 장소는 장비의 둘째 아들로 기록하고 있다.

21 오류. 제갈량이 탄식한 것은 유비가 패배한 이후다. 『삼국지』 「촉서·법정전」에 따르면 "장무 2년(222), [유비의] 대군이 패하여 백제성白帝城으로 돌아와 주둔했다. 제갈량이 탄식하며 말했다. '만일 법효직(법정의 자)이 살아 있었다면 주상께서 동쪽으로 가는 것을 제지했을 것이고, 설사 동쪽으로 갔다 하더라도 틀림없이 이런 쾌패는 당하지 않았을 것이다.'"

22 청성산青城山: 산 명칭. 쓰촨성 두장옌都江堰에 위치해 있다.

23 오류. 『삼국지』 「촉서·선주전」 배송지 주 갈홍葛洪의 『신선전』에 따르면 "선인仙人 이의기李意其"로 기록되어 있다.

24 어영御營: 제왕이 친히 정벌에 나서거나 혹은 순시를 나갈 때 잠시 머무르거나 숙박하는 군영.

25 오류. 손권이 황제가 되기 전이기 때문에 '동오'로 표현하는 것이 맞다.

제82회 동오 정벌에 나선 유비

1 기관夔關: 기문夔門을 말한다. 충칭 펑제奉節 백제성白帝城 아래에 위치하고 있다.

2 백제성白帝城: 전한 말기 공손술公孫述이 파촉을 할거할 때 축조했는데 자칭 백제가 적제를 대신한다고 하여 '백제'라 했다. 충칭 펑제 동쪽 백제산白帝山 위에 위치해 있다.

3 오류. 『삼국지』 「오서·육손전」에 따르면 "유비는 무협巫峽과 건평建平에서 이릉夷陵 경계에 이르기까지 방어를 구축하고 수십 개의 군영을 세웠다"고 했다. 무협은 장강 삼협三峽의 무협으로 충칭 우산巫山에서 후베이성 바둥巴東 사이의 장강 유역이다. 천구川口가 아닌 무협으로 해야 맞다.

4 부월斧鉞: 고대 혹형 가운데 하나로 도끼로 머리를 쪼개 죽인다는 의미다. 또한 작전에 사용되는 병기로 군권과 국가 통치권의 상징을 나타낸다.

5 양도兩都: 후한 시기에 낙양을 동도東都라 했고 장안을 서도西都라 했다. 양도는 즉 동도 낙양과 서도 장안을 말한다.

6 중대부中大夫: 진秦 시기에 광록훈 속관으로 중대부가 있었고 한 무제 때 광록대부光祿大夫로 명칭이 바뀌었다.

7 오류. 조비가 황제가 된 황초 원년(220) 12월, 낙양에 도읍을 정하고 허현을 허창으로 고쳤다. '허창'으로 해야 맞다.

8 오류. 『삼국지』 「오서·오주전」에는 "삼주三州를 점거하고"라고 기록되어 있다. 삼주는 양주, 형주, 교주를 말한다.

9 출전은 『논어』 「자로」 편으로 "使於四方, 不辱君命."

10 태상경太常卿: 구경 가운데 하나로 종묘제례, 예악의 제반 사무를 관장했다. 진秦 시기에 봉상奉常이라 칭했고, 한나라 경제 때 태상太常으로 개명했다. 남조南朝 양梁나라 때 비로소 '태상경'이라 칭했다.

11 오류. 『삼국지』 「위서·유엽전」에는 "황초 원년(220)에 시중으로 삼았다"고 기록하고 있다.

12 오류. '상장군, 구주백九州伯이라 칭하시고'로 해야 맞다. '지위'라는 말은 생략해야 한다. 구주백은 구주九州(중국)의 장을 말한다.

13 패공은 한고조 유방을 말한다. 유방이 항우와 함께 진을 멸한 이후에 유방의 실력이 항우에 미치지 못하자 항우가 수여한 '한왕漢王'의 봉호를 받은 적이 있었다.

14 무구巫口: 무협巫峽 입구를 말한다. 무협은 장강 삼협 가운데 하나다.

15 오류. 『삼국지』 「오서·종실전」 배송지 주 『오서』에는 셋째 아들로 기록되어 있다.

16 오류. 『삼국지』 「오서·종실전」에는 "안동중랑장安東中郎將에 임명되었다"고 기록하고 있다. 안동중랑장은 손오孫吳가 특별히 설치한 관직으로 손환이 역임했다.

17 오류. 『삼국지』 「오서·주연전」에는 소무장군昭武將軍으로 기록되어 있다. 소무장군은 후한 말에 설치되었고 잡호장군 가운데 비교적 권한이 무거웠다. 후에 조위曹魏가 5품으로 결정했고 손오 또한 설치했다.

18 수채水寨: 물가의 방어용 울타리, 군영과 보루.

19 정장正將: 관직명으로 남송 시기 도통제都統制에 소속된 편비偏裨 무관이다. 여기서는 '대장'의 의미다.

20 건평建平: 군 명칭. 오 손휴孫休가 영안永安 3년(260)에 의도군宜都郡을 나누어 설치한 것으로 형주에 속했으며 치소는 무현巫縣(충칭重慶 우산巫山 동북쪽)이었다.

제83회 육손과의 대결

1 오류. 『삼국지』 「촉서·황충전」에 따르면 황충은 '후장군後將軍'이었다.

2 어영御營: 제왕이 친히 정벌에 나서거나 순시할 때 잠시 머무르거나 숙박하는 군영.

3 금쇄갑金鎖甲: 금 철사를 갑옷 조각에 연결하여 만든 정교한 쇄자갑鎖子甲(철사로 작은 고

리를 만들어 서로 꿰어 만든 갑옷).

4 철태궁鐵胎弓: 활의 일종. 나무로 제작된 활을 대신하여 생산된 것으로 활 등에 쇠막대를 끼워 넣어 사거리와 위력을 증가시킨 활.

5 하북河北: 황하 이북을 나타내는 것으로 조씨 위나라가 통치하던 지역을 가리킨다.

6 효정猇亭: 동오 형주 의도군宜都郡 이도현夷道縣에 속했다. 후베이성 이두宜都 북쪽 장강 동쪽 연안.

7 산개傘蓋: 긴 장대의 우산 형태로, 우산 테두리에 술이 드리워진 의장물.

8 백모白旄: 일종의 군기로 장대 끝을 야크 꼬리로 장식했으며 전군을 지휘할 때 사용한다.

9 황월黃鉞: 황금으로 장식한 긴 자루의 도끼. 천자의 의장물로 정벌에 나설 때 사용한다.

10 정절旌節: 깃발과 부절符節(신표)을 가리키며 또한 사자가 소지한 절節로 증빙을 나타낸다.

11 철질려골타鐵蒺骨朶: 고대의 병기로 철이나 단단한 나무로 제작되었다. 한쪽 끝은 손잡이가 있고 다른 쪽 끝은 타원형으로 철제로 되어 있으며 골타骨朶라 부른다. 철질려골타는 추錘(나무 자루의 끝에 쇠공이 달려 있는 무기)의 개량형으로 추의 머리 부분에 예리한 쇠가시나 쇠못을 매우 많이 부착했다.

12 오류. 부지구富池口는 후베이성 양신陽新 동북의 장강 입구로 이릉과는 거리가 멀다. 협구峽口로 해야 옳다.

13 감녕은 파군 임강臨江 사람이고, 흥패興霸는 감녕의 자다.

14 신아神鴉: 사당 안에서 제물을 먹는 까마귀.

15 해형醢刑. 고대 혹형 중 하나로 시신을 잘게 썰어 젓갈로 만드는 형벌이다. 이 형벌은 상나라 주왕에 의해 시작되었고 살아 있는 사람에게도 행해졌다.

16 예상보다 결과가 좋아 축하하거나 다행스러워하는 손짓.

17 능지凌遲는 갈기갈기 찢어 죽이는 능지처참을 말하며 속칭 과형剮刑이라 한다. 가장 잔혹한 형벌로 사람을 죽일 때 살을 하나하나 발라내어 형 받는 사람이 고통을 받으면서 천천히 죽도록 하는 것이다. 능지가 최초로 출현한 것은 오대五代 시기이며 정식으로 형벌 명칭이 된 것은 요遼 시기다.

18 오류. 육손은 이때 39세였다. 나이가 어리다는 표현은 맞지 않다. 이하 동일.

19 오류. 『삼국지』 「오서·육손전」에 따르면 우호군右護軍 겸 진서장군鎭西將軍이었다.

20 가절월假節鉞: 절과 월은 황제의 신물信物이다. '절'은 황제를 대표하는 신분으로 절을 소지한 사신은 황제와 국가를 상징하며 그에 상응하는 권력을 행사할 수 있다. '가절'을 가진 무장은 자신의 군중에서 군령에 저촉된 사졸을 참살할 수 있었다. '월'은 '부월'로 도끼와 같은 형태를 띤 일종의 형구이며, 군왕의 전속으로 간혹 신하에게 잠시 빌려줄 수 있는데 이것을 '가절월'이라고 칭한다. 군왕이 소유한 권한을 부여하는 것 중에 '가절월'의 규격은 지극히 높았다. '가절월'을 보유했다는 것은 자기 마음대로 군령에 저촉된 사졸을 참살할 수 있을 뿐만 아니라 군주를 대신해 출정할 수 있으며 절을 소지한 대장을 참살할 수 있는 권력을 소유했음을 뜻했다.

21 오류. 『삼국지』 「오서·육손전」에 따르면 '대도독'으로 삼았다고 기록하고 있다. 우호군右護軍, 진서장군鎭西將軍은 이미 육손이 역임하고 있었다.

22 오류. 주가 아닌 현으로 해야 맞다. 6군 83현.

23 오류.『삼국지』「오서·종실전」에는 '안동중랑장安東中郞將'으로 기록하고 있다.

24 삼령오신三令五申:『사기』「손자오기열전孫子吳起列傳」에 등장한다. 반복적으로 선포하여 제
삼 밝힌다는 의미로 군사 행동 중에 작전의 수칙을 장수와 사졸들에게 명확하게 교육시키
는 것을 뜻한다.

25 출전은『관자管子』「군신君臣 상」으로 "백성의 의견을 개별적으로만 들으면 책략이 어리석
어지고, 종합하여 들으면 슬기로워진다民別而聽之則愚, 合而聽之則聖."

제84회 육손을 저지한 팔진도

1 오류.『삼국지』「오서·육손전」에 따르면 병피의저兵疲意沮로 기록되어 있다. 병사들이 피로
하고 낙심하고 있다는 의미다. 소설에서는 '병피의조兵疲意阻'로 표현하여 '저沮'를 '조阻(막
다, 저지하다)'로 잘못 표기한 듯하다. 소설의 글자대로 번역하면 문맥이 맞지 않아 역자는
「육손전」의 원문에 따라 번역했음을 밝힌다.

2 『육도六韜』: 고대 병서로 강상姜尙(강태공)의 저서라고 전해지지만 후세의 가탁假託이 분명
하다. 문도文韜, 무도武韜, 용도龍韜, 호도虎韜, 표도豹韜, 견도犬韜 등 6권 60편으로 이루어
져 있다.

3 동구洞口: 안후이성 허현和縣 서남쪽 장강에 인접한 곳.

4 오류.『후한서』「군국지郡國志」와『삼국지』「촉서·선주전」의 기록에 따르면 '어복魚腹'이 아
닌 '어복魚復'으로 기록되어 있다. 어복은 현 명칭으로 익주 파동군巴東郡에 속했으며 치소
는 충칭重慶 평제奉節 동쪽 백제산白帝山 동남쪽에 있었다. 어복포魚復浦는 어복현의 강변
을 말한다. 파동군은 초평 6년(195) 익주목 유장이 파군巴郡을 분리하여 고릉군固陵郡을
설치하고 군치郡治는 어복현이었는데, 건안 6년(201) 파동군으로 명칭을 변경했다.

5 말장末將: 지위가 상장과 차장 다음가는 장수 또는 지위가 낮은 장수.

6 마안산馬鞍山: 후베이성 이창宜昌 서북쪽 장강 북쪽 연안에 있다.

7 오류.『삼국지』「촉서·양희전」에 첨부된『계한보신찬季漢輔臣贊』에 따르면 "선주가 익주목
을 겸하고 있을 때 정기를 불러 종사좨주從事祭酒로 임명했다"고 기록하고 있다.

8 오류. 천병川兵은 후대에 생긴 말로 촉의 장수와 사졸이라고 해야 한다.

9 2013년 바수서사巴蜀書社가 출판한 양야오쿤楊耀坤, 제커룬揭克倫 교주校注『삼국지』주석
에서『잡병서雜兵書』에서 말한 제갈량의 팔진도를 인용했다. "방진方陳, 원진圓陳, 빈진牝陳,
모진牡陳, 충진衝陳, 윤진輪陳, 부저진浮沮陳, 안행진雁行陳."

제85회 황제에 오른 유선

1 영안궁永安宮: 유비의 행궁. 지금의 충칭重慶 평제奉節 평제사범학교奉節師範學校에 위치해
있다.『삼국지』「촉서·선주전」에 따르면 "어복현魚復縣을 바꾸어 영안永安이라고 불렀다"고
기록하고 있다.

2 왕사王事: 조빙朝聘(제후가 직접 혹은 사자를 파견하여 천자를 알현하는 것), 회맹, 정벌 등 왕조의 대사 혹은 왕명으로 파견된 공무를 가리킨다.

3 유사有司: 주관 부서의 관리를 가리킨다. 고대에는 관직을 두고 직분을 나누었으며 각기 전사專司(전문 관리)가 있었으므로 유사라 칭했다.

4 녹미祿米: 봉급으로 사용되는 곡물. 고대에는 봉급을 항상 곡물로 계산했다.

5 진평陳平과 한신韓信 두 사람은 원래 모두 항우의 부하였으나 나중에 유방에게 투항했다.

6 자양紫陽: 남송 시기 이학가理學家인 주희朱熹의 별칭.

7 서법書法: 사관이 사서를 편찬할 때 재료 처리, 역사적 사건의 평론, 인물 평가에 각기 원칙과 체계가 있는데 그것을 서법이라 한다.

8 오류.『삼국지』「위서·가후전」에 따르면 "강과 호수에 배를 띄우고 있다"고 기록하고 있다.

9 오류.『삼국지』「위서·유엽전」에 따르면 시중이었다.

10 오류.『삼국지』「오서·주환전」에 따르면 "주환은 적오赤烏 원년(238) 62세로 사망했다"고 기록하고 있다. 이때가 222년이니 주환의 나이는 46세였다.

11 선계溪溪: 안후이성 우웨이無爲 동북쪽.

12 출전은 『손빈병법孫臏兵法』「객주인분客主人分」이다. "작전에서의 용병은 객군客軍(외지에서 쳐들어오는 군대)과 주군主軍(현지에서 방어하는 군대)의 구별이 있다. 진공하는 객군의 병력은 많아야 하고 방어하는 주군의 병력은 비교적 적어도 된다. 객군의 병력이 배가되더라도 주군의 병력이 반만 되면 교전을 벌여 승리할 수 있다兵有客之分, 有主人之分. 客之分衆, 主人之分少. 客倍主人牟, 然可敵也."

13 유조遺詔: 황제가 붕어한 후 후인들을 위해 남긴 유서, 유언 등을 말한다.

14 출전은 『논어』「태백泰伯」으로 증자曾子가 한 말이다. 원문은 '鳥之將死, 其鳴也哀; 人之將死, 其言也善'이다.

15 성유聖諭: 황제가 신하를 훈계하는 조령詔令 혹은 말.

16 탁고托孤: 임금이 죽기 전에 어린 자식을 신하에게 부탁하는 것이다.

17 유비가 출정했을 때와 죽었을 때 모두 영안궁에 있었다.

18 취화翠華: 천자의 의장 중에 비취색 깃털로 장식한 깃발 혹은 거개車蓋(수레 위에 비를 막고 해를 가리는 덮개로 형상이 우산과 같고 자루가 있다).

19 복랍伏臘: 고대에 행한 두 종류의 제사를 뜻한다. '복'은 여름 복일伏日, '랍'은 음력 12월을 말한다.

20 무후사武侯祠: 제갈량의 사당을 말한다. 제갈량은 유비가 붕어한 그해(223) 무향후武鄕侯로 봉해졌다.

21 건흥建興: 촉한 후주 유선의 연호로 223~237년이다.

22 혜릉惠陵: 유비의 능묘. 쓰촨성 청두 무후사武侯祠 안에 있다.

23 선비국鮮卑國: 북방 지역 몽고 퉁구스계의 유목 민족으로 선비족의 속칭이다. 후한 삼국 시기에 왕국을 건립하지 못한 채 동, 중, 서 삼부三部로 나뉘어져 있었다. 각 부의 수령은 '대인大人'이라 칭했으며 '국왕國王'이라 부르지는 않았다. 선비국은 요동에 있지 않았으므로 오류다.

24 가비능軻比能: 선비족의 수령으로 건안 23년(218) 조조에게 항복했지만, 다시 적대 관계

가 되어 황초 6년(225) 위나라 군과 싸워 패배하자 또 항복했다. 위 명제明帝 청룡青龍 3년 (235) 유주자사 왕웅王雄에게 암살되었다.

25 오류. 앞에서는 요동이라고 하고 여기서는 요서遼西라 표현하고 있어 맞지 않다. 강羌과 선 비鮮卑는 같은 민족이 아니다.

26 오류. 존재하지 않는 지명이다.

27 관고官誥: 황제가 작위를 하사하거나 관직을 수여하는 조령詔令(천자의 명령).

28 익주益州, 영창永昌, 장가牂牁, 월수越嶲: 익주 남부의 네 개 군으로 익주군의 치소는 전지滇 池(윈난성 쿤밍昆明 진닝구晉寧區 동북쪽), 영창군의 치소는 불위현不韋縣(윈난성 바오산保山 동북쪽), 장가군의 치소는 고차란故且蘭(구이저우성 황핑黃平 서남쪽), 월수군의 치소는 공도 邛都(쓰촨성 시창西昌)에 있었다.

29 협구峽口: 익주 건위군犍爲郡 남안南安에 속했다. 쓰촨성 러산樂山. 당시에는 협구가 두 곳이 었다. 한 곳은 후베이성 이창宜昌 동쪽이었는데 손권이 관할하고 있었다. 두 번째는 쓰촨성 러산 동쪽이었다. 여기서는 전자로 해야 하므로 '협구를 거쳐 촉으로 들어가'로 해야 맞다.

30 오류. '번番'은 서쪽 지역 민족을 가리키며, 가비능의 선비족은 북방 민족이다. 또한 강과 선 비는 같은 민족이 아니다.

31 도당都堂: 상서성尚書省의 사무를 총괄하는 집무실의 칭호로 '도'는 총괄한다는 의미다. 당, 송, 금 시기에는 상서성 장관이 전체 성省의 정무를 처리하던 대청을 도당이라 불렀다. '도 당'은 후한 삼국 시기가 아닌 수당隋唐 시기의 명칭으로 여기서는 조정으로 표현하는 것이 맞다.

32 상보相父: 황제의 선대에 이어서 계속해 직무를 맡고 있는 재상에 대한 경칭으로 아버지같 이 섬긴다는 뜻이다. 또한 승상에 대한 지극한 존경의 칭호다. 일반적으로 나이 든 군주가 붕어한 뒤에 새로운 군주가 부친의 의견을 따라 승상(재상)을 자신의 부친과 같이 대하는 것이다.

33 오류. 가비능은 '선비왕'이다.

34 오류. '선비왕'으로 해야 맞다.

35 오류. '서주西州'다.

36 의양義陽은 군 명칭으로 치소는 안창安昌(후베이성 짜오양棗陽 동남쪽)이다. 신야新野는 현 명칭으로 치소는 허난성 신예新野다.

37 호부상서戶部尚書: 후한 삼국 시기에 이런 관직은 없었으며 수, 당 시기의 관직이다. 호부戶 部(호적과 재정을 관장)를 주관했다. 삼국 시기 오나라에 호조상서戶曹尚書라는 직책은 있 었다. 『삼국지』「촉서·등지전」에 따르면 당시 등지는 '상서尚書'였다.

38 오류. 『삼국지』「촉서·등지전」에 따르면 등우는 사마가 아닌 사도司徒를 지냈다고 기록되어 있다.

39 옥백玉帛: 옥기와 비단 등의 재화를 가리키며 고대에 양국이 우호 관계를 맺고자 서로 사 신을 파견할 때 사용된 예물이다. 일반적으로 전쟁을 멈추고 화목한 관계를 회복하는 것을 나타낸다.

제86회 다시 연합한 촉과 오

1   오류. 『삼국지』 「오서·육손전」에 따르면 "보국장군輔國將軍으로 임명하고 형주목을 겸하게
    했으며 강릉후江陵侯로 바꾸어 봉했다"고 기록하고 있다. 육손은 처음으로 후에 봉해진 것
    이 아니라 이미 후에 봉해졌고 강릉후로 바꾸어 봉한 것이다. '보국장군'은 후한 헌제 때 처
    음으로 설치되었고 복완伏完을 보국장군으로 삼았었다.

2   동峒: 동峒을 말하며 고대 남방 소수 민족의 통칭이었다. 묘족苗族의 묘동苗峒, 동족侗族의
    십동十峒, 장족壯族의 황동黃峒과 같은 것으로 나중에는 점점 지금의 동족으로 변천했다.

3   야곡斜谷: 산골짜기 명칭으로 산시陝西성 메이현眉縣 서남쪽에 있다. 계곡에 입구가 두 군
    데 있는데 남쪽은 포褒라 하고 북쪽을 야斜라 하여 포야곡褒斜谷이라고도 한다.

4   초와 한이 서로 다툴 때 유방의 모사 역이기酈食其가 제나라 왕 전광田廣을 설득하여 한에
    귀순하게 했는데 유방의 대장 한신이 도리어 그 틈을 이용해 제를 공격하자, 속았다고 여긴
    전광은 역이기를 삶아 죽였다.

5   장읍長揖: 두 손을 마주 잡고 높이 들어 올려서 허리를 굽히는 예절.

6   오류. 6군 83현을 관할했으며 삼주三州(양주, 형주, 교주)를 소유했었다.

7   『삼국지』 「오서·장온전」에 따르면 "장온은 32세 때 보의중랑장輔義中郎將의 신분으로 촉한
    에 가는 사신이 되었다"고 기록하고 있다.

8   금돈錦敦: 앉을 때 쓰는 도구로 비단으로 장식되어 있고 형태가 장구와 비슷하다.

9   우정郵亭: 고대에 문서를 전달하는 사람이 길을 따라 가다가 휴식을 취하던 곳 혹은 길가
    에 설립된 우편물을 받거나 부치던 장소로 형태가 정자 같았으므로 우정이라 불렸다.

10 오류. 후한 삼국 시기에 학사學士라는 관직은 없었다. 『삼국지』 「촉서·진복전」에 따르면 "건
    흥 2년 승상 제갈량이 익주목을 겸할 때 진복을 선발하여 별가로 임명했으며 오래지 않아
    또 좌중랑장, 장수교위로 임명했다"고 기록하고 있다. 또한 장온이 진복에 대해 누구냐고
    묻자 제갈량이 '익주 학사'라고 대답한 것으로 기록하고 있는데 여기서의 학사는 관직이 아
    니라 '익주의 학자'라는 의미다.

11 삼교구류三教九流: 삼교는 유교, 불교, 도교를 가리키고, 구류는 유가, 도가, 법가, 음양가, 명
    가, 묵가, 종횡가, 잡가, 농가를 가리킨다.

12 출전은 『시경』 「대아大雅·황의皇矣」.

13 출전은 『시경』 「소아小雅·학명鶴鳴」으로 현사는 조용히 숨어 살아도 이름이 널리 퍼진다는
    것을 비유한다. 『시경』 원문에는 '하늘天'이 아닌 '들판野'으로 되어 있다.

14 출전은 『시경』 「소아·백화白華」로 '천보'는 시운時運, 국운國運을 가리킨다. 시국이 어려워지
    고 있음을 말한다.

15 피석避席: 고대의 예절로 바닥에 자리를 깔고 앉아 있을 때 공경을 표시하기 위해 자리를
    떠나 일어서는 것을 말한다.

16 채하蔡河와 영수潁水: 채하는 허난성 카이펑開封 이하를 채하라 부르며 동남쪽으로 흘러
    안후이성 화이위안懷遠에서 화이허淮河강으로 유입된다. 영수는 허난성 덩펑登封 쑹산嵩山
    산 서남쪽에서 발원하여 동남쪽으로 흐르는데 화이허강의 최대 지류다.

17 오류. 후한 삼국 시기에 중호군中護軍, 교위 등의 관직은 있었지만 중군호위中軍護尉란 관직

은 없었다.

18   합후合後: 군직 명칭. '선봉'의 상대적 개념으로 후군을 말한다. 후원 혹은 뒤를 끊고 엄호한
      다는 뜻도 있다.

19   상서복야尚書僕射: 한나라 때 설치되었고 상서령의 부副다. 처음에는 한 사람이었는데 후한
      헌제 건안 4년(199)에 좌左, 우복야右僕射로 나뉘어 설치되었다.

20   안동장군安東將軍: 삼국 시기에 설치된 장군 명칭. 안동, 안서, 안남, 안북 등 '사안四安' 장
      군 가운데 하나. '사정四征', '사진四鎭' 장군 다음 직위다.

21   오류. 남서南徐는 잘못된 지명으로 남서는 동진東晋 때 서주西州를 설치했다가 남조南朝 유
      송劉宋 때 남서로 개명되었다. 삼국 시기에는 경성京城이었다. 지금의 장쑤성 전장鎭江.

22   양위장군揚威將軍: 잡호장군으로 후한 말년에 설치되었으며 헌제 건안 연간에 장패臧覇가
      역임했다.

23   오류. 손소가 어린 장수로 표현되고 있지만 188년생으로 224년 당시 37세의 나이였기 때
      문에 어리지는 않았다.

24   실실허허實實虛虛: 참과 거짓이 뒤섞여 있고 가짜를 진짜처럼 꾸미다. 책략을 강구하면서
      상대를 미혹시키는 것이다.

25   석두성石頭城: 장쑤성 난징南京.

26   고각鼓角: 전고戰鼓(전쟁 때 사기를 북돋거나 전투를 지휘할 때 두드리던 북)와 호각號角(짐승
      의 뿔로 만들어졌으며 전쟁 때 명령을 전달하거나 기세를 드높일 때 부는 악기)으로 군대에서
      시간을 알리거나 경계 혹은 호령할 때 사용했다.

제87회 남만 정벌

1   부고府庫: 국가가 재물과 병기, 갑옷을 저장해둔 곳.

2   오류. 『삼국지』 「촉서·후주전」에 따르면 "건흥 3년(225) 제갈량이 남쪽의 네 군을 평정하고
     익주군을 건녕군으로 바꾸었다"고 기록하고 있다. 이때는 아직 익주군이었다. 건녕의 치소
     는 미현味縣(윈난성 취징曲靖)에 있었다.

3   영창永昌은 군 이름이지 성 이름이 아니다. 여기서는 영창군의 군치인 불위성不韋城을 말한다.

4   오류. 『삼국지』 「촉서·왕련전王連傳」에 따르면 이때 왕련은 '둔기교위屯騎校尉'였다.

5   장역瘴疫: 장기瘴氣에 의한 전염병이다. 장기는 남부와 서남부 지구에 있는 산림의 습하고
     더운 기운이 증발하여 생기는 독기로 대부분은 열대 원시 산림 속에서 동식물의 시체가
     부패한 뒤에 생성된다.

6   참군參軍: 후한 말기에 '참모모군사參某某軍事'라는 명칭으로 시작되었고, '참모군사參謀軍
     事'를 말한다. 삼국 위魏 시기에 주에 참군을 설치했다.

7   연사掾史: 주, 군, 현의 보좌관 가운데 여러 조련曹掾(각 부서의 속관)과 사史의 통칭이다. 한
     시기에 공부公俯의 속리로 연掾, 속屬이 있었고 군현에는 연掾과 사史를 설치했다. 대부분
     직무를 나누어 부서를 설치했는데 조련, 조사曹史라 불렸으며 혹은 범칭으로 연, 사, 연사
     라 했다. 연은 정正이고 사는 부副로 한 부서의 일을 총괄했다. 전한 시기에도 공경부公卿府

의 속리 중에 연 혹은 사를 연사라 불렀다. 한 시기의 연사는 장관이 자체적으로 임용했다. 당, 송 이후에는 연사의 명칭이 점차 '서리胥吏'로 변천했다.

8　오류. 천병川兵은 후대에 생긴 말이다. 촉의 장수와 사졸이라고 해야 한다.

9　오류. 익주군으로 해야 맞다.

10　관우의 셋째 아들이라는 관색關索은 역사 기록 어디에서도 찾아볼 수 없는 허구의 인물이다.

11　반간계反間計: 원래의 의미는 적의 첩자를 이용해 거짓 상황을 적에게 알려주어 적이 실수를 하게 만드는 계책이었으나 나중에는 적의 내부를 이간시켜 그들을 단결하지 못하게 하는 계책을 가리키는 것으로 바뀌었다.

12　불위不韋: 현 명칭으로 익주 영창군의 치소다. 윈난성 바오산保山 북쪽.

13　오류. '행군교수行軍敎授'라는 관직은 존재하지 않았다.

14　오류. 만병은 남쪽에 있고 동도나는 서쪽에 있고, 아회남은 동쪽에 있었다. 그러므로 위연은 서쪽 길로 해야 하고 조운은 동쪽 길로 해야 맞다.

15　오류. 앞부분에서 제갈량은 왕평에게 왼쪽 길, 마충에게 오른쪽 길을 맡게 했다. 그리고 만병 동도나는 왼쪽, 아회남은 오른쪽에 있었다. 서로 맞서는 상황으로 방위가 상대적이어야 한다. 그러므로 마충은 동도나를 맡고 왕평은 아회남을 맡게 되는 것이기 때문에 여기서는 왕평이 아닌 마충으로 해야 맞다.

16　오류. 상기 주석에 따라 왕평으로 해야 맞다.

17　자금관紫金冠: 태자회太子盔라고도 한다. 대부분 왕자나 나이 어린 장수가 사용했다. 앞쪽은 부채꼴로 장식을 붙였고 뒤쪽은 둥근 투구 형태의 꼭대기에 작은 과일처럼 둥글게 틀어 올린 머리 같은 장식을 붙였다. 좌우로는 긴 술을 늘어뜨렸고, 뒤쪽에는 짧은 술을 한 줄로 나란히 붙여 늘어뜨렸다.

18　절두대도截頭大刀: 방덕이 사용하던 병기로 칼 길이가 보통 대도에 비해 짧으나 칼등이 두텁다.

19　황표마黃驃馬: 누런 털이 뒤섞여 있고 흰 점이 있는 말로 흰 점은 대부분 배와 양 옆구리에 있다. 가장 중요한 것은 머리에 흰 털이 있는데 형상이 보름달 같다는 점이다.

20　오류. 후한 삼국 시기에 이런 명칭의 산은 없었다.

21　위자수圍子手: 원대의 금위군禁衛軍으로 '위숙군圍宿軍'의 속칭이다. 원대 초기에 황성에는 아직 바깥 담장이 세워지기 전이라 조회 때 군사들이 호위하도록 했기 때문에 '위숙군'이라 했다.

22　우보羽葆: 황제 의장 가운데 새 깃털을 이어서 장식한 수레 위에 씌우는 일산.

제88회 노수 전투와 세 번 잡힌 맹획

1　노수瀘水: 진사강金沙江을 가리킨다.

2　오류. 후한 삼국 시기에 이런 지명은 없었다.

3　평북장군平北將軍: 후한 말기에 설치된 '사평四平' 장군 가운데 하나. 주부와 공조功曹 등의 속리를 두었다. 오와 촉에도 설치되었는데 촉에는 마대, 오에는 정봉이 평북장군이었다.

4 맹우孟優는 소설 속에 등장하는 허구의 인물이다.
5 오류. 후한 삼국 시기에 이런 지명은 없었다.
6 청안靑眼: 푸른 눈이 아닌 검은색 눈알이다. 청青은 흑黑을 말하는데, 청사靑絲는 흑발黑髮로 푸른색의 두발이 아니다.
7 번병番兵: 부역을 하는 사병 혹은 이민족 군대를 말한다.
8 잡극雜劇: 고대 희곡의 형식으로 만당 시기에 출현했으며 원대에 성행했다. 후한 삼국 시기의 연극은 '배俳' 혹은 '백희百戲'라 칭했다.
9 친정親丁: 가까이 두고 신임하는 하인 혹은 친족을 가리킨다.
10 장기瘴氣: 남부와 서남부 지구에 있는 산림의 습하고 더운 기운이 증발하여 병에 걸리게 하는 독기로 대부분은 열대 원시 산림 속에 동식물의 시체가 부패한 뒤에 생성된다.
11 오류. 8번番 93전甸은 삼국 시기가 아닌 원대元代의 부족, 지구 명칭이다. '8번'은 원대에 구이저우성 구이양貴陽과 후이수이惠水강 일대 민족의 총칭이다. 8번은 소룡번小龍番, 대룡번大龍番, 와룡번臥龍番, 정번程番, 홍번洪番, 방번方番, 석번石番, 노번盧番을 말한다. '전'은 원대에 윈난성 일대의 현과 현 이하 지방의 총칭이다.
12 요정獠丁: 서남 지역 소수 민족의 병사.

제89회 독룡동

1 오류. 서이하西洱河는 이수洱水라고도 불리며 윈난성 다리大理 동쪽에 있다. 한나라 때 명칭은 '엽유수葉楡水'였기 때문에 서이하가 아닌 엽유수라 해야 맞다.
2 위圍: 원주를 계산하는 대략적인 단위다. 양팔을 벌려 껴안은 길이를 가리키기도 하고 양손의 집게뼘을 합친 길이를 나타내기도 하는데 정확하게 정해진 수는 없다.
3 관건綸巾: 푸른색의 명주 끈으로 만든 두건. 제갈공명이 군중에서 사용했으므로 '제갈건諸葛巾'이라고도 한다.
4 전甸: 일반적으로 고대에 도성의 곽 밖을 교郊라 했고 교 밖을 전甸이라 했다.
5 적제赤帝: 전설 속의 상고시대 제왕 염제炎帝로 화덕왕火德王으로 여겼기 때문에 염제라고 부른다.
6 신향信香: 불교 등의 종교에서는 향이 믿음을 위해 사용되는데 경건하고 정성스럽게 분향하면 신불神佛이 즉시 그 소원을 알게 된다고 하여 신향이라 한다.
7 대도大纛: 고대에 행군이나 중요한 의식 때 사용되었던 큰 깃발.
8 맹절孟節은 역사 기록에 없는 허구의 인물이다.
9 도척盜跖과 유하혜柳下惠를 말한다. 두 사람 모두 춘추시대 사람으로 도척은 대도大盜였고 유하혜는 도척의 형으로 현자賢者였다. 형제간에 현인과 악인이 있을 때 이들에 비유한다.
10 경공耿恭: 후한 시기의 장수. 명제 때 무기교위戊己校尉로 있었는데 후에 소륵성疏勒城에 주둔했다가 흉노에게 포위되었고 적들이 물길을 끊었다. 우물을 팠지만 물이 나오지 않자 우물을 향해 두 번 절을 했더니 물이 갑자기 솟아났다.
11 타사대왕과 양봉楊鋒은 모두 소설 속의 인물로 정사 기록에는 보이지 않는다.

제90회 칠종칠금

1. 염정鹽井: 소금 성분이 포함된 지하수를 길어 소금을 만들기 위해 파놓은 우물.
2. 오류. 후한 삼국 시기에 이런 지명은 없었다.
3. 오류. 후한 삼국 시기에 이런 지명은 없었다.
4. 대래동주帶來洞主, 목록대왕木鹿大王 모두 소설 속에 등장하는 허구의 인물이다.
5. 오장五臟: 다섯 가지 장기로 심장, 간장, 비장, 폐장, 신장을 이른다.
6. 축융씨祝融氏: 중국 상고 신화의 제왕으로 불로 교화를 펼쳐 적제赤帝라 부른다. 후에 화신火神으로 높여졌고 삼황오제의 오제 가운데 하나였다.
7. 비도飛刀: 일종의 단도短刀. 투척하여 상대를 살상하는 무기다. 하늘 높이 던지는 비수를 가리키기도 한다.
8. 반마삭絆馬索: 적의 인마를 걸어 넘어뜨리려고 몰래 설치한 밧줄.
9. 영락纓絡: 구슬을 꿰어 만든 목에 거는 장식물.
10. 화각畫角: 고대 관악기. 형태는 죽통竹筒 모양으로 본체는 가늘고 끝은 크며 대나무나 가죽 등으로 제조했고 표면에 채색 도안이 있어 화각이라 불린다. 소리가 애달프고 높고 낭랑하다. 고대에 군중에서 밤과 새벽을 경계하고 사기 진작과 군용을 엄숙하게 하는 데 사용했다.
11. 등갑藤甲: 일종의 특수 처리를 거친 등나무 덩굴로 엮어 만든 갑옷으로 냉병기에 매우 강한 보호력을 갖추고 있다. 금속 갑옷에 비해 중량이 가볍고 물에 약하지 않으며 통풍이 잘돼 남방의 습한 지역에 사용하기 적합하다. 보호 부위는 머리와 몸통 위주이고 대부분 방패와 같이 사용한다. 결점은 불에 약하고 타기 쉬워 한랭한 북방에서는 사용하기 적합하지 않다.
12. 음덕陰德: 남에게 알리지 않고 은밀하게 덕을 행하는 일. 후에는 인간 세상에서 행하고 저승에서 공적을 기록할 수 있는 좋은 일을 가리켰다.
13. 죄를 청하는 표시로 형벌을 받겠다는 뜻이다. 여기서는 기꺼이 항복하겠다는 뜻이다.
14. 계동溪洞: 고대에 지금의 묘족苗族, 동족侗族, 장족壯族 및 그들의 집단 거주지를 가리키는 말이다.
15. 생사生祠: 살아 있는 사람을 위해 세운 사당으로 특별한 존경을 나타내는 것이다.
16. 자부慈父: 자상한 부친 혹은 부친에 대한 경칭으로 사용된다.

제91회 출사표

1. 향안香案: 향로와 촛대를 놓은 직사각형의 탁자.
2. 왕사王事: 조빙朝聘(제후가 직접 혹은 사자를 파견하여 천자를 알현하는 것), 회맹, 정벌 등 왕조의 대사 혹은 왕명으로 파견된 공무를 가리킨다.
3. 오패五霸: 의견이 일치하지는 않으나 일반적으로 춘추시대의 제 환공, 진 문공, 송 양공, 진 목공, 초 장왕을 가리킨다.

4 삼왕三王: 하夏, 상商, 주周의 개국 제왕으로 하우夏禹, 상탕商湯, 주문왕周文王과 주무왕周武王의 합칭이다.

5 구주九州: 중국의 별칭. 고대 중국인은 전국을 아홉 개 구역으로 나누어 '구주'라 불렀다. 구주의 구별은 서주, 기주, 연주, 청주, 양주, 형주, 양주, 옹주, 예주다.

6 헌부獻俘: 고대에 행했던 일종의 군례로 개선할 때 사로잡은 포로를 종묘에 바쳐 전공을 드러내는 것을 말한다.

7 부곡部曲: 한 시기의 군대 편제 명칭. 『속한서續漢書』 「백관지百官志」에 "대장 군영에 오부가 있었고 부에 교위 한 명을 두었으며 부 아래에 곡이 있었다"고 했다. 이 때문에 군대를 부곡이라 부른다. 위, 진 이후에는 무장 사병을 부곡이라 했다.

8 상국上國: 수도의 서쪽 지구를 가리키기도 하고 황실 혹은 조정에 대한 칭호로도 쓰인다.

9 증상烝嘗: 본래 '증'은 겨울 제사를 말하고 '상'은 가을 제사를 말하나 나중에는 일반적으로 제사를 가리키게 되었다.

10 늠록廩祿: 관부에서 공급하는 녹미祿米(녹봉으로 주는 쌀).

11 혈식血食: 귀신이 흠향할 제물을 받는 것을 말한다. 고대에 희생물을 죽여 그 피로써 제사를 지냈기 때문에 혈식이라 한다.

12 안평安平: 군 명칭. 후한 시기에 왕국이었다가 조위曹魏가 군으로 변경했다. 기주에 속했으며 치소는 신도信都(허베이성 형수이衡水 지저우冀州구).

13 오류. 귀비貴妃는 후한 삼국 시기가 아닌 남조 송 효무제孝武帝 때 설치되었으며 황후의 다음 서열이었다. 수당 시기 이후에도 존재했으나 지위의 높고 낮음은 간혹 같지 않았다. 여기서는 귀빈貴嬪으로 해야 한다. 『삼국지』 「위서·문덕곽황후기文德郭皇后紀」에 따르면 "문제(조비)가 제위에 오르자 귀빈이 되었다"고 했다.

14 염진魘鎭: 일종의 요술로 남을 저주하여 은밀하게 해치는 것.

15 상서上書는 신하와 백성이 황제에게 진언할 때 사용하는 가장 흔한 형식이다. 상소上疏는 조정의 관원들이 전문적으로 황제에게 상주上奏하는 일종의 문서 형식이다.

16 사사賜死: 고대에 황제가 잘못을 저지른 죄인에게 물품을 내려 그것으로 스스로 목숨을 끊게 하는 것을 말한다. 항상 독주毒酒, 사검賜劍(보검 하사), 사능賜綾(능綾 비단 하사), 사승賜繩(밧줄 하사) 등의 물건으로 자진을 명했다. 부인들에게는 대부분 능 비단을 하사했다.

17 중군대장군中軍大將軍: 직책은 대장군과 같다. 조비가 황제를 칭한 뒤에 자신과 관계가 친밀한 종족 장수인 조진에게 조정의 군사 사무를 주관하도록 했으나 연륜이 높지 않자 특별히 그를 위해 상군대장군上軍大將軍, 중군대장군中軍大將軍이라는 두 개의 명호를 설립했다. 조진 이후에 상군대장군과 중군대장군의 직위를 담당한 사람은 없었다.

18 진군대장군鎭軍大將軍: 대장군 아래 직위다. 조비가 황제를 칭한 뒤에 대군을 이끌고 원정을 나갈 때 항상 상서령 진군에게 진군대장군의 명호를 수여하고 그에게 상서대尙書臺의 공무를 처리하게 하는 동시에 자신을 도와 행군行軍 사무의 처리와 각 군을 감독하게 했다.

19 무군대장군撫軍大將軍: 대장군 다음의 지위였다.

20 정동대장군征東大將軍: 정동장군征東將軍 중에 경력이 많은 자가 담당했다.

21 주석柱石: 기둥과 주춧돌로 중임을 담당할 만한 사람을 비유한다. 출전은 『한서』 「곽광김일제전霍光金日磾傳」으로 "전연년田延年이 말하기를, '장군은 국가의 중임을 담당할 만한 사람

입니다'라고 했다."

22 봉증封贈: 봉건시대에 신하들에게 은혜를 베푸는 것으로 관직과 작위를 그 부모에게 수여하는 것을 말한다. 부모가 살아 있는 자는 '봉封'이라 하고 죽은 자는 '증贈'이라 했다. 봉증 제도는 진晉과 남조 송 시기에 시작되어 당 시기에 이르러 갖추어졌다.

23 옹주雍州: 옛 구주 가운데 하나. 광무제가 낙양에 도읍을 정하고 옹주를 설립했으나 오래지 않아 취소되었다. 흥평 원년(194), 양주涼州와 삼보 지구를 나누어 설치하여 정식 행정 구역이 되었으며(이때 천하는 모두 열네 개 주) 아홉 개 군을 관할했다. 치소는 당시 후한 말 황제인 헌제의 임시 소재지 장안이었다.

24 오류. 서량은 후대의 지명이다. 문장 앞에 따라 옹주와 양주涼州로 해야 한다.

25 오류. 제독提督은 명대明代에 설치된 관직명이다. 도독이라 해야 맞다.

26 오류.『삼국지』「위서·진사왕식전陳思王植傳」에 따르면 "조식은 태화太和 6년(232)에 '진왕陳王'으로 봉해졌다"고 기록하고 있다. 이때는 태화 원년(227)으로 준의왕浚儀王이었다.

27 잠룡潛龍: 재주를 가졌지만 때를 못 만난 영웅. 아직 세상에 드러나지 않고 숨어 있는 성인을 비유한다.

28 한고조 유방은 어떤 이가 초왕 한신이 모반하려 한다고 상서를 올리자 이에 진평의 계책을 사용하여 운몽雲夢으로 순시하러 가는 것으로 가장해 한신이 영접하게 만들도록 속인 다음 기회를 틈타 한신을 붙잡았다. 운몽은 소택지 명칭으로 후베이성 젠리監利 남쪽에 있다.

29 안읍安邑: 현 명칭. 전국시대 초 위나라가 이곳에 도읍을 정했고, 진秦 시기에는 현을 설치했다. 사례주 하동군에 속했으며 치소는 산시山西성 샤현夏縣 서북쪽이었다.

30 오류.『삼국지』「위서·조휴전曹休傳」에 따르면 조휴는 대사마, 도독양주都督揚州였다.

31 밖의 의미는 황궁 밖을 말하는데 여기서는 승상부丞相府를 가리킨다. 승상부는 당시 촉한의 중앙 행정 기구였다.

32 궁중宮中과 부중府中: '궁중'은 황궁의 근신近臣, '부중'은 승상부의 관리다.

33 독督: 중부독中部督을 말한다.『삼국지』「촉서·상랑전向朗傳」에 따르면 상총은 "건흥 원년(223)에 도정후都亭侯에 봉해지고 뒤에 중부독이 되었다"고 기록하고 있다. 중부독은 삼국 시대 촉의 관직으로 숙위병宿衛兵(궁궐의 경비 부대)을 감독하고 지휘했다.

34 유비가 오나라 정벌을 시도하다 실패한 일을 가리킨다.

35 오류.『삼국지』「촉서·제갈량전」에는 '若無興復之言'이 아닌 '若無興德之言'으로 기록되어 있다. 즉 '만약 도덕을 흥성시키는 말이 없다면'이다.

36 오류.『삼국지』「촉서·두미전杜微傳」에 따르면 두미는 간의대부諫議大夫였다. 또한 「촉서·양홍전楊洪傳」에 양홍은 촉군태수로 기록되어 있다.

37 오류.『삼국지』「촉서·맹광전孟光傳」에 따르면 유선이 제위에 오르자 "부절령符節令, 둔기교위屯騎校尉, 장락소부長樂少府가 되었다"고 기록하고 있다. 부절령은 각종 부절을 맡아 관리했다. 장락소부는 황태후 궁중 사무를 관장했고 지위는 대장추大長秋의 위였다. 또한 「촉서·내민전來敏傳」에 따르면 호분중랑장虎賁中郎將에 임명되었다고 기록하고 있다.

38 『삼국지』「촉서·윤묵전」에 따르면 "후주가 즉위하자 윤묵을 간의대부로 임명했다. 승상 제갈량이 북벌로 한중에 주둔하고 있을 때 조정에서는 윤묵을 군좨주軍祭酒로 임명하기를 요청했다"고 기록하고 있다. 「촉서·이선전」에 따르면 "처음에는 주州의 서좌書佐, 상서령사

尚書令史를 담당했다. 연희延熙 원년(238), 후주는 태자를 세우고 이선을 태자중서자太子中庶子(태자의 속관으로 시위侍衛관원이다)로 임명했다가 태자복太子僕으로 승진시켰다"고 기록하고 있다.

39 『삼국지』 「촉서·극정전郤正傳」에 따르면 "극정은 궁중으로 들어가 비서리祕書吏를 역임했고 비서영사祕書令史로 전임되었으며 비서랑祕書郎으로 승진되었고 비서령祕書令에 이르렀다"고 기록하고 있다. 비서祕書는 관서 명칭으로 촉한 시기에 예문藝文 도서를 전적으로 관리했다. 장관은 비서령이고 속관으로 랑郎, 영사令史 등이 있었다.

40 『삼국지』 「촉서·초주전」에 따르면 "건흥 연간에 승상 제갈량이 익주목을 겸임할 때 초주를 권학종사勸學從事로 임명했다"고 기록하고 있다. 권학종사는 주州 속관으로 문교文教를 관장했다.

41 오류.『삼국지』 「촉서·위연전」에 따르면 '독전부督前部'로 삼았다고 기록하고 있다. 독전부는 제갈량 북벌 대군의 선봉 지휘관이다.

42 후군영병사後軍領兵使라는 관직은 삼국 시기에 존재하지 않았다. 이회가 이런 관직을 담당했다는 기록은 없다. 아래 좌군영병사左軍領兵使와 우군영병사右軍領兵使 또한 존재하지 않은 관직 명칭이다. 안한장군安漢將軍은 촉한 정권이 설치한 관직 명칭으로 군사장군軍事將軍 아래였다.

43 오류.『삼국지』 「촉서·여예전呂乂傳」에 따르면 '여의呂義'가 아닌 '여예呂乂'로 기록되어 있다. 또한 후한 삼국 시기에 정원장군定遠將軍이란 관직은 존재하지 않았다. 당시 여예는 파서巴西태수였다.

44 오류. 후한 삼국 시기에 비위장군飛衛將軍이란 관직은 존재하지 않았다. 『삼국지』 「촉서·요화전」에 따르면 "선주가 세상을 떠나자 요화는 승상부 참군參軍에 임명되었고, 점차 승진되어 우거기장군右車騎將軍에 이르렀다"고 기록하고 있다.

45 『삼국지』 「촉서·마충전」에 따르면 "건흥 11년(233), 마충에게 감군監軍, 분위장군奮威將軍을 더하고 박양정후博陽亭侯에 봉했다"고 기록하고 있다. 제갈량의 출사표는 6년 전인 건흥 5년(227)의 일이다.

46 무융장군撫戎將軍: 촉한이 설치한 관직 명칭. 장억이 융이戎夷를 어루만져 공적이 있어 특별히 설치했다.

47 중군사中軍師: 건안 연간에 조조가 설치한 직위로 승상부 중요 관원으로 지위는 전, 좌, 우군사右軍師의 위였다. 촉한에도 중中, 전前, 후군사後軍師를 설치했는데 군정을 관장했고 감군監軍의 임무를 겸임했다. 지위는 감군의 위였다.

48 오류.『삼국지』 「촉서·유염전劉琰傳」에 따르면 "위위衛尉, 중군사中軍師, 후장군이 되었다가 거기장군으로 승진했다"고 기록하고 있다.

49 중감군中監軍: 촉한 정권이 설치했고 군사를 통솔했다. 지위는 전, 후, 좌, 우호군右護軍의 위였다.

50 양무장군揚武將軍: 후한 광무제 건무 연간 초에 설치되었고 조조 또한 설치했다. 군사를 통솔하며 출정을 주관했다.

51 오류. 후한 삼국 시기에 중참군中參軍이란 관직은 없었다. 『삼국지』 「촉서·마량전」에 따르면 "마속을 참군參軍(승상부 참군)으로 임명했다"고 기록하고 있다.

52 오류. 『삼국지』「촉서·양희전」에 첨부된 『계한보신찬季漢輔臣贊』에 따르면 '고양향후高陽鄉侯'로 기록되어 있다.

53 오류. 『삼국지』「촉서·이엄전」 배송지 주 제갈량 상서문에 따르면 '현향후玄鄉侯'로 기록되어 있다.

54 오류. 상동 출처. '안락정후安樂亭侯'로 기록되어 있다.

55 수군장군綏軍將軍: 촉한이 임시로 설치한 잡호장군. 『삼국지』「촉서·양의전」에 따르면 "수군장군의 명호를 더해줬다"고 기록하고 있는데, 제갈량과 협조하여 사무를 처리했을 뿐 실제로 군대를 통솔하지는 않았다.

56 오류. 『삼국지』「촉서·이엄전」 배송지 주 제갈량 상서문에 따르면 '전감군前監軍'으로 기록되어 있다. 전감군은 촉한이 설치한 직위로 군대를 통솔했다.

57 오류. 상동 출처. '한성정후漢成亭侯'로 기록되어 있다.

58 오류. 상동 출처. '중전군中典軍 토로장군討虜將軍 상관옹上官雝'이라고 기록하고 있다. 중전군은 촉한, 손오 모두 설치했고 군대를 통솔했다.

59 오류. 상동 출처. '중참군中參軍 대리'로 기록하고 있다.

60 오류. 상동 출처. '건의장군建義將軍'으로 기록되어 있다.

61 오류. 상동 출처. '성발盛勃'로 기록되어 있다.

62 오류. 상동 출처. '종사중랑從事中郎'으로 기록되어 있다.

63 오류. 후한 삼국 시기에 용양장군龍驤將軍이라는 관직 명칭은 존재하지 않았다.

64 오류. 『삼국지』「위서·하후돈전」 배송지 주 『위략』에 따르면 '자림子林'으로 기록하고 있다.

65 부마駙馬: 고대 제왕의 사위를 부마라 했다. 부마 명칭은 부마도위駙馬都尉에서 유래했다. 부마도위는 시종侍從 무관으로 한 무제 원정元鼎 2년(기원전 115)에 설치되었다. 봉거도위奉車都尉, 기도위騎都尉와 함께 삼도위三都尉라 한다. 황제가 출행할 때 타는 어가를 정거正車라 하고 이를 수행하는 마차를 부거副車라 하는데 정거는 봉거도위가 관장했고 부거는 부마도위가 관장했다.

66 백모白旄: 고대 군기의 일종. 대나무 장대 머리에 야크 꼬리로 장식하여 전군을 지휘할 때 사용한다.

제92회 제갈량의 출기불의 계책

1 포중褒中: 현 명칭으로 전한 때 설치되었다. 익주 한중군에 속했으며 치소는 산시陝西성 한중漢中 서북쪽이었다.

2 진령秦嶺: 여기서는 진령산맥 전체를 말하는 것이 아니라 산시陝西성 경내를 말한다. 주봉은 태백산으로 관중과 한중 사이에 위치해 있다.

3 자오곡子午谷: 관중에서 한중으로 통하는 통로이며 길이가 300킬로미터다.

4 횡문橫門: 장안성 서북쪽의 첫 번째 문으로 서역으로 통하는 큰길이다.

5 야곡斜谷: 산골짜기 명칭으로 산시陝西성 메이현眉縣 서남쪽에 있다. 계곡에 입구가 두 군데 있는데 남쪽을 포褒라 하고 북쪽을 야斜라 하여 포야곡褒斜谷이라고도 한다.

6 함양咸陽: 여기서는 진秦의 함양咸陽을 가리킨다. 산시陝西성 셴양咸陽 동북쪽 네자거우聶
家溝 일대 지역이다.

7 농우隴右: 지구 명칭으로 농산隴山 서쪽 지구를 가리킨다. 고대에 서쪽을 '우右'라 했기 때
문에 '농우'라 했다. 대략 간쑤성 류판산六盤山 서쪽, 황하 동쪽 지구에 해당된다.

8 개산대부開山大斧는 『수호전水滸傳』에 나오는 유명한 병기로 삭초索超가 사용했다. 한덕은
역사 기록에 존재하지 않는 허구의 인물이며 그의 네 아들 또한 허구의 인물이다.

9 봉명산鳳鳴山: 후한 삼국 시기에 이런 산 명칭은 없었다.

10 일월도日月刀: 반원형의 톱니 형태를 가진 짧은 길이의 병기다. 반원 한쪽에는 손으로 잡을
수 있는 움푹 들어간 곳이 있다. 또한 자웅이 있어 일도日刀와 월도月刀 두 자루로 나뉘어
있다.

11 오류. 조운은 유비, 관우, 장비보다 나이가 어리다. 223년에 유비가 63세의 나이로 사망하
는데, 이때는 228년이기 때문에 조운이 70세라는 것은 말이 안 된다. 이때 조운은 60세 정
도로 판단된다.

12 동희와 설칙, 반수는 모두 소설 속에 등장하는 허구의 인물이다.

13 남안南安: 군 명칭으로 양주涼州에 속했다. 한 영제 중평 5년(188) 한양군漢陽郡을 나누어
설치했다. 치소는 원도豲道(간쑤성 룽시隴西 동남쪽 웨이허渭河강 동쪽 연안).

14 오류. 남안은 군 명칭으로 성 이름이 아니다. 군치인 원도였다. 여기서는 원도성을 말한다.

15 오류. 『삼국지』 「촉서·후주전」에 따르면 양평陽平 석마石馬에 주둔시켰다고 기록하고 있다.
양평은 관액 명칭으로 산시陝西성 몐현성勉縣城 서쪽 교외. 석마는 성 명칭으로 산시陝西
성 몐현 동쪽.

16 오류. 서쪽이 아닌 동쪽으로 해야 맞다. 천수군天水郡의 치소는 기현冀縣(간쑤성 간구甘谷
동쪽)으로 남안군의 치소인 원도 동쪽에 위치해 있다.

17 천수군天水郡은 군 명칭으로 전한 무제 원정 3년(기원전 114)에 설치되었고 치소는 평양
平襄(간쑤성 퉁웨이通渭 서북쪽)이었다. 왕망이 진융군鎭戎郡으로 변경했다. 후한 영평永平
17년(74) 한양군漢陽郡으로 변경 설치되었고 양주涼州에 속했으며 치소를 기현冀縣(간쑤
성 간구甘谷 동쪽)으로 옮겼다. 삼국시대 위魏 시기에 다시 천수군이 되었다. 안정군安定郡
은 군 명칭으로 전한 원정元鼎 3년(기원전 114)에 설치되었다. 양주涼州에 속했으며 치소는
고평高平(닝샤 후이족回族 자치구)이었다가 후한 때 치소를 임경臨涇(간쑤성 전위안鎭原 동남
쪽)으로 옮겼다. 간쑤성 동부와 산시陝西성의 접경지대다.

18 오류. 남안은 군 명칭으로 성 명칭이 아니다. 남안군의 치소인 원도성이라고 해야 맞다. 당
시에 별도의 남안현南安縣이 있었는데 이곳이 아니라 익주 건위군犍爲郡에 속했으며 쓰촨
성 러산樂山이었다.

19 오류. 안정은 군 명칭이고 구체적인 성 이름이 아니다. 군치인 임경臨涇(간쑤성 전위안鎭原
동남쪽)이다.

20 부관府官: 한漢 시기에 태수와 그 속관들을 부관이라 했다.

21 정정程은 대략 계산한 도로의 노정으로 한 구간의 길을 가리킨다. 또한 하루의 노정을 가리
키기도 하는데, 즉 하루 동안에 갈 거리를 말한다.

22 족제族弟: 고조가 같고 증조가 다르면서 항렬이 같은 사람을 '족형제'라 하고 그중에서 연

장자가 나이가 어린 자를 '족제'라 부른다. 즉 자기보다 나이가 어리면서 같은 항렬을 '족제'라 했다. 또한 일반적으로 동족 동년배 중에 비교적 나이가 어린 자를 '족제'라고 한다.

23 현공판懸空板은 공중에 매달린 널빤지라는 의미로 밀어서 적을 관찰하거나 적의 공격을 방어하기 위해 설치한 것으로 여겨진다. 호심란護心欄은 고대 전투 때 성 위에 설치한 몸을 보호하는 난간이다.

24 주기主記: 군수의 속관으로 문서 기록을 관장했고 주기실사主記室史라고도 불렸다.

25 금지옥엽金枝玉葉: 원래는 아름다운 꽃나무의 가지와 잎을 형용했으나 나중에는 황족의 자손을 가리켰다. 현재는 출신이 고귀하거나 여리고 유약한 사람을 비유한다.

26 왕사王事: 조빙朝聘(제후가 직접 혹은 사자를 파견하여 천자를 알현하는 것), 회맹, 정벌 등 왕조의 대사大事 혹은 왕명으로 파견된 공무를 가리킨다.

27 오류. 『삼국지』「촉서·강유전」에 따르면 중랑中郎으로 기록되어 있다. 후한 시기에 오관五官, 좌左, 우右의 삼서三署 중랑장에 속해 명의상으로는 숙위宿衛의 직분이었지만 실제적으로는 예비 관원으로 고정된 직분이 없었다.

제93회 강유를 얻은 제갈량

1 오류. 천수는 군 명칭이지 성 이름이 아니다. 군치인 기성冀城(간쑤성 간구甘谷 동쪽)이라 해야 맞다. 이하 동일.

2 기현은 천수군의 군치郡治다. 『삼국지』「촉서·강유전」과 배송지 주 『위략』에 따르면 강유의 모친은 강유와 함께 기현에 거주하고 있었다.

3 상규上邽: 현 명칭으로 진泰 시기에 규현邽縣을 설치했고 후에 상규현으로 변경했다. 한 무제 때 천수군을 설치했고 상규는 그중의 한 현이었다. 후한 영평 17년(74) 한양군漢陽郡으로 변경 설치되었고 양주涼州에 속했으며 간쑤성 톈수이天水다.

4 강호성羌胡城: 구체적인 성 명칭이 아니라 '강중羌中'이란 뜻으로 강인羌人의 거주지를 말한다.

5 오류. 세 군이라 해야 맞다. 『삼국지』「촉서·제갈량전」과 「위서·명제기」에 따르면 남안, 천수, 안정 세 군을 얻었다고 기록하고 있다.

6 기산祁山: 산 명칭. 촉한이 산 위에 성을 축조하여 지극히 견고했으며 군사 요충지였다. 지금의 간쑤성 리현禮縣 동쪽에 있다.

7 태화太和: 위 명제 조예의 연호(227~233). 본문의 오류로 『삼국지』「위서·명제기」에는 태화 2년(228)으로 기록하고 있다.

8 오류. 『삼국지』「위서·곽회전郭淮傳」에 따르면 '사양정후射陽亭侯'였다.

9 종제宗弟: 고대 종법제도에서 서자가 자기보다 나이 어린 적자를 부를 때 '종제'라고 한다. 또한 동족 또는 동성 중에서 같은 항렬의 자신보다 나이가 적은 사람을 가리킨다.

10 탕구장군蕩寇將軍: 후한 말년에 임시로 설치한 잡호장군 명칭으로 오품이다. 영제 중평 2년(185)에 처음으로 주신周愼을 임명했다.

11 휘개麾蓋: 장수가 쓰는 깃발과 산개傘蓋(긴 자루에 원형 덮개의 우산 형태로 테두리 바깥쪽에 술이 드리워진 의장물).

12 신기神器: 국가 정권을 대표하는 실물로, 예를 들면 옥새나 보정寶鼎(고대의 솥이나 후에 정권의 상징으로 여김) 같은 것을 말한다. 비유하여 제위帝位, 정권을 가리킨다. 여기서는 제위를 말한다.

13 오류. 서주徐州라 해야 맞다. 서주는 군이 아니었다.

14 세조世祖: 제왕 묘호廟號(임금의 시호)의 첫 번째. 일반적으로 개국 군주를 말한다.

15 염한炎漢: 한나라는 자칭 '화덕왕火德王'이므로 '염한炎漢'이라 칭했다.

16 사군嗣君: 제위를 계승한 임금을 가리키며 황태자를 사군이라 칭하기도 한다. 여기서는 소열황제 유비를 계승한 유선을 말한다.

17 서진西秦: 385~431. 16국 중의 하나로 간쑤성 서남부 지역을 점거하고 있었다.

제94회 맹달을 잡은 사마의

1 서강西羌: 강은 옛 종족 명칭이다. 주요 분포 지역은 간쑤성, 칭하이성, 쓰촨성 일대다. 은殷, 주周 시기에 부분적으로 중원 지역에 섞여 거주했고, 진, 한 시기에 부락이 많아졌다. 후한 시기에 와서는 강인 내부의 한 갈래로 금성, 농서, 한양 등의 군에 거주했다. 거주 지역이 서쪽에 치우쳐 있어 서강이라 불렀다.

2 질려蒺藜: 나무나 금속으로 만든 가시가 돋친 장애물로 지면에 깔아놓고 적군의 전진을 막는 데 사용한다.

3 비추飛錘: 유성추流星錘라고도 한다. 철로 만들어졌고 튀어나온 부분이 많으며 밧줄로 묶어 적을 가격하는 데 사용한다.

4 오류. 존재하지 않는 지명이다.

5 서강 국왕으로 등장하는 철리길과 아단, 월길, 그리고 한정은 모두 소설 속에 등장하는 허구의 인물이다.

6 보조궁寶雕弓: 황금, 구슬, 옥 등의 진귀한 보물로 장식하고 활에 각종 무늬가 조각된 정교하고 아름다운 활.

7 오류. 앞부분에서 공명이 군영 안에서 거문고를 탔다고 했으니, 여기서는 군영을 나갔다고 표현해야 맞다.

8 완성宛城: 원현宛縣의 현성縣城을 말한다. 형주 남양군 군치였으며 허난성 난양南陽에 속했다.

9 지절持節: 직접적으로 황제를 대표하여 권력을 행사하는 관직. 절節은 고대에 사용하던 신물神物로 용도가 다르고 종류도 많다. 파견된 사자는 정절旌節을 지니도록 규정했고 사명을 완수한 후에 귀환했다. 전한 시기에 정절을 줄여서 절節이라 했다. 후한 중엽 이후에는 지방이 안정되지 못하자 황제는 중앙의 통제를 증대시키기 위해 지방 장령들에게 절節을 더해줬다.

10 산기상시散騎常侍: 삼국 시기 위 문제 때 설치되었으며 진한 시기의 산기散騎와 중상시의 두 관직을 하나로 합쳐 '산기상시'라 했다. 표문, 조서 등의 사무를 담당했으며 천자가 출입할 때 가까이에서 모시는 일을 맡았다.

11 신성新城: 군 명칭으로 조비가 방릉房陵, 상용上庸, 서성西城 삼군을 합쳐 설치했다. 치소는

방릉房陵(후베이성 팡현房縣)이었다.

12 상용上庸: 현 명칭으로 후한 시기에 익주 한중군에 속했다. 조조에 의해 한중군을 나누어
상용군을 설치했으며 형주에 속했다. 치소는 상용上庸(후베이성 주산竹山 서남쪽)이었다.

13 오류. 금성金城은 군 명칭으로 양주涼州에 속했으며 치소는 윤오允吾(간쑤성 융징永靖 서북
쪽)에 있었다. 금성은 양주涼州에 속했고 상용과 서성은 형주에 속했으며 서로 거리도 멀
다. 여기서는 서성西城으로 해야 맞다. 이하 동일.

14 오류. 상기 주석에 따라 서성으로 해야 맞다.

15 출전은 『손자孫子』 「계計」.

16 오류. 『진서晉書』 「문제기」에 따르면 '자상子上'으로 기록되어 있다.

17 오류. 『삼국지』 「촉서·유봉전」에 따르면 서성西城 태수로 기록되어 있다.

18 오류. 『삼국지』 「위서·명제기」 배송지 주 『위략』에는 '양기梁幾'로 기록되어 있다.

19 오류. 『삼국지』 「위서·장합전」에 따르면 '좌장군'으로 기록되어 있다.

제95회 공성계에 속은 사마의

1 미성郿城: 미현郿縣을 말한다. 사례주 우부풍군右扶風郡에 속했으며 치소는 산시陝西성 메
이현眉縣 동쪽이었다.

2 기곡箕谷: 산시陝西성 몐현勉縣 바오청진褒城鎭 북쪽으로, 포야도褒斜道의 남쪽 입구 부근
이다. 그러나 기곡은 마땅히 산시陝西성 타이바이太白 부근의 바오허褒河강 계곡이어야 한
다는 견해도 있다.

3 가정街亭: 간쑤성 좡랑莊浪 동남쪽.

4 열류성列柳城: 정확한 곳은 상세하지 않다. 당연히 가정과는 거리가 멀지 않았을 것이다.

5 농서隴西: 군 명칭으로 진秦 시기에 설치되었다. 농산隴山 서쪽에 있어 농서라는 지명을 얻
었다. 양주涼州에 속했으며 치소는 적도狄道(지금의 간쑤성 린타오臨洮 남쪽)였다. 농서는 양
주涼州의 일개 군이고 농상隴上은 양주涼州 전체를 가리킨다.

6 오류. 바로 다음 문장에는 가정 뒤쪽이라고 한다.

7 기각지세掎角之勢: '기'는 사슴을 잡을 때 다리를 잡는 것을 가리키며 '각'은 뿔을 잡는 것
으로 원래는 양쪽 방향에서 적을 협공한다는 의미였으나 현재는 병력을 나누어 적을 견제
하거나 상호 지원하는 형세를 비유한다.

8 출전은 『손자』 「군쟁軍爭」으로 "철군하여 본국으로 돌아가는 적군은 가로막지 않는다. 함정
에 빠져 포위된 적은 한 가닥 돌파구를 남겨준다. 궁지에 몰린 적은 지나치게 핍박해서는
안 된다歸師勿遏, 圍師必闕, 窮寇勿迫."

9 오류. 제갈량은 이때 기산에 있었다. 야곡은 기산의 동쪽으로 멀리 떨어져 있다.

10 오류. 서성현은 형주 서성군西城郡에 속했다. 여기서의 서성은 서현西縣을 말한다. 옹주 천
수군에 속했으며 치소는 간쑤성 톈수이天水와 리현禮縣 사이에 있었다. 이하 동일. 당시에
는 별도의 서성현西城縣이 있었는데 서성현은 전한 때 설치되었고 후한 말에 서성 군치가
되었다. 익주 한중군에 속했으며 산시陝西성 안캉安康 서북쪽 한수이강 북쪽 연안이었다.

또한 야곡은 서현 동쪽으로 멀리 떨어져 있으므로 야곡을 취한다는 것은 이치에 맞지 않기에 삭제해야 맞다.

11 오류. 상기 주석에 따라 서현으로 해야 맞다.

12 오류. 무공산武功山은 산시陝西성 우궁武功 남쪽에 있다. 서현과는 거리가 멀어 이곳은 무성산武城山(간쑤성 우산武山 서남쪽)으로 해야 타당하다. 이하 동일.

13 오류. 검각劍閣은 요충지 명칭으로 검문관劍門關을 가리키며 쓰촨성 젠거劍閣에 있다. 한중 서남쪽에 위치해 있고 촉군은 한중으로 철수했기 때문에 검각을 거쳐갈 필요가 없다. 각도閣道라고 해야 맞다.

14 오류. 서현이라고 해야 맞다.

15 오류. 서현이라고 해야 맞다.

16 성포城鋪: 성위에 임시로 세워둔 보초를 서고 순찰을 도는 막사.

17 오류. 무성산武城山이라고 해야 맞다.

18 일정一程: 하루의 노정路程을 말한다. 대략 계산한 도로의 노정으로 한 구간의 길을 가리키기도 한다.

19 오류. 서현이라고 해야 맞다.

제96회 읍참마속

1 오류. 『삼국지』「위서·유방전劉放傳」에 따르면 '중서령中書令'으로 기록되어 있다.

2 남정南鄭: 전국시대 진읍秦邑이었고 후에 현을 설치했다. 익주 한중군에 속했으며 치소는 산시陝西성 한중漢中이었다.

3 천옥天獄: 지세가 지극히 험준하여 출입하기에 대단히 곤란함을 비유하는 말이다.

4 오류. 『삼국지』「위서·유방전」에 따르면 '령슈(중서령)'으로 기록하고 있다.

5 순임금이 재위 당시 곤에게 치수를 맡겼으나 실패하자 그를 죽였다. 다시 곤의 아들인 우에게 치수를 맡겼고 끝내는 큰 공을 이루었다.

6 춘추시대 때 진晉나라와 초나라가 성복城濮에서 전쟁을 벌였는데 초나라 군은 전쟁에서 패했고 주장이었던 성득신成得臣은 돌아와 자살 압박을 받았다. 이 소식을 들은 진 문공이 대단히 기뻐했다.

7 출전은 『좌전左傳』「선공宣公 12년」으로, "진晉나라 사람 순림보荀林父가 군대를 이끌고 초나라 군대와 작전을 펼쳤으나 대패하고 돌아오자 한궐韓厥(한헌자韓獻子)이 그에게 '그대가 원수가 되어 군대가 명령을 따르지 않는다면 이것은 누구의 죄인가?'라고 물었다"고 기록되어 있다.

8 오류. 세 개 군(남안, 천수, 안정)을 점령했다.

9 진창陳倉은 현 명칭으로 진秦 시기에 설치되었다. 사례주 우부풍右扶風에 속했으며 치소는 산시陝西성 바오지寶鷄 동쪽이다. 관중關中과 한중漢中 사이의 교통 요충지로 역사적으로 전략적 요충지이기도 했다. 여기서 말하는 계책이란 유방이 군사를 진격시켜 항우를 공격하려 하자 한신이 세운 계책으로, 표면적으로는 잔도棧道의 통로를 수리한다고 하여 상대

방의 주의를 돌려놓고는 은밀하게 병마를 진창으로 건너가게 했던 일을 가리킨다.

10 하서河西: 지구 명칭. 춘추전국시대에는 지금의 산시山西성과 산시陝西성 사이의 황하 남단 서쪽 지구를 가리켰다. 한漢, 위魏 시기 이후로는 지금의 간쑤성과 칭하이성 사이의 황하 서쪽, 즉 허시쩌우랑河西走廊(간쑤성 서북부의 치롄산祁連山 이북, 허리산合黎山과 룽서우산龍首山 이남, 우차오링烏鞘嶺 서쪽에 이어져 있는 좁고 긴 지대)과 황수이湟水강 유역 일대를 가리켰다.

11 오류.『삼국지』「위서·조휴전」에 따르면 "대사마大司馬로 승진되고 도독양주都督揚州를 맡게 되었다"고 기록하고 있다.

12 파양鄱陽: 군 명칭. 동오 양주揚州에 속했으며 치소는 파양鄱陽(장시성 포양鄱陽)이었다.

13 어상御床: 황제가 사용하는 앉거나 누울 수 있는 가구.

14 건위장군建威將軍: 잡호장군으로 전한 때 시작되었으며 오에 설치되었다.

15 환성皖城: 환현을 말한다. 춘추시대 때 환국皖國이었고 전한 때 환현을 설치했다. 양주 여강군에 속했으며 치소는 안후이성 첸산潛山이었다.

16 동완東莞: 군 명칭. 조위曹魏 서주에 속했으며 치소는 산둥성 이수이沂水강 동북쪽이었다.

17 오류.『삼국지』「위서·가규전賈逵傳」에 따르면 "서양西陽으로부터 곧장 동관東關으로 향했다"고 기록하고 있다. 양성陽城은 현 명칭으로 조위曹魏 사주司州 하남윤에 속했으며 치소는 허난성 덩펑登封 동남쪽에 있었다. 양성은 동관과는 상당히 먼 거리로 '서양西陽'으로 고쳐야 맞다. 서양은 현 명칭으로 치소는 허난성 광산光山 서쪽에 있었다.

18 동관東關: 요충지 명칭으로 안후이성 한산含山 서남쪽 루쉬산濡須山 위에 있다. 오와 위 사이의 요충지다.

19 오류. 무창武昌은 후베이성 어저우鄂州에 있고 동관은 안후이성 한산含山에 있어 서로 거리가 멀기 때문에 함께 표현할 수 없다. '무창의 동관'이 아닌 '무창'으로 해야 맞다.

20 오류.『삼국지』「오서·육손전」에 따르면 '대도독'으로 임명했다고 기록되어 있다.

21 왕사王事: 조빙朝聘(제후가 직접 혹은 사자를 파견하여 천자를 알현하는 것), 회맹, 정벌 등 왕조의 대사 혹은 왕명으로 파견된 공무를 가리킨다.

22 오류.『삼국지』「오서·주환전朱桓傳」에 따르면 당시 주환은 '분무장군奮武將軍'이었다고 기록하고 있다.

23 수남장군綏南將軍: 건안 말기에 손권이 설치한 장군 명칭이다.

24 오류. 동오는 멸망 당시 4주 43군 313현이었다. 형호荊湖는 송나라 행정구역의 명칭이다. '동오東吳'라고 해야 맞다.

25 협석夾石은 안후이성 퉁청桐城 북쪽이고 패차挂車는 안후이성 퉁청 서남쪽이다.

26 춘추시대 오나라 사람 요리要離는 오의 공자인 광光의 명령을 받들어 오나라 왕 요僚의 아들 경기慶忌를 찔러 죽였다. 경기의 신임을 얻기 위해 요리는 자신의 팔 하나를 잘라 공자 광이 자른 것이라 속이고는 경기의 신임을 얻었다. 요리는 경기가 방심한 틈을 이용해 그를 죽였다.

27 석정石亭: 안후이성 첸산潛山 동북쪽.

28 어개御蓋: 누런 나사羅紗의 산개傘蓋로 제왕의 의장물 중 하나다.

제97회 후출사표

1   오류. 『삼국지』 「촉서·조운전」에 따르면 "진군장군鎭軍將軍으로 강등되었다"고 기록하고 있다.

2   금병산錦屛山: 쓰촨성 다이大邑 동쪽에 있다.

3   오류. 『삼국지』 「촉서·제갈량전」 배송지 주 『한진춘추』에 따르면 '손책'으로 기록되어 있다.

4   건안 2년(197) 조조가 원성이 이르자 장수가 투항했다가 다시 배반하고 조조와 교전을 벌였다. 조조는 화살에 맞고 장자 조앙과 조카 조안민이 모두 사망했다.

5   건안 5년(200) 조조가 관도에서 원소와 대치할 때 병사는 적고 식량이 떨어진 상황에서 허유의 계책으로 오소에서 원소의 군량을 불태워 위급한 상황에서 승리를 거둘 수 있었다.

6   기련祁連: 산 명칭. 간쑤성 서부와 칭하이성 동북부 경계에 위치해 있다. 조조와는 무관하다.

7   호삼성胡三省은 "여양에서 핍박받은 것은 원담 형제를 공격할 때를 말한다"고 했다.

8   『삼국지』 「촉서·제갈량전」 배송지 주 『한진춘추』에 따르면 '백산伯山'으로 기록되어 있는데, 노필의 『삼국지집해』에서 '북산北山'으로 교정했다. 호삼성은 "백산伯山은 오환과 백랑산白狼山에서 교전을 벌였을 때를 말한다"고 했다.

9   건안 16년(211) 조조가 서쪽으로 마초와 한수 등을 정벌한 것을 말한다.

10   창희昌豨를 말한다. 건안 3년(198) 창희가 무리를 모아 거사한 후 조조에게 항복했다 다시 배반하자 조조가 여러 차례 장수를 파견해 공격했으나 격파하지 못했다. 관도 전쟁 후 창희가 다시 배반했으나 우금에게 살해당했다.

11   적벽대전 후에 조조가 손권을 공격한 것을 말한다.

12   호삼성은 "이복은 왕복王服이다. 동승과 함께 모의하여 조조를 죽이려 했으나 주살되었다"고 했다.

13   『삼국지』 「촉서·조운전」에 따르면 조운은 건흥 7년(229)에 사망한 것으로 기록하고 있고 '후출사표'는 1년 전인 건흥 6년 11월에 올린 것이므로 이 표가 위작이라 말하는 사람도 있다.

14   곡장曲長은 고대 군대의 편제로 부 아래에 곡이 있었고 곡의 장관을 곡장이라 한다. 둔장屯將은 주둔 부대의 장수를 말한다.

15   돌장突將과 무전無前은 모두 촉한 정예 부대의 칭호다. 돌장은 돌격하여 적진을 함락시키는 용장, 돌격대를 가리킨다. 무전은 향하는 곳마다 가로막는 적이 없다는 의미다.

16   종寶, 수叟, 청강靑羌: 서남 지구의 소수 민족으로 종인寶人은 인인寅人이라고도 칭하며 파인巴人의 한 갈래다. 수인叟人은 한부터 육조 시기까지 쓰촨성 서부, 윈난성, 구이저우성, 간쑤성 지구에 분포해 있었다. 청강은 고대 서남 지구 강족의 한 갈래이며 복식이 청색이라 청강이라 불렀다.

17   산기散騎, 무기武騎: 호삼성은 "당시 기병을 부로 나눈 명칭"이라고 했다.

18   유비가 당양當陽 장판長坂에서 조조에게 패한 것을 가리킨다. 당양은 춘추전국 시기에 초나라 땅이었으므로 초라 한 것이다.

19   유비가 이릉夷陵 전투에서 참패한 것을 가리킨다. 오를 공격했다가 패하고 물러났을 때 모두 자귀에 주둔하고 있었다.

20   철태궁鐵胎弓: 활등에 쇠막대를 끼워 넣어 사정거리와 위력을 증가시킨 활이다. '철척궁鐵脊弓'이라고도 부른다.

21 태백령太白嶺: 태백산太白山을 말한다. 진령秦嶺은 산시陝西성 경내의 주봉으로 산시성 타이바이太白 동쪽, 메이현眉縣 남쪽에 있다. 태백령은 진창 동남쪽, 기산은 진창 서쪽에 있어 촉군이 만약 진창을 버리고 기산으로 간다면 태백령을 거칠 필요가 없다.

22 오류. 가정은 간쑤성 좡랑莊浪 동남쪽이고 진창은 산시陝西성 바오지寶鷄 동쪽이다. 즉 가정은 진창의 북쪽이 아니라 서북쪽에 위치해 있다.

23 오류. 서북쪽으로 해야 맞다.

24 오류. 『삼국지』 「위서·명제기」 배송지 주 『위략』에 따르면 학소는 태원太原 사람으로 기록하고 있다. 또한 소설 96회에서도 태원 사람으로 소개하고 있다.

25 운제雲梯: 고대에 성을 공격할 때 성벽을 타고 오르는 데 사용하던 긴 사다리를 말한다.

26 충거衝車: 충돌의 힘으로 성벽 혹은 성문을 파괴하는 병기를 말한다.

27 오류. 야곡은 진창 동쪽, 기산은 진창 서쪽에 있다. 진창에서 기산을 가는데 야곡을 거칠 필요는 없다. 야곡을 삭제해야 맞다. 이하 동일.

28 오류. 낙양은 전장에서 매우 먼 거리다. 『삼국지』 「위서·조진전」에 따르면 "명제(조예)는 조진을 파견해 각 군을 통솔하여 미현에 주둔시켰다"고 했고, 조진은 태화 4년(230)에 낙양으로 돌아온다. 즉 제갈량의 2차 기산 출병 2년 뒤에 낙양으로 돌아왔다고 하는 것이 맞다.

29 중호군中護軍: 금위군禁衛軍 장수. 후한 말에 조조가 승상부를 열 때 설치했다.

30 오류. 『삼국지』 「위서·명제기」에 따르면 비요費耀의 요가 '요耀'가 아닌 '요曜'로 기록되어 있다.

31 본관本官: 본부를 주관하는 관원.

32 오류. 기산이라고 해야 맞다.

33 정程은 대략 계산한 도로의 노정으로 한 구간의 길을 가리킨다. 또한 하루의 노정을 가리키기도 하는데, 즉 하루 동안 갈 거리를 말한다.

34 오류. 야곡을 생략해야 맞다.

제98회 황제에 오른 손권

1 태상경太常卿: 구경 가운데 하나로 종묘제례, 예악의 제반 사무를 관장했다. 진秦 시기에 봉상奉常이라 칭했고, 한나라 경제 때 태상太常으로 개명했다. 남조 양나라 때 비로소 '태상경'이라 칭했다.

2 대석산大石山: 만안산萬安山, 석림石林이라고도 한다. 허난성 뤄양洛陽 동남쪽에 있다.

3 오류. 『삼국지』 「위서·손례전」에 따르면 이때 손례는 '상서'였다.

4 손빈孫臏과 방연龐涓: 두 사람은 전국시대의 전략가로 동문수학했다. 방연이 먼저 출세하게 되었는데 그는 자신보다 뛰어난 손빈을 함정에 빠뜨려 형벌을 받게 하여 앉은뱅이로 만들어버렸다. 제나라로 탈출한 손빈은 군사가 되었고 후에 마릉馬陵 전투에서 손빈의 계책에 빠진 방연은 자살하고 만다.

5 장성長星: 거성巨星.

6 무창武昌: 즉 악현鄂縣을 말한다. 오의 강하군은 처음에 치소가 사선沙羨(우한武漢 장샤구江夏區 진커우우가도金口街道)이었다가 손권이 오왕을 칭하고 악현을 도성으로 삼은 다음

무창군武昌郡을 세운 뒤에는 강하군의 치소를 무창현武昌縣(어저우鄂州)이라 했다.

7 황룡黃龍 원년元年: 손권의 두 번째 연호로 229년을 말한다.

8 모旄는 군기의 일종이고 월鉞은 큰 도끼 모양의 병기를 말한다. 손에 전군을 지휘하는 깃발과 출정 명령을 받은 황월黃鉞을 잡은 것을 가리킨다.

9 오류. 『삼국지』「오서·육손전」에 따르면 "상대장군上大將軍, 우도호右都護로 봉했다"고 기록하고 있다.

10 오류. 『삼국지』「촉서·진진전陳震傳」에 따르면 '위위衛尉'로 삼았다고 기록하고 있다.

11 오류. 당시 위와 오가 형주를 각기 나누어 차지하고 있었고, 양양襄陽은 위나라에 속했다. 형荊과 양揚, 즉 오나라의 형주와 양주라고 해야 한다.

12 산관散關: 주나라 때 산국散國의 요충지였기에 산관이라 칭했다. 사례주 우부풍군右扶風郡 진창현陣倉縣에 속했다. 산시陝西성 바오지寶鷄 서남쪽 다싼링大散嶺 위에 있다.

13 건위建威: 보루 명칭으로 간쑤성 시허西和 북쪽에 있었다. 야곡은 진창의 동남쪽, 건위는 진창의 서남쪽이므로 진창에서 건위를 공격할 때 야곡을 거쳐갈 필요가 없다.

14 옹雍: 현 명칭. 조위 옹주 부풍군에 속했으며 치소는 산시陝西성 평샹鳳翔 남쪽.

15 음평陰平과 무도武都: 군 명칭. 음평의 치소는 음평陰平(간쑤성 원현文縣 서북쪽), 무도의 치소는 하변下辨(간쑤성 청현成縣 서북쪽).

16 오류. 음평과 무도는 군이므로 성이라는 표현은 맞지 않다.

17 은명恩命: 황제가 하달한 관직의 승급, 사면 등의 조서.

제99회 두 모사의 대결

1 저氐: 선진先秦시대부터 남북조至南北朝 시기에 이르기까지 지금의 간쑤성, 산시陝西성, 쓰촨성 등의 경계 지역에 분포했으며 대부분 농隴 남쪽 지구에 집중되어 있었다. 축산업과 농업에 종사했다.

2 완병지계緩兵之計: 상대방의 진공을 지연시키는 계책. 시간을 잠시 지연시킨 다음에 사태를 완화시키고 기회를 기다렸다가 다시 움직이는 책략.

3 유성마流星馬: 유성보마로 고대의 통신병을 가리킨다.

4 장포는 병으로 성도에서 죽었고 제갈량은 한중에서 싸우고 있다가 장포의 부고를 들었으므로 서쪽을 향해 애도하는 것이다.

5 출전은 『손자병법』「계편計篇」으로 "兵者, 詭道也."

6 오류. 검각은 한중 서남쪽에 위치해 있기 때문에 위군이 한중을 공격하는데 검각을 거칠 필요가 없다.

7 필성畢星은 이십팔수二十八宿 중의 하나이고 태음太陰은 달을 가리킨다. 옛사람들은 필성이 달 경계에 들어가면 비가 내릴 징조로 여겼다.

8 오류. 『삼국지』「위서·왕랑전」에 따르면 '산기상시散騎常侍'로 기록되어 있다.

9 출전은 『사기』「회음후열전淮陰侯列傳」으로 "臣聞千里餽糧, 士有飢色, 樵蘇後爨, 師不宿飽."

10 주周 무왕武王이 상商나라 주紂를 칠 때 군사가 맹진盟津에 이르자 뜻하지 않게 모인 제후

가 800명이었고 모두 주를 쳐야 한다고 말했다. 그러나 무왕은 시기가 아직 성숙되지 않았다고 여겨 즉시 회군했다. 2년 뒤에 다시 출병하여 끝내는 상나라를 멸망시켰다.

11 출전은 『역경』「태괘兌卦」로 "說以犯難, 民忘其死."

12 성고城固: 현 명칭으로 진秦 시기에 설치되었다. 익주 한중군에 속했으며 치소는 산시陝西성 청구城固 동쪽이었다.

13 오류. 『삼국지』「촉서·후주전」에 따르면 "승상 제갈량은 성고와 적판赤阪에서 기다리고 있었다"고 기록하고 있다. 적판은 산시陝西성 양현洋縣 동쪽 룽팅산龍亭山을 말한다.

제100회 제갈량과 사마의의 진법 대결

1 오류. 야곡은 기산에 인접해 있지 않고 동쪽 멀리 떨어져 있다. 산시陝西성 메이현眉縣 서남쪽이고 기산은 간쑤성 리현禮縣 동쪽이다.

2 오류. 기곡은 한중군 경내에 있다. 낙곡駱谷이라고 해야 맞다. 낙곡은 산골짜기 명칭으로 북쪽 입구는 산시陝西성 저우즈周至 서남쪽이고, 남쪽 입구는 산시성 양현洋縣 북쪽이다.

3 오류. 기산은 야곡으로부터 서쪽 멀리 떨어져 있다. 기산 서쪽이라는 말은 생략해야 한다.

4 오류. '기산의 동쪽인 기곡 입구'를 '낙곡 입구'라고 해야 맞다.

5 오류. 조진은 '야곡 입구'에 주둔했으니 마대와 왕평은 마땅히 '야곡 입구의 왼쪽'이라고 고쳐야 맞다.

6 오류. '야곡 입구의 오른쪽'이라고 고쳐야 맞다.

7 오류. '낙곡으로 나갔다'고 표현해야 맞다.

8 진천秦川: 산시陝西성, 간쑤성의 진령秦嶺 이북 평원 지대를 가리킨다. 춘추전국시대 때 진秦나라에 속했던 지역이라 진천이란 명칭을 얻었다.

9 오류. 위수 가는 북쪽, 기산은 남쪽에 있으므로 위군은 북쪽, 촉군은 남쪽에 있다. 관흥이 위군 뒤쪽으로 질러가려면 서남쪽이 아닌 서북쪽으로 해야 맞다.

10 오류. 상기 주석에 따라 사마의가 퇴각하려면 북쪽으로 해야 한다.

11 오류. 위수 가 남쪽 기슭이 아닌 위수 남쪽이라고 해야 맞다.

12 전국시대 때 방연龐涓이 10만 대군을 거느리고 제나라와 전쟁을 벌였다. 제나라 군사인 손빈孫臏은 일부러 약함을 보이면서 군사를 물렸는데 날마다 아궁이 수를 줄였다. 방연은 제나라 군사들의 사기가 떨어져 반 이상이 도망친 것으로 여기고는 가볍게 무장한 군사들만 이끌고 추격에 나섰다가 마릉馬陵에서 제나라 군사들의 매복에 빠져 군사들은 패하고 본인은 자살했다.

13 우후虞詡는 후한 때 무도武都의 태수였다. 군사를 이끌고 강인羌人을 공격했는데 진창陳倉, 효곡崤谷에서 강인들에게 저지당했다. 그가 매일 아궁이 숫자를 늘리는 계책을 쓰자 강병들은 군사가 증대되는 것으로 여기고는 감히 추격해오지 못했다. 후에 우후가 강병을 패배시켰다.

삼국지 5

1판 1쇄 2019년 4월 26일
1판 3쇄 2022년 12월 23일

지은이 나관중
정리자 모종강
옮긴이 송도진
펴낸이 강성민
편집장 이은혜
마케팅 정민호 이숙재 김도윤 한민아 정진아 이민경 정유선 김수인
브랜딩 함유지 함근아 김희숙 고보미 박민재 박진희 정승민
제작 강신은 김동욱 임현식
독자모니터링 황치영

펴낸곳 (주)글항아리 | 출판등록 2009년 1월 19일 제406-2009-000002호
주소 10881 경기도 파주시 회동길 210
전자우편 bookpot@hanmail.net
전화번호 031-955-1936(편집부) | 031-955-2696(마케팅)
팩스 031-955-2557

ISBN 978-89-6735-618-7 04910
       978-89-6735-613-2 (세트)

geulhangari.com